面向Z世代的国际传播
理论·实践·创新·未来

史安斌 石丁●主编

人民日报出版社
北 京

图书在版编目（CIP）数据

面向Z世代的国际传播：理论·实践·创新·未来 /
史安斌，石丁主编.—北京：人民日报出版社，2024.
7. — ISBN 978-7-5115-8344-4

Ⅰ . G206

中国国家版本馆CIP数据核字第2024HX4764号

书　　　名：面向Z世代的国际传播：理论·实践·创新·未来
　　　　　　MIANXIANG Z SHIDAI DE GUOJI CHUANBO:
　　　　　　LILUN · SHIJIAN · CHUANGXIN · WEILAI
主　　　编：史安斌　石　丁

出 版 人：刘华新
责任编辑：梁雪云　曹　莉
封面设计：主语设计
版式设计：中尚图

出版发行：人民日报出版社
社　　　址：北京金台西路2号
邮政编码：100733
发行热线：（010）65369509　65369527　65369846　65369512
邮购热线：（010）65369530　65363527
编辑热线：（010）65369526
网　　　址：www.peopledailypress.com
经　　　销：新华书店
印　　　刷：天津中印联印务有限公司
法律顾问：北京科宇律师事务所 010-83622312

开　　　本：710mm × 1000mm　1/16
字　　　数：386千字
印　　　张：27
版次印次：2024年8月第1版　2024年8月第1次印刷

书　　　号：ISBN 978-7-5115-8344-4
定　　　价：88.00元

编委会

序 言
PREFACE

　　早在 17 世纪，社会学便已形成了世代研究的雏形。以约翰·斯图尔特·密尔（John Stuart Mill）为代表的著名理论家将世代（generation）视为理解社会变革的关键因素，力图阐释年龄群组与历史进程之间的相互作用力[①]。1952 年，社会学家卡尔·曼海姆（Karl Mannheim）在继承早期世代研究思想的基础上，首次系统性地阐述了"世代"概念之于社会研究的关键所在，旨在发掘出生、衰老、死亡等原本隶属于生物性因素的社会学意义[②]。在他看来，世代是一种尤为独特的社会群体单位，其以人类的生物性规律与生命节奏为基础，使得出生年代相仿的个体，在社会进程和历史变迁中被赋予了共同的社会地位[③]。换言之，以世代为单位建立时间维度与社会结构的桥接点，旨在探究同龄群体与由历史节点性政治、社会事件所形成的共同意识之间的互构关系，对理解社会史进程至关重要。

　　随着这一研究取径日益成熟，美国学者威廉·斯特劳斯（William Strauss）

① V. 本特森，M. 弗朗，R. 劳弗，等 . 世代分析的主要论点及争议问题 [J]. 国外社会科学，1984(11): 27–32.

② Mannheim K. The sociological problem of generations[J]. Essays on the Sociology of Knowledge, 1952, 306: 163–195.

③ Mannheim K. The problem of generations[J]. Childhood: Critical concepts in sociology, 2005, 3: 273–285.

与尼尔·郝伊（Neil Howe）基于大量人口统计学数据及历史研究，进一步明晰了西方社会的世代群组单位，按照约 20 年的时间跨度来定义不同的年龄群组 ①。具体而言，诞生于 20 世纪 60 年代至 80 年代的人群被称作 X 世代；于 1981 年至 1996 年出生的人群则催生出了千禧世代（又被称作 Y 世代）的概念。作为沿袭 X、Y 世代的年龄群概念，Z 世代大多被描述为出生于 1995 年至 2010 年间的群体。随着 Z 世代占据全球人口的三分之一，并成为人数最多的代际群体，这一概念不仅受到了政治学、人口学、消费行为学等研究领域的青睐，发展为全球性的学术热词，还一跃成为西方民调机构、大众传媒所追踪的重要议题。美国皮尤研究中心（Pew Research Center）将 Z 世代青年定义为 1997 年及之后出生的群体，并为其开设了专题栏目，关注这一代际的政治倾向、社交媒体使用偏好、公共参与 ②。以《牛津词典》《韦氏词典》为代表的重要词库均正式收录了 Z 世代这一词语，将其界定为出生于 20 世纪 90 年代末至 21 世纪 10 年代初的群体。尽管不同信源在具体的年份界定上存在细微差异，但都突出了 Z 世代群体区别于以往世代的两大重要特征：数字化与国际化。

其一，Z 世代青年被普遍认为是人类社会中的第一代"数字原住民"（Digital Natives），其成长过程伴随着互联网和智能设备的兴起，因而对信息和网络技术天然有着更强的理解和使用能力。以 Instagram 为例，截至 2024 年 4 月，该平台 18 岁至 24 岁的用户数量约占受众总数的 32%，致使了这一社交媒体在界面设计、广告投放、社区运营规定等方面的青春化 ③。即使是纵

① STRAUSS B, STRAUSS W, HOWE N. Generations: The history of America's future, 1584 to 2069[M]. William Morrow & Company, 1991: 60-78；Howe N, Strauss W. Millennials rising: The next great generation[M]. Vintage, 2000: 62.

② Dimock M. Defining generations: Where Millennials end and Generation Z begins[EB/OL]. (2019). https://www.pewresearch.org/short-reads/2019/01/17/where-millennials-end-and-generation-z-begins/.

③ Statista. Distribution of Instagram users worldwide as of April 2024, by age group [EB/OL]. (2023). https://www.statista.com/statistics/325587/instagram-global-age-group/.

观所有互联网平台的使用时间，Z世代群体每天在社交媒体平台上花费的时间也远超婴儿潮一代（Baby Boomers）、千禧一代（Millennials）①。由于这一群体对于互联网及智能媒体的熟练掌握与依赖，也使得他们在媒体使用习惯、话语观念表达方式和国际交流形式内容方面，与先前的青年群体存在明显差异。如今，随着Z世代青年的强势"入场"，其既受技术发展形态深刻影响，也凭借在数字领域的强大消费力，以其独特的信息生产与传播偏好影响着社交媒体平台的设计与开发方向，也造就了TikTok的"异军突起"以及互联网平台"TikTok"化的潮流。在社交媒体平台传播形态创新的进程中，TikTok凭借"短音视频形式""算法推送分发"和"用户深度参与"为主要特征的内容生产与传播模式在全球Z世代群体中广受欢迎，率先取得成功。具体而言，"短音视频"的内容形式实现了听觉和视觉元素的创造性结合，具备较短时间内博得用户关注的"眼球优势"。"偏好算法内容推送"则根据"协同过滤"和"个体既有偏好"等标准为用户提供了定制化的内容分发，并以持续滑动的方式予以呈现。TikTok的成功更是带来了以X和Facebook为代表的头部社交媒体平台竞相模仿与跟风的"TikTok化"（TikTokification）潮流。②

其二，作为成长于全球一体化进程的一代，Z世代青年被冠以"全球世代"的名称③。具体而言，当麦克卢汉所畅想的"地球村"进入现实之时，Z世代群体大多不再仅着眼于本国的政治事务，而是对国际政治呈现出愈发澎湃的热情。甚至，在应对地方性问题时，部分青年活动者也倾向于借助社交媒体，唤起国际社会的关注，或是结成跨越国界的同龄联盟，以共同参与

① Salam E. Social media particularly damaging to mental health of Gen Zers, says study[EB/OL]. (2023). https://www.theguardian.com/media/2023/apr/28/social–media–mental–health–gen–z.

② Gregory S. Synthetic media forces us to understand how media gets made[EB/OL]. (2022). https://www.niemanlab.org/2022/12/synthetic–media–forces–us–to–understand–how–media–gets–made/.

③ TURNER A. Generation Z: Technology and social interest[J]. The journal of individual Psychology, 2015, 71(2).

公共事务①。这一转变促成了世代研究在延续探讨青年运动、政治参与的传统关切之上，进一步关注 Z 世代青年与国际传播之间的相互作用。有学者提出，在全球政治、经济、文化紧密相连的当下，原本仅限于某一国家的历史性事件极有可能发展为国际事件，从而塑造跨越国界的代际共同意识，形成全球性的 Z 世代群体②。

正是由于 Z 世代群体的以上两个特征，代际研究与新闻传播学建立起了自然的学理衔接，随之涌现出一批新闻传播学视野下的青年研究：部分学者着眼于深度数智化社会中的青年文化、媒体使用习惯、新闻消费偏好、信息传播动力机制③；还有不少研究者关注到了全球传播格局中 Z 世代青年的战略意义，试图从其代际特征与成长背景入手，把握国际传播变革的前沿动向④。然而，令人惋惜的是，新闻传播学视野下的 Z 世代研究虽佳作频出，但犹显零散，国内学术界尚未出现对该议题进行集中论述的专著或编著，代际研究也仍未能与新闻传播学形成系统性的理论关联。恰从这个意义而言，本论文集将书名取作"面向 Z 世代的国际传播"，旨在于全球视野下，以 Z 世代青年作为探讨当下国际传播创新实践的聚焦概念及立足点。若以一句话概括本书的主旨，那便是来自学界、业界的 50 多位专家学者共同回应了一个问题：

① ZHANG W, LALLANA E C. Youth, ICTs, and civic engagement in Asia[J]. International Communication Gazette, 2013, 75(3): 249–252.

② EDMUNDS J, TURNER B S. Global generations: social change in the twentieth century[J]. The British journal of sociology, 2005, 56(4): 559–577.

③ BASSIOUNI D H, Hackley C. "Generation Z" children's adaptation to digital consumer culture: A critical literature review[J]. Journal of Customer Behaviour, 2014, 13(2): 113–133; MARQUART F, Ohme J, Möller J. Following politicians on social media: Effects for political information, peer communication, and youth engagement[J]. Media and Communication, 2020, 8(2): 197–207; SEEMILLER C, Grace M. Generation Z: A century in the making[M]. Routledge, 2018: 44.

④ 张梦晗. 青年网民的互动与沟通：复杂国际环境下的对外传播路径 [J]. 现代传播（中国传媒大学学报），2018, 40(12): 24–28; CHEN P, HA L. Gen Z's social media use and global communication[J]. Online Media and Global Communication, 2023, 2(3): 301–303；彭振刚. "Z 世代"国际传播策略与实践路径研究 [J]. 对外传播，2021(07):39–42.

为什么当下的国际传播研究应当关注 Z 世代青年群体？

　　一方面，我们需要认识到 Z 世代青年群体入局全球舆论场的关键所在，进一步探索、挖掘其所引领、振荡而出的新传播样态。题中的"Z 世代"一词既可以指作为受众的海外青年群体，挖掘他们的信息接收习惯、传播类型偏好对总结、提炼我国国际传播的话语传播创新方法具有重要价值；同时，题中的"Z 世代"一词亦可指国内的青年群体与青年文化，探索此类新文化样态的国际化趋势是把握国际传播前沿实践动态的最佳样本之一。

　　另一方面，于中国而言，我们更需要认识到海外 Z 世代青年之于当下中国国际传播的战略意义。不论是传统世代研究围绕着 20 世纪 60 年代西方青年运动所形成的经典议题，还是今日全球青年对气候危机的关注与探讨、美国高校针对其政府支持以色列所爆发的系列抗议，甚至自 2008 年国际金融危机以来的"马克思归来"思潮，无一例外地彰显了青年群体对于资本主义体系脆弱性与矛盾性的认识，因此也更有可能展现出对于全球正义的关怀、对于另一种可能未来的追寻以及对于当下中国的兴趣与认同。这在近年来的民意调查和学术研究中得到了印证，结果不约而同地表明，全球的 Z 世代青年对意识形态的刻板印象较少，对中国的态度也更为客观。以皮尤研究中心最新发布的民意调查为例，在其所调研的 11 个国家中，青年群体对中国的好感程度均显著高于中老年群体[①]。无独有偶，国家外文局当代中国与世界研究院发布的最新报告也表明，年龄越小的群体对于中国的印象越积极，认可度越高。这一发现已然是该系列报告一再证明的结论[②]。在美国本土，代际之间的态度差异在近期备受争议的"TikTok 禁令"事件中表现得尤为明显：多数千禧一代支持美国政府禁止 TikTok 应用，而作为该平台主要用户的 Z 世代则普

① Silver L, Huang C, Clancy L. China's Approach to Foreign Policy Gets Largely Negative Reviews in 24-coutry-survery[EB/OL]. (2023). https://www.pewresearch.org/global/2023/07/27/views-of-china/.

② 当代中国与世界研究院课题组，于运全，王丹，等. 以民意调查助力国家形象精准塑造——基于中国国家形象全球调查（2020）的思考 [J]. 对外传播，2022 (01): 42-45.

遍表达了反对意见①。

因此，出于上述考量，这本论文集立足于当下全球传播生态和青年文化，试图追索、构建世代研究与当下国际传播前沿实践的系统性关联。具体而言，本书共收录了来自清华大学、北京大学、中国人民大学、复旦大学、武汉大学、中国传媒大学、北京外国语大学等高校与四川国际传播中心、环球网等业界机构的 26 篇研究论文，进而按照文章主题分为四个章节："理论构建""发展现状""实践创新""未来展望"。

首先，在着力于构建理论图谱的 6 篇文章中，史安斌等的研究聚焦于 Z 世代群体为国际传播理论带来的观念革新。他们强调，这一代际群体不仅引领着当前国际传播主体和受众迁移的前沿动向，也预示着未来国际传播实践的发展趋势，因此在积极拥抱数智技术与新型传播形态之外，更有必要采用战略传播的思维构架，动员包括媒体、高校、企业、国际组织在内的多元主体。基于此，王润珏等的文章进而关注到了上述多元主体面向 Z 世代青年所展开的传播实践，并发现此前海外机构的布局大多内化了同一逻辑，即由消费主义与意识形态涵化双元驱动。郭镇之与肖珺等的 2 篇文章则分别从元话语和跨文化对话观的视角打开了 Z 世代之于国际传播的理论阐释脉络。前者从话语建构的维度出发，阐释了如今青年群体所发展出的代际独有表达，并凭借于此驰骋、活跃于国际社交媒体舆论场这一沟通场域之中；后者则指出与 Z 世代一同成长的数字技术重构了跨文化对话的基础语境，致使原本基于具身相处的传统交往范式亟须进一步囊括赛博空间中社会交往的新文化秩序，并依托于 Z 世代青年的数字跨文化对话观总结出社交、休闲、学习三重路径。值得注意的是，围绕着 Z 世代这一概念所开展的既有研究虽为初探当下青年群体的代际特征与文化惯习提供了重要参考价值，但也暗含着"环球同此凉热"的前提预设，这正是吴瑛、贾牧笛的文章所正面回应的议题。在他们看

---

① Sahil Kapur. Poll: Gen Z voters oppose TikTok ban, but worry about China's influence[EB/OL]. (2024). https://www.nbcnews.com/meet-the-press/meetthepressblog/poll-gen-z-voters-oppose-tiktok-ban-worry-chinas-influence-rcna76444.

来，全球 Z 世代的画像在共性之外，还存在着区域国别的相异性，此间的差异折射出了全球社会中政治、经济、文化的多样性与复杂性。王维佳等的研究则反思了既有国际传播人才培养研究的媒体本位局限，主张突破将 Z 世代视为媒体内容生产者与受众的传统定位，从人际沟通网络视角出发重构青年人才培养机制，以建立我国 Z 世代群体与海外基层社会的深度互融关系。

其次，承接于前述文章关于国际传播与 Z 世代的学理性讨论，"发展现状"章节主要通过实证研究或经验性探讨，以全景式的洞察与行业群像式的侧写，展现海外青年群体的对华认同现状与全球视野下的传播实践。具体而言，章节的开篇研究分析了全球 Z 世代的人口统计特征和代际共性，揭示了他们较高的教育水平和文化包容性，这些特点促使他们相较于年长者形成了更积极的对华态度。然而，他们在数字环境下的对华认同面临着诸多挑战，包括对社交媒体的过度依赖、政治极化、虚假信息、种族主义和民粹主义等问题。环球网研究团队从内容生产的维度进一步挖掘了海外青年对华认知局限化的深层原因，指出如今的中华文化短视频面临着创作者质量参差不齐、内容深度不足和文化价值被娱乐化消解的问题。随后，王丹与孙敬鑫的文章将研究视野进一步聚焦至"一带一路"共建国家，指出相较于西方世界，这些国家的年轻一代普遍对中国抱有好感，特别是对中国的国际影响力、减贫、发起全球合作倡议三个方面。

究其原因，海外青年群体对华愈发积极的认知、认同与如今中国国际传播实践的迭代、升维密不可分。正如理论篇章中多位学者所强调的，战略传播思维下的国际传播无法仅仅依赖国族中心主义的媒体机构，而需打造多主体的复调传播景象①。正因如此，本篇还收录了聚焦于新闻机构、自媒体、企业、数字平台等不同主体的 4 篇文章，分别解析了这些传播主体面向全球 Z 世代青年的策略与路径。其中，何天平等的研究深入探讨了短视频如何通过

---

① 史安斌，童桐.从国际传播到战略传播：新时代的语境适配与路径转型 [J].新闻与写作，2021(10)：14–22；史安斌，童桐.全球安全治理视域下的战略传播：历史、理论与实践 [J].上海交通大学学报（哲学社会科学版），2023, 31(06): 11–20.

技术手段重塑新闻的情感逻辑、满足用户深层次的情感需求，并强调在技术与情感的交互中，短视频新闻的国际传播不仅要依靠技术创新，更应全面考虑用户的情感体验；蒋俏蕾、景嘉伊围绕"自媒体博主的海外传播"这一议题，通过案例研究和计算扎根研究方法阐释了个人叙事在数字国际传播中发挥的独特作用；汤景泰的研究团队则从知识传播的视角切入，关注到了平台化时代知识民主化、信息圈层化的新兴趋势，并建议互联网平台应注重"内容为王"的根本原则，在严格审核机制的同时，鼓励用户参与内容治理，共同营造健康的网络知识环境；着力于分析企业主体的研究则不仅仅将海外 Z 世代群体看作跨文化传播的受众，还将其看作中国企业"出海"的关键消费群体，因此既在微、中观层面为中国企业在海外市场的跨文化品牌传播和商业运作提供了实践策略，还在宏观层面挖掘了中国企业的国际化定位与国家品牌的互构关系。

再次，相比于"发展现状"章节中全景式的观察，"实践创新"章节则侧重于对亮点个案的深描。一方面，该章节的学者们从不同角度深入、细致地探讨了国内表现突出、展现了中国独特魅力的跨文化传播案例。其中，刘滢、吴潇聚焦于在国内外平台都收获了大批年轻粉丝的新媒体账号"歪果仁研究协会"，以 86 条双语、跨文化元素丰富的视频内容及其转、评、赞等相关数据为经验材料，展现了如何利用延展性逻辑进行有效的国际传播和应对数字化信息流模式的挑战，并主张置身于新媒体时代、面向青年受众，应当重视以用户为中心的传播方式以及社交网络在内容扩散中的作用。类似地，四川国际传播中心的研究团队也重点探索了数字渠道为国际传播带来的赋能与创新。通过分析"三星堆"这一文化符号的国际传播历程，这篇文章描绘了传统文化元素如何通过数字技术得到创新性传承和跨文化共鸣，并揭示了隐喻在塑造国家形象中的关键作用。钟新的研究团队依托于孔子学院形成的讨论，则在解析数字传播策略之外，同样关注到了在地化的共情实践。他们发现物质体验、社交互动和深层次的精神认同不仅能够跨越文化障碍，加深海外青年对中国文化的理解，还得以进而激发情感共鸣。需要说明的是，本章节将这些创新个案集合在一起，目的并不在于案例的堆叠或简单的拼凑，而是力图构建一个整全性的视野，彰显复调传播图景中不同主体角色所能作出的独特贡献，如该章节末篇论文中，清华全球传播办公室研究团队所阐释的高校在国际传播战略体系中凝聚青年力量、讲好中国故事的关键作用。另一方面，本章节还收录了其他国家面向全球青年群体的传播案例，希冀总结"他山之石"的成功经验，以供国内同行镜鉴。"韩流"作为东亚乃至全球跨文化交流的独特现象，既得益于韩国最初的文化立国政策以及与各国文化市场的全方位合作，又源于其契合了全球 Z 世代群体对文化产品的审美偏好、心理需求。范红等学者则借助对日本花样滑冰运动员羽生结弦、足球运动员基利安·姆巴佩等海外体育明星的案例解析，指出体育作为一种普遍语言，能够有效传递国家软实力，强调了体育明星在其中的核心作用，并由此呼吁中国应建立一个多方参与的体育传播体系，通过国家战略、社会支持和个人努力，培养具有国际影响力的体育明星，以提升中国在国际舞台上的形象。

最后，承接于前面文章对于行业实践的概览性总结以及聚焦于亮点案例的深描，本论文集的末尾章节为我们提供了关于未来的展望与"中国应怎么办"问题的讨论。而这 6 篇文章则不约而同地凸显、强调了数字媒体平台在如今国际信息传播中的核心地位。换言之，随着全球传播的深度平台化，数智技术既激活了 Z 世代青年群体的文化创造力，又带来了国际传播范式创新的可能。正如常江、罗雅琴在文章中所指出的，从信息搜集到内容制作、分发，再到人机互动，人工智能技术已然深入至各个环节，并推动国际传播形成机器代理的国际交往、平台主导的公共空间重塑以及多元认知领域的竞争等新兴趋势。也正是在数智时代的国际传播新格局下，中国的互联网平台和新兴数字文化在全球范围内广受欢迎，这不但标志着中国国际传播策略的成熟与转变，更对实现更为公正的全球信息传播秩序起到了关键作用。笔者此前将这一现象定义为"数智华流"，即在技术与文化价值形成的有机结合体中，以中国传统与现代文明为基底，以数字技术赋能，推动多元文化交流互鉴，构建开放共享和包容性发展的全球数字生态系统[①]。

在"数智华流"的理论视野下，部分学者聚焦于某一互联网平台的创新形态及其所引领的全球传播生态变革。例如，姬德强、孙林依托于 TikTok 的全球扩散经验论述了如今国际传播生态的平台化转向，并呼吁与此相关的研究应超越传统的国际传播范式，结合平台理论与跨学科方法，同时融入全球 Z 世代的视角，以构建一个涵盖青年群体、TikTok 平台和国际传播的综合理论框架。吉云飞则比较了网络文学对外传播的两种模式，即由国内巨头公司阅文集团推动的"起点国际模式"和由粉丝翻译网站 Wuxiaworld 所代表的"Wuxiaworld 模式"。在他看来，这两种模式的并存和竞争不仅增强了中国网络文学的国际地位，也为全球性网络文学的兴起提供了中国式的解决方案。胡钰、朱戈奇则通过剖析《逆水寒》与《原神》，展示了网络游戏何以能够通过数字技术将传统文化元素融入游戏设计，创造一个充满互动性的文化体验空间，不仅为玩家提供了深入了解和体验传统文化的机会，也成为文化出海、促进国际交流的新渠道。其余文章则以某一青年文化类型为切入点，深入讨论了数智时代国内青年文化"出海"的机遇与挑战。例如，季芳芳、把云菲以圈层文化为核心概念，讨论了如今中国 Z 世代群体对"国风文化"的传承与续接及其在跨文化传播中的探索和实践；吴畅畅通过展现中国综艺节目的"出海历程"，呼吁业界应反思传统制作理念，打破对现有综艺模式的依赖，并考虑全球南方市场的需求和特点，探索更多元化的节目内容和形式；张慧瑜等学者的文章则深入剖析了中国式科幻故事，强调其不仅是文化消费的产物，更是面向全球 Z 世代的中国现代化经验和价值观的传播者。

概言之，本书以构建新闻传播学与代际研究的理论框架为起，以面向 Z 世代青年的国际传播实践现状为承，以全球视野下具有突破性与创新性的个案为转，以面向未来的"数智华流"为合，旨在展现 Z 世代青年在全球大众

---

① 史安斌，朱泓宇. 数字华流的模式之争与系统之辩：平台世界主义视域下中国国际传播转型升级的路径与趋势 [J]. 新闻与传播评论，2022,75(05): 5–14；刘滢，朱泓宇."数智华流"新趋势下的"模式出海"与国际传播生态重构 [J]. 对外传播，2023(11): 64–68.

文化与国际话语空间日益增长的可见性与影响力，并呼吁中国的国际传播实践者在技术应用、内容生产和文化传播的新趋势下进行理念与策略的更新。诚然，本论文集对"面向 Z 世代的国际传播"这一议题的集中论述，并非意味着研究结论已然闭合；相反，随着 Z 世代青年的持续成长与相关实践的推陈出新，全球视野下的青年研究仍有诸多探讨空间、充满无限可能，这也恰是学术探索的黄金时期。

在本书的选、编、整合过程中，清华大学新闻与传播学院硕士研究生梁蕊洁和唐婧澈做了大量细致、烦琐的工作，在此一并致谢。书中的疏漏之处应由主编负责，恳请各方专家不吝赐教。

史安斌　俞雅芸

2024 年 6 月于清华园

目 录
CONTENTS

理论构建

发展现状

实践创新

未来展望

理论构建

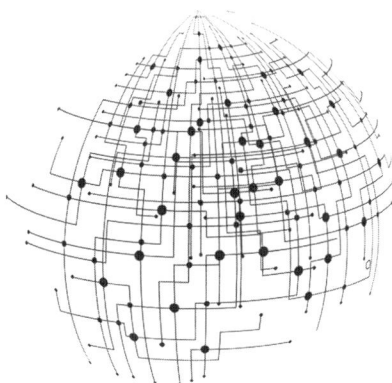

面向 Z 世代开展国际传播的理念创新与实践路径

杨晨晞　　史安斌①

【摘要】 Z 世代是伴随互联网成长的一代，他们拥有独特的社交媒体使用习惯和社会议题关注偏好，是当下和未来国际传播主体和受众迁移的全新动向，也是未来国际传播的重要抓手。面对 Z 世代开展国际传播，我们要以战略传播的眼光来进行部署，发挥媒体、高校、企业和跨国组织等多元主体的优势，运用"转文化传播"的理念，积极尝试和拥抱新技术和新的传播形态，在实践中探索面向 Z 世代的传播体系，从而推动不同文明在 Z 世代年轻人之间的交流互鉴，促进网络空间命运共同体的建设。

【关键词】 Z 世代　国际传播　转文化传播　社交媒体　TikTok

社交媒体的蓬勃发展塑造了多主体、立体式、分众化的国际传播新生态，国际传播的话语和实践正向青春化转型。2023 年 10 月，全国宣传思想文化工作会议召开，习近平总书记在会上进一步指出，要坚定文化自信，秉持开放包容，坚持守正创新，着力加强国际传播能力建设、促进文明交流互鉴。2023 年 6 月，中央宣传部副部长王纲在文化强国建设高峰论坛"新媒体时代的国际传播创新"分论坛致辞中表示，要相信年轻人，让年轻人挑大梁、当主力，让最有"网感"的人到海外讲中国故事。当下，我们的国际传播相对成人化，内容仍停留在较为严肃和刻板的形态，跟当下全球 Z 世代青年群体的接受习惯有较大差距。

Z 世代是在"千禧一代"后逐渐走上世界舞台的新一代年轻人群体，其

---

① 杨晨晞，清华大学新闻与传播学院博士研究生；史安斌，清华大学新闻与传播学院党委书记、教授、博士生导师，清华大学伊斯雷尔·爱泼斯坦对外传播研究中心主任。

成长历程与社会数字化进程同向互构，拥有更为综合的技术素养，更为宽阔的国际视野，以及更具文化间性，已然成为国际传播和公共外交的新生力量，具备不可忽视的全球影响力。在当前百年未有之大变局的大背景下，如何依托广大青年群体、借力社交媒体的传播优势做好新时代国际传播工作，搭建基于 Z 世代的网络空间命运共同体，理应成为各个主体加强和提升国际传播工作的重要抓手。

本文从国际传播领域向 Z 世代转向的宏观背景展开，分析了 Z 世代作为当下国际传播主体和受众迁移的时代特征，同时归纳和总结了 Z 世代的媒体使用偏好，并结合具体案例提出面对 Z 世代群体开展国际传播的路径建议，以期对 Z 世代国际传播的实践有所裨益。

一、Z 世代：国际传播主体和受众迁移的新动向

作为与互联网和智能设备共同成长的一代人，Z 世代（Generation Z），亦称"互联网一代""数字原生代""后千禧一代"，即将或部分已经开始在世界政治、经济与文化交流舞台上发挥重要作用。关于 Z 世代的定义，不同组织机构的界定仍然存在着细微差异。美国皮尤研究中心（Pew Research Center）将 Z 世代界定为 1997 年及之后出生的群体[1]。Zebra IQ 发布的报告则将 Z 世代群体界定为出生于 1995 年至 2010 年间的群体。2020 年，美国 Z 世代共计约 8640 万人，约占美国总人口的 20%[2]。而由青山资本发布的报告则将 Z 世代定义为出生于 1998 年至 2014 年间的群体，目前中国 Z 世代的总体人口共计 2.8 亿，其中三分之一已经成年[3]。尽管不同机构对于 Z 世代的具体年龄界定有着

[1] DIMOCK M. Defining generations: Where Millennials end and Generation Z begins. Pew Research Center[EB/OL]. (2019-01-17). https://www.pewresearch.org/short-reads/2019/01/17/where-millennials-end-and-generation-z-begins/.

[2] PARMELEE J H, PERKINS S C, BEASLEY B. Personalization of politicians on Instagram: what Generation Z wants to see in political posts[J]. Information, Communication & Society, 2023, 26(9): 1773-1788.

[3] CYANHILL CAPITAL. Z 世代定义与特征 [EB/OL]. (2021-07-14). https://www.cyanhillcapital.com/index.php?m=content&c=index&a=lists&catid=5&page=2.

细微差别，但不可否认的是，Z 世代是"千禧一代"之后对未来世界的政治格局、经济发展、社会变迁和文化走向有着深远影响的新一代。

从国际传播的角度来看，一方面，我国 Z 世代成长在改革开放不断深化和中国综合国力不断增强的背景下，具有独特的国际视野和对国家发展成就的认可。另一方面，这一群体也在更加开放交流的媒体环境和更国际化的教育环境中浸润，具备一定的"讲好中国故事"的意识和本领。当前 Z 世代青年群体参与国际传播的潜力还未完全释放，有相应意识和意愿参与到国际传播中的 Z 世代青年缺乏一定的基本能力和指引，而具备较好能力的 Z 世代青年可能缺乏相应的渠道和条件，因此，意识、能力和渠道的不匹配成为当下 Z 世代参与到国际传播中的一大缺口。

从海外 Z 世代的角度来看，这一群体则成长在"后冷战"时代，其思维较少受到意识形态对立的影响，更愿意相信自己亲身经历和所见所闻，不愿听信说教，缺少刻板印象和偏见，抱有更加开放包容交流的态度。海外 Z 世代群体相比其他年龄段群体对中国的印象更积极，对华态度也更加友好[1]。2021 年，芝加哥全球事务委员会针对全美公众的一项调查研究显示，43% 的 Z 世代认为"中国是美国的经济伙伴"，这一比例高于其他年龄群体。27% 的 Z 世代年轻人认为"中国是美国的敌对势力"，22% 认为"中国是美国的竞争对手"，而超过 1/4 的年轻人不知道该如何描述中美关系。在对中国意图的判断上，只有 58% 的 Z 世代认为中国寻求全球主导地位，这一比例较老一代人低 14 个百分点[2]。相似的结果也在欧洲多国的调查研究中有所体现。德国马歇尔基金会在《2021 年跨大西洋趋势》报告中指出，尽管 Z 世代并未比其他世代更认同中国变得强大，但年轻受访者心中的中国形象明显更为积极。在法

---

① 当代中国与世界研究院对外传播研究中心. 中国国家形象全球调查报告 2020 [EB/OL]. (2021–12–30). https://mp.weixin.qq.com/s/sSHglxvU9Ok8Dk50nik81Q.

② KAFURA C. Generational Differences on US-China Relations. The Chicago Council on Global Affairs[EB/OL]. (2022–01–14). https://www.thechicagocouncil.org/commentary-and-analysis/blogs/generational-differences-us-china-relations.

国，59%的受访者认为中国对全球事务产生负面影响，但只有42%的Z世代受访者持这一观点，还有41%的Z世代认为中国的影响是正面的。德国、瑞典、意大利等国的情况与法国类似，Z世代群体更认同中国是伙伴而非竞争对手。加拿大和西班牙的Z世代群体对中国的印象最为积极，53%的加拿大Z世代、58%的西班牙Z世代群体认为中国对全球事务的影响是正面的[①]。

而海内外的Z世代群体，均是"互联网原住民"，擅长使用社交媒体，对于新鲜事物接受度高，在全球化不断加深的背景下，他们也拥有了与全世界即时交流的意愿与能力。因此，面向Z世代的国际传播具有重要的现实意义，将成为我国国家形象塑造和在国际舞台上发挥更重要作用的重要因素。传统的"大水漫灌"型传播已经不能适应，亟须增强对Z世代的相关研究，用战略传播的眼光和思维开展面向Z世代的国际传播。

二、Z世代的媒介使用习惯与变化趋势

Z世代的观念与行为特征无疑将对未来世界的政治格局、经济发展、社会变迁和文化走向产生深刻的影响。因而，理解Z世代有助于形成对未来青年，尤其是领导者培养的科学预判和提前布局。作为第一代从未了解过没有互联网的世界的群体，Z世代的世界观被互联网深刻塑造，网络是其生活不可或缺的部分。由于浸润在互联网、电脑和移动智能设备等技术的环境中长大，Z世代对技术有着极强的依赖性、熟悉度和理解能力。具体而言，其媒介使用具有平台选择多样化、使用时段高频化和使用需求多元化等特征。

首先是平台选择多样化。Z世代在竞争性、数字化和碎片化的媒体环境中发育出独特的媒体使用习惯，他们所使用的社交媒体平台十分丰富，包括优兔（YouTube）、脸书（Facebook）、Instagram、WhatsApp、飞书信（Facebook Messenger）、推特（X，原Twitter）、Snapchat、Pinterest、领英（LinkedIn）、

---

① BERTELSMANN FOUNDATION, THE GERMAN MARSHALL FUND. The Transatlantic Trends 2021[EB/OL]. (2021-07-07). https://www.gmfus.org/news/transatlantic-trends-2021.

Skype、微信（WeChat）、QQ 和微博（Weibo）等。在不同国家，受欢迎的社交媒体平台呈现出差异。在加拿大、法国、英国和美国，最受欢迎的社交媒体平台是脸书；而在巴西、德国、西班牙、意大利和荷兰，最受欢迎的社交媒体平台是 WhatsApp；在俄罗斯、中国、日本和韩国，最受欢迎的社交媒体平台为本土化平台，分别为 VK、微信、Line 和 KaKao talk[①]。这体现了不同的平台选择的一大重要影响因素则是区域性社交媒体的布局。Z 世代多种族化和多民族化的人口构成在很大程度上促成了该群体的文化多元性，继而带来了多样的文化理念与实践。而区域性社交媒体平台则能够凭借在本土文化贴近性层面的独特优势，更好地迎合来自特定文化背景的 Z 世代用户的使用习惯和偏好，从而为其提供差异化、个性化的平台体验。其"本土文化构建 + 融合多样社交功能"的平台运营模式，不仅基于当地特定的文化传统与社会习惯进行页面设计与功能设定，还着力实现通信、社交、娱乐和移动支付等多项功能的融合，为 Z 世代用户打造便捷的"一站式服务"。区域性社交媒体平台聚焦于本土文化圈，有利于 Z 世代用户在其中加强与同圈层用户及当地社区的情感联系，进而增强自身的文化归属感和民族自豪感。但对区域性社交媒体平台的过度使用和依赖也可能阻碍 Z 世代青年全球视野的开拓和文化包容度的提升，甚至可能导致种族歧视等恶意言论的渗透和蔓延。

2021 年以来，TikTok 平台迅速成长，成为备受 Z 世代喜爱和关注的平台，也是少有的打破了区域性特征、一跃成为具有全球性特征的社交媒体。2022 年的统计数据显示，Z 世代认为自己最喜爱的社交媒体平台前三名分别是 Instagram、WhatsApp 和 TikTok，其中 TikTok 的增长最为迅猛[②]。TikTok 凭借"短音视频形式""算法推送分发""用户深度参与"为主要特征的内容生产与传播模式，在全球 Z 世代群体中广受欢迎。"短音视频"的内容形式实现

---

① GLOBAL WEB INDEX. The latest trends in social media [EB/OL].(2021–05–13). http://www.199it.com/archives/1242993.html.

② GLOBAL WEB INDEX. GWI's report on the latest trends among internet users aged 16–25 [EB/OL]. (2022). https://www.gwi.com/gen-z.

了听觉和视觉元素的创造性结合，具备在较短时间内博得用户关注的"眼球优势"和同时不断进行"听觉"感官刺激的双重效果。"偏好算法内容推送"则根据"协同过滤"和"个体既有偏好"等标准为用户提供了定制化的内容，并以持续滑动的方式予以呈现，这不仅打破了以往社交媒体的内容分发模式，也符合 Z 世代的心理接受习惯。此外，人工智能加持的前沿科技让用户能够低成本地参与甚至主导内容生产，推动形成了"全世界一起嗨"的媒介生态。TikTok 的"异军突起"进一步引发了以 X 和 Facebook 为代表的头部社交媒体平台竞相模仿与跟风的"TikTok 化"（TikTokification）的潮流[①]。根据英语俚语在线词典（Urban Dictionary）的定义，"TikTok 化"代指"社交媒体平台为获取更多生存意义而变得更像 TikTok 的现象"。2020 年，Instagram 增设了名为"Reels"的短视频编辑程序，并被脸书创始人扎克伯格称为"对标 TikTok 的产品"[②]。无独有偶，音乐流媒体和播客平台 Spotify 也为用户提供了名为"Canvas"的新功能，这一功能被视作"流媒体时代的专辑封面"，用户可以将竖屏显示的八秒视觉循环效果添加到 Spotify 上的每首曲目中，以吸引更多关注[③]。各大社交媒体平台努力迎合 Z 世代青年入场带来的"视听转向"，推动音视频内容的生产与传播，同时配以算法主导的信息组织与分发模式，以扩大市场竞争力和影响力。

　　Z 世代群体社交媒体的平台注重紧随潮流，诸如 Twitch、红迪网（Reddit）、Imgur、Lomotif、Unfold 等新兴平台受到了 Z 世代群体的欢迎，这些平台多

① GREGORY S. Synthetic media forces us to understand how media gets made[EB/OL]. (2022–12). https://www.niemanlab.org/2022/12/synthetic-media-forces-us-to-understand-how-media-gets-made/.

② RODRIGUEZ S, BOBROWSKY M, HORWITZ J. Internal Documents Show Setback for Instagram's "TikTokification" [EB/OL]. (2022–09). https://cn.wsj.com/articles/2022/09/internal-documents-show-setback-for-instagrams-tiktokification/.

③ SPOTIFY. Spotify Reveals More Opportunities and Features for Creators During Stream On[EB/OL]. (2023–03–08). https://newsroom.spotify.com/2023–03–08/stream-on-announcements-new-features-updates-2023-event/?utm_content=null&utm_source=Sailthru&utm_medium=email&utm_campaign=Thursday%20Email&utm_term=4ABCD.

为图片、流媒体和游戏平台，这也体现了垂类平台的社交化。进一步看，平台选择的多样化背后的动因也是互联网社交媒体平台在 Web3.0 时代不断创新的结果。Z 世代用户的入场带来了社交媒体平台传播形态的创新，推动其实现由图文向音视频等多模态媒体内容的生态转化，互联网产业的发展不断把握着受众的需求，持续为追求吸引受众注意力创造新兴社交媒体平台。然而部分平台也终为"昙花一现"，是否能够实现真正的创新并长期运营，获得年轻群体的青睐和支持，仍需要时间检验。

其次是使用时段高频化。Z 世代群体每日平均上网时间超过 8 小时，花费在社交媒体上的时间为 3—4 小时。其中，拉丁美洲的年轻人以平均每天 4 小时的使用时间居于全球首位；中东和非洲地区的年轻人以平均每天使用 3 小时 33 分排在第二位；欧洲的 Z 世代用户以平均使用时间 3 小时 06 分排在第三位。在北美，年轻人的平均社交媒体使用时间为每天 3 小时；在亚太地区，年轻人的社交媒体使用时间为 2 小时 35 分[①]。使用社交媒体的时间段主要集中在中午休息和晚上睡觉前，并且呈现出高频使用时间段越来越晚的趋势。清华大学伊斯雷尔·爱泼斯坦对外传播研究中心一项对 Z 世代国际学生的调查显示，Z 世代社交媒体的日均使用时间达到了 4 小时以上，使用的社交媒体数量也保持在 5 个以上。

2020 年新冠疫情的全球暴发使得学习、工作、生活全面线上化，这一时间也有外部环境造成的"被迫使用"时间，疫情平稳转段后人们的生活逐渐返回线下，社交媒体使用时间也有所退潮。据 2023 年 4 月统计，全球互联网用户每日使用时间为 6 小时 35 分，相较于上年下降了 4.4%，日均值回退至 2019 年水平（6 小时 38 分）。尽管互联网使用时间有所下降和放缓，但互联网和社交媒体已经深深嵌入 Z 世代生活的方方面面是不争的事实，疫情期间长期大量的互联网使用时间也深度影响了 Z 世代对相关平台的使用舍取。尽

---

① GLOBAL WEB INDEX. Observing the latest trends on Gen Zs, Audience Report 2020 [EB/OL]. (2021). https://www.globalwebindex.com/.

管总的使用时间有所下滑，Z 世代的社交媒体使用时间相较于其他群体仍然有着绝对优势。英国《卫报》（The Guardian）2023 年的一项调查研究显示，35% 的 Z 世代受访者每天在社交媒体平台上花费的时间超过两个小时，而婴儿潮一代（Baby Boomers）、千禧一代（Millennials）的这一比例分别为 14% 和 24%，差距显著[①]。

最后是使用需求多元化。Z 世代对社交媒体的使用需求多元，包括社交需求、娱乐需求、信息需求、教育需求、工具性需求和个人价值实现等，并主要指向了个人兴趣爱好与社会联结两部分。其中，社交需求是该群体使用社交媒体的最主要原因[②]。数据显示，Z 世代群体使用社交媒体的主要目的在于同朋友或家人保持联系和拓宽社交圈。尽管能够更加直接高效地在虚拟世界产生大量"强连接"和"弱连接"，但 Z 世代的信息获取大量依赖社交媒体，因而也产生了错失恐惧症（Fear of Missing Out）等问题。休闲和娱乐用途次之，2022 年，国际新闻媒体协会（INMA）发布的报告《Z 世代与媒体：各自须知对方的事》（What Gen Z + Media Need From Each Other）显示，超过四分之一的 Z 世代青年倾向于在社交媒体平台进行消遣娱乐[③]。此外，通过社交媒体获取实时信息、掌握新知识、追随潮流也是 Z 世代使用社交媒体的重要原因。娱乐信息资讯是 Z 世代人群重点关注的内容，对于信息资讯的全面掌握成为崭新的社交资本。Z 世代对 TikTok 等平台热烈追捧的一大原因也是能够从真正的人身上获得可以共情和理解的观点和看法，而非一味听从告知和说教。

Z 世代不仅依赖社交媒体获取新闻资讯，也重视通过社交媒体挖掘和实

---

① SALAM E. Social media particularly damaging to mental health of Gen Zers, says study[EB/OL]. (2023–04–28). https://www.theguardian.com/media/2023/apr/28/social-media-mental-health-gen-z.

② GLOBAL WEB INDEX. Social Media by Generation[EB/OL].(2020).https://www.gwi.com/reports/social-media-across-generations.

③ DREW M. What Gen Z and Media Needs From Each Other[EB/OL]. (2022–09–01). https://www.mediaupdate.co.za/marketing/152563/what-gen-z-and-the-media-needs-from-each-other.

现个人价值——他们不仅消费平台提供的社交娱乐内容，也会成为个性化内容的发布者和进行深度创作的用户。譬如，他们使用 Instagram 等社交媒体对自身关注喜欢的内容进行分享，并且创造体现个人思想观点的内容。发布体现个人思想观点的内容，同时创造在互联网上病毒式传播的迷因（meme），这些迷因兼具趣味性和亲和力，能够迅速引发 Z 世代的共鸣，从而引起大量转发和二次创作。此外，该群体不仅更加关注新闻的真实性，也对信息传递的效率等提出了更高需求。短视频的新闻呈现方式推动了新闻信息内容短平快的传播，以高效且直观的新闻呈现形式受到了 Z 世代人群的广泛接纳。基于推荐过滤算法的个性化信息推送也成为满足 Z 世代人群自我探索意识、体现个人特色、满足个性化信息需求的全新信息推送方式。

三、针对 Z 世代群体的国际传播的路径和对策

面向 Z 世代的国际传播已经成为当下国际传播的重要发力点，当下在社交媒体平台上也涌现了一些针对 Z 世代国际传播的有益尝试。本节将尝试从主体联动、内容理念和渠道创新三方面提出相应的对策建议。

首先，要发挥多元主体的力量，结合不同传播主体的优势在不同侧重点上联动发力。媒体、高校、跨国组织和企业等都是在 Z 世代国际传播过程中发挥重要作用的不同主体。发挥各主体的比较优势，能够形成组合拳，最大化国际传播的力量。下面将结合具体案例详述不同主体的国际传播的可行性思路和路径。

对于新闻媒体而言，当前，我国主流媒体在进军国际社交媒体平台方面已经初显成效，但面向 Z 世代的传播力度和实效仍有提升空间。在人员机制上，媒体应当努力吸纳年轻人群体进入工作团队，用 Z 世代的思维去影响 Z 世代，同时改革传统媒体的内容生产机制，减少对创意创新的桎梏，营造有利于创意生产的环境；在内容生产上，主流媒体应当充分运用好自身的故事资源，培养面向 Z 世代的受众思维，建立好面向 Z 世代的内容库和话语库。

2022 年北京冬奥会的国际传播实践是主流媒体针对 Z 世代进行传播的生

动案例。冬奥会期间，中国国际电视台（CGTN）针对海外 Z 世代所推出的系列内容成功实现了"破圈"，在国际上产生了较好的传播效果。海内外平台联动的"玩转冰雪"挑战等活动，让 Z 世代在内容的创作和互动中展现了冰雪运动的魅力，诠释奥运精神。而《国风遇见冬奥》的系列短视频将冰雪运动与中华传统文化进行了深度融合，让海外 Z 世代群体借助冬奥盛会的契机，增强对中华传统文化的理解[①]。

而着眼日常，人民日报媒体技术公司制作的"我与中国的美丽邂逅"短视频栏目则开创了另外一种发动 Z 世代参与国际传播的模式。该栏目创作团队通过教育部留学服务中心的短视频大赛，收获了一批自觉投射 Z 世代特征和中华文化相关的 UGC（用户生产内容）的作品形成素材库，然后借由主流媒体自身强大的生产和编辑能力进行二次创作，在制作和运营中挖掘和放大其中的内容深度和特色，转变成为 PGC（专业生成内容），同时在国内外平台联动，形成 PUGC 的接力成果，随之在不同平台匹配合适的内容来提升信息触达率。通过一整套全流程的生产，这一栏目成为孵化中外联合创作的"新范式"，可供其他媒体平台参考和借鉴[②]。

高校是国际传播人才培养的主力军，也是 Z 世代群体学习生活的主要场所，具有开展国际传播的人才储备和环境基础。各大高校要构建高水平、多层次全球合作网络，丰富全球胜任力人才培养途径，同时创新课程体系，注重实习实践，着力培养复合型国际传播青年人才。如清华大学从 2021 年起发布"全球传播学生使者"，通过挖掘和培养校园内具有国际视野和传播能力的关键意见领袖（KOL），为 Z 世代群体在国际舞台上发出声音提供了舞台，从而提升了高校的国际形象，用更加年轻的声音和视角"讲好中国故事"。同时通过举办一系列论坛、海外交换和短期学习、实习实践项目、海外社会调研等活动，搭建了许多中外青年对话和传播的平台，在培养国际传播能力和

---

① 李均 . 面向 Z 世代讲好中国故事的国际传播路径研究 [J]. 新闻战线，2023(20): 53–55.

② 刘韬，孙苗苗，李思明 . Z 世代参与国际传播内容生产的创新探索——以"我与中国的美丽邂逅"短视频栏目为例 [J]. 对外传播，2024(02): 74–77.

提升全球胜任力的同时，也促进了国际青年之间的跨文化交流。

跨国组织也是 Z 世代进行国际传播的重要平台，Z 世代青年不愿盲目听信权威，而更愿意在自身认为有价值的组织中发出自己的声音，通过传播推动实际问题的解决。如世界大学气候变化联盟（GAUC）就是由 15 所全球高校成立的旨在解决全球气候和环境问题的组织，该联盟在 2022 年组织青年领导力培训试点，选拔出 100 位全球青年大使，并提议将每年联合国气候大会（COP）前一周设立为全球青年气候周，举办了一系列丰富多彩的活动，以青年之力推动气候治理进程。这一组织和每年的系列活动在全球 Z 世代中引发了强烈反响，也推动实现了气候相关议题的有效国际传播。在甄别国际组织性质和有效管控风险的前提下，发挥官方和民间国际组织的能动性和活跃度，鼓励青年参与到国际组织中，与全球 Z 世代对话交流，并在自己感兴趣的领域的具体问题的实践中加强合作和对话，共同发声，提升传播效果。

在全球化和"一带一路"倡议推进的背景下，企业成为新兴的国际传播主体，同时也是面向 Z 世代国际传播的一片蓝海，特别是海外的中国企业，在打造自身企业品牌形象的同时，也间接产生了文化传播的效果。如中石化在海外平台发布的主题短视频《为地球加能》就讲述了其发展光伏、风能和氢能等新能源的举措，从而为实现绿色制造和碳中和目标而努力，这一点与海外 Z 世代群体对气候和环境保护的关注相契合，引发了较好的反响。企业还具备的一大优势就是本土化的国际员工，利用其自身的传播力，能够减少文化折扣，增强与本地受众的亲近感，从而能够更好地讲述中国企业的故事。如中建马来西亚公司的青年员工哈曼达（Hamanda）在社交媒体账号上分享与建筑相关的专业知识，收获了 200 万的粉丝和 1200 余万的阅读量，形成了从个人故事到企业故事再到中国故事的多频传播与共振[1]。

对于多元主体的国际传播同样需要有顶层设计和战略思维，如英国、德

---

① 吴琦.创新表达·凝聚共识：中国企业面向国际 Z 世代精准传播思考 [J]. 中国出版，2023(24)：16–19.

国和韩国等国已经明确关注本国青年群体和文化产业的海外影响力。相关主管部门要注重建立面向全球 Z 世代的多元行动者网络[①]，促进多元主体的协调联动，发挥不同主体的优势和特点，把握多元主体为 Z 世代提供的资源、渠道和平台，激发多元行动者的热情，让不同主体更好地赋能 Z 世代的国际传播实践。

其次，要秉持"转文化传播"的思维，结合 Z 世代关注的议题，进行定制化和叙事化的传播。随着 Z 世代兴起，传统的强调文化异质性的跨文化传播已经难以实现国际传播的效果。而以平台世界主义的思维来看，当下亟须从多种文化的转型和变异中实现"转文化"[②]，抓住对 Z 世代更具吸引力的"文化杂糅"或"第三文化"等新媒介文化。如新华社的《一杯咖啡里的脱贫故事》短视频，就用西方文化里熟知的咖啡这一元素，讲述其在云南实现的脱贫故事，从而实现了"转文化"的效果，在海外收获好评。而三星堆发布考古成果时同步推出的四川方言电音歌曲 MV《我怎么这么好看》，则将中国古文物和电音融合，利用年轻人喜闻乐见的"亚文化"和"非主流"的表达方式，通过数千年前古文物的独特文化符号和现代科技特效的碰撞与融合，在海外音视频社交媒体上受到大量关注[③]。

除传统的新闻媒体本身外，还可以着眼于更广义的文化产业，如以 ACG（animation 动画、comic 漫画和 game 游戏）为代表的深受 Z 世代喜爱的文化产品本身就带有极大的传播属性，拥有极强的"国际传播媒介"潜力。如近年来在全球火热的游戏《原神》，在视觉、题材、剧情和音乐等方面都体现了数字时代中华文化的新表达，将博大精深的中国文化进行本土化的全球推广，在语言、内容和运营上努力打破文化壁垒，营造最大的文化公约数，并推动

---

① 吴瑛，贾牧笛．面向 Z 世代的国际传播：历史、理论与战略 [J]．社会科学战线，2023(12)：161–171.

② 史安斌，童桐．平台世界主义视域下跨文化传播理论和实践的升维 [J]．跨文化传播研究，2021(01)：31–50.

③ 钟莉，张嘉伟．文明的语言：Z 世代国际传播的符号之旅——以三星堆国际传播平台为例 [J]．新闻界，2022(12)：91–96.

不同文化交流互鉴，成功打造了"元软实力"，成为游戏出海、文化出海和国际传播的典范^①。因此，要挖掘年轻人喜爱的文化产品，以中国文化为基点，以"转文化传播"为理念指引，发挥中华文化在国际传播中的潜能。

最后，要勇于抓住技术变迁带来的渠道变化，关注 Z 世代群体在传播方面的形态创新，在做好长线布局的同时勇于做出新的传播尝试。当前技术的发展日新月异，无时无刻不在塑造着新的传播形态，而易于接受新事物的 Z 世代也往往愿意标新立异，通过更加炫酷和潮流的传播方式来标榜自己的独特身份。如短视频平台 TikTok 逐步成为 Z 世代最受欢迎的社交媒体，其魔性的音视频内容、易于模仿的挑战互动和算法推荐的分发机制等一系列特征，都是精准吸引 Z 世代的创新点，而全球主流媒体也几乎有一半在 TikTok 开设了账号并定期发布内容^②，将内容传播至青年群体中，在 Z 世代群体中产生了广泛的影响力。除了短视频，以播客（Podcast）为代表的音频媒介也成为年轻人所追捧的新潮流，对全球 8 个市场的统计数据显示，39% 的 Z 世代说他们主要收听或只收听播客^③。CGTN 旗下的 China Plus 品牌在全球的主流播客平台上开设和发布了一系列播客，多个播客节目也聚焦 Z 世代的声音，取得了一定的国际传播实效。当下短视频和播客媒介仍处于不断增长的上升期，对短视频和播客的布局和结合热点的新尝试有利于提升海外 Z 世代的关注度，从而打通精准到达 Z 世代的渠道。

在数智时代，人工智能的技术变革带来了更多挑战和机遇。ChatGPT、Dalle·E 等文字和图片的生成式人工智能大模型正在广泛地受到年轻人的关注，许多 Z 世代群体也热衷于尝试这些新技术，并运用到自己的社交媒体使

① 王文佳. 国际传播中如何打造"元软实力"——以《原神》带动中国文化出海为例 [J]. 上海广播电视研究，2023(04): 38–45.

② NEWMAN N. How publishers are learning to create and distribute news on TikTok [EB/OL]. (2022–12–08).https://reutersinstitute.politics.ox.ac.uk/how-publishers-are-learning-create-and-distribute-news-tiktok.

③ GLOBAL WEB INDEX.The lastest trends for Gen Z[EB/OL].(2022).https://www.gwi.com/reports/gen-z-2022.

用中。人工智能工具的使用在传播的内容生产和分发上发挥着全新的作用，大大降低了传播内容的制作门槛，尽管造成了一些虚假信息等问题，但其工具意义和未来价值仍然不容小觑。同时，人工智能技术的升级和迭代也在以无法想象的速度进行，未来人工智能时代的国际传播是当下应该主动布局、取精去糟和防范风险的重要阵地。

当前，加强国际传播能力建设已上升为国家战略的新高度。党的二十大报告指出，要加强国际传播能力建设，全面提升国际传播效能，深化文明交流互鉴，推动中华文化更好走向世界。Z世代作为改变国际传播格局的原生力量，已经成为国际传播的重要抓手。要把国际传播的主战场、主阵地交给年轻人，通过发挥不同主体的优势力量，推动"转文化传播"的理念升级，积极尝试新技术的运用和新渠道的创新，我国有望在Z世代主导的国际传播中占领先机，推动国家形象和软实力的提升。

面向 Z 世代的国际传播：历史、理论与战略

吴瑛　贾牧笛 [①]

【摘要】作为全球最大代际群体的 Z 世代，正通过日常传播实践深刻影响着国际传播格局。加强中国国际传播能力建设，推进中华文明更好地走向世界，需要开展面向全球 Z 世代的国际传播研究。全球 Z 世代既体现出"数字原住民"的共性，又存在区域国别差异，折射出世界复杂的政治、经济、文化图景。研究发现，在历史层面，面向 Z 世代的国际传播可以追溯到社会学中的世代研究和青年网络政治参与研究；在理论层面，政治、经济、文化和媒介技术等的相关理论为 Z 世代国际传播提供了丰富的理论资源；在战略层面，要开展面向全球 Z 世代的战略传播设计，构建面向全球 Z 世代的多元行动者网络，打造面向全球 Z 世代的对外话语体系，通过面向 Z 世代的精准化国际传播，向世界展现可信、可爱、可敬的中国形象。

【关键词】Z 世代　国际传播　画像　数字原住民　战略传播

当前，Z 世代人群已成为全球最大的代际群体，他们通过日常的传播实践深刻影响着国际传播格局。Z 世代是数字原住民，一方面，全球 Z 世代画像体现出共同特性，其思想、行为和话语经由数字媒体扩散，跨越民族国家的界限，逐步构建起"世代共同体"。另一方面，全球 Z 世代画像又体现出差异性。由于政治、经济、文化、社会等因素的差异，不同区域国别的 Z 世代

① 吴瑛，上海外国语大学新闻传播学院教授、博士生导师，上海外国语大学国际传播研究中心主任；贾牧笛，上海外国语大学新闻传播学院博士研究生。本文系教育部哲学社会科学研究重大课题攻关项目"中国式现代化的国际传播路径研究"（编号：23JZD033）和中央高校基本科研业务费资助项目"面向 Z 世代的中国式现代化国际传播"（编号：23ZD012）的阶段性成果，发表于《社会科学战线》2023 年第 12 期。

又在差异化的国际传播实践中，形成了各具特色的传播景观。加强中国国际传播能力建设，推动中华文明更好地走向世界，需要从战略传播角度出发开展面向全球 Z 世代的国际传播研究，以全球化、区域化、分众化的精准传播，推进与全球 Z 世代的信息共享，展现可信、可爱、可敬的中国形象。

一、超越数字原住民：全球 Z 世代的画像

Z 世代是开展国际传播不可忽视的力量。《纽约邮报》报道称，2019 年 Z 世代总人数达 24.7 亿，占全球人口的 32%，成为全球人口最多的一代[①]。根据人口统计学家马克·麦克林登（Mark McCrindle）团队的研究，预计到 2025 年，Z 世代将占全球劳动力的 27%。到 2030 年，Z 世代将占全球劳动力的 34%[②]。在此背景下，需要对全球 Z 世代进行画像，据此开展精准化的国际传播。

（一）全球 Z 世代的内涵具有共同特征

Z 世代概念由"X 世代""Y 世代"概念沿袭而来。加拿大作家道格拉斯·库普兰德（Douglas Coupland）于 1991 年出版《X 一代：在加速文化中失重的故事》（*Generation X: Tales for an accelerated culture*）一书，将出生于 20 世纪 50 年代末和 20 世纪 60 年代的人称为"X 世代"。后来，这一概念受到学术界和媒体的热议，逐渐发展为一个全球性概念。X 世代的命名催生了"Y 世代"（千禧一代）和 Z 世代两个概念。

Z 世代被普遍认为是出生于 1995—2009 年的群体。美国皮尤研究中心原本以"后千禧世代"描述 Z 世代，后来又明确界定 Z 世代为出生于 1997—2012 年的群体。美国《韦氏词典》《牛津词典》《城市词典》均收录了 Z 世

---

① SPITZNAGEL E.Generation Z is bigger than millennials — and they're out to change the world[EB/OL].(2020–01–25).https://nypost.com/2020/01/25/generation-z-is-bigger-than-millennials-and-theyre-out-to-change-the-world.

② MCCRINDLE RESEARCH.Gen Z and Gen Alpha Infographic Update[DB/OL].(2023–06–23).https://mccrindle.com.au/article/topic/generation-z/gen-z-and-gen-alpha-infographic-update.

代（generation Z/gen Z）这一词条，指出生于 20 世纪 90 年代末至 21 世纪 10 年代初的群体[①]。不同区域国家由于政治、经济和社会背景不同，对某一世代的时间划分也往往不同，但对"数字原住民"一代即 Z 世代的时间划分各国差异较小，一般就是指 2000 年（±5）前后出生的人构成的世代。Z 世代被称为"全球世代"，数字技术正在将麦克卢汉所说的"地球村"变为现实[②]。

Z 世代是真正的"数字原住民"，他们游走在多种数字设备之间，是"多任务处理者"。他们用于虚拟社交的时间多于面对面交流的时间。他们是"网络霸凌"（cyberbullying）的施害者和受害者。在线交流的即时性使 Z 世代容易获得即时满足、缺失深刻思考。Z 世代文化更加多元性，少数群体（LGBTQ）在 Z 世代中不断扩大[③]。在身份认同上，他们是世界公民，没有国界。在政治生活中，他们寻找自己的社会身份定位；他们是理想主义者，对正义非常敏感。在性格特征上，他们有很强的幽默感，追求自由和安全感。他们兼具敏感与宽容，社会学家称之为"emo-boomers"（emo 是指情绪化，boomers 是指婴儿潮一代的责任感）[④]。Z 世代是忠实的"信息研究人员"（information researcher），他们自主研究产品信息，喜欢自学。Z 世代成长在一个被商业信息全方位"轰炸"的时代，他们擅长对信息的有用性和质量展开预评估，相比文本内容，更青睐视觉内容[⑤]。

① DIMOCK M. Defining generations: Where Millennials end and Generation Z begins[EB/OL]. (2019-01-17). https://www.pewresearch.org/short-reads/2019/01/17/where-millennials-end-and-generation-z-begins/.

② 박치완. 세대론의 르네상스와 '디지털 원주민 세대' 의 이해 [J]. 문화콘텐츠연구, 2019 (16): 7-43.

③ TURNER A. Generation Z: Technology and social interest[J]. The journal of individual Psychology, 2015, 71(2): 103-113.

④ REVOL O. Soigner la génération Z: les nouveaux codes[EB/OL]. (2017-07-12).https://www. realites-pediatriques.com/soigner-generation-z%E2%80%89-nouveaux-codes.

⑤ PIEPOLI L. Si fa presto a dire giovani. Generazione Y e Z a confronto[EB/OL]. (2021-04-26). https://group.intesasanpaolo.com/it/research/consumi-indagini-di-mercato/scenario/2021/differenze-tra-millennials-e-generazione-z.

（二）不同国家 Z 世代画像存在显著差异

尽管在数字全球化进程中，技术因素形塑了 Z 世代的共性，但由于不同区域国家政治、经济、文化、社会等方面的显著差异，Z 世代的特性和风格体现出鲜明的区域和国别差异。

在美国，Z 世代与政策制定者持有不同观点。卡内基国际和平基金会（The Carnegie Endowment for International Peace）指出，美国 Z 世代是在美国主导地位被削弱、社会和经济分裂、海外挑战加剧的背景下成长起来的。Z 世代也正在成为美国历史上种族最多元化的一代。美国的 Z 世代更关心气候变化和人权等问题，而不是战争或大国博弈。出于对美国领导力的怀疑、对全球挑战的担忧、对技术影响力的不适，以及对美国国内不公正的愤慨，Z 世代中许多人对当下国内国际秩序感到愤怒，并对美国管理地缘政治的能力持谨慎态度[①]。

在德国，Z 世代又被称为"格蕾塔一代"（generation greta）。瑞典少女格蕾塔·通贝里（Greta Thunberg）领导的气候抗议活动影响了一代人，格蕾塔已成为欧洲乃至西方世界 Z 世代的代表人物。德国 Z 世代成长于和平环境，相对于其他欧洲国家，德国的罢工次数较少，经济繁荣，失业率较低，2018年德国 15—24 岁青年的失业率仅为 6%。在这样的背景下，德国 Z 世代缺乏参与政治的兴趣。据调查，德国 Z 世代眼中排名前三的社会威胁是恐怖主义、欧洲战争和环境污染。排名前三的生活重要事项是建立自己的家庭、旅行和具有环保意识的行为[②]。Z 世代敢于发表意见，常以不妥协的态度提出诉求。Z 世代希望掌控主动权，在气候变化和数字化时代，他们认为政治应该为未

① BARNETT S, THOMPSON N, ALKOUTAMI S.How Gen Z Will Shake Up Foreign Policy[EB/OL]. (2020–12–03). https://carnegieendowment.org/2020/12/03/how-gen-z-will-shake-up-foreign-policy-pub-83377.

② SCHOLZ C, GROTEFEND L D. Generation Z in Germany: The (Un) Typical German?[M]// Generations Z in Europe. Emerald Publishing Limited, 2019: 169–197.

来指明方向，但他们也会迷失在日常的细枝末节中，凭感觉行事①。

在巴西，Z 世代正在成为新闻业变革者，他们反对霸权叙事，追求新闻民主。扎内·拉莫斯·巴塞罗斯（Zanei Ramos Barcellos）和帕特里夏·吉马雷斯·吉尔（Patrícia Guimarães Gil）指出，巴西 Z 世代在青春期见证了左派政权和极右派政权的更替，见证了第一位巴西左派女总统迪尔玛·罗塞夫（Dilma Rousseff）下台与极右派总统雅伊尔·博索纳罗（Jair Bolsonaro）上台。在巴西民主面临倒退的背景下，作为新闻消费者的 Z 世代生活在充满政治两极化、仇恨言论和错误信息的数字世界中。与此同时，越来越多的 Z 世代加入新闻业，并致力于重塑新闻行业。这些变革包括：通过批评保守的国家政策和极右翼思想，反对霸权叙事；为在线新闻设定"流量经济"指标，避免话语碎片化；调整新闻机构运营模式，使新闻生产更加灵活和民主，具体措施包括推广同级决策者协同决策模式、引进虚拟新闻编辑室等②。

在俄罗斯，Z 世代在新闻生产和消费中呈现游戏化倾向。尼科尔·瓦西里耶夫娜·季莫申科（Тимошенко Николь Васильевна）认为，Z 世代的祖辈是"沉默的一代"，在斯大林时代，人们别无选择，只能保持沉默退缩到书本里，而 Z 世代则面对恐怖袭击、战争等事件，倾向于从现实退到虚拟世界③。亚历山大·瓦列里耶维奇·萨巴（Сапа Александр Валерьевич）认为，俄罗斯正在成为西方式的消费社会，人们开始将生活看作娱乐和游戏，从心理学角度看，这将使人变得幼稚。这些都对 Z 世代产生了影响，他们决定过一种消费主义的"幼稚"生活，拒绝承担成年人的责任和义务④。叶卡捷琳娜·阿

---

① HURRELMANN K, ALBRECHT E. Generation Greta. Wie sie denkt, wie sie fühlt und warum das Klima erst der Anfang ist[M].Beltz & Gelberg in der Verlagsgruppe Beltz ,2020:34-48.

② BARCELLOS Z R, GIL P G. A Forma Flexível e Inclusiva de Fazer Jornalismo da Geração Z[J]. Cadernos da Escola de Comunicação, 2018, 16(1): 26-42.

③ Тимошенко Н В. Современная молодёжь и её коммуникация в сети Интернет: поколения Y и Z[J]. Скиф. Вопросы студенческой науки, 2017 (11): 94-98.

④ САПА А В. Поколение Z—поколение эпохи ФГОС[J]. Инновационные проекты и программы в образовании, 2014 (2): 24-30.

纳托利耶夫娜·兹韦列娃（Зверева Екатерина Анатольевна）指出，20 世纪中期至今属于后现代主义范畴，Z 世代是后现代文化的承载者。在后现代文化中，人们希望以一种游戏的、不真实的形式呈现现实。Z 世代的新闻生产和消费呈现非线性和游戏化的特征①。

在阿拉伯国家，Z 世代的宗教和民族忠诚度随着数字全球化而逐渐削弱。艾哈迈德·奥马尔·阿卜杜勒·贾巴尔·穆罕默德（عمر عبد الجبار محمد أحمد）认为，Z 世代代表了迄今为止政治上最进步的一代，比上一代更加"左"倾②。贝利尔·阿卜杜·卡里姆（عبد الكريم بليل）指出，数字全球化带来了西方文化、道德、教育和宗教价值观的传播和霸权。阿拉伯国家 Z 世代遭受网络霸凌，他们的宗教信仰被嘲笑、贬低和侮辱。与此同时，数字化塑造了 Z 世代独特的阅读习惯，即满足于阅读标题而不对内容可信度加以验证，导致其认知偏离历史现实。数字媒体中充斥着犹太复国主义、犹太人至上主义的相关内容，使 Z 世代相信犹太复国主义者在他们占领的土地上取得了经济、技术上的文明成就。Z 世代意识不到巴勒斯坦事业的重要性，以及犹太复国主义的危险性，也不认同自己的伊斯兰或阿拉伯身份。他们无视犹太复国主义哈加纳帮派的罪行，以及以色列前总理沙龙在萨布拉和沙蒂拉犯下的人道主义罪行③，这样的 Z 世代研究体现了阿拉伯国家的独特视野。

在韩国，Z 世代具有很强的文化自信，但在经济上有被剥夺感。韩国 Z 世代是空前现实的一代。韩国学界将千禧一代（Millennials）与 Z 世代合并称为"MZ 世代"④。从 21 世纪初开始，"韩流"兴起。2002 年韩国足球队进

① Зверева Е А. Особенности медиапотребления "поколения Y" и "поколения Z"[J]. Социальн о - г уманитарные знания, 2018 (8): 205–216.

② الجيل زد: شريحة اجتماعية جديدة بخصائص جديدة وتحديات نظرية ومنهجية. عمر عبد الجبار محمد أحمد جديدة [J], مجلة مستقبل العلوم الاجتماعية, 2023, 12(1): 85–95.

③ عبد الكريم بليل. تحديات العولمة الرقمية على الهوية الدينية للجيل زد [DB/OL]. (2021-08-14). https:// zenodo.org/record/5202733.

④ 호규현, 심승범, 조재희. 정말 MZ 세대 직원은 까다로운 개인주의자일까?: 미디어에서 묘사된 MZ 세대 조직원 특징에 대한 당사자의 주관적 인식연구 [J]. 한국언론학보, 2023, 67(1): 272–315.

军韩日世界杯四强，2010 年金妍儿获得冬奥会女子单人滑金牌，这些体育成就提高了韩国的国际地位。2012 年，韩国歌手 PSY 的《江南 Style》在优兔（YouTube）的点击量达到 10 亿次。近年来，防弹少年团（BTS）和电影《鱿鱼游戏》引领了大众文化潮流。在此背景下成长起来的 MZ 世代与其他世代不同，他们对韩国文化充满自信，对海外文化没有太多的憧憬。此后，韩国社会经济增长放缓，阶层固化，MZ 世代就业竞争激烈，经济收入和社会地位更低。因此，他们感受到极强的被剥夺感，自称"88 万韩元世代"（平均月薪 88 万韩元，仅能满足基本生活需求，无法满足恋爱、结婚、生育、住房、人际交往等需求）[1]，这是 MZ 世代对自身现状的自嘲。

在日本，Z 世代呈现"低欲望"特征。35 岁以下的年轻人，在成长阶段经历了日本"失去的 20 年"（自 20 世纪 90 年代开始的通缩和经济不景气时代），逐渐形成不想承担房贷、不想结婚生子的态度。在日本年轻人中，有"穷充"（穷但充实）的流行说法，他们认为没有必要为金钱或出人头地辛苦工作，收入不高也能过上心灵富足的生活。年轻人正在变成"低欲望"一族[2]。原田曜平认为，Z 世代经常说"Chill"（"まったりする"，放松/悠闲），他们往往按照自己的节奏生活，对"Chill"有很强的倾向性[3]。儿美川孝一郎指出，年轻人不再进行有负担的消费，不想为了将来牺牲现在，自发卸下时代和社会赋予的重担，只想度过属于自己的不可替代的时光[4]。

在中国，Z 世代传递着正能量，也形成了"躺平""养成偶像"等亚文化。相对于欧美国家，中国人口老龄化、少子化、长寿化趋势明显。中国 Z 世代

① 최샛별 . 한국의 MZ 세대 이야기 : 기성세대의 상식을 넘어서다 [J]. 지식의 지평 , 2022 (32): 63–76.

② 大前研一 . 低欲望社会："丧失大志时代"的新·国富论 [M]. 姜建强，译 . 上海译文出版社，2018: 19–50.

③ 原田曜平 . 大学は「Z 世代」を正しく理解できているか /「チル＆ミー」を大切な価値観とする Z 世代 [DB/OL]. (2023–04–21). https://souken.shingakunet.com/higher/2022/07/zz.html.

④ 儿美川孝一郎 . 若者の消費行動に見る日本社会の未来形：『モーレツからビューティフルへ』からの『平凡な日常』[J]. AD STUDIES, 2013(43): 10–15.

多是独生子女，当传统的政治和经济机会被前辈占据，而国内经济面临较长期的下行压力时，中国 Z 世代显现自身价值的机会迅速收缩，压力相应变大。"正能量""创新突破"是中国 Z 世代的主流文化，但"内卷""躺平"成为网络流行词也从侧面映射出 Z 世代的文化特点。中国 Z 世代需要另辟蹊径，才能找到安身立命之本[①]。在中国，出现"妈妈粉""爸爸粉""姐姐粉""哥哥粉"等现象，以 Y 世代和 Z 世代为主的粉丝群体塑造了新型的粉丝—偶像关系，粉丝将偶像视作自己的家人进行应援与互动。基于这种"准亲缘"（paraskin）关系，粉丝在社交媒体上培养偶像，甚至一定程度上控制了偶像。形成这种新关系模式的原因很多，既有 Y、Z 世代的家庭多为独生子女家庭，他们因缺乏兄弟姐妹而将偶像作为情感替代，也有对社群身份归属感的强烈追求[②]。

表 1 全球不同国家的 Z 世代画像[③]

国别	Z世代的标签	Z世代的独特内涵
中国	正能量、"躺平"、偶像养成	亚文化爱好者
美国	不关心大国博弈、聚焦气候变化与人权	政策质疑者
德国	格蕾塔一代、敢于发声	社会行动者
俄罗斯	退缩到虚拟世界、游戏化、消费幼稚化	游戏化生存者
巴西	反霸权、追求新闻民主	新闻业变革者
阿拉伯国家	政治"左"倾、宗教信仰及身份认同受到冲击	政治变革者
日本	穷充、Chill	低欲望消费者
韩国	88万韩元世代、文化自信	韩流拥护者

[①] 王水雄. 中国 Z 世代青年群体观察 [J]. 人民论坛，2021(25): 24–27.

[②] YAN Q, YANG F. From parasocial to parakin: Co-creating idols on social media[J]. New Media & Society, 2021, 23(9): 2593–2615.

[③] 此表由作者在文献梳理基础上整理。

二、Z 世代国际传播的研究史

（一）从世代研究到 Z 世代研究

20 世纪 20 年代，社会学中形成了世代研究的雏形。德国社会学家卡尔·曼海姆（Karl Mannheim）提出了"代"（generation）的概念。曼海姆认为，世代是在社会发展的过程中形成的年龄群体，可根据特定经验与思维模式的不同划分不同世代[①]。代际间的问题与冲突使社会学家更加关注世代问题，世代研究成为一个专门的研究领域。20 世纪 60 年代，西方学生运动的出现也促进了学者们开展世代研究[②]。20 世纪八九十年代，美国社会逐渐形成一种观念，即社会保障制度是一代人压迫一代人的残酷手段。婴儿潮之后的 X、Y 世代质疑社会福利制度，更倾向于改革由工资税资助的政府福利体系。为实现代际公平，代际核算（generational accounting）被引入主流经济学和公共管理学。代际核算将美国经济学家佛朗哥·莫迪利亚尼（Franco Modigliani）提出的"生命周期假说"（life-cycle hypothesis）与收入、储蓄和支出的相关经济模型结合了起来[③]。

20 世纪 90 年代，美国历史学者尼尔·豪（Neil Howe）和威廉·施特劳斯（William Strauss）创立了美国的"世代理论"。他们在《世代：1584 年到 2069 年的美国未来历史》（*Generations: The History of America's Future，1584 to 2069*）一书中提出了"世代"的定义，即世代是一个群组，其边界由同龄人的个性确定，每一世代与相邻世代的间隔约为 22 年。决定世代个性的因素包括共同的年龄阶段、信仰、行为、身份认同等。不同的"社会时刻"和人的不同的生命阶段会塑造不同的世代类型，"社会时刻"一般指一个时代（约 10 年）中人们意识到一些历史事件正从根本上改变社会环境的时刻。人的生

---

① MANNHEIM K.Das Problem der Generationen[J]. Kölner Zeitschrift für Soziologie und Sozialpsychologie, 1928, 7(2): 157–185.

② 戴侃. 世代分析的主要论点及争议问题 [J]. 国外社会科学 , 1984 (11): 27–32.

③ BLACKBURN R. Banking on death: or, investing in life: the history and future of pensions[M]. Verso Books, 2004:369–379.

命阶段包括青少年期、成人期、中年期、老年期①。具体而言，社会发展进程一般包含四个转折点，即高昂（high）、觉醒（awakening）、解体（unraveling）和危机（crisis），每个转折点的出现都代表社会进入不同阶段。不同社会阶段塑造出不同的世代类型，即高昂时期塑造出先知型（prophet）世代，觉醒时期塑造出游牧民型（nomad）世代，解体时期塑造出英雄型（hero）世代，危机时期塑造出艺术家型（artist）世代。不同世代群体进入青少年期、成人期、中年期、老年期，社会权力结构都将发生改变。不同的世代接替掌权，推动社会进入下一轮高昂、觉醒、解体和危机的循环②。

随着 Z 世代逐渐成为人口数量最大的世代，世代研究也随之转向。当前国际 Z 世代研究已成为跨学科交叉研究的重要议题，新闻传播学、管理学、教育学等学科均引入世代研究。如新闻传播学中 Z 世代的媒介接触与使用研究显示，Z 世代在虚拟世界的游戏玩家个性可能对现实世界产生影响③。管理学对 Z 世代组织行为的研究显示，Z 世代更易受到抑郁和焦虑情绪困扰。为实现管理者和员工的双赢，需要了解 Z 世代的特征和期待，有针对性地制定管理策略④。教育学针对 Z 世代学生的教育策略研究显示，Z 世代希望拥有属于自己的沟通空间，不被外界打扰。与 Z 世代学生沟通时，脸书（Facebook）要优于邮件，如果想吸引学生关注课堂，Instagram 是一个不错的选择。Z 世代拥有与其他世代不同的媒介技术使用特征，教育者需要"拥抱"这些特征，更新其教学观念和手段⑤。

① STRAUSS B, STRAUSS W, HOWE N. Generations: The history of America's future, 1584 to 2069[M]. William Morrow & Company, 1991: 60–78.

② STRAUSS W, HOWE N. The fourth turning: What the cycles of history tell us about America's next rendezvous with destiny[M]. Crown, 2009: 120–123.

③ NIGAMI A. Online gaming and OTT consumption: An exploratory study of generation Z[J]. Journal of Promotion Management, 2022, 28(4): 420–442.

④ SCHROTH H. Are you ready for Gen Z in the workplace?[J]. California Management Review, 2019, 61(3): 5–18.

⑤ SEEMILLER C, GRACE M. Generation Z goes to college[M]. John Wiley & Sons, 2016: 148–149.

（二）Z 世代国际传播研究

Z 世代国际传播研究可以追溯到 21 世纪以来对青年网络政治参与的研究。青年逐渐由参与本国事务拓展到参与国际事务。针对"传播在青年政治参与中的角色"问题，学界形成了两种不同的叙事。一是长期以来观看电视形成了被动的信息接受模式，青年参与政治的热情降低，即便是在线公民行动也无法改变这种局面；二是"数字原住民"站在参与式媒体的最前沿，促进新的公共生活的产生。实际上，这两种看似矛盾的情况是并存的。在美国青年中，"尽职型公民"（dutiful citizenship）范式已经让位于"实现型公民"（actualizing citizenship）范式。"尽职型公民"参与政治呈现三个特征：基于个人责任感、通过公民组织参与、通过新闻获取信息。"实现型公民"则通过表达实现自我、以创造性公民参与形式介入全球和本地事务，通过对等网络（peer networks）共享内容[1]。在马来西亚，视频博客已成为青年活动家宣传禁忌问题的工具。在新加坡和菲律宾，青年活动家使用信息通信技术撕掉其负面标签，动员同龄人参与活动。亚洲青年活动家既关注全球性环境问题，也关注地方性自然灾害，通过新媒体积极寻求国际社会的帮助[2]。

借助国际传播，Z 世代扩大了网络政治参与的广度与深度。曼海姆认为，民族国家内代际人群经历的创伤性事件会塑造不同的代际特征，在媒介技术影响下，一个国家的创伤性事件可能成为全球性创伤事件，并进一步创造全球世代意识[3]。Z 世代人群已经超出民族国家的界限，成为全球性群体。

Z 世代在国际传播实践中形成了独特的风格。印度学者关注到 Z 世代的非暴力表达方式。新冠疫情期间兴起的"仙女评论"（fairy comment）是一种

---

① BENNETT W L, WELLS C, FREELON D. Communicating civic engagement: Contrasting models of citizenship in the youth web sphere[J]. Journal of communication, 2011, 61(5): 835–856.

② ZHANG W, LALLANA E C. Youth, ICTs, and civic engagement in Asia[J]. International Communication Gazette, 2013, 75(3): 249–252.

③ EDMUNDS J, TURNER B S. Global generations: social change in the twentieth century[J]. The British journal of sociology, 2005, 56(4): 559–577.

新型传播策略，特征是以一串仙女 emoji 分隔两个短句，一般前面一句具有积极意义，后面一句转折为批判或讽刺。这些评论大多针对印度总理莫迪、美国前总统特朗普这样的国际政治人物，体现了 Z 世代的国际视野。"仙女评论"是 Z 世代表达异议的一种新形式，通过这种方式可以降低其社交账号被封的风险。这种风格契合 Z 世代关注心理健康的特性，他们不仅关注自己，也关注他人，因此他们不愿意成为网暴者。"仙女评论"使志同道合的 Z 世代结成联盟，关注并参与公共事务[①]。Z 世代还具有主动的新闻消费习惯、自发参与网络环境监督、密切关注全球性议题、塑造开放平等的世界观等特征[②]。

三、Z 世代国际传播的理论视角

（一）政治维度

Z 世代国际传播实践既延续了 Y 世代的特征，即通过网络尤其是社交媒体动员民族主义行动，也有专属的特征，就是将政治生活日常化，通过衣食住行、消费等日常生活传达政治观点，表达政治态度。为争取 Z 世代的关注和认可，国际传播实践发生了转变，注重个性化、人情味的表达，更贴近 Z 世代的媒体社交习惯。网络民族主义、生活方式政治、拟剧理论等理论对解释这些现象具有适用性。

网络民族主义（cyber nationalism）理论可以用于分析 Z 世代面临国家主权冲突、文化冲突时发起的国际传播实践。网络民族主义是民族主义和网络技术共同驯化的结果。网络民族主义是由草根大众发起的在网络平台扩散的自下而上的民族主义。

生活方式政治（lifestyle politics）理论可用于分析 Z 世代发起消费或抵制

---

① KHANNA K, KATARIA P. Introducing Fairy Comments: Gen Z's Instrument of Online Kudos Trolling[J]. Journal of Creative Communications, 2022: 09732586221090367.

② 姬德强，杨珉儿. 国际传播中的 Z 世代角色发展报告 [M]// 全球传播生态蓝皮书：全球传播生态发展报告（2022）. 北京：社会科学文献出版社，2023：211–226.

消费行动背后的政治动机。"生活方式政治"指的是，人们基于伦理、道德和政治的考量，将日常生活中的选择和决策政治化。个人层面的生活方式政治具有引发全球性社会变革的潜力[①]。政治消费主义是生活方式政治的一种形式。人们通过消费某类产品或抵制某类产品彰显信仰或表达不满。消费行动成为人们表达政治观念的渠道。Z 世代经常以消费或抵制消费的形式参与环保行动以及素食主义、性别平等运动，表达政治态度和观点[②]。2021 年，中外消费者围绕"新疆棉"发起的消费或抵制消费行动，传达了不同的政治观点。Z 世代具有国际传播意识，通过日常生活方式表达政治态度，借助互联网推动话题发酵，在国际舆论空间推动其政治观点的传播。

拟剧理论（dramaturgical theory）用于分析针对 Z 世代受众的政客形象的国际传播。政治生活可以被描述为政治戏剧（political dramaturgy），政治人物如同演员，他们实施行动是为了获得观众的回应[③]。Z 世代希望政客利用 Instagram 平台的视觉和语言元素，通过帖子、直播等渠道展现政治生活。Z 世代厌恶过度政党化的表达及"行话"，他们希望政客形象是真实透明的，并希望获得更多的细节，但是相较于事实、数字等细节，更青睐个人案例和真实的故事。而对于 Z 世代，政客需要构筑后台通行证（backstage pass），与 Z 世代建立准社交关系（parasocial relationship）[④]。"推特治国"的美国前总统特朗普经常在推特上发表政治观点，引导包括 Z 世代在内的选民投票或发起政治行动。事实上，当前很多政客都在推动政治社交化进程，他们在社交平台上展演，开展政治传播，直接与 Z 世代对话。

① DE M J. Lifestyle politics and the concept of political participation[J]. Acta Politica, 2017, 52: 179–197.

② SEYFI S, HALL C M, VO-THANH T, et al. How does digital media engagement influence sustainability-driven political consumerism among Gen Z tourists?[J]. Journal of Sustainable Tourism, 2022: 1–19.

③ BORRECA A. Political dramaturgy: a dramaturg's (re) view[J]. TDR (1988–), 1993, 37(2): 56–79.

④ PARMELEE J H, PERKINS S C, BEASLEY B. Personalization of politicians on Instagram: What Generation Z wants to see in political posts[J]. Information, Communication & Society, 2022: 1–16.

（二）经济维度

Z世代的国际传播实践具有鲜明的世代特征。各类国际传播主体借助算法推荐、网络意见领袖及幽默话语等加强对Z世代的影响。在商品消费方面，Z世代习惯将较高的伦理准则融入消费中，所以比其他世代更容易卷入全球绿色消费运动。符号消费理论可以用来解释Z世代发起的全球环境保护、绿色消费等国际传播行动。

注意力经济理论可用于分析国家、企业、媒体等主体如何在国际传播中吸引Z世代关注等问题。在网络时代，传统的货币经济模式已逐渐被新的注意力经济模式代替。在注意力经济模式中，重要的是寻求注意、获得注意和给予关注[①]。在信息消费中，Z世代的注意力较其他世代更加短暂。研究发现，在数字营销过程中，简短的营销广告、幽默的话语，以及社交媒体意见领袖的参与，对吸引Z世代的注意力有积极作用[②]。新闻媒体也通过算法推荐，提升了新闻获取公众注意力的概率。"新闻偶遇"指的是人们在非主动寻求信息的状态下接触到新闻，这也是人们在算法驱动的数字平台接触新闻的主要方式之一[③]。Z世代已经深度卷入这种偶遇式的新闻消费模式之中，个性化推荐算法则强化了这一消费倾向[④]。

符号消费理论（theory of code consumption）可用于分析Z世代发起全球性绿色消费行动的心理动机。符号消费理论指出，消费的本质是不仅要获得商品的使用价值，还要获得商品所指的符号意义。消费行为体现了知识、权力、文化等方面人与人的差异[⑤]，人们通过消费彰显自己的与众不同。从Z世

① GOLDHABER M H. The attention economy and the net[J]. First Monday, 1997, 2(4).

② MUNSCH A. Millennial and generation Z digital marketing communication and advertising effectiveness: A qualitative exploration[J]. Journal of Global Scholars of Marketing Science, 2021, 31(1): 10–29.

③ 杨洸，佘佳玲. 社交媒体中的新闻偶遇：平台启发式线索对用户新闻参与的影响 [J]. 新闻与传播研究，2023, 30(03): 108–125+128.

④ 陈家洋，吉尔凡. 附带新闻消费：Z世代新闻消费模式研究 [J]. 青年记者，2022(20): 54–56.

⑤ BAUDRILLARD J. The consumer society: Myths and structures[M]. Sage, 1998: 60–61.

代发起的全球性绿色消费行动可以看出 Z 世代的生态伦理准则和环保意识。Z 世代关注社会普遍存在的伦理问题，并尽其所能对社会产生积极影响，他们还会选择可持续生活方式，回收利用废旧物资、饮食选择等消费行为也体现其伦理准则[①]。

（三）文化维度

Z 世代国际传播实践在 Y 世代的基础上增加了"音乐社交""真实性"等元素。如果说 Y 世代见证了全球粉丝文化的兴起，那么对 Z 世代来说，粉丝文化已经融入了日常生活。Z 世代同样是"文本盗猎者"，但与 Y 世代的不同之处在于，Z 世代在参与式粉丝文化中加入了"音乐社交"元素。他们习惯于将不同类型的文本与音乐相互拼接，创造新的网络迷因。Z 世代成长于传统媒体和新媒体深度融合的时代，他们将注重"真实性"的意识融入国际媒体平台，主动参与全球新闻和信息的生产。融合文化理论适用于解释 Z 世代与国际媒体的互动。

参与式文化（participatory culture）理论可用于分析全球粉丝文化，以及 Z 世代的跨国知识共享实践。美国传播学者亨利·詹金斯（Henry Jenkins）指出，参与式文化模糊了生产者与消费者、观众与参与者、商业平台内容与自制内容之间的界限，粉丝将媒体消费体验转化为新文本生产，并进一步创造了新的文化和社区[②]。网络世代（Net generation，也被称为 Y 世代）通过新的网络工具，推动工作协作方式发生变革，扩大了 Z 世代人际交往的范围[③]。Z 世代与 Y 世代同属于"数字原生代"，所以有一些相似的特征，如广泛开展参与式文化实践。"二次元""萌宠文化"等亚文化粉丝群体发布原创或二次创作的作品，与全球粉丝交流互动。2023 年，日本歌手美依礼芽在综艺节

① DJAFAROVA E, FOOTS S. Exploring ethical consumption of generation Z: Theory of planned behaviour[J]. Young Consumers, 2022,23(3): 413–431.

② JENKINS H. Textual Poachers. Television Fans and Participatory Culture[M]. Routledge,1992:46.

③ TAPSCOTT D, WILLIAM A D. Wikinomics: How mass collaboration changes everything[M]. Penguin, 2008: 247.

目《乘风 2023》中演唱了发行于 2016 年的二次元歌曲《极乐净土》，引发 B 站、YouTube 等平台各国二次元 Z 世代进行二次创作，掀起了二次元文化狂欢。在跨国知识共享实践方面，Z 世代不仅使用维基百科等协同知识生产平台，还利用 TikTok、YouTube、GitHub 等国际社交媒体平台和在线软件开发平台进行知识共创共享。

融合文化（convergence culture）理论可用于分析媒介融合背景下 Z 世代与国际媒体的互动。在融合文化领域，新媒体和传统媒体碰撞，草根类媒体和企业类媒体交融，媒介生产者和消费者互动。融合文化理论将媒体与民主纳入视野。亨利·詹金斯认为，参与式文化也渗入新闻媒体之中。值得注意的是，在融合文化中存在参与的不平等和数字鸿沟等问题[1]。融合文化理论超越了以往文化研究强调传播者与受众的关系，而突出媒介生产者与消费者之间的博弈与沟通[2]。日本学者使用融合文化理论分析 Z 世代与媒介的互动，认为 Z 世代多样的生活方式不被企业、媒体等倡导的价值观和"品牌效应"干扰，他们在虚拟世界中也能像在现实生活中一般自由行动[3]。由 Z 世代创立的各类社交应用软件对超大型社交媒体平台居主导地位的媒介生态格局形成挑战。社交新闻网站红迪网（Reddit）、社交软件 Lobby、反"美颜"社交软件真我（Be Real）、音乐社交软件放音乐（Turn Up）已在数十个国家的移动应用市场上架，迅速成为年轻人意见表达的热门平台[4]。

（四）媒介技术维度

Z 世代的国际传播实践凸显了数字原住民的特征。Z 世代是与互联网共生的世代，网络叙事、视觉化叙事符合 Z 世代媒介接触习惯。使用与满足理论

① JENKINS H. Convergence Culture. Where Old and New Media Collide[M]. New York University Press, 2006: 240–260.

② 王蕾. 亨利·詹金斯及其融合文化理论分析 [J]. 东南传播，2012(09): 11–13.

③ 大井椋介.「自走する Z 世代」を味方につける [DB/OL].(2022–03–25). https://www.jaaa. ne.jp/wp-content/uploads/2022/03/51award_08.pdf.

④ 王润珏，张若溪. "Z 世代"与国际传播格局的新动向 [J]. 对外传播，2022(11): 18–21.

（use and gratification theory）可用于分析 Z 世代选择性接触某类国际传播内容的动因。受众使用媒介是为了满足自身或社会的需求[①]，有学者指出，俄罗斯 Z 世代在进行媒介消费时，基于自尊、归属、声誉等的追求和自我实现类的需求排在首位，其次是娱乐、信息、教育及其他工具性需求[②]。2021 年，迪迩工作室制作、新华社国际传播融合平台出品的英语脱口秀节目《迪迩秀》（Deer Show）将中美关系作为讨论点，发布了 10 期多样化、趣味化、轻松化的短视频，收获了超过 5 亿次的海内外点击量。《迪迩秀》获得 Z 世代喜爱的关键在于视觉传播与人格化叙事精巧契合。对于中国 Z 世代而言，《迪迩秀》引发了有热血爱国体质、拥护"国潮"的 Z 世代的共鸣，也增进了 Z 世代重大国际议题的知识储备[③]。

行动者网络理论用以分析 Z 世代如何与人类行动者及网络等非人行动者共同参与国际传播实践。行动者网络理论将传播学研究的视野从人与人之间的互动，拓展到人与非人行动者的互动。"行动者"（actor）、"网络"（network）、"转译"（translation）是行动者网络理论的核心概念。行动者包括人与非人等一切可以成为行动来源的实体。网络是一种隐喻，是一种拓扑结构，是事物的移动记录[④]。转译是对行动者定义角色并分配、界定场景的过程，转译能否成功取决于召集可能挑战其定义的行动者的能力[⑤]。行动者网络成为研究 Z 世代国际传播行为的常用理论框架。人与技术的关系是数字原住民 Z 世代生活中不可或缺的一部分。人与技术的融合构成了新的社会关系，Z 世代是互联

① KATZ E, BLUMLER J G, GUREVICH M. Utilization of mass communication by the individual [M]// The Uses of Mass Communications Current Perspectives on Gratifications Research. Beverly Hills and London: Sage Publications, 1974: 19–32.

② DUNAS D V, VARTANOV S A. Emerging digital media culture in Russia: Modeling the media consumption of Generation Z[J]. Journal of Multicultural Discourses, 2020, 15(2): 186–203.

③ 袁玥. 接入 Z 世代的平台：中国主流媒体短视频传播创新实践——以《迪迩秀》为例 [J]. 现代视听，2022(03): 16–20.

④ LATOUR B. On actor-network theory: A few clarifications[J]. Soziale welt, 1996, 47(4): 369–381.

⑤ CALLON M.The Sociology of an Actor-Network: The Case of the Electric Vehicle[M]// Mapping the Dynamics of Science and Technology. London: Palgrave Macmillan, 1986: 19-34.

网内容的主要生产者、消费者和传播者[①]。主流媒体平台有成为青少年网络传播关键行动者的责任与能力[②]。海内外 Z 世代的沟通具有天然优势，扩大中国 Z 世代的声音，与主流媒体传播内容同频共振、交融互补，可以达到协同发声的效果[③]。

四、面向 Z 世代的国际传播战略

（一）开展面向全球 Z 世代的战略传播设计

当前 Z 世代在国际格局中的地位越来越重要，讲好中国故事、传播中国声音，要强化面向全球 Z 世代的战略传播。战略传播是一种为配合国家战略而实施的精准化传播，强调多主体协调联动，其主体是与国家重大战略紧密相关的各级政府部门，是针对"关键受众"而不是广泛的民众传播[④]。加强战略传播顶层设计，拓展研究的广度和深度，树立面向全球 Z 世代的战略传播理念，影响"有影响力的 Z 世代"，才能更好地传播中国道路、中国理论、中国制度、中国文化，增强中华文明传播力和影响力。

开展面向全球 Z 世代的精准化传播，需要确定精准的传播渠道。一是借助全球 Z 世代通用的平台开展传播。在推特、脸书、TikTok 等国际社交媒体平台与全球 Z 世代互动交流，避免"自说自话"的单向传播。二是借助不同国别区域差异化渠道进行传播。除了全球流行的社交平台，各国 Z 世代对本土社交平台也有很强的用户黏性，如俄罗斯有超过一半的 Z 世代使用 VK 软

① NONATO M N, PIMENTA T A F, PEREIRA F J.Geração z: os desafios da mídia tradicional[EB/OL].(2012-06-16).http://www.intercom.org.br/papers/regionais/nordeste2012/resumos/R32-1349-1.pdf.

② 祁麟 . 青少年网络传播：现状、问题与对策——基于行动者网络理论 [J]. 传媒观察，2022(05): 97–104.

③ 王峰，臧珈翊 . 面向海外 Z 世代做好国际传播的主流媒体新策略 [J]. 对外传播，2022(10): 46–50.

④ 吴瑛，乔丽娟 . 战略传播的概念、内涵与中国特色战略传播体系构建 [J]. 西北师大学报（社会科学版），2023, 60(02): 36–48.

件，有三分之一的 Z 世代使用 WhatsApp，他们对 Instagram 的使用也很积极。此外，Viber、YouTube、2Gis 也在频繁使用的应用程序名单上[①]。要针对不同国别区域的 Z 世代进行分众化传播，在不同国家的本土平台上以不同语种和内容与 Z 世代对话。

（二）构建面向全球 Z 世代的多元行动者网络

网络空间具有"去中心化"的特点，要动员多元行动者成为战略传播主体。行动者网络构建有两大重点：一是促进多元行动者协调联动，使不同代际群体、媒介、组织机构等共同参与中国国际传播实践。二是做好中国国际传播的转译。增强中华文明的传播力和影响力，在满足各类行动者诉求的基础上，对中国国际传播任务进行转译，激发多元行动者的热情，向世界展现立体、真实、全面的中国。

构建面向全球 Z 世代战略传播的多元行动者网络可借鉴国际经验。很多国家的政府和国际传播机构已将面向 Z 世代群体传播纳入国家战略规划。在政府层面，英国文化、媒体和体育部，德国文化与媒体国务部，韩国文化体育观光部高度关注本国青年群体和文化产业的海外影响力；在平台层面，以脸书为代表的大型社交媒体平台都将吸引和留住 Z 世代年轻群体作为企业发展的战略任务；在媒体机构层面，英国广播公司（BBC）、美国有线电视新闻网（CNN）、美国全国广播公司（NBC）、《华尔街日报》等主流媒体均将"拥抱互联网，吸引年轻人"视为数字时代媒体影响力、生命力得以存续的必要前提[②]。

（三）打造面向全球 Z 世代的对外话语体系

要打造面向全球 Z 世代的对外话语体系，用融通中外的语言讲好中国故事，提炼展示中华文明的精神标识和文化精髓，打造面向全球 Z 世代的具有

① Трубникова Н В, Порудчикова А В. Поведение потребителей в интернет-среде: поколение Z и его приоритеты[J]. Коммуникология, 2018, 6(3): 93–103.

② 王润珏，张若溪 .Z 世代与国际传播格局的新动向 [J]. 对外传播，2022(11): 18–21.\

中国特色的，多层次、多维度、多模态的国际传播话语体系，促进中国和全球 Z 世代的双向沟通。

一是要促进官方话语的"年轻态"表达。当前，Z 世代人群尚未广泛参与政治决策，他们受既往世代制定政策的影响，其中大部分人是政策的执行者。倾听 Z 世代对国内国际事务的看法，理解 Z 世代的年轻态表达，可以促进官方话语与 Z 世代话语融通。二是要把握各国 Z 世代的选择性注意倾向。如前所述，各国 Z 世代具有各自的特性，其中的差异是世界各国政治经济和文化差异的折射，也是各国 Z 世代引领多元文明相互交流、融合的基础。国际传播战略应充分考虑全球 Z 世代的共性和各国 Z 世代的特性，进行差异化传播。三是要打造多模态国际传播话语。Z 世代更倾向于短视频、表情包等视觉化表达，进行国际传播需要打造符合 Z 世代话语风格的文字、图片、音乐、影视等多模态话语。

元话语、国际传播及 Z 世代

郭镇之 [①]

【摘要】国际传播是话语的竞争。就话语的某种"语法"分类而言，可有"基本话语"和"元话语"的区别。元话语被界定为"有关话语的话语"，指语篇中位于次重要地位的信息，跟主题无关，是"有关基本命题信息的内容以外的话语"，在话语建构方面起重要的辅助作用。掌握各种话语及其建构技巧，可提高国际传播的效能。而 Z 世代，正是当前国际话语竞争的主要目标。

【关键词】国际传播 元话语 基本话语 Z 世代

一、引言

国际传播是一种话语的竞争。就论辩而言，国际传播所代表的国家利益、国家立场、国家观点和意识形态，需要借助逻辑清晰、概念准确的话语去表达、去捍卫；就叙事而言，要将中国故事说得有声有色，栩栩如生，也需要掌握表达的章法。无论何种话语的表达，都是为了顺利达到国际传播与交流的目标。

任何意义连贯、目的明确的语言和文本都可以被称为话语。以文字写作和语言讲述方式构成的文本（text，在语言学界又被译为语篇、篇章）是基本的话语方式。国际传播主要通过基本话语（primary discourse），亦即表达意义的文本来实现。但后来，包括语音、图片、音响和视频在内的多模态话语（multimodal discourse）被发掘出来。近期，学者也将语言学讨论的"元话语"

[①] 郭镇之，清华大学新闻与传播学院荣休教授。本文的部分内容曾发表于《对外传播》，2023 年第 9 期，第 13—16 页，题目为《国际传播中元话语的功能与应用》。

（metadiscourse）概念引进国际传播的研究视域 ①②。

什么是"元话语"呢？在交流中，言说者要选择恰当的语言方式组织内容，使其结构合理、符合逻辑，将信息有效地传递给对方；除此之外，还要根据不同的语境，提醒对方注意言说的环境和交际的状态，促使接受者对信息作准确的理解。如"其实""我的意思是"等涉及交流语境的语言语法成分，虽然不直接介入话题的内容，但能够在很大程度上影响交流的效果。另如，"首先""其次""再次""最后"的顺序词，引导着文章读者一步步的思维走向和对重要性的判断。再如，"在一定程度上""众所周知"等限定语，在不同的等级上铺垫了人们对相关信息可靠性的预测。这些并不包含基本话语的内容，但有助于表达与领会信息含义的词、短语或句子，就成为表示语法和语意的功能标记，被统称为"元话语"。

下面，让我们从更加专业的角度理解元话语：首先，了解元话语的概念界定、分类功能；其次，探讨元话语的特点及其在国际传播中能发挥的作用；最后，通过若干国际传播元话语实践和研究的实例，特别是针对当今世界最重要的传播对象和国际话语竞争的焦点人群——Z 世代（Generation Z），讨论基本话语和元话语共同建构话语体系的传播目标。

二、关于元话语

讨论元话语，首先要了解元话语的概念、含义、分类及功能。

（一）元话语是什么？

元话语的概念来自语言学界。按照中国学者的归纳，"元话语"的概念由美国语言学者泽里格·哈里斯（Zellig Harris）于 1959 年提出，指语篇中位于

---

① 王帅，杨轶博，金沛沛 . 元话语视角下的新媒体评论特征研究——以"侠客岛"为例 [J]. 语言文字应用，2021(01): 110–120.

② 李彪，杨颖兮 . 国际传播新秩序与新效能：基于元话语的解构与重构 [J]. 对外传播，2022(12): 32–35.

次重要地位的信息①。自 20 世纪 80 年代起，国际学者借助心理语言学、社会语言学等知识门径，尝试从功能、认知、语用和修辞等多维视角对元话语进行解释。1981 年，马克·威廉姆斯（Mark Williams）将 metadiscourse 界定为"有关话语的话语，跟主题无关"；1985 年，范德·考珀（Vande Kopple）等学者认为，元话语是"有关基本命题信息的内容以外的话语"，指"引导读者去组织、分类、解释、评价和反映篇章所传达的信息的一套机制"；1998 年，肯·海兰德（Ken Hyland）认为，元话语在篇章中起组织话语、表达作者观点、预测读者反应的作用②。

但是，metadiscourse 的概念具有一定的模糊性，各路学者见仁见智，对"元话语"的识别殊难一致，关于这种话语标记的分类也多有交叉。大多数学者认为，对"元话语"的理解可以有狭义和广义之分，狭义的观点重在它们组织篇章的功能，而广义的观点则强调言说者与接受者之间话语的交流互动。1985 年，考珀等学者将 metadiscourse 分为语篇元话语（textual metadiscourse）和人际元话语（interpersonal metadiscourse）两大类，就大致体现了狭义与广义的分殊："语篇元话语指的是语篇中连接命题信息、组词成篇的语言成分，而人际元话语指的是语篇中体现作者态度和与读者实现互动关系的语言成分。"③

后来，海兰德修订了语篇／人际两分的观点，认为所有的元话语都是人际（互动性）的。2004 年，海兰德和谢（Polly Tse）提出元话语的人际分类模式，以及"引导式／互动式"（interactive／interactional）二元分析框架④⑤。"引导式"与"互动式"采用了中文学者的意译方式，因为 interactive 与

---

① 王强，成晓光. 元话语理论研究范式述评 [J]. 外语与外语教学，2016(02): 55–62+145.

② 徐赳赳. 关于元话语的范围和分类 [J]. 当代语言学，2006(04): 345–353+380.

③ 王强，成晓光. 元话语理论研究范式述评 [J]. 外语与外语教学，2016(02): 55–62+145.

④ HYLAND K, TSE P. Metadiscourse in academic writing: A reappraisal[J]. Applied Linguistics, 2004, 25(2): 156–177.

⑤ HYLAND K. Metadiscourse: Exploring interaction in writing[M]. New York: Continuum, 2005: 49–50.

interactional 都可以翻译为"互动的"。但前者（interactive metadiscourse）侧重元话语成分在语篇中的结构功能，"引导"读者阅读的意味更明显一些；而后者（interactional metadiscourse）却更侧重元话语成分促进传受双方交流的关系，邀请读者与作者共同建构话语的意义，因而"互动"的意图也较为突出。还有中国学者将 interactive metadiscourse 译为"交互式元话语"，而将 interactional metadiscourse 译为"互动式元话语"[①]，也解释了两种"互动"的细微差别。其实，种种概念界定与分类方法都未见得尽如人意，不过，海兰德和谢的人际分类模式及中国学者对"引导式/互动式"二元分析框架的翻译名称，目前已被广泛认同[②]，并被国内研究元话语的大多数学者所采用。

本文认为，综合学者对人际互动型二元分类法的各种理解和解释，大致可以这样认为：作者借助引导式元话语（interactive metadiscourse）组织自己文本的结构，使篇章更紧凑，逻辑更鲜明，更有说服力，由此引导读者阅读的框架性感知；而互动式元话语（interactional metadiscourse）则有助于作者将读者的视角导向对文本内容的关注和接受，吸引读者参与，并在作者提供信息的基础上共同建构出作者所期待的话语。这两种元话语都有引导，也都有互动，其侧重点可能只在于关注形式与关注信息的差异。稍后，我们将要讨论的研究案例大都建立在这种人际二元分类的基础上。

（二）元话语不是什么？

按照国人对"元"的理解，很容易发生一个误解——元话语是最重要的话语，是系统中主要的、基础的、根本的成分，类似于"纲举目张"中的那个"纲"。但必须指出的是，元话语并不是"总"话语，"元"并不是那个"纲举目张"的"纲"。

元话语不仅不是整个话语体系的那个"纲"，甚至都不能算真正的话语。因为话语是要表达意义的。而元话语与内容无关，与主题无关，不能表达完

---

① 王强，成晓光. 元话语理论研究范式述评 [J]. 外语与外语教学，2016(02): 55–62+145.

② 徐赳赳. 关于元话语的范围和分类 [J]. 当代语言学，2006(04): 345–353+380.

整的意义。所以，元话语只是语法成分和话语标记，是"关于话语的话语"，顶多"相当于话语"，只能算"类话语"或者"准话语"。可见，元话语中的"元"字具有误导性。

元话语不能单独组成一个话语体系，更不能领导话语的建构，而只能集结成一个语汇仓库。它们是零散的语言成分，更类似于一个个语法的标记。所以，许多中英文文献在谈到组成元话语工具箱的具体词语时，常常要使用"标记"（marker）这个词。

来自英语世界的"话语标记"（discourse marker[①]）这种表述，似乎比"元话语"的概念本身更明白易懂。作为语法概念的"话语标记"，指的也是提示话语关联性的信息，如"看哪"（look，提示关注）、"没错儿"（absolutely，表示同意）、"哇"（wow，表示惊奇）等，属于人际互动式话语标记；"现在""然后"（now、then，表示顺序）、"因为""所以"（because、so，表示因果），以及"和"（and，表示一致关系）及"但是"（but，表示不一致关系）等，都属于参照性话语标记；若表示文本的层级性，可以采用开始时的"导言"（introduction）和总结时的"结论"（conclusion）等结构性话语标记；反映交谈过程性中表示思考的"嗯"（Mm）、表示明白了的"哦"（oh）和澄清时的"我的意思是"（I mean）等，被称为认知性话语标记。分类语法虽不尽相同，但使用的目的也是使文字意义更为精准，语言表达更为紧凑。当然，对话语标记的探索，也与关于元话语的探索一样，还在进行之中，观点也是杂陈互见的——语言本来就是人类最复杂的现象之一，语言学作为对这种最复杂现象的认知，从来都是众说纷纭的。

将中文的"元话语"理解为最重要的话语，说来要怪"元"字的汉语解释自带首要性。汉语"元"的释义较多，其中最主要的就包括：为首的、居第一位的（如元首），开头的、第一的（如元旦），主要的、基本的（如元

---

① CAMBRIDGE DICTIONARY. Discourse markers (so, right, okay)[EB/OL]. (2023−11−26). https://dictionary.cambridge.org/grammar/british-grammar/discourse-markers-so-right-okay.

素），等等。

"元话语"中的"元"还与汉语对英语前缀词 meta- 的理解和翻译有关。meta- 这个前缀词源于希腊语，意为"超越"，进而延伸出"有变化的""超出本体范围的""自我参照的（即与后面的名词主体有关的）"之意。英文前缀词 meta- 也很不容易翻译，它指与原主体的各种后续相关性，可以翻译为"之后""之外""之上""之间"，也可以翻译为空间的"后面"或者时间的"后来"，就是关于或者对照于某物的某物。总之，十分灵活。对于 meta-，中国大陆翻译为"元"，香港和台湾翻译为"后设"。

可见，不能将含义多样的前缀词 meta- 不假思索地翻译为"元"，然后再根据中文对"元"的某种（"首要"）含义的理解，自然而然地将 meta- 解释为"根本的""主要的"。文化间的传播与交流断不能望文生义，不求甚解；继而率尔操觚，自说自话。经过几次思维的跳跃，鸡就可能变成鸭了。

（三）元话语的分类

"元话语"是语言学者对文本、话语的某种语法认知。由于这一研究领域在很大程度上缺乏共识，观点相当歧异（更可能很难统一），于是，对这种语言现象出现了各种解释、各种类别包括各种命名方法。

海兰德的人际二元模型是目前得到多数人认同的元话语分类方法[①]。这种分类方法包括"引导"和"互动"两种主要的"元话语"类型，而两种类型下面都包括五个亚种（见表 1）。这些类型和亚种虽不可能包罗万象，但已经包含了多种元话语标记。这也成为国内外众多研究分析的基础框架。以下便是海兰德和谢提出的人际元话语模式"引导性 / 互动性"二元分析框架表（本文对这一分析框架中的词语译名，参考了多个汉语研究分析的中文命名）。

---

① HYLAND K. Metadiscourse: Exploring interaction in writing[M]. New York: Continuum, 2005.

表 1　An interpersonal model of metadiscourse
（关于元话语的一种人际模型）

Category 类别	Function 功能	Examples 例子
Interactive 引导性	Help to guide the reader through the text 有助于引导读者通读文本	Resources 资料
Transitions 转换词语	Express relations between main clauses 表达主要从句之间的关系	In addition 除此之外；but 但是；thus 于是；and 和
Frame markers 框架标记	Refer to discourse acts, sequences or stages 指涉话语的动作、顺序或步骤	Finally 最后；to conclude 总结一下；my purpose is 我的目标是
Endophoric markers 内指标记	Refer to information in other parts of the text 指涉同一文本其他部分的信息	Noted above 上述；see Fig. 见图；in section 1 见第一条
Evidentials 证据词语	Refer to information from other texts 指涉其他文本的信息	According to X 根据X所说；Z states，Z表示
Code glosses 符码注释	Elaborate propositional meaning 详尽解释命题的意义	Namely 也就是；e.g. 就是，such as 如；in other words 换句话说
Interactional 互动性	Involve the reader in the text 令读者投入文本	Resources 资料
Hedges 模糊词语	Withhold commitment and open dialogue 回避承诺并敞开对话	Might 可能；perhaps 也许；Possibly 很可能；about 大约
Boosters 强调词语	Emphasize certainty or close dialogue 强调确定性或结束对话	In fact 事实上；definitely 肯定地；it is clear that 很清楚的是
Attitude markers 态度标记	Express writer's attitude to proposition 表达作者对命题的态度	Unfortunately 不幸的是；I agree 我同意；surprisingly 意外地
Self-mentions 自我提及	Explicit reference to author(s) 明确指向作者	I 我；we 我们；my 我的；me 我，对我；our 我们的
Engagement markers 卷入标记	Explicitly build relationship with reader 与读者建立明确的关系	Consider 考虑到；note 注意到；you can see that 你可看见

资料来源：HYLAND K. Metadiscourse: Exploring interaction in writing[M]. New York: Continuum, 2005：49.

其实，关于元话语标记的类别及其分析框架实例图表很多，但中国学者的研究大多基于海兰德与谢的创见，并加以删减修订。此外，海兰德与谢的分析框架是关于词语的。而有学者认为，元话语的研究领域不应局限于书面语言，除词汇元话语之外，还应包含视觉元话语和标点符号元话语^①。本文同意这种开放的观点。不过，由于本文关注的元话语只是概念及其在国际传播中的可用性问题，并非做实证的研究分析，故仅以最基础的海兰德和谢所提词汇分类图表为例，不涉及更纷繁多样的其他形式元话语的标记问题；同时，焦点也集中于代表性的语篇（文本）、书面语和词汇的元话语问题。

三、国际传播的话语建构

国际传播的话语建构可以通过两种途径：一种是语法，另一种是语用。语法重在逻辑，目标是提高话语的准确度；语用涉及修辞，目标是增强话语的效果。元话语的语法和语用功能，就是配合基本话语，使信息准确、表达无误且适用于言说和对话的语境。如前所说，一般而言，语篇话语侧重意义引导，交流活动中的话语重视人际互动。现在的问题是，如何在不同的场景和文本中，用元话语配合基本话语，有效地应用于国际传播？在这里，首先要弄清的问题是，基本话语与元话语各有什么特点？

（一）基本话语与元话语

基本话语主要由实词（名词、动词、形容词、代词、数词）组成，由其充当主语、谓语、宾语等成分，能独立成句，指向具体，是意义明确的语言和文字。而元话语主要由虚词（介词、连词、感叹词）构成，在句子中只起辅助作用。但在建构意义时，元话语却并非可有可无。例如，"（因为）我生病了，（所以）我考砸了"与"（因为）我考砸了，（所以）我（气得）生病了"便反映了相反的因果关系。"入侵者不认错"与"入侵者没有错"两个基本话语之间，也可以采用"因为""所以"和"虽然""并不表明"等元话语，表示不同的逻辑方向和论辩结果。事实上，由于使用灵活的特点，无论是在英语还是汉语中，虚词都是语法学习的重点和难点。

---

① 徐赳赳. 关于元话语的范围和分类 [J]. 当代语言学，2006(04): 345–353+380.

1. 元话语的客观姿态与选择导向

元话语与基本话语之间，既相互联系又存在区别。相互联系的共同目标在于，建构清晰的话语逻辑，准确表达话语的内容，使话语对象更好地接受信息。元话语与基本话语的主要区别体现在：元话语并不介入国际传播话语的基本命题，只通过语法语用功能发挥组织语篇话语结构（引导）或者促进话语交流（互动）的作用；同时，通过对言语交流过程的调节和监控，间接地影响话语的走向。

作为带有目的性的交流，国际传播的话语和元话语当然都是从言说者的立场和需要出发的。不过，元话语以表面上无涉内容的方式，常常示人以客观的外表，却能达到影响他人的主观目标。因此，元话语的导向功能比基本话语更具隐蔽性，常常可以借助认知关联的思维规律和选择性接触、理解与记忆的思维定式，不显山不露水地发挥作用。

元话语的思维导向作用不仅不留痕迹，而且特别灵活。根据语用学的认知关联理论，交流的本质就是"根据语境建立关联性的明示—推理过程。言说者一方提供关于其意图的明示刺激，受话者一方通过推理寻求最佳关联"，从而促使交流顺利进行[①]。在传播过程中，通过元话语的语篇组织和关系表达功能，言说者能够提供一种明示的刺激，不知不觉地引导受众的认知。

如果说，语篇中的引导式元话语主要是从传播者的角度出发，目标是引导传播对象的思维逻辑；那么，交流中的互动式元话语则更多的是从传受双方的互动角度出发，更多激发共鸣。这与传播对象的接受心理有关。根据大众传播的选择性理论，受众在接受传播时具有多种选择性心理，表现为选择性接触、选择性理解和选择性记忆三个由外向内的递进过程。其中，元话语对表达和交流的暗示作用并非微不足道。例如，interestingly（有意思的是）可能提升受众的兴趣，导致关注及接触；namely（亦即）限制了概念的意涵，有助于受众准确理解话语的意义；last but not least（最后但并非不重要的是）

---

① 王强，成晓光.元话语理论研究范式述评 [J].外语与外语教学，2016(02): 55-62+145.

则提示了可能导向记忆的话语重点。可见，虽然基本话语才是话语表达的"重型装备"，但是，元话语却可以"四两拨千斤"——它的确能够悄悄地影响受众选择的走向。

在语篇传播中，元话语的补充和限制，使得传播话语的内容更严谨，信息也更准确。在言语交流中，作者提醒读者关注自己对命题、对读者的态度，通过交流双方的反馈与互动，元话语可以引导受众的选择性。

2. 元话语配合基本话语的灵活性与复杂性

元话语是发挥语法、语用功能的话语标记。大部分是虚词的元话语成分在使用中特别灵活。在元话语中，结构单一和功能独立的短语，如插入语、置于句子头尾的副词短语或者介词短语，自成一体，自然清楚明白。难以确认的是嵌入句子中的一些词语。例如，在英文里，and 和 with 都可以表示"和"的意思，但涉及关系的意义就有细微的差别。作为两位署名者，A and B（A 和 B）就不同于 A with B（A 及 B），表示了作者两种不同的智力劳动贡献。在中文里，还有来自西方的"通讯作者""第一（X）作者""主要作者""也有贡献"等诸多表示区别的修辞手法。

作为最常用的人称代词，"你们""我们""他们"等的用法则相当复杂。在什么情况下它们算是元话语，在什么情况下又算作基本话语呢？还要知道，"我们"一词，既可指包括对方在内的双方（"我们是朋友"），又可单指相对于另一方的自己（"我们支持你"），在不同的语境下，便可能意味着非常不同的话语目标。例如，2010 年，时任美国总统、童年时在印度尼西亚生活过的奥巴马为了推销美国的亚太战略，曾到印度尼西亚的大学发表演讲。在讲话中，他一会儿说"我们（指美国）的宪法就提到，要努力缔造一个'更完美的联邦'"，一会儿又说"我们（指美国与印尼）彼此的成功对双方利益攸关"，便使用了一种模糊性话语策略，以实现"宣扬理念"与"拉近距离"两种不同的作用[1]。此外，"战略对手""制度挑战者"等话语在具体的中美冲突

---

① 吴玫，朱文博. 符号策略与对外传播：一个基于主题分析法的案例 [J]. 对外传播，2017(06): 34–36.

或者对话的语境下，辅之以"成为"或者"作为"等元话语，可能意味着美国对中国不同的判断及态度——即将是，或者已经是，"战略对手"和"制度挑战者"了。

在国际传播中，基本话语表达的是有意义的信息，元话语则是辅助性的工具。虽然元话语本身不包含话题的内容，但可以通过语法与修辞的作用，以支持、验证、无须质疑和欣然乐从等"敲边鼓"的方式，增强基本话语的影响力和感染力。例如，使用结构性元话语（"首先""其次""再次""最后"，"此外""还有"等）表达思维顺序的现象十分常见；使用"因为""所以"，"由于""导致"等元话语表示因果关系和"然而""不过""但是"等元话语表示转折意涵的情况也很多见；而"众所周知""不言而喻"则是表达无须质疑的真理与事实的常见方式。

在建构国际传播话语时，元话语并非无关轻重。事实上，仅仅改变元话语的表达方式，就可以产生差别很大甚至完全相反的意义，甚至起"四两拨千斤"的作用。例如，"美国是全球最大的武器出口国"，这是一个事实判断，是基本话语。然而，之前加上"毋庸置疑"这个本身没有褒贬之意的元话语标记，就隐含了批评的意味，如若再在"是"之前加上一个"才"字，反驳的态度就更明显了。再如，"中美关系相向而行"这个基本话语的陈述之间，加上不同的元话语标记——"应该"或者"不可能"——表达的就是完全相反的意思：促进的立场与怀疑的态度。有时，哪怕只是改变句子的词序，也能产生不同的意义。

最近看到一篇议论绍兴师爷笔法的文章，深感有趣。这是一种改变词序"反复颠倒，无所不可"的方法。但不像"一碗豆腐，豆腐一碗"那样，颠倒不颠倒，意思都一样，"反复颠倒，无所不可"是要通过"颠倒文句"达到翻云覆雨的目的。颠倒词序的一个杰作就是将"屡战屡北（败）"颠倒过来，变成"屡北屡战"，颠倒之后，意涵大变，使常败将军一下子变成坚韧不拔的忠勇形象，被曾国藩大加赞赏，谓之"一字之易值千金"。文中还提到一个例子，光绪年间有个渔民为给生母报仇，把父亲的妾砍死了。由于渔民是出了名的孝子，判案的浙江巡抚有心救他；但案子已定，似已无法挽回。一位绍兴师爷看完案卷，将谳词中"情有可原，法无可赦"，颠倒成"法无可赦，情有可原"。"由此文意大变，布满乌云的天空顿时晴朗，这个渔民死里逃生。"[①]由此可见修辞方法的无穷变化，对话语的建构力量，切不可等闲视之。

所有这些千姿百态、灵活多变的语法和修辞方法，都可以归入宽泛的"元话语"的范围。就国际传播而言，关键是话语与元话语之间的搭配及其效果。话语与元话语的灵活运用特别是天衣无缝的配合，对话语的建构意义重大。

（二）元话语与新闻传播

话语与元话语浑然一体的完美结合是高境界的国际传播。熟练地掌握包括基本话语和元话语在内的各种语法语用技巧，可以提高国际传播的效能。让我们来看近期的一个新闻评论案例[②]。

这篇名为《日本"排污入海"，污染的不只海洋》的《环球时报》新闻评论写得义正词严、十分有力。之所以如此，不仅因为语篇的基本话语本身具有鲜明的逻辑性，而且元话语的使用也增强了论述的力量。从元话语的角度看，评论使用了"首先""其次""再次""最后"等元话语标记，提示了重要论据次第出现的可连接性；然后从微观到宏观，从具体到抽象，一一列举污水排海的受害对象，亦即国际原子能机构（国际组织）的声誉和权威性、日本的国际"人设"（国家形象）、人类共同家园（地球资源）、人类良知和国际公理（全球精神文明），从而富有逻辑地支持了评论的核心论点——"'脏水'排海，污染的绝不只是相关海域"。这篇评论不仅基本话语本身充满正义感，"然而""甚至""更何况""无异于"等元话语的助攻也锦上添花。

在新闻评论中，论题本身的思想、逻辑、表达和用语，能构成强大的基本话语力量。同时，元话语虽然不是灵丹妙药，但与基本话语的相互配合，

---

① 李乔. 师爷笔法与"屡败屡战"：由"反复颠倒，无所不可"说开去 [N]. 北京晚报，2023–11–12（13）.

② 郑韬. 日本"排污入海"，污染的不只海洋 [N]. 环球时报，2023–7–20.

却能创造出更加成功的传播。

四、元话语研究、国际传播与 Z 世代

关于新闻传播中元话语的应用，也有学者关注。如对新闻与元话语应用的一篇研究综述发现：近年来对新闻中元话语的研究侧重于汉语和英语新闻语篇，有对英语文字媒体的研究，有对汉语文字媒体的研究，也有对中英媒体的比较研究[①]。就文本语料而言，较多选择国内外主流大报以及获得"中国新闻奖""普利策新闻奖"的语篇为研究对象，对网络媒体等通俗新闻的研究较少。就分析框架而言，学者们多采用海兰德和谢的元话语分类模式[②]。就研究内容而言，研究多将焦点集中于某种元话语标记、某种新闻体裁、某类新闻或者某种特定内容或事件的报道，包括多种类型的对比分析。研究结论涉及元话语的使用和分布特点、功能特征与作用、产生元话语使用差异的原因等。

近年来，新闻评论作为国际传播话语建构的主要方式之一，受到了学者的关注。研究集中在中外媒体之间、中国的传统媒体与新媒体之间在新闻评论中使用元话语的异同之处、差别原因及使用元话语的效果等问题上。

（一）对中外媒体新闻评论使用元话语的比较研究

许多研究发现：英语文献中使用元话语的比例高于汉语文献。例如，黄勤、熊瑶（2012）关于英汉新闻评论中元话语使用情况的研究探索了元话语使用与新闻评论写作质量之间的关系。研究选用了"中国新闻奖"和美国"普利策新闻奖"的获奖评论各 30 篇（共 60 篇），语料时间跨度三年（2007—2009）。结果发现，就相同点而言，在英汉新闻评论中，互动式元话语的出现频率均高于引导式元话语；就差异点而言，英语新闻评论中的元话语数量远

---

① 姜文慧. 国内书面新闻元话语研究综述 [J]. 海外英语，2020(21): 231–233.

② HYLAND K, TSE P. Metadiscourse in academic writing: A reappraisal[J]. Applied linguistics, 2004, 25(2): 156–177.

超汉语新闻评论中的数量①。

　　研究者认为，使用元话语方法相似缘于新闻评论的劝说性特点。至于差异性原因，研究者以"英语重形合，汉语重意合"的不同结构特点作出解释，并认为体现了英汉新闻评论不同的写作风格——"汉语新闻评论遵循的是读者负责型的模式，而英语新闻评论遵循的是作者负责型的模式。"②此处所谓"负责"，大约是指解读的主体。关于元话语的使用，论文中还有许多细节分析，因与本文的主题无关，故从略。

　　其后，若干研究重复了类似的思路、方法和结果。如一篇比较分析《纽约时报》和《人民日报》新闻评论元话语使用的论文在结论部分指出："共同的体裁、语用特征"使得中美新闻评论对元话语的使用表现出一定共性，而中美议论文"不同的写作传统和语言特点"使中美作者在使用元话语的手段方面也表现出差异："在英语写作中，诚实、适度和谨慎被视为作者应当具有的态度，因此……模糊限制语不可或缺"；而"中国政论文章的写作传统导致中国新闻评论作者喜欢采用立场鲜明的写作策略，语篇整体上重说理说服（logos），而缺乏动情说服（pathos）"，且"较少使用模糊限制语，较多使用强调词和作者自称语"。此外，"汉语偏重意合，而英语倾向形合的语言特点"使得中国比美国在新闻评论中较少使用表转换的元话语词语以引导读者的理解②。

　　关于"形合"与"意合"的含义，据柳淑芬的引证和解释，形合是"句中的词语或分句之间用语言形式手段（如关联词）连接起来，表达语法意义和逻辑关系"，意合指的是"词语或分句之间不用语言形式手段连接，句中的语法意义和逻辑关系通过词语或分句的含义表达"。英语句子之间的逻辑关系更多地用语言手段（如表转换的词语等）来连接，此谓"形合"。汉语靠语序和逻辑关系来维系句际联系，而较少使用转换词语，此谓"意合"。"通过明示句子之间的逻辑关系……有助于读者对语篇内容的深入了解"③。一句话，按

---

①　黄勤，熊瑶 . 英汉新闻评论中的元话语使用对比分析 [J]. 外语学刊，2012(01): 99–103.

②　柳淑芬 . 中美新闻评论语篇中的元话语比较研究 [J]. 当代修辞学，2013(02): 83–89.

③　柳淑芬 . 中美新闻评论语篇中的元话语比较研究 [J]. 当代修辞学，2013(02): 83–89.

照研究者的发现，英语新闻评论使用元话语多于汉语新闻评论，且使用的方法似乎比较高明。

（二）对新媒体及传统媒体新闻评论使用元话语的比较研究

有中国学者以从事国际传播的《人民日报海外版》旗下的新媒体品牌栏目"侠客岛"为研究样本，研究新媒体新闻评论使用元话语的特征。为此，研究者选取 2019 年 10 月至 2020 年 4 月"侠客岛""十万+"新闻评论 30 篇，与传统媒体新闻评论文章 30 篇（《光明日报》《解放日报》《中国青年报》各10 篇）进行了对比分析[①]。

他们的分类借鉴了海兰德和谢的"引导式""互动式"二元分类模式，建构的新闻评论元话语分析框架如表 2 所示（本文只选取了词汇元话语部分的表格）。

表 2　新闻评论元话语的分析框架

类型			功能	举例
词汇元话语	引导式元话语	表逻辑过渡	表达句间逻辑过渡关系	然而、尽管、进而、由于
		表话题结构	表明话题或结构顺序	第一、其次、就 ×× 而言
		表内指	指称篇章内其他部分的信息	前面提到、看下图
		表言据	说明概念或命题观点的来源依据	根据、×× 指出、正如 ×× 所说
		表注释	说明、解释概念或命题信息的内涵	也就是说、简言之、即、如
词汇元话语	互动式元话语	表模糊	减弱对命题的确定性	一定程度上、似乎、或许
		表强调	强调作者对命题的确定性	毫无疑问、显而易见、必然
		表态度	表达作者对命题的态度	有趣的是、可惜、应（该）
		表关系建立	建立同读者的联系，赋予读者命题信息参与者的身份	我们、大家、你（们）
		表作者自称	明确提及作者自己	笔者、我、岛叔（妹）

资料来源：王帅等，2021，114[②]

---

① 王帅，杨轶博，金沛沛. 元话语视角下的新媒体评论特征研究——以"侠客岛"为例 [J]. 语言文字应用，2021(01): 110-120.

② 王帅，杨轶博，金沛沛. 元话语视角下的新媒体评论特征研究——以"侠客岛"为例 [J]. 语言文字应用，2021(01): 110-120.

研究结果发现，就词汇元话语而言，传统媒体与"侠客岛"在新闻评论语篇中均频繁使用元话语，在数量上并无显著差异；但"侠客岛"新闻评论在使用元话语标记时较少"强硬的呼吁"或"命令式的表达"，"情感态度趋于多元"①。

作为对焦青年一代的网络新媒体，上述研究总结出"侠客岛"新闻评论语言的显著特点："交流性"与"年轻化"。例如，"侠客岛"中出现大量"岛叔""岛妹"的个性化、平民化自称语，采取一种以通俗易懂的"大白话"讲述时政新闻故事的叙事风格，拉近了与读者的距离，提高了读者的参与度。同时，面对年轻的受众，语言的年轻化主要表现为网络用语及新词的使用，如"带货""踩雷""蹭热点""爆款""出圈"等，使评论更接地气，以"构建作者与读者的'情感共同体'，增进作者和读者的互动及情感共鸣"②。

据研究者介绍，"侠客岛"受众的平均年龄在 26—27 岁，其中主力为年轻的白领、公务员和学生——所谓的 Z 世代。"侠客岛"的新闻传播正是面向 Z 世代的。

（三）Z 世代与国际传播的元话语

青年是早上八九点钟的太阳，是祖国的未来。在全球化时代，Z 世代又代表着世界和人类的未来。他们自然成为新闻评论的争夺对象和国际传播的对焦人群。

1. 面向 Z 世代

对中国而言，面向 Z 世代的国际传播更是势在必行。近年来，中外多种民意调查和研究结果都显示，注重实际、较少受意识形态刻板印象影响的国际青年，特别是 Z 世代的青年人，对中国社会的态度较为客观，对中国发展的认知较为积极，他们对中国的好感度也大大高于传统的西方中老年人。例

---

① 王帅，杨轶博，金沛沛.元话语视角下的新媒体评论特征研究——以"侠客岛"为例 [J]. 语言文字应用，2021(01): 110-120.

② 王帅，杨轶博，金沛沛.元话语视角下的新媒体评论特征研究——以"侠客岛"为例 [J]. 语言文字应用，2021(01): 110-120.

如，由国家外文局当代中国与世界研究院主持的最近一次"中国国家形象全球调查（2020）"报告显示："国际青年普遍对中国抱有好感。18 至 35 岁海外受访者对中国的好感度高于年长受访者。年龄越小的受访群体对中国国内治理、全球治理（的）表现认可度越高。海外 18 至 35 岁的年轻群体对'一带一路'的评价更为积极。"[①] 这是该研究项目自 2014 年以来一再发现的现象。而 18—35 岁，也正是 Z 世代人群。

皮尤调查中心（Pew Research Center）2022 年也发现，在许多国家，年轻人比老年人更积极地看待中国。在包括美国在内的 19 个调查受访国家中，有 15 个国家的 30 岁以下成年人对中国的好感度高于 50 岁以上人群，其中日本的差异最大（+17%），其余国家的差异：澳大利亚 +15%，西班牙 +14%，法国 +13%，加拿大、德国和英国都是 +12%，波兰和比利时都是 +11%，瑞典和美国都是 +10%、意大利 +8%，荷兰 +7%，以色列 +3%，马来西亚 +2%；只有希腊（-2%）、匈牙利（-6%）、新加坡（-7%）和韩国（-21%）4 个国家的青年人对中国的感觉要差于老年人。而谈到对美国的看法，除去美国的 18 个国家中，只有 9 个国家青年人的看法比年长的人积极[②]。这其实也是多年的现象。

例如，皮尤调查中心的另一份报告显示，美国人对美国与其他国家的比较一直存在很大的年龄差异。18—29 岁（也是 Z 世代）的成年人中，有 42% 表示：有比美国好或者更强大的国家，而认为美国高居榜首的只有 10%（认为美国位列强国之林的最多，占 48%）。这 42% 是所有年龄组中比例最高的。与老年人相比，美国年轻人对美国的全球地位表达怀疑态度的比例要高一些，他们也更有可能表示，如果另一个国家在军事上变得像美国一样强大，是可

---

① 当代中国与世界研究院课题组，于运全，王丹，孙敬鑫，等 . 以民意调查助力国家形象精准塑造——基于中国国家形象全球调查（2020）的思考 [J]. 对外传播，2022(01): 42-45.

② SILVER L, HUANG C, CLANCY L. In many countries, younger people tend to feel more positively about China than older people[EB/OL]. (2022-06-29). https://www.pewresearch.org/short-reads/2022/06/29/across-19-countries-more-people-see-the-u-s-than-china-favorably-but-more-see-chinas-influence-growing/ft_2022-06-29_chinaus_04/.

以接受的 ①。可见，对 Z 世代的传播多么重要。

不同于传统的中老年人，Z 世代青年有自己交流和沟通的特点。网络渠道和社交媒体是他们纵横驰骋的表达场域，抠图、动感和语中带梗是他们的话语特点。他们还有特定的表达方式。例如，对屡次发生的事件，他们会用"又双叒叕"的强调语言；他们还会用特定的缩写表示心照不宣的词语（如 yygq 代表"阴阳怪气"）；等等。据此，很多研究者对面向 Z 世代的国际传播策略提出了建议 ②③④⑤：对 Z 世代的国际传播，也像国内传播一样，必须针对 Z 世代的特点。

2. 有关 Z 世代的国际传播元话语研究

近年来，出现了一种非常具有 Z 世代特点、很适合青年人交流的传播方式——大中学生的演讲比赛。例如，由孔子学院总部 / 国家汉办举办的"汉语桥"世界中学生中文比赛，自 2008 年开始，至 2023 年已经举办 16 届。还有，由中国日报社于 1996 年发起并主办的"21 世纪杯"全国英语演讲比赛和 2002 年创办的"外研社杯"全国英语演讲大赛，成为彰显青年人朝气的重要舞台。中国学生的英语演讲与外国学生的汉语演讲比赛交相辉映，构成一道国际交流的亮丽风景线。

对面向 Z 世代的国际传播使用元话语的状况的特定关注很少，但也有尝试。例如，王雯静等（2023）便做了一次探索性的研究。这项研究选取了 2017—2021 年这五年间"外研社杯"演讲大赛的获奖作品，运用西方古典修

---

① HARTIG H. Younger Americans still more likely than older adults to say there are other countries better than the U.S.[EB/OL]. (2021–12–16). https://www.pewresearch.org/short-reads/2021/12/16/younger-americans-still-more-likely-than-older-adults-to-say-there-are-other-countries-better-than-the-u–s/.

② 胡洪江. 跨越代沟：面向 Z 世代的媒体话语审视与表达创新 [J]. 青年记者，2022(23): 16–18.

③ 王润珏，张若溪. Z 世代与国际传播格局的新动向 [J]. 对外传播，2022(11): 18–21.

④ 史安斌，杨晨晞. 面向 Z 世代开展国际传播的理念创新与实践路径 [J]. 新闻战线，2023(15): 41–46.

⑤ 李厚锐. 面向 Z 世代的精准化国际传播 [J]. 上海交通大学学报（哲学社会科学版），2023，31(09): 53–62.

辞理论，试图探讨元话语在演讲中如何帮助人品、情感和理性三大诉求的实现，进而为使用国际通用语言讲好中国故事"添砖加瓦"。

与大多数此类研究一致，这一项目也采用了海兰德和谢提出的将元话语分为引导式和互动式两大类的人际元话语模式，并选取五年中"外研社杯"大赛总决赛中获奖选手即兴演讲部分的文本，自建了一个小型语料库，对其中使用的元话语进行考察、统计、分析和解释，结果见表3。

表3 2017—2021年"外研社杯"英语即兴演讲人际元话语分类统计（每百词）

引导式元话语 (Interactive Metadiscourse)		互动式元话语 (Interactional Metadiscourse)	
过渡标记 Transitions (but, thus, in conclusion, because)	数量/占比 45 (0.88)	模糊限制语 Hedges (might, about, should, not that much)	数量/占比 22 (0.43)
框架标记 Frame Markers (first, then, next, well, now)	40 (0.78)	增强语 Boosters (in fact, very, be able to, always)	34 (0.67)
内指标记 Endophoric Markers	0	态度标记 Attitude Markers (surprisingly, believe, it is vital, beautiful, amazing, important)	22 (0.43)
证源标记 Evidentials (according to)	2 (0.04)	自我提及 Self mentions (I, we, my, me, our/s)	228 (4.46)
解释标记 Code Glosses (that is, for example)	8 (0.16)	参与标记 Engagement Markers (consider, we/you can see that, let me, let's)	12 (0.23)
合计	95 (1.86)	总计	318 (6.23)

资料来源：王雯静，何梦宇，郑文娟，张婧怡，赵语歌（2023）[①]

经过检索统计，发现获奖演讲文本中引导式元话语和互动式元话语的出现频率有显著差别，引导式元话语明显少于互动式元话语，体现了语言沟通的特点。这与黄勤、熊瑶等许多研究者在新闻评论研究中发现的"引导式元话语少于互动式元话语"的结论一致。演讲文本中引导式元话语出现最多的

---

① 王雯静，何梦宇，郑文娟，等. 讲好中国故事——"外研社杯"英语演讲大赛获奖作品修辞劝说研究 [J]. 现代语言学，2023，11(5): 1973–1979.

是接近客观的过渡式标记，互动式元话语中出现最多的是拉近距离的自我提及。研究者得出结论：公共演讲中元话语的出现以互动式元话语为主、引导式元话语为辅；常用的人际元话语有引导式的过渡标记、框架标记和互动式的自我提及。显然，这些话语技巧都有利于演讲者与观众的交流以及观众对演讲内容的追随。

五、结语

在新闻传播领域，元话语还是一个新话题，也是一个边缘的问题。迄今为止，所有研究都还只是沿用英语世界学者对学术性文本的考察方法，分类框架与统计方法不尽一致，研究结果尚待验证和确认，所得结论也还不能获得广泛的关注和充分的认可。这个偏向语言学的研究取向还是一个发展中的学术领域。

观察发现，在新闻传播实践中，高明的哪怕仅仅是熟练的写作者都能对元话语的标记词语运用自如。可知这是一个语法和修辞的实践问题。

就学术认知而言，"元话语"概念的翻译具有一定的误导性，致使人们对它的理解和判断众说纷纭，降低了认知的一致性。而元话语标记使用中的灵活性与话语建构的复杂性也提高了指标确认和量化统计的难度。质性的文本分析和修辞学研究可能是话语研究包括元话语研究的突破口。

语言是话语的基础。就国际传播的话语建构而言，最重要的是基本话语和元话语的完美结合。这个目标需要通过逻辑和修辞等基本的语言训练来实现。

数字沟通中的跨文化对话观：
基于 Z 世代实践路径的理论阐释

肖珺　吴玮琦①

【摘要】文明交流互鉴发生于跨文化对话中。无论是以比较文学为先导的中国跨文化对话文脉，还是孕育于后多元文化主义思潮中的跨文化对话理论，均建立在前数字时代传播格局的基础上，对数字交往时代的跨文化对话缺乏较强的解释力。通过对 Z 世代群体在线社交、虚拟休闲与线上学习等路径中跨文化对话实践的分析，本文提出对数字跨文化对话进行阐释的理论新视角：在数字跨文化对话语境下，普罗大众皆为对话主体，"本地人"与"外来者"的边界消融，复合结构与多模态话语构成对话方式，对话的目的是通过构建"第三文化"促成视域融合。

【关键词】跨文化对话　数字沟通　Z 世代　第三文化

文明交流互鉴生发于人类社会的跨文化对话（intercultural dialogue）中。跨文化对话是多元主体参与的文化间持续性的感知、沟通、理解和认同，是具有不同种族、文化、宗教、语言背景、历史遗产的个人和群体在相互认知和尊重的基础上，进行系统化交流的过程。理想的跨文化对话涉及跨文化能力、对话渠道、对话原则等诸多因素，需要完整的跨文化对话观进行指导。传统理论中的跨文化对话观通常建立在前数字时代传播格局的基础上，强调面对面的交流范式和以文字为载体的书本、思想交流。20 世纪 80 年代后，全球网络社会的转型使基于数字化交往的、脱域融合的文化间沟通成为时兴，

---

①　肖珺，武汉大学媒体发展研究中心研究员、武汉大学新闻与传播学院教授；吴玮琦，武汉大学新闻与传播学院硕士。本文系教育部人文社会科学重点研究基地重大项目（项目编号：22JJD860013）的阶段性成果。

补充和发展与人类传播实践、媒介生态和文化形态相应的跨文化对话观由此具有重要意义。

数字革命正在深刻地改变着社会生产力和生产关系，重塑着人类的时空观念和生活方式。从交往的方式来看，数字沟通的发展为全球的合作交往提供新的途径；从传播的形态来看，数字沟通的发展为媒体深度融合提供新的思路。黄旦围绕"数字沟通：新闻传播学科的新方向"这一主题，从传播媒介与学科的演化历史引入，首先讲述了大众传播范式与新闻传播学，随后对数字沟通做了进一步阐释。黄旦表示，大众传播范式是一种封闭式的结构，标准化运作，由点到面的辐射，通过时间的连续形成复制的现实感，是身体不在场的在场，通过传递和接收（指示和跟随）生产出了自己的合法性话语系统。而数字沟通，是大众传播时代的终结，作为数字的媒介，分为数字材料、数字计算、数字呈现三个维度，沟通则包括社会、技术、文本等多个层面的交互性、发送性接收，信息即实在。黄旦进一步提出，数字沟通学，开启学科的新想象，是新闻传播学科的重构，是计算机科学的思维、方法与新闻传播学科的融合，亟须新的专业设置、课程体系和教学方式，是一种新的研究方式和领域。由此，本文首先将梳理跨文化对话理论的发展脉络，随后从被称为"数字原住民"的 Z 世代（Generation Z）的数字实践中提取全球网民数字跨文化对话的主要路径，最后以这些对话实践为依据，尝试建立数字时代的跨文化对话观。

一、跨文化对话的两股理论源流：中国与欧洲的视角

文化多样性问题自文明诞生之初就一直镶嵌在人类社会发展的全过程中，并在全球化、数字化、智能化、虚拟化浪潮的裹挟下越发凸显。面对异质文化间日益频繁的摩擦与冲突，全球学者不约而同地强调以对话实现相互理解并促成共识。自理论脉络观之，中国形成了以比较文学为先导，囊括文、史、哲、宗教、艺术等各方面比较研究的跨文化对话文脉；欧洲则在后多元文化主义思潮中诞生了以人权框架为基础，以文教政策为路径的跨文化对话理论

方案。两股理论思潮均蕴含着丰富的跨文化对话智慧，但受时代背景局限，这些理论对数字交往时代的跨文化对话缺乏较强的解释力。

（一）中国脉络

论及中国的跨文化对话研究，最早可追溯至 20 世纪初期王国维、陈寅恪、钱钟书等学贯中西的学者，他们以及他们的学生为中国的跨文化研究建构了基础的学术环境。60 年代初期，钱钟书的《通感》《读拉奥孔》等文以诗学为媒，开创了"以中释西""以西释中"的跨文化双向阐释。到了 80 年代，伴随改革开放的浪潮，中国的跨文化研究迎来勃兴，如何走出几千年的旧传统和数十年来形成的"新传统"，从而真正"面向世界、面向未来"成为学界讨论的主题。在这一思潮中，比较文学首先开启了跨文化对话的研究，其后出现了许多有关文、史、哲、宗教、艺术等各方面的比较研究，跨文化对话的研究格局由此形成[①]。乐黛云指出，中国思想文化界对于跨文化对话的理想和实践，始于 20 世纪 80 年代，成形于 90 年代初，其中 1996 年是一个重要节点。在 90 年代，中西学者开展了一系列跨文化对话的国际学术研讨会，使隔空对话转变为直接对话，这些会议的实际成果形成了中法合办的《跨文化对话》学术期刊，它成为中西跨文化学者的重要交流场域与对话桥梁[②]。

中国跨文化对话研究的理论根基首先来自苏联文艺理论家、批评家米哈伊尔·巴赫金（Bakhtin Michael）的对话论。对话论即"多声部对话"或"对话主义"，是巴赫金理论大厦之基石[③]。巴赫金认为，"一切莫不都归结于对话，归结于对话式的对立。单一的声音，什么也结束不了、什么也解决不了。两个声音才是生命的最低条件，生存的最低条件"[④]。巴赫金的"对话"远非言语对话，也远非日常现实的对话，而指向理想的交往行为应展现的意识个体之间的关系、主体之间的关系。"一切对话的终极目的"就是进入"相应和之对

① 乐黛云.中西跨文化研究五十年 [J].上海社会科学院学术季刊，1999(04): 153–162.
② 乐黛云，陈越光.跨文化对话的两个主题 [J].民俗典籍文字研究，2017(02): 21–22+242.
③ 周启超.巴赫金"对话论"再释 [J].浙江社会科学，2021(09): 122–129+159–160.
④ [俄]巴赫金.诗学与访谈 [M].白春仁，顾亚玲，译.石家庄：河北教育出版社，1998: 340.

话关系"，这种相应和本质上是自由的，"它总是在克服距离感并寻求彼此的接近（交集）"①。巴赫金指出，要注意到文化互动不是单向的而是双向的，文化开放不仅是共时的而且是历时的。同时，他还强调外位性是文化对话与理解的强大推力，而边缘性是文化对话的可能空间②。

在继承巴赫金对话论的同时，中国跨文化学者还从中国传统文化中发掘了大量理论资源，并从中国实践中提取经验智慧，发展出了独具中国特色的跨文化对话理论体系。面对跨文化对话中"东方中心论""西方中心论"等保守主义与民族主义论调，汤一介从儒家"和而不同"理论中发掘出跨文化对话的原则，即发挥"和"的作用，在两种不同文化中寻找交汇点，并在此基础上推动双方文化的发展③。面对跨文化对话的主体性问题，即自我如何存在、传统与变异如何平衡，费孝通提出以"文化自觉"作为应对之策，即首先对自己的文化有自知之明，了解自己文化的基因，同时按现代的认知和需要来诠释自己的历史文化，并在多元文化的背景下找到民族文化的自我④。在实践路径上，乐黛云指出不同文化体系的文学存在丰富的共同话题，这提供了对话的议题。通过异质文化文学之间的互补、互证、互识，不同文化将在往返的对话中走向理解与和谐⑤。

21世纪初，数字技术的蓬勃发展对传播格局与跨文化交往形态进行了重构，中国的跨文化学者们也敏锐地注意到了这一变化及其带来的挑战。乐黛云注意到信息技术的革新使人与人之间的关系大大超越了过去所受的时空束缚，导致了全球性的、从未有过的时空紧缩，她认为这加剧了跨文化对话的紧迫性，并强调继续以比较文学来解决不同文化的对话问题⑥⑦。欧阳友权同样

---

① 周启超. 巴赫金"对话论"再释 [J]. 浙江社会科学，2021(09): 122–129+159–160.
② 程正民. 跨文化对话论 [J]. 中国政法大学学报，2021(03): 274–283.
③ 汤一介. "和而不同"原则的价值资源 [J]. 学术月刊，1997(10): 32–33+20.
④ 乐黛云. 文化自觉与中西文化会通 [J]. 河北学刊，2008(01): 185–189.
⑤ 乐黛云. 文化相对主义与跨文化文学研究 [J]. 文学评论，1997(04): 61–71.
⑥ 乐黛云. 跨文化对话的紧迫性及其难点 [J]. 社会科学，2009(01): 173–177+192.
⑦ 乐黛云. 面对比较文学的未来 [J]. 复旦学报（社会科学版），2012(01): 40–43.

注意到了数字技术对文学生态的改变，以对中国网络文学海外传播的研究为中国跨文化对话理论提供了重要的补充①。但整体而言，中国的跨文化对话研究主要依循比较文学路径，它强调以文艺作品为中介的对话，注重哲学、文学与伦理学之间的互通互联，但对网络环境中全球网民以社交媒体、数字社区等为渠道进行的常态化跨文化接触与沟通缺少关注，因此在一定程度上对数字环境中的跨文化对话缺乏解释力。

（二）欧洲脉络

在欧洲语境中，跨文化对话是一个与政策性实践高度关联的专有术语，它由欧盟委员会所提出，其目的是解决欧洲日趋严重的"超级多样性"（super diversity）问题。一般认为，欧洲的跨文化对话研究始于"多元文化主义"（multiculturalism）的失败与"后多元文化主义"（post-multiculturalism）的兴起。从 20 世纪 60 年代到 21 世纪初，欧洲与北美各国一直采用多元文化主义作为处理移民与种族问题的指导理论，该理论强调各族群的差异权利，提倡多种文化在一个共同体内的和平共存②。但该理论过分强调文化差异，助长了多元的单一文化主义③，并导致了欧洲社会中族群之间的隔离和社区凝聚力的缺乏④，因此多元文化主义已被欧洲主流观点宣判失败；与此同时，学者们开始寻找替代性方案，这掀起了后多元文化主义思潮⑤。欧洲的跨文化对话理论就发源于这一思潮中，并随着 2008 年欧盟委员会《跨文化对话白皮书：

---

① 欧阳友权. 中国网络文学海外传播的形态、动力与屏障 [J]. 贵州师范大学学报（社会科学版），2021(06): 115–123.

② 肖珺，王桐. 跨文化传播视野下的多元文化主义理论反思 [J]. 跨文化传播研究，2020(01): 102–121.

③ Sen A. Identity and Violence: The Illusion Of Destiny[M]. New York: W. W. Norton & Company, 2007: 157.

④ STOKKE C, LYBKÆK L. Combining intercultural dialogue and critical multiculturalism[J]. Ethnicities, 2018, 18(1): 70–85.

⑤ 斯蒂芬·维尔托维奇，刘晖. 走向后多元文化主义？——变动中的多样性共同体、社会条件及背景 [J]. 国际社会科学杂志（中文版），2011, 28(01): 87–100+5+8.

平等且有尊严地生活在一起》(*White Paper on Intercultural Dialogue: Living Together As Equals in Dignity*)(以下简称《跨文化对话白皮书》)的发布,被欧盟正式确立为替代多元文化主义的欧洲多样性问题解决方案①。

《跨文化对话白皮书》将跨文化对话定义为具有不同种族、文化、宗教和语言背景及文化遗产的个人和团体在相互理解和尊重的基础上的意见交流。它在所有层面上运作——在社会内部,在欧洲社会之间,在欧洲和更广泛的世界之间②。以这一关键文献为基础,欧洲学者们发展出了跨文化对话的理论框架。与多元文化主义所赞扬的文化间分离式共处不同,跨文化对话强调不同文化之间的对话式共处③,并特别关注不同文化背景的个体间的接触与社会互动,因为该理论将人际接触作为创造更强的共同归属感的工具④。欧洲的跨文化对话理论强调"真正的对话"(genuine dialogue)的概念。首先,这区分了对话与谈判,指出对话是在平等的人之间进行,而谈判的概念则更明确地承认不对称的权力关系,如多数人和少数人之间⑤;其次,这反对将对话主体抽象化,认为人们是作为实在的人而不是作为抽象的公民见面,不仅带着理性的论点,也带着情感、价值观和社会结构中的个人经验站出来对话⑥。对差异的后现代性理解也是欧洲跨文化对话的重要理论特征:认为理解是理想化

① COUNCIL OF EUROPE. White Paper on Intercultural Dialogue "Living Together As Equals in Dignity" [EB/OL]. (2008-05-02). https://search.coe.int/cm/Pages/result_details. aspx?ObjectID=09000016805d37c2.

② COUNCIL OF EUROPE. White Paper on Intercultural Dialogue "Living Together As Equals in Dignity" [EB/OL]. (2008-05-02). https://search.coe.int/cm/Pages/result_details. aspx?ObjectID=09000016805d37c2.

③ BARRETT M. Interculturalism and multiculturalism:concepts and controversies[C].// BARRETT M(ed). Interculturalism and Multiculturalism:Similarities and Differences. Council of Europe, 2013: 15-42.

④ LEVRAU F, LOOBUYCK P. Introduction:mapping the multiculturalism-interculturalism debate[J]. Comparative Migration Studies, 2018, 6(1): 1-13.

⑤ Modood T.Multiculturalism[M]. New York: John Wiley & Sons, 2013: 1924-1931.

⑥ Parekh B C. Rethinking Multiculturalism: Cultural Diversity and Political Theory[M]. Cambridge: Harvard University Press, 2002: 220-222.

的结果，误解才是常态。这要求我们认识到"站在另一个人立场上"的不可能性①，并转向解除自我中心的跨文化对话，即重视差异的持续性与不可减少性，在差异中学习，并通过差异学习②。对话的目的不是在追求共同的理解，而是持着一个陌生人的身份，在一个共同的世界中阐明利益③。

　　值得注意的是，欧洲的跨文化对话理论扎根于独特的现实环境中：涌入欧洲大陆的移民越来越多，公共空间、工作场所与学校内的种族、文化、宗教间的交流与摩擦趋于"常态化"④。因此，欧洲的跨文化对话理论重点在于解决面对面沟通中的跨文化对话问题。在欧盟《跨文化对话白皮书》中，加强学校的跨文化教育、打造跨文化城市中的对话开放空间、保障公民的公共事务参与和民主公民权是实现跨文化对话的主要路径，这都侧重于面对面对话的范式⑤。相关学术研究也将重点放在跨文化教育⑥⑦⑧、工作场所和公共空间

①　HARVEY L, MCCORMICK B, VANDEN K. Becoming at the boundaries of language:Dramatic enquiry for intercultural learning in UK higher education[J]. Language and Intercultural Communication, 2019, 19(6): 451–470.

②　PHIPPS A. A short manifesto for decolonising multilingualism[J]// PHIPPS A. Decolonising Multilingualism: Struggles to Decreate. Bristol: Multilingual Matters, 2019: 11.

③　BIESTA G. Becoming public:Public pedagogy,citizenship and the public sphere[J]. Social & Cultural Geography, 2012, 13(7): 683–697.

④　FORTIER A M. Pride politics and multiculturalist citizenship[J]. Ethnic and racial studies, 2005, 28(3): 559–578.

⑤　COUNCIL OF EUROPE. White Paper on Intercultural Dialogue "Living Together As Equals in Dignity" [EB/OL]. (2008–05–02). https://search.coe.int/cm/Pages/result_details. aspx?ObjectID=09000016805d37c2.

⑥　STOKKE C, HELSKOG G H. Promoting Dialogical Democracy Dialogos philosophical dialogues in intercultural and interfaith education[J]. Studies in interreligious dialogue, 2014, 24(2): 182–201.

⑦　XU J, PEETERS A, GERNAY M. Constructing interculturality through intercultural dialogues and autoethnography: building relations, nurturing preparedness and rejecting boundaries[J]. Language and Intercultural Communication, 2022, 22(5): 567–582.

⑧　LEÓN Y C G. Formación humanista de los profesionales de la comunicación, el periodismo y la información[J]. Chasqui: Revista Latinoamericana de Comunicación, 2019, 141: 319–332.

等现实场景中的跨文化对话与协作等方面[1][2][3]。虽然目前西方学界越来越多的研究开始关注数字环境下的跨文化对话实践，但这些散在的实证研究结论并未被统合至欧洲的跨文化对话理论框架内，数字交往下的跨文化对话论尚未建立。

综上所述，中国与欧洲在各自独特的文化环境、历史背景与现实需求的综合作用下，均发展出了成体系的跨文化对话理论，并形成了相应的学术共同体。但是，两条理论脉络都一定程度上缺乏对数字交往下跨文化对话的关注，这呼唤学者从广泛的数字跨文化对话实践中提取出理论解释的新视角。

二、数字跨文化对话的主要路径：以 Z 世代为例

罗伯特·舒特（Robert Shuter）等跨文化新媒体研究学者格外关注新媒体语境下跨文化对话的形态和内容，他们认为数字技术的发展重构了跨文化对话的基础语境，使得基于面对面研究范式的传统跨文化对话论需要被重新思考[4]。同时，针对跨文化虚拟共同体中的对话实践，应进一步诠释基于网络社会的文化间交往而产生的新文化秩序[5]。本文聚焦于以 Z 世代为主体的数字跨文化对话实践，从既有文献中提炼出社交路径、休闲路径与学习路径三条主要的数字跨文化对话路径。

① KOTHARI A, TSAKARESTOU B. "Hack the Camp": An entrepreneurial public diplomacy and social intervention initiative to address the refugee crisis in Greece[J]. International Communication Gazette, 2021, 83(1): 9–25.

② SARMIENTO I, ZULUAGA G, PAREDES-SOLÍS S, et al. Bridging Western and Indigenous knowledge through intercultural dialogue:lessons from participatory research in Mexico[J]. BMJ Global Health, 2020, 5(9): e002488.

③ MCDERMOTT P, NIC C M, STRANI K. Public space,collective memory and intercultural dialogue in a(UK)city of culture[J]. Identities, 2016, 23(5): 610–627.

④ 常江，李思雪. 数字时代的跨文化传播研究：重返经典与重构体系——罗伯特·舒特（Robert Shuter）访谈录 [J]. 跨文化传播研究，2021(01): 3–16.

⑤ 肖珺，胡文韬. 新媒体跨文化传播的难点及其理论回应 [J]. 新闻与传播评论，2021(01): 107–117.

（一）在线社交中的跨文化对话

以社交媒体、网络论坛为代表的在线社区为跨文化相遇与对话提供了一个具有不同参与模式的"数字广场"，它构建的数字社交场域为来自不同文化的 Z 世代用户提供了大量的接触机会、丰富的对话主题与多样的对话方式。在由加州大学与伯克利大学联合开创的青年网络社区"Space2Cre8"中，来自中国、印度、挪威、美国、南非、澳大利亚与英国的 Z 世代学生与他们新认识的国际朋友们分享经验并合作创造数字艺术品，同时也就日常生活和各自社会中的共同关注点进行批判性的跨文化对话[1][2]；在推特（X，原 Twitter）以及微博等社交平台上，中韩 Z 世代意见领袖（KOL）带领网民围绕汉服与韩服的文化溯源问题展开持续了数月的论争，在跨文化交流、交锋中促成对话与理解；在英国，公共在线讨论板"UK Debate"与 BBC 运营的"Have your say"论坛为英国原住民与来自不同文化背景的移民和难民提供了平等的公共讨论空间，使日益频繁的跨文化冲突在对话中得以消解[3]。围绕在线社交所展开的跨文化对话在其交往广度、内容丰富度、便利性与平等性等方面均是传统范式所难以比拟的。

首先，在线社区跨越了物理边界与文化边界，以一种"虚拟世界主义"的框架将分散在世界各地的、具备不同文化背景的个体吸引到一个共同的数字空间中，这使得这些在线社区天然具备跨文化沟通场域的属性，解决了对话的渠道问题。其次，在线社区的技术结构创造了一种超越既有社会权力结构的公共话语形式，允许信息的迅速传播并打破了既有的"等级感"[2]。在这里，非精英的个人用户能够在技术赋权下向更广泛的在线公众表达观点，不

---

① HULL G A, STORNAIUOLO A. Literate arts in a global world: Reframing social networking as cosmopolitan practice[J]. Journal of Adolescent & Adult Literacy, 2010, 54(2): 85.

② SOBRÈ-DENTON M. Virtual intercultural bridgework:Social media,virtual cosmopolitanism,and activist community-building[J]. New media & society, 2016, 18(8): 1715–1731.

③ KLEINKE S, AVCU E. Public discourse beyond the mainstream media:Intercultural conflict in socio-political discussion fora[J]. Discourse, Context & Media, 2017, 19: 49–57.

同文化群体的成员也能够作为具有平等权利的参与者进行对话，而这种平等的对话空间正是跨文化对话所追求的[③]。更重要的是，跨文化在线社区极有可能营造出超越两种对话文化的、更具包容性的"第三文化"[①]，即使是文化背景迥异的社区成员也能在互动中建构彼此并形成信任，逐步实现共同目标、达成身份认同和获得归属感[②]。

（二）虚拟休闲中的跨文化对话

在 Z 世代网民的在线休闲娱乐活动中，跨文化对话往往会作为一项重要的"副产品"而产生。换言之，当 Z 世代以休闲、娱乐而非交流为主要目的进入特定在线空间时，跨文化对话会作为一种偶然性的附属产品出现。尽管它是一种非目的性的产物，但却构成了相关休闲实践的重要组成部分，并产生了丰富且有益的对话结果。其中，电子游戏是具备较高代表性的休闲性跨文化对话路径。

据调查，超 90% 的 Z 世代会使用各种设备玩电子游戏，每周平均玩游戏的时间达 7 小时 20 分钟[③]，电子游戏已成为 Z 世代的重要文化符号。随着国际游戏市场的发展，大量电子游戏正突破国界，将全球玩家纳入同一游戏世界中，并通过游戏内的社交系统在玩家间建立起跨文化对话与协作的通路。例如，在大型多人在线游戏《无尽任务 2》中，为了满足一位绝症儿童玩家的愿望，来自全球各地的数百名玩家以游戏公会的组织形式开展跨文化协作，共同打造了一个数字纪念空间[④]；一项名为 *City Ragas* 的手机游戏则在荷兰阿姆斯特丹与印度新德里的玩家间开展了以照片交换叙述城市故事的游戏活动，

① SHUTER R. Intercultural new media studies: The next frontier in intercultural communication[J]. Journal of Intercultural Communication Research, 2012, 41(3): 219–237.

② 肖珺. 跨文化虚拟共同体：连接，信任与认同 [J]. 学术研究，2016(11): 42–48.

③ NEWZOO. How Different Generations Engage with Video Games[EB/OL]. (2021–08–05). https://newzoo.com/insights/trend-reports/newzoos-generations-report-how-different-generations-engage-with-games.

④ POOR N, SKORIC M, LAMPE C. Death of a child,birth of a guild:Factors aiding the rapid formation of online support communities[J]. The Information Society, 2022, 38(3): 188–199.

开辟了以视觉语言进行跨文化对话的有效路径①；在中国最大的在线问答社区知乎平台上，数千名用户分享了他们在游戏中与外国玩家间发生的有趣故事，对话主题超越游戏本身，涵盖了文化、习俗、社会生活甚至价值观层面的交流，甚至发展出超越游戏空间的长期线上友谊。从中不难看出，在电子游戏中与外国人进行跨文化对话已成为 Z 世代的生活常态。

电子游戏作为跨文化对话的路径具备以下几点优势。首先，就技术可供性而言，绝大部分电子游戏都提供了包括文字、语音、图像、虚拟表情在内的内置通信工具，以及支持私人与组织关系的庞大社交系统②。这使得电子游戏自身就成为一种特殊的信息社会结构而存在，游戏内的跨文化对话也因此成为可能。其次，就电子游戏的虚拟世界属性而言，它的构建方式超越了国界与文化边界，并在一个娱乐性的、架空的场域中消融了政治障碍以及种种现实利益冲突，创造了一种以宽容为基调的跨文化对话氛围。最后，在长期的共同玩游戏中，玩家们构建了独属于游戏圈层的话语体系，即独特的游戏礼仪、游戏俚语与游戏文化规范，为跨文化对话提供了可理解的话语。不仅如此，游戏为玩家设定的共同目标以及游戏世界内丰富的故事与人物也作为玩家间的共同话题，为跨文化对话的发生提供了起点③。

除了电子游戏，网络文学平台中也涌现了大量基于休闲阅读活动而展开的跨文化对话实践。以中国网络文学出海为例，其海外传播已覆盖东南亚、东北亚、欧美及非洲等多个国家与地区，海外读者超 1 亿人次。对相关文本

① BANSAL L. City Ragas: Building an Intercultural Dialogue between People[C]// Online Communities and Social Computing: Third International Conference, OCSC 2009, Held as Part of HCI International 2009, San Diego, CA, USA, July 19–24, 2009. Proceedings 3. Springer Berlin Heidelberg, 2009: 663–672.

② HUFFAKER D, WANG J, TREEM J, et al. The social behaviors of experts in massive multiplayer online role-playing games[C]// 2009 International Conference on Computational Science and Engineering. IEEE, 2009: 326–331.

③ BOGUSLAVSKAYA V, BUDNIK E, AZIZULOVA A, et al. Cybersport community:social structures transformation as a basis for intercultural dialogue[C]// International Conference on Internet Science. Cham: Springer International Publishing, 2018: 300–311.

的热爱吸引海外粉丝自发进行翻译传播、本土化创作，并围绕中国网络文学举办粉丝交流活动，进而推动了跨文化接触与对话。在丰富的在线娱乐活动版图中，诸如此类由休闲娱乐展开的跨文化对话不在少数，它们共同构成了丰富的跨文化对话路径。

（三）在线合作学习中的跨文化对话

学习与自我提升同样是 Z 世代在线活动的重要实践形式。其中，在线跨文化合作学习长期被视作重要的跨文化对话路径。在传统范式中，跨文化合作学习受时空限制，基本只发生于本土学生与留学生的线下共同学习这一范围内，规模与持续性极为有限，并且由于疫情、政治等因素的影响而呈现缩减趋势。但数字技术的发展使得协作型在线学习成为实体学生流动性的替代方案，通过激励学生的在线交流与合作学习，有效地促进了跨文化对话的展开。许多研究报告指出这一路径所取得的积极成果：在一项为期五年的中美大学生在线跨文化交流项目中，两国学生借助微信等在线通信工具展开了长期跨文化对话与协作学习，以此显著提升了跨文化适应能力与沟通能力[①]；在另一个项目中，来自中国、以色列与英国等国的学生借助在线交流工具展开了包括个人对话、学术知识对话与民族文化对话在内的多层次跨文化对话，成功地建立了一种基于同理心、倾听和信任的对话关系[②]；除了跨国对话，武汉大学与新疆大学的一项跨文化虚拟学习团队项目也表明，基于线上空间的合作学习有助于促进跨民族的文化对话与相互理解，并提升学生的跨文化适应能力[③]。

---

① YINGLI Z, JIN'AI S U N. Using Social Media to Promote Intercultural Communication Between Chinese and American University Students[J]. Chinese Journal of Applied Linguistics, 2020, 43(2): 169–187.

② ELIYAHU-LEVI D. Cross-cultural online encounters with peers from different countries[J]. Distance Education, 2020, 41(3): 402–423.

③ 肖珺，王婉.跨文化虚拟学习团队：新疆新闻传播学专业少数民族学生参与情况与学习效果研究 [J]. 全球传媒学刊，2016(1): 123–140.

目前的研究呈现了在线跨文化合作学习作为跨文化对话路径的几大优势。第一，在线合作学习的主体通常是高校学生，这些受教育水平较高的 Z 世代青年普遍具备一定的跨文化能力，有助于跨文化对话的有效展开。第二，在线合作学习通常设定了学习目标与讨论话题，并在课程或项目设计中安排了结构化或半结构化的对话程序，同时还有高校教师等学者的指导，极大地提升了对话的质量。第三，对话者尽管文化背景不同，但都是年龄相仿、受教育程度接近的 Z 世代，能够以"同辈对话"（peer dialogue）避免代际文化差异及数字鸿沟对跨文化对话的负面影响[①]。第四，诸多跨文化合作学习项目都是长期开展的，有助于稳定、可控、持续的跨文化对话通路的开辟。

三、理论阐释的新视角：数字沟通中的跨文化对话观

大量的研究案例证明，数字空间中已然形成了区别于传统跨文化对话的另一范式，即数字跨文化对话的范式。由此，本文认为需要提出理论解释的新视角，即数字交往中的跨文化对话观。这一理论视角建立在丰富的传统跨文化对话理论基础上，并结合了最新的数字实践，尝试对当下的范式转移以及数字跨文化对话进行解释。值得注意的是，本文对数字跨文化对话中"数字"概念的解读立足于行动数字观，即强调数字的行动性特征，关注数字对主体间互动性实践的协调、对行动主体能动性的干预以及对具有社会情境性质的时间场域的塑造[②]。

（一）主体下移：人人都是对话者

传统范式下，跨文化对话的主体局限于留学生、跨国商人、外交官员、移居者等少数群体，大多数未参与跨境流动的民众则被排除在跨文化对话的行动主体之外。在这一意义上，传统跨文化对话是独属于少数人的"精英"

① ELIYAHU-LEVI D. Cross-cultural online encounters with peers from different countries[J]. Distance Education, 2020, 41(3): 402–423.

② 刘雨婷. 社会学视域下的五种数字观 [J]. 社会学研究，2023, 38(04): 205–225+230.

对话。而数字沟通中的跨文化对话则打破了这一桎梏，将跨文化对话转为大众的对话，将普通民众纳入跨文化交流的传播生态中。

数字跨文化对话建立在网络通信技术普及的基础上，并要求建构平等、开放的数字公共对话空间。以移动互联网为代表的网络通信技术的巨大发展，使大众得以接入全球互联网，为数字跨文化对话奠定了技术基础。进一步，社交媒体、网络论坛、电子游戏、网络文学平台以及在线学习平台等各类平台型应用的出现为数字跨文化对话打造了一个开放的数字对话空间，文化关系、种族关系、权力关系等在其中编织与流动，使数字平台成为一种跨文化的社会情境。它能够将全球网民聚合在同一数字场域中，创造一种新的公共跨文化对话形式。由此，每一位网络用户都在技术层面上获得了跨文化对话的权利，并得以在全球网络中获得大量的跨文化互动机会。

但值得注意的是，数字跨文化对话要求参与者具备一定的技术素养、媒介素养与跨文化能力。文化研究学者拉迪卡·加贾拉（Radhika Gajjala）强调，除了网络接入问题，技能问题也成为阻碍跨文化交流的技术鸿沟。技术使更强的全球连接成为可能，但也带来了经济、教育的差异，由此导致对话者在技术使用能力与媒介素养上的巨大鸿沟，使跨文化对话成为年轻受教育一代的"特权"[1]。亦有研究强调，即使对话者具备一定技术能力、语言能力与媒介素养，但文化交流技能的缺乏依然会导致误解与冲突[2]。总之，数字跨文化对话的参与者必须具备基本的技术能力、媒介使用能力与跨文化交流能力，才可能展开有效的跨文化对话。因此，同任何技术变迁一样，数字跨文化对话带来的仅是可能性的拓展，但数字跨文化对话的真正推进还有赖于社会层面的动力作用。

---

[1] SOBRÉ-DENTON M. Virtual intercultural bridgework:Social media,virtual cosmopolitanism,and activist community-building[J]. New Media & Society, 2016, 18(8): 1715–1731.

[2] DUMITRAŞCU-BĂLDĂU I, DUMITRAŞCU D D. Intercultural communication and its challenges within the international virtual project team[C]// MATEC Web of Conferences. EDP Sciences, 2019: 07005.

（二）权力重构：人人都是本地人

传统的跨文化对话通常发生于跨境流动者、移居者与本地居民三者间，使"外来者"与"本地人"成为一组无法回避的重要概念。在该范式下，文化身份与社会地位以及社会权力紧密相连：作为文化少数群体的"外来者"将在社区、媒体或学校等环境中面对来自文化多数群体的歧视与同化压力，也使其更清楚自身的文化与种族身份。而构成文化多数群体的"本地人"通常在社会上拥有更高地位，因而较少担心文化差异带来的压力[①]。这种与文化身份相关的权力不平等导致了一种"功利的"跨文化对话目的，即加速文化适应与融入本地社会[②]，与跨文化对话"达成互惠性理解"的本质目的相冲突。

数字沟通中的跨文化对话颠覆了这一传统范式无法回避的二元格局。在国际互联网中，尤其是在国际性社交媒体平台、全球性电子游戏中，数字场域与现实地理相分离，国家、地区的地缘政治属性被极大程度地隐去，"本地人"的概念由此被抹除。以推特为例，其"社交版图"已触及世界上绝大多数地区与国家，其中的用户均成为该平台的社交主体，并通过海量社交实践创造出了具备平台风格的社交文化，进而无法区分"本地人"与"外来者"，抑或人人都是"本地人"。由此，数字跨文化空间对话构造了一类在文化结构上相对平等的数字对话空间，系统性地赋予了每一个参与者相对平等的文化地位与权利，从而消除跨文化对话中的等级感与边界感。同时，由于流动的网络社会结构冲破了地缘的现实纽带，共同兴趣成为数字跨文化对话的主要动力，对话的议题也由此更为多元、丰富，对话目的的"功利性"逐渐淡去，推动着平等、理解、互惠的对话关系的形成。

---

① SCHWARZENTHAL M, JUANG L, SCHACHNER M K, et al. "When birds of a different feather flock together" —intercultural socialization in adolescents'friendships[J]. International Journal of Intercultural Relations, 2019, 72: 61–75.

② WALSWORTH S, SOMERVILLE K, ROBINSON O. The importance of weak friendships for international student satisfaction: Empirical evidence from Canada[J]. International Journal of Intercultural Relations, 2021, 80: 134–146.

尽管淡化了文化地位的差异，但数字沟通中跨文化对话仍存在现实中的文化身份认同及其差异，且有时比传统范式中的跨文化对话更甚。因此，如何进一步弥合差异是数字跨文化对话当下的重要思考课题。

（三）融合对话：复合结构与多模态话语

数字技术以"融合文化"的形式重构了网络传播的生态，数字跨文化对话也同样以融合的方式对传统跨文化对话范式进行了重构。在数字沟通的语境下，跨文化对话不再停留于点对点、单渠道、话语单一的传统局面，而是呈现出不同层次相交融的趋势。

首先，数字跨文化对话的渠道是多重组合的，而不是也不能是单一的。技术可供性为我们认识媒介的物质性体系提供认知视角，也显示出物性的媒介必然存在固有的限制性[①]。完整的数字跨文化对话无法通过单一媒介完成。例如，电子游戏的"第三空间"虽然对建立跨文化合作关系以及弥合社会资本有很大作用，但架空世界对玩家社会身份的隐藏使得深层的情感支持难以建立；社交媒体能提供便捷的对话机会，但是在情感沉浸等方面又难以与电子游戏相比[②③]。因此，数字跨文化对话需要综合使用多种新媒体技术，在多个线上媒介空间中开展、维持对话，这也是数字跨文化对话者们普遍采用的方法。一项研究印证，虽然中国台湾和美国大学生借助脸书（Facebook）建立起初步的跨文化友谊，但为了在项目完成后继续维持友谊，学生们认为使用其他 Web2.0 应用是必要的[④]。

其次，数字跨文化对话的结构也呈现出复合样态。在直接性与中介性对

---

① 胡翼青，马新瑶. 作为媒介性的可供性：基于媒介本体论的考察 [J]. 新闻记者，2022(01): 66-76.

② SHUTER R. Intercultural new media studies: The next frontier in intercultural communication[J]. Journal of Intercultural Communication Research, 2012, 41(3): 219-237.

③ WILLIAMS D, KENNEDY T L M, MOORE R J. Behind the avatar: The patterns, practices, and functions of role playing in MMOs[J]. Games and Culture, 2011, 6(2): 171-200.

④ WANG C M. Using Facebook for cross-cultural collaboration: The experience of students from Taiwan[J]. Educational Media International, 2012, 49(1): 63-76.

话层面，数字跨文化对话中的直接对话是主流的，人们借助数字社区与即时通信工具得以开展实时的跨文化交流。但与此同时，以文学艺术作品为媒介的中介式对话也广泛存在，例如前文提及的基于数字艺术作品的跨文化交流，以及网络文学所产生的跨文化对话。在对话的主体结构层面，数字跨文化对话既存在点对点的私人对话，如跨文化友谊的形成；也存在点对多的中心式对话，如账号@十音Shiyin对全球网民的汉服文化宣介；还存在多对多的集体对话，如数字社区中的跨文化公共讨论。多种结构的对话并存，形成数字沟通中跨文化对话丰富的层次与向度。

最后，数字跨文化对话的内容天然是多模态的。当数字新媒体颠覆式地改变了跨文化交往方式的同时，话语变迁也成为必然结果。在数字跨文化对话中，交际与互动的话语是多模态的，对话者不仅能通过文本话语、声音符号与图像式话语的相互协同进行跨文化交流，还能将对话调动的感官模态延伸至视觉、听觉与触觉[①]。在大型虚拟现实在线游戏 VR Chat 中，来自世界各地的玩家已经能沉浸于"元宇宙"式的世界中，依托于各自的数字化身，借助面部表情、身体动作、游戏道具以及嵌入式的同声传译系统等实现多模态的跨文化互动交流。

（四）理念更新：对第三文化的追求

在终极目的上，数字跨文化对话与传统跨文化对话追求一致，均希望通过对话实现文化间的和谐互通与繁荣创新。两者均期待在来自不同文化的个体间建立起基本的对话关系，并由此发展出归属感与跨文化友谊。大量研究表明，与来自另一文化的个体建立个人关系是处理异质性挑战的有效方式。这种直接的个人关系能够使人接触到不同社会文化环境下的现实生活场景，有助于增加个体对他国文化的认知，以及对自我文化的反身性认知。在此基础上，两种跨文化对话均要求通过对话与自我探究，培养对来自不同文化的

---

① 肖珺.多模态话语分析：理论模型及其对新媒体跨文化传播研究的方法论意义[J].武汉大学学报（人文科学版），2017，70（06）：126-134.

人之间的相互关系进行反思的能力，即跨文化能力。与不同生活现实的直接接触及不同世界观之间的接触将缩小想象与现实之间的差距，使对话从信念和偏见中解放出来，形成平等、开放、包容的对话观念[①]，并提升包括倾听和理解他人的观点、自我反省、尊重人类尊严和共同价值观、信任、移情、友谊、提高自我认知等在内的跨文化对话技能[②]。

而在如何实现这一目标的理念上，数字跨文化对话规则提出一种不同的思路：在数字空间的持续性跨文化对话中实现"第三文化"的构建。第三种文化被界定为一种能够对彼此分散的文化进行一定程度的整合，使之变得更具包容性的文化。对话则是发展出第三种文化之必需，第三种文化亦能反过来提供一种理想的互动气候[③]。在数字空间中，对其他文化进行理解的经济和社会成本因技术的便利而大幅降低，对话的效率与广泛性也因数字技术的加持而显著增加，进而使得"第三文化"的共同创造更易实现。一个突出的例子是，有研究发现电子竞技圈层以兴趣为核心纽带，形成了从地方到全球的特殊社会结构，并形成了独特的圈层文化与话语，其文化空间具有对文化间和民族间的对话形成宽容态度的巨大潜力[④]。在这一层面上，数字跨文化对话对"第三文化"的追求与跨文化主义下"视域融合"的文化共创具备相同的内核。

尽管数字交往中的跨文化对话因技术环境更迭而产生了与传统跨文化对话的不同样态，并具备诸多独特优势，但切不可以技术决定论的视角对其进

---

① ELIYAHU-LEVI D. Cross-cultural online encounters with peers from different countries[J]. Distance Education, 2020, 41(3): 402–423.

② STOKKE C, HELSKOG G H. Promoting Dialogical Democracy Dialogos philosophical dialogues in intercultural and interfaith education[J]. Studies in interreligious dialogue, 2014, 24(2): 182–201.

③ 常江，李思雪. 数字时代的跨文化传播研究：重返经典与重构体系——罗伯特·舒特（Robert Shuter）访谈录 [J]. 跨文化传播研究，2021(01): 3–16.

④ BOGUSLAVSKAYA V, BUDNIK E, AZIZULOVA A, et al.. Cybersport community:social structures transformation as a basis for intercultural dialogue[C]// International Conference on Internet Science. Cham: Springer International Publishing, 2018: 300–311.

行盲目肯定。实际上，它只是对传统跨文化对话的发展而非替代，且影响跨文化对话和"第三文化"建设的外部现实因素也可能影响到数字世界。数字沟通中的跨文化对话拥有更加便利和多元的渠道，但是对话的成功与否仍然与对话者的跨文化能力、双方的文化差异、政治经济因素以及社会结构等密不可分。例如，数字跨文化合作会受到预先存在的社会网络和对话者各自国家和文化中制定的群体间界限的限制[1]，而民族间或宗教间的激烈文化冲突在数字环境中也难以消弭。因此，研究者应正视数字跨文化对话中存在的局限性，在研究过程中重视数字世界与现实世界多元要素的互动，构建起全面立体的跨文化对话观。

---

① CHO H, LEE J S. Collaborative information seeking in intercultural computer-mediated communication groups: Testing the influence of social context using social network analysis[J]. Communication Research, 2008, 35(4): 548–573.

成长的 Z 世代与国际传播格局的新动向

王润珏　张若溪 [①]

【摘要】在数字化与全球化背景下成长起来的 Z 世代正在成为影响社会发展和国际格局变迁的中坚力量。在消费主义逻辑和意识形态涵化逻辑双重驱动下，多个国家的政府、媒体、企业及国际组织已经从内容、机构、平台等多方着手，全面展开面向 Z 世代的国际传播布局。同时，Z 世代群体对国际传播的影响力也在逐步显现，包括对传统媒体机构的改变、在互联网平台影响力的聚集、媒体和社交平台的自主建设等。从长期来看，更加多元化、更具包容性的 Z 世代将以独有的代际世界观和数字化生存逻辑带来国际传播格局的系统性变化，国际传播也将步入 Z 世代主导下的时代。

【关键词】Z 世代　国际传播　国际传播格局

按照联合国和世界银行 2022 年发布的世界人口数据推算，出生于 1995 年至 2009 年的 Z 世代（Generation Z）人口数量约为 21 亿，占世界总人口的 27.6%，是世界人口中占比最大的代际群体 [②]。Z 世代被熟知为"数字原住民"，他们是互联网普及的背景下成长的一代，也是在物质条件丰裕而又充满不确定性的时代中成长起来的一代人 [③]。与他们之前的千禧一代不同，Z 世代的成长伴随着世界发展的巨变，普遍在成年前经历了恐怖袭击、金融危机、气候

---

① 王润珏，中国传媒大学国家传播创新研究中心研究员，博士生导师；张若溪，中国传媒大学媒体融合与传播国家重点实验室博士研究生。

② 数据来源：联合国人口数据库，https://www.unfpa.org/data/world-population-dashboard；世界银行数据库，https://data.worldbank.org.cn/indicator/SP.POP.TOTL?view=chart。

③ MCKINSEY & COMPANY. What is Gen Z?[EB/OL]. (2023–03–20). https://www.mckinsey.com/featured-insights/mckinsey-explainers/what-is-gen-z.

灾害、新冠流行等事件，并通过使用互联网、移动设备直接受到了这些事件的影响。

Z 世代是迄今最多元化、最关注社会问题的一代人，其成长背景与素质能力的特殊性，使 Z 世代受到了包括联合国、世界卫生组织、跨国企业等在内的国际社会的特别关注。在全球老龄化和人口增长率持续走低的趋势下，随着时间推移，Z 世代在世界人口中的占比将持续提升，并成长为影响人类社会发展和国际格局变迁的中坚力量。英、美等国的政府和国际传播机构已经将面向 Z 世代群体传播纳入其战略规划之中，尝试通过代际研究把握这一群体的特征和偏好，通过迎合代际需求的内容生产保持媒体影响力，通过定制化的平台建设代际传播平台。这意味着以 Z 世代为核心的国际传播竞争全面铺开，国际传播格局也正因此发生着一系列深刻的变化。

一、世代研究与国际传播

"世代"（generation）通常被定义为"在关键发展阶段具有相同出生年份、年龄、地点和重要生活事件的可识别群体"[①]。20 世纪 20 年代，德国社会学家卡尔·曼海姆（Karl Mannheim）首次提出以"世代"作为社会结构与社会变迁研究视角的主张。他认为，人们在青年时期会受到社会历史环境，特别是与其紧密相关的重大事件的显著影响，使其在共同经验的基础上产生世代群体[②③]。随着全球化进程的深入和信息通信技术的广泛应用，世代理论的研究视野进一步拓展，重点关注全球性事件在世代成长及其观念、意识形成过程中产生的影响[④]。目前，婴儿潮一代、X 世代、千禧一代、Z 世代等描述不同年

① KUPPERSCHMIDT B R. Multigeneration employees: strategies for effective management[J]. The health care manager, 2000, 19(1): 65–76.

② PILCHER J. Mannheim's sociology of generations: an undervalued legacy[J]. British Journal of sociology, 1994: 481–495.

③ MANNHEIM K. Essays on the Sociology of Knowledge[M]. Routledge, 2013: 276–322.

④ EDMUNDS J, Turner B S. Global generations: social change in the twentieth century[J]. The British journal of sociology, 2005, 56(4): 559–577.

龄群体的代际概念已被业界和学界广泛接纳、使用，"世代"成为研究社会发展、社会群体特征、社会互动关系、价值观念变迁的重要视角。其中，处于中青年阶段的世代总是受到特别关注[①]。

每一个世代都是特定时代的产物，"世代"通常以所在国家或地区发生的重大事件为界限，不同地区对于某一世代的出生时间年代划分略有不同。Z世代通常指"出生于1990年代末或21世纪初的一代，从小熟悉数字技术、互联网和社交媒体的使用"[②]。不同国家对具体代际起止年限的划分又略有不同。美国皮尤研究中心将1996年作为千禧一代与Z世代的分界点，Z世代是指1997年至2012年出生的新一代，即当前处于12—27岁年龄段的人群[③]。以1996年为Z世代的代际分界线的划分方式与《1996电信法》出台对美国互联网信息产业发展，乃至国家社会经济发展的深远影响有着密切关联。另一种划分方式则由澳大利亚麦克林德尔研究中心提出。该划分方式认为，"当今世界在学校和大学学习的学生是X世代的孩子，Y世代之后的一代，他们出生于1995年至2009年之间，他们是Z世代"[④]。本文采用麦克林德尔研究中心的划分方式，即将Z世代确定为出生于1995—2009年的一代。

对于Z世代的研究一般有结构与文化两种研究视角，前者关注Z世代形成的社会结构因素，进而分析对Z世代社会行为、经济行为等方面的潜在影响。例如，我国学者研究发现，家庭结构的小型化与少子化、丰裕社会与稳定社会是Z世代形成的社会条件，中国Z世代表现出高城镇化、高非农化、

① 沈杰.青年、世代与社会变迁：世代理论的源起和演进[J].中国青年政治学院学报，2010，29(03): 1-7.

② Generation Z. Oxford Dictionaries.com.[EB/OL]. (2022-09-16). https://www.oxfordlearners dictionaries.com/definition/english/generation-z?q=generation+Z.

③ DIMOCK M. Defining generations: Where Millennials end and Generation Z begins[J]. Pew Research Center, 2019, 17(1): 1-7.

④ MCCRINDLE.Gen Z and Gen Alpha Infographic Update[EB/OL]. (2022-09-16). https:// mccrindle.com.au/article/archive/gen-z-and-gen-alpha-infographic-update/.

高教育水平的构成特征 ①②。后者关注 Z 世代形成的文化背景和 Z 世代创造的文化意义。例如，Z 世代亚文化在现实与虚拟空间融合的基础上形成，虚拟世界对于 Z 世代的行为准则、行为规范、价值观都产生了重要影响 ③。

随着社会发展走向深度数字化，作为互联网原生一代的 Z 世代群体也受到更多关注，传播学视域下的 Z 世代研究大量涌现：迪娜·巴西欧尼（Dina H. Bassiouni）等从视频游戏着眼，提出 Z 世代作为数字文化的主要消费者正在掌握更多自主权 ④；穆斯塔法·奥兹肯（Mustafa Ozkan）分析了 Z 世代的手机成瘾现象及其对社交行为的影响 ⑤；弗兰齐斯卡·马奎特（Franziska Marquart）等对 Z 世代如何在社交媒体上获取政治信息进行研究，并发现在 Z 世代群体中传统新闻媒体失去了作为主要信源的地位 ⑥。针对 Z 世代的国际传播，我国学者梳理了多国 Z 世代群体的特征、国际传播的研究历史与理论视角，并提出构建面向全球 Z 世代的多元行动网络、打造面向全球 Z 世代的对外话语体系两大传播战略 ⑦。随着 Z 世代的成长及其在全球传播中的活跃性提高，我国学者愈加注重青年群体在国际传播中的战略意义与战略设计，如将善于使用社交媒体的青年网友作为对外传播的突破点，从传播思维、渠道、

① 何绍辉 . Z 世代青年的形成背景与群体特征 [J]. 中国青年研究，2022(08)：14–20.

② 李春玲 . 社会经济变迁中的 Z 世代青年：构成、观念与行为 [J]. 中国青年研究，2022(08)：21–27.

③ TARGAMADZĖ V, BULAJEVA T. New generation subculture formation on the crossing of real and virtual space[J]. Multicultural studies, 2018 (1): 39–56.

④ BASSIOUNI D H, Hackley C. "Generation Z" children's adaptation to digital consumer culture: A critical literature review[J]. Journal of Customer Behaviour, 2014, 13(2): 113–133.

⑤ OZKAN M, SOLMAZ B. Mobile addiction of generation z and its effects on their social lifes: An application among university students in the 18–23 age group[J]. Procedia-Social and Behavioral Sciences, 2015, 205: 92–98.

⑥ MARQUART F, OHME J, MÖLLER J. Following politicians on social media: Effects for political information, peer communication, and youth engagement[J]. Media and Communication, 2020, 8(2): 197–207.

⑦ 吴瑛，贾牧笛 . 面向 Z 世代的国际传播：历史、理论与战略 [J]. 社会科学战线，2023(12)：161–171.

内容、生态等方面创新，提升对外传播效果[①]；从"切入共同话语""开展共同行动""创新表达叙事""强化社交媒体影响力"角度创新针对 Z 世代的国际传播策略[②]。Z 世代的媒体使用、新闻消费，Z 世代的世界观，Z 世代与人工智能技术也不断引发着海内外学界的讨论[③]。

Z 世代已经成为国际社会发展格局中的重要群体，成为社会中主要的劳动力、消费者和公共事务参与者。传统媒体、新兴平台、国际组织机构、跨国公司根据 Z 世代的群体特征与文化特性，积极调整既有生产模式与行动策略，在迎合代际需求的同时，为 Z 世代的成长与发展开发了新的空间与资源。这意味着，Z 世代是未来国际传播格局变化与发展方向的重要因素，如何把握国际传播格局新动向，需要从 Z 世代的成长背景和群体特征入手，对现有面向 Z 世代的国际传播格局和 Z 世代的现实变化与潜在影响进行分析，从而理解 Z 世代将为国际传播带来的深刻变革。

二、Z 世代群体的成长背景与群体特征

（一）数字化与全球化：Z 世代群体的共同成长背景

数字化和全球化是 Z 世代出生和成长过程中最重要的两个时代背景，2019 年暴发的新冠疫情则为 Z 世代打下了共同的成长烙印，这对他们的生活方式、思维方式、价值观念等代际特征的形成具有重要影响。

Z 世代生长于全球互联网、移动互联网爆发式增长的阶段。即使是在互联网普及率相对较低的发展中国家和后发达国家，Z 世代群体的网民比例也远高于其他代际群体。作为数字时代的原住民，Z 世代也被称为"互联网一代"（iGeneration），他们以自然习得的方式掌握了大量信息技术和数字终端

① 张梦晗. 青年网民的互动与沟通：复杂国际环境下的对外传播路径 [J]. 现代传播（中国传媒大学学报），2018, 40(12): 24–28.

② 彭振刚. Z 世代国际传播策略与实践路径研究 [J]. 对外传播，2021(07): 39–42.

③ CHEN P, HA L. Gen Z's social media use and global communication[J]. Online Media and Global Communication, 2023, 2(3): 301–303.

的使用技能，"在线"是他们基本生活方式的构成部分，"数字化"逻辑内嵌于他们的认知、思考、表达、学习和行动之中。Z 世代从未经历过没有互联网的世界，习惯使用电子支付、网络购物、远程医疗、电子健康管理、与社交媒体深度契合的全球定位系统（GPS）设备来管理他们的日常生活[①]。他们在拥有更加突出的数字化生存能力、信息技术驾驭能力的同时，也显现出对互联网、数字技术以及屏幕的高度依赖。

Z 世代成长于高速发展的全球化进程之中。20 世纪末期，苏联解体，两极格局瓦解，信息技术革命带来的生产力、生产关系变革成为全球化进程的重要动力。生产全球化、贸易全球化、投资全球化、金融全球化、消费全球化等全球化新趋势不断发展、深化，世界呈现出稳定的国际政治与繁荣的世界经济的景象[②]。近 20 年的全球经济高速增长为 Z 世代群体创造了物质丰裕、社会稳定、文化交流畅通的成长环境。一方面，国际互联网和社交媒体平台使他们能够便捷地接触到世界各国的媒体和信息；另一方面，发达的交通和物流网络使得出境游、出国留学、海外购和国际化工作环境更加普遍，为他们对"世界"进行具身性体验创造了良好条件。因此，Z 世代与世界联结的紧密度、对国际事务的关注度相对较高，也具备更广的国际视野和更强的国际交流、实践能力。

新冠疫情的全球大流行是 Z 世代成长过程中的重要事件。据国际劳动组织估计，受到新冠疫情影响的青少年超过 12 亿，疫情导致的教育、就业和支持的中断以及不平等现象的加剧将对他们的未来产生持续影响[③]。2020 年至今，多个国家和机构的调查报告显示，Z 世代的心理健康、发展规划、就业选择甚至价值观念在不同程度上都受到了新冠疫情的影响，对于已经成年的 Z 世

① SEEMILLER C, GRACE M. Generation Z: A century in the making[M]. Routledge, 2018: 44.

② 檀有志. 全球化的阶段性特征及未来方向 [J]. 人民论坛，2021(13): 17–21.

③ ILO. ILO Monitor: COVID–19 and the world of work. Fourth edition[R/OL]. (2020–05–27). https://www.ilo.org/wcmsp5/groups/public/---dgreports/---dcomm/documents/briefingnote/wcms_745963.pdf.

代群体，新冠疫情导致的经济衰退与就业困难，使其面临更加不确定的就业与发展前景，也使其更加追求稳定、平衡、可掌控的生活[①②]。对于未成年的 Z 世代群体，新冠疫情阻碍了他们的正常交往与互动，推进了线上教育与线上交往的深度普及，一方面使 Z 世代与社交媒体、虚拟技术形成了更紧密的依存关系，另一方面也造成了其在心理适应方面的变化，如社交倦怠问题更加普遍，Z 世代更加需要现实互动所带来的联系感[③]。

（二）多元化与行动派：Z 世代群体的显著特征

在数字化和全球化程度不断加深、国际交往日益频繁的背景下，Z 世代在日益多元化的世界中成长，在与自己背景不同的个人和群体接触过程中培养了开放的思想、包容和平等的强烈愿望。在他们看来，所有这些都是让世界变得更美好的根本[④]，因此他们呈现出更加多元和开放的价值取向。他们对于种族、宗教、婚姻、性别等问题的看法更为开放，对待气候变化、环境保护、少数群体权益等问题的态度更加进步[⑤]；对信息的需求更加多样化、追求创意化消费、勇于尝试新鲜事物、善于培养小众爱好，并在教育、择业、婚恋等问题上更加注重自主与自由。Z 世代的身份认同还逐渐与领土实体，如国家、区域、地方社区等相分离；转而依附于其他特征，如工作、兴趣群体、

① DELOITTE.2023 Gen Z and Millennial Survey[R/OL].(2023–12–27). https://www.deloitte.com/global/en/issues/work/content/genzmillennialsurvey.html.

② IPSOS.The pandemic made Gen Z grow up[EB/OL].(2023–04–04). https://www.ipsos.com/sites/default/files/ct/publication/documents/2023–04/2023_04_04_Pandemic_GenZ_McFarren_Ipsos.pdf.

③ HARARI T T, SELA Y, BAREKET-BOJMEL L. Gen Z during the COVID–19 crisis: A comparative analysis of the differences between Gen Z and Gen X in resilience, values and attitudes[J]. Current Psychology, 2023, 42(28): 24223–24232.

④ SEEMILLER C, GRACE M. Generation Z: A century in the making[M]. Routledge, 2018:31.

⑤ KIM PARKER & RUTH IGIELINIK. On the Cusp of Adulthood and Facing an Uncertain Future: What We Know About Gen Z So Far[R/OL]. (2022–09–16). https://www.pewresearch.org/social-trends/2020/05/14/on-the-cusp-of-adulthood-and-facing-an-uncertain-future-what-we-know-about-gen-z-so-far–2/.

亚文化、社会运动等，多层级认同结构是 Z 世代寻求个性表达的原因之一[①]。

在多元价值取向的驱使下，Z 世代展现出了强大的行动力。Z 世代关注世界共同面临的问题以及他们在其中的作用。与千禧一代相比，在气候问题、就业问题、性别问题等方面，Z 世代更加务实，经常直接要求政府组织或企业制定具体的政策与做法，推动实现真正的改变[②]。由多个国际组织推出的全球青年动员倡议（Global Youth Mobilization）成立两年来已经组织动员 125 个国家与地区，超过 60 万青年参与社区实践与领导，各国的青年领袖与青年活动组织者就新冠疫情预防和消除错误信息、促进性别平等和打击家庭与性别暴力、促进教育和就业、重视精神和身体健康等多个议题开展了多个项目并取得有效成果[③]。在与 Z 世代发展相关的一切领域，都能看到 Z 世代为更好共同未来付出的努力。Z 世代不拘泥于既有标准，不断突破世界对他们的印象，在多个方面积极塑造着符合 Z 世代的规范，Z 世代的多元化追求正在逐渐推动世界的变革。

三、迎合与涵化：面向 Z 世代的国际传播布局与逻辑

（一）面向 Z 世代的国际传播布局

许多国家的政府、媒体机构、互联网企业以及各领域的国际组织已充分意识到，随着 Z 世代逐渐步入成年阶段，他们所特有的代际价值观和行为习惯将对现有的国际传播格局产生一系列影响，因而提前进行规划和布局。

政府层面，以韩国文化体育观光部、英国文化部、德国文化与媒体国务部、美国和平队（Peace Corps）为代表的各国主管机构高度关注本国青年群

---

① 让·查尔斯·拉葛雷. 青年与全球化：现代性及其挑战 [M]. 陈玉生，冯跃，译. 北京：社会科学文献出版社，2007: 278.

② How Contradictions Define Generation Z[EB/OL]. (2023-12-27). https://www.ey.com/en_us/consulting/how-contradictions-define-generation-z.

③ Global Youth Mobilization.Unstoppable Together[R/OL]. (2023-03-27). https://globalyouthmobilization.org/wp-content/uploads/2023/03/GYM-Final-Report-2023.pdf.

体文化产业的海外影响力，力图掌握全球青年需求与动态，以实现在文化价值观念方面的引领。例如，韩国文化部每年发布《全球韩流趋势报告》《韩流白皮书》《内容产业趋势报告》等研究报告，密切关注韩流产品海外市场情况及海外消费者调查数据，为本国音乐、动漫、游戏、出版、美容、时尚等面向年轻用户的文化内容产品的海外发展和国际文化交流提供指引。和平队是由美国政府资助的全球规模最大的国际志愿者项目，从20世纪60年代起，和平队组织美国青年向需要国际援助的国家提供志愿服务，以增进美国公众与受援国的互相了解。和平队对内向志愿者提供教育支持，对外与多国政府和志愿者组织开展多维合作，对本国青年素质发展和提升海外公众对美好感都起到了促进作用，也形成了其在全球志愿项目设计与实施中的巨大影响力。

平台层面，以优兔（YouTube）、脸书（Facebook）、推特（X，原Twitter）为代表的大型社交媒体平台都将吸引和留住Z世代年轻群体作为企业发展的战略任务。2017年是大批Z世代年轻人大学毕业、走入社会的第一年。同年，优兔和脸书都对平台进行了大幅度的调整和优化。优兔以"移动优先"为原则对桌面端和移动客户端进行大幅改版，通过提升应用对不同尺寸屏幕和光源亮度的自适应能力等方式更好地满足年轻人在多场景下的视频观看需求。脸书对平台的视觉体验、交互体验、功能架构进行了整体调整，使平台给人以更加轻量化、年轻化的感官体验。聚焦于年轻用户群体的色拉布（Snapchat）、抖音国际版（TikTok）为了适应年轻人的智能手机使用习惯，从一开始就设计为竖屏体验应用。在功能方面，社交媒体平台是天然适合数字原住民的社交、自我表达和公众意见表达的空间，Z世代在社交媒体使用中更关注日常交流功能，各种平台也不断提升社交属性、丰富社交功能，来满足Z世代随时在线的需求。

媒体机构层面，美国有线电视新闻网（CNN）、英国广播公司（BBC）、美国全国广播公司（NBC）、《华尔街日报》（*The Wall Street Journal*）等传统主流媒体机构无一例外地将"拥抱互联网，吸引年轻人"视为数字时代媒体影响力、生命力得以存续的必要前提。它们从内容选材、语言风格、表现方式、传播平台、人才结构等多方着手，根据 Z 时代的特征、偏好和信息需求进行定制化内容生产和传播。例如，2017 年，美国有线电视新闻网和美国全国广播公司分别在年轻用户较为集中的色拉布平台开设新的国际新闻节目《更新》（*The Update*）和《保持关注》（*Stay Tuned*）。2020 年以来，《华尔街日报》重新调整数字战略，通过增加免费的、多样化的话题内容和服务信息淡化"报纸"形象，借助谷歌、社交媒体等渠道拉近与年轻人的距离。英国广播公司则推出了核心领导力项目、创意实习项目、拓展项目等多个人才计划，希望通过为不同种族、背景的人才以及残障人士提供加入英国广播公司团队工作的机会，打造多样化的团队，更好地为多元化的年轻群体提供媒体服务。

国际组织层面，世界上六大青年组织以及其他青年组织、非营利机构扎根全球社区关注青年发展，积极利用数字平台资源赋权青年以发挥他们的创造力与行动力。以国际青年日为代表的国际青年活动积极调动青年在传播活动中的积极性，加强人们对青年状况的认识，发挥青年在当地与全球问题中的影响力，帮助青年群体成长为更好的全球公民。1999 年，联合国大会将每年的 8 月 12 日确立为国际青年日，2023 年的国际青年日活动以"青年绿色技能"为主题，在这次活动中，联合国鼓励青年思考如何在社区中更好地传播信息，并提出设计教育广播活动、组织公开会议、举办青年论坛、创建青年问题信息点、举办展览音乐会等建议[①]。随着通信与交通技术的发展，青年组织以及其他国际组织在开展青年活动的同时，形成了与青年相关、由青年参与的信息传播与活动网络，巩固了此类组织在青年问题中的信息主导地位、主流话语和价值定位。

（二）面向 Z 世代的布局逻辑

值得关注的是，不同国家、不同类型主体面向 Z 世代群体进行的国际传播布局显现较为一致的双逻辑驱动特征，即消费主义逻辑和意识形态涵化

---

① UNITED NATIONS. International Youth Day Main[EB/OL]. (2023–12–28). https://social.desa. un.org/issues/youth/international-youth-day-main.

逻辑。

　　一方面，Z 世代被视为数字化世代内容产品、媒介服务最重要的消费群体，上述主体对其进行消费者行为研究。他们关注年轻群体的特征、习惯和偏好，从内容、形式、渠道等各个角度为他们提供多样化的定制服务，通过补贴、免费等方式吸引年轻用户注册，并通过对应用的不断优化增加用户黏性、延长在线时长，从而扩大平台价值和媒体的市场占有率。

　　另一方面，上述主体力图通过建立能够有效触及、影响年轻用户群体的方式和途径，实现既有意识形态涵化机制在 Z 世代群体中的效用延续。在此前全球化高速发展的过程中，西方国家借助传媒产业全球化浪潮实现了媒介文化全球化，使青少年在通过文化消费完成心理"转移"和"补偿"的同时，不知不觉地接受了西方的价值观念和意识形态[①]。当前，在国际传播中处于优势地位的各国、各类主体正积极通过媒介符号、话语、表象、平台以及互动逻辑的"年轻化"重构，实现既有意识形态格局在年轻群体认知体系中的再现，从而继续以潜移默化的方式影响年轻群体的观念和行为，实现进一步巩固既有的国际传播格局和话语权力格局的目标。

　　在双重逻辑的影响下，国际传播布局还呈现出低龄化趋势，诞生了一批专门为儿童打造的社交媒体，如适合 6—10 岁儿童使用的思波乐（Spotlite）、玩乐孩童说（PlayKids Talk），适合 11—13 岁儿童使用的格罗姆社交（Grom Social）、流行果酱（PopJam）等。西方发达国家还将年轻人聚集的网络游戏、社交媒体视为开展政治宣传、引导年轻人参与国际公共议题和政治活动不可或缺的重要平台。2020 年，拜登竞选团队曾在日本游戏公司任天堂旗下的《集合啦！动物森友会》（*Animal Crossing: New Horizons*）建设虚拟岛进行竞选宣传；抖音国际版在美国推出了应用程序内的选民指南，帮助用户连接地方、州和联邦层面的候选人信息。2021 年，色拉布推出应用程序内工具"竞选办公室"（Run for Office），鼓励年轻人参加政治活动。

---

① 陈龙. 媒介文化全球化与当代意识形态的涵化 [J]. 国际新闻界，2002(05): 48–53.

四、主导与重构：Z 世代成为国际传播格局原生力量

随着 Z 世代相继步入成年阶段，特定成长环境中形成的理想抱负、宗教信仰、娱乐爱好以及看待世界的方式都将在他们参与社会实践的过程中逐步体现出来。他们的身份不再仅仅是用户、消费者，更是最年轻的员工、选民、创业者、媒体人、工程师、社会工作者、政治人物等。就国际传播领域而言，年轻群体在话语表达、内容生产、互动方式、技术研发等方面的创造力和创新力已经开始显现，孕育着影响国际传播逻辑、国际传播格局的深层力量。Z 世代正在成长为改变国际传播格局的原生力量。

第一，Z 世代员工的增加促使国际传播相关机构重新审视和调整组织原有的人力资源架构、工作流程方式。随着组织中 Z 世代成员的增加，人力资源的工作重点是如何最大限度地发挥他们的才能，组织有必要在沟通方式、管理方式、工作方式等方面做出改变[1]。从事基础工作的年轻员工以自下而上的方式影响着媒体机构的生产能力、产品风格，进而促使机构本身的特征发生变化。例如，在新闻机构中，从事一线工作的年轻员工，更擅长从互联网和社交媒体平台发现新闻线索，对热点事件有着不同于资深员工的视角和观点，偏爱简短、视频化、趣味化的新闻内容呈现方式，这将不可避免地带来新闻内容结构和风格的变化。新冠疫情期间，《华盛顿邮报》的年轻团队就在抖音国际版上发布了新闻内容与喜剧结合的一分钟短视频系列新闻，赢得了超过 100 万粉丝的关注。年轻人的经历和价值观也影响着报道和解读新闻事件的视角和观点。卡内基国际和平研究院的报告指出，美国的 Z 世代在成长过程中经历了美国中东战略失败，不满决策者和现有政策对技术风险和回报的忽视，在许多外交议题上与当前决策者的分歧日益增加[2]。他们在报道拜登

① CHILLAKURI B, MAHANANDIA R. Generation Z entering the workforce: the need for sustainable strategies in maximizing their talent[J]. Human Resource Management International Digest, 2018, 26(4): 34–38.

② BARNETT S, THOMPSON N, ALKOUTAMIl S. How Gen Z Will Shake Up Foreign Policy[EB/OL]. (2020–12–03). https://carnegieendowment.org/2020/12/03/how-gen-z-will-shake-up-foreign-policy-pub–83377.

竞选的新闻时，更关注气候变化、枪支管制、通货膨胀等社会问题如何改善，而非大国博弈。

第二，Z世代网络名人的数量及其在互联网特别是社交媒体平台上获得的关注度和好感度远超其他代际用户，其跨越国界的号召力和影响力不容忽视。在优兔、脸书、推特等大型平台最受欢迎的前十位个人账号中，Z世代占比超过80%；抖音国际版、色拉布等年轻用户较多的平台中最受欢迎的前十位个人账号主体则全部为Z世代。这些获得高关注度的Z世代网络名人还呈现出身份、国籍多样化的特点，西方发达国家的用户并未体现出明显优势。例如，21岁的意大利籍黑人小伙科班尼·拉米（Khabane Lame）、18岁的美国网红女歌手查理·达梅里奥（Charli D'amelio）、27岁的土耳其厨师钦布拉克（Cznburak）、16岁的印度美妆博主阿瑞什芙·汗（Arishfa Khan）都是在社交媒体平台粉丝数量过亿的超级"网红"。Z世代名人在影响年轻人的政治、社会观点以及行动中具有显著优势。2020年美国大选中，特朗普与拜登的竞选团队都采取了"数字优先"策略，其中与名人线上对话的视频采访获得了社交媒体平台的大量关注，如拜登与深受Z世代喜欢的美国说唱歌手卡迪·B（Cardi B）的对话视频收获了数百万观看量[①]。由Z世代活动家格雷塔·通贝里（Greta Thunberg）领导的全球气候游行等动员活动通过社交媒体的扩散在年轻人的积极行动中蓬勃发展。

第三，Z世代自主建立的、面向年轻群体的媒体和应用平台已经在国际传播格局中发挥出越来越重要的影响力。脸书平台上前十位最受用户喜爱的新闻频道中有两个定位为年轻群体的媒体——尤尼拉（UNILAD）、拉拜博（LADbible），均属于英国新兴传媒集团拉拜博集团（LADbible Group）。该集团员工以30岁以下的年轻人为主，专注于为16—30岁的年轻人（互联网

---

① GOODWIN A M, JOSEFF K, WOOLLEY, S C. Social media influencers and the 2020 U.S. election: Paying "regular people" for digital campaign communication[R/OL]. (2020–10). https:// mediaengagement.org/wp-content/uploads/2020/10/Social-Media-Influencers-and-the-2020-U.S.-Election-1.pdf.

原生代）提供新闻服务，全球用户数量超过 10 亿。创立于 2021 年的媒体公司"新闻革命"（The News Movement，TNM）员工平均年龄不到 25 岁，专注于在 TikTok 和 Instagram 等社交媒体平台为年轻人提供新闻内容服务。2021 年 1 月，"新闻革命"发布的视频新闻《俄罗斯会入侵乌克兰吗？》（*Is Russia Going to Invade Ukraine?*）在抖音国际版的浏览量近 120 万次，优兔的浏览量超过 50 万次。同时，由年轻人创立的各类社交应用也开始对少数几个超大型社交媒体平台居于主导地位的行业格局形成挑战。社交新闻网站"红迪网"（Reddit）、Z 世代社交软件"大厅"（Lobby）、反"美颜"社交软件"真我"（BeReal）、音乐社交软件"放音乐"（Turn Up）已在数十个国家的移动应用市场上架，迅速成为年轻群体在线聚集和意见表达的热门平台。

第四，Z 世代的现实关注、媒介使用习惯、技术偏好将引领全球信息传播格局的变迁与演进。对 Z 世代而言，数字化生存与全球化生存是他们的生活常态，其生活的方方面面都离不开全球数字信息环境提供的便捷与选择，他们的视野从不局限于本地或本国，他们几乎能够实时跟进整个世界的变化。气候问题、性别问题、教育和就业、社会不平等的加剧、新冠疫情后的变化等，是他们正努力面对并解决的现实问题，也是他们在国际传播环境中关注并不断创造的内容。Z 世代的成长伴随着数字社会的兴起与社交媒体的发展，Z 世代习惯在社交媒体中关注公共事务、参与社会活动并推进社会变革，然而，具备高信息素养的 Z 世代也深知互联网世界的弊端，信息泄露、虚假信息、网络暴力与网络犯罪是他们经历的另一种现实。Z 世代需要在现实与虚拟世界中不断辨别与权衡来获得对世界的整体认识，这使他们对现实与未来更容易感到焦虑，也是他们更容易采取行动的原因[①]。21 世纪以来，颠覆性技术层出不穷，Z 世代在应接不暇的技术变迁中已经"麻木"，接下来的技术发展如进一步去中心化的 Web3.0、生成式人工智能的普遍应用对于他们将产生

---

① EMST & YOUNG. 2023 EY Gen Z Segmentation Study: How is Gen Z different?[R/OL]. (2023–07). https://assets.ey.com/content/dam/ey-sites/ey-com/en_us/topics/consulting/ey-2307–4309403–genz-segmentation-report-us-score-no-20902-231us-2-vf4.pdf.

何种深远影响，他们对此将如何反应，是未来传播生态变革的关键因素。

五、走向 Z 世代的国际传播

每个代际群体的社会实践方式都是他们成长经历和教育背景的反映，其世界观和价值观则投影于对社会发展的期待和愿景，并最终体现为他们对既有社会体系的适应、改造与突破。正如乐观、独立的 Y 世代创造了更加注重个人体验和交互性的"社交媒体"，改写大众传播时代所形成的媒介体系和传播规律。更加多元化、更具包容性的 Z 世代也将创造独具特色的交流和传播方式。

如前文所述，虽然不同的国家和主体已经从内容、形式、平台等多个维度进行布局，力图在新的代际周期中实现既有国际传播格局的延续和强化。但事实表明，这种思路和方式的不适应性已经变得越来越明显。Z 世代正在以自己的世界观和数字化生存逻辑逐步改变着既有国际传播格局。尽管我们还难以对属于 Z 世代的传播模式和国际传播规律进行准确描摹，但从近年来流行的"虚拟现实""元宇宙"等概念中，能够发现 Z 世代国际传播将具备两个特征——"分身"和"脱域"。许多年轻人自小就同步生活在"现实"和"网络"两个世界，又因此同时嵌入在不同的时间和空间模式之中，能够实现对多个身份的管理和协商，从而形成了区别于以往任何世代的"身体—世界"认知模式。如吉登斯所言，社会关系从彼此互动的地域性关联中，从通过对不确定的时间的无限穿越而被重构的关联中"脱离出来"[1]。

Z 世代的成长必然带来对国际传播格局中国家、地域、语言、民族、身份等概念的重新审视和理解。可以预见的是，在未来的国际传播格局中，所有的过去将作为一个整体逐渐转变为序言、背景，随之而来的是被重新组合的空间、时间，以及由此重新构筑的、多维度的国际传播行动和经验框架。对此，国际传播需要提前调整思维，不再将青年作为涵化的对象，不再仅拘

---

① 安东尼·吉登斯. 现代性的后果 [M]. 田禾，译. 南京：译林出版社，2011: 18.

泥于青年的媒介使用习惯而布局行动，而要关注 Z 世代及更年轻一代的生存困境与需求，对当前已经出现的技术影响进行调适，通过调整法律、政策和监督措施，减少 Z 世代现实生存与数字生存空间的障碍，为 Z 世代营造更好的发展空间，为国际传播步入全新的 Z 世代做好充分准备。

Z 世代国际传播人才培养：基于历史经验的思考

王维佳　何彦晖[①]

【摘要】本文回溯 20 世纪中期以来美国、英国、加拿大等国国际传播青年人才培养的历史经验，希望能够从 X 世代、Y 世代的整合过程中总结出一些关键的特征、规律、优势与问题。我们尝试提出"全球下乡"这一概念，意指新兴大国可以采用国家机制引导的方式成规模、成建制、长期化地向海外发展中地区输送青年人才，使 Z 世代具备与海外进行深度连接的知识和资源，突破在国际传播及其人才培养方面的困境。

【关键词】国际传播　Z 世代　和平队　海外志愿服务　涉外人才培养

一、Z 世代国际传播的定位与困境

目前，Z 世代在国际传播中主要扮演两种角色。其一是作为受众，其二是作为内容制作者和传播者。面对青年受众，对外传播机构做出了各种努力，试图通过算法推荐、短视频、流媒体等技术手段吸引 Z 世代关注，以期与之建立对话。对外传播的决策和执行方普遍认为，只要在国际社交媒体平台上传播精心设计的优质内容，迎合青年一代的文化需求，便能促进不同区域 Z 世代的交流，产生彼此间的认同与信赖。与此同时，在用户生产内容的背景下，大量 Z 世代创作者被深度整合进媒体体系，不论是官方职业机构还是科技企业，均期待能够吸引其他青年群体并传播国家形象。因此，众多媒体机构开始输出 Z 世代的作品到海外，或者组织海内外青年共同生产，希望以此

---

① 王维佳，北京大学新闻与传播学院副院长、研究员、博士生导师；何彦晖，北京大学新闻与传播学院博士研究生。本文主体部分曾以《"全球下乡"：国际传播人才培养的历史经验与思考》为题，在《对外传播》2024 年第 3 期上发表。

获得传播效果上的突破。

这种媒体本位式的思路和模式，固然能够生产数量庞大、制作精良的传播内容，在媒体圈层内形成一定声量，但能否在新价值观念的塑造方面发挥作用，能否切实强化对外传播在全球基层社会的连接能力，乃至在创建理解中国的新话语体系方面发挥作用尚值得审慎分析。

本文认为，对国际传播的狭隘理解，往往会限制 Z 世代国际传播效果的实现。传播，并不只是以媒体充当中介，吸引特定对象来观看和认同的过程，更是在人际互动的"共同语境"下产生态度改变和价值融合的过程。诚然，Z 世代成长于互联网飞速发展的年代，以社交媒体为主的新媒介手段是他们获取外部信息的主要途径。但恰恰是社交媒体，往往会以价值共同体的圈层化方式展开信息传播活动。因此，对外传播内容生产的前提应该是对共同价值的塑造，在这方面，人际沟通网络有着媒体传播所不可替代的作用，也是媒体传播得以实现效果的基本保障。然而，从我国国际传播的具体实践来看，恰恰存在重视 Z 世代媒体传播、轻视 Z 世代人际沟通的问题。

当前，中国国际传播后备人才（Z 世代人才）的世界知识、区域国别知识普遍缺乏，在这些领域获取新知的动力严重不足，而青年知识群体在发达经济体之外开展学习、工作、深度交流的机遇和积极性也非常有限，人数更是不成规模。与此同时，在既有的对外传播路径上，青年群体大量向官方职业机构和科技企业集中。他们的求职压力越大，知识兴趣就越单一，未来在国际传播领域的创新能力和海外拓展能力就越弱。

因此，我们需要重新审视 Z 世代的定位与培养机制。是应该继续沿用原有的"内卷"机制，将其限制性培养为专业媒体人才，负责制作和传播精致却影响力孱弱的媒体内容；还是构建新的人才培养体系以破局？从这一根本问题出发，本文将回溯 20 世纪中期以来美国、英国、加拿大等国国际传播人才培养的历史经验，以期从 X 世代、Y 世代的整合过程中总结出一些关键特征。我们尝试提出"全球下乡"这一概念，意指新兴大国是否有可能采用国家机制引导的方式成规模、成建制、长期化地向海外发展中地区输送青年人才，积累与海外进行深度连接的知识和资源。我们倡导"下乡"，只是一个意象性的比喻，并不是要构造一个"城"与"乡"之间进步对落后、领导与改造的关系，而是倡导作为国际传播后备力量的 Z 世代与海外基层社会相互影响、学习和共融的模式。

二、走向"第三世界"的 X 世代

20 世纪中叶，面对二战后新的世界格局和国内的人口、社会压力，美国、英国和加拿大等西方国家几乎同时启动向"第三世界"外派国际传播后备人才的培养计划。1958 年英国率先推出"海外志愿服务社"（Voluntary Service Overseas，以下简称 VSO），1961 年美国和加拿大则分别成立"和平队"（Peace Corps）、"加拿大大学海外服务组织"（原正式名为 Canadian University Service Overseas，以下简称 CUSO）。

尽管项目名称各异，它们的核心理念却高度相似，即定期筛选青年派遣至多个发展中国家。他们会用一两年时间扎根海外基层，成为所在地教育、医疗、农业、商业等领域的关键力量。得益于外派期间获取的丰富在地知识和人际网络，不少青年回国后迅速跻身于国际传播战略的制定者、推动者和研究者之列，孵化出众多国别和区域研究的专家及各行业的涉外人才。不仅如此，这一外派工程促使母国资本、基金会、社会组织快速融入海外本土社会，进而构筑了一个广泛的行动网络。总体而言，其历史经验展现出以下特征。

（一）国家工程：政府拨款、国家协调、组织培训

涉外人才的培养需要国家协调各方资源，调动高校、企业、基金会等主体，完成培训、谈判、落地、转化等重要环节。尽管随着时间的推移，这些项目已演变为国际非政府组织或非营利性志愿服务机构，但通过追溯其发展历程，可以明显看出各国政府在其中扮演的决定性角色。

以 VSO 为例，该项目成立初期便获得英国殖民地办公室、技术合作部等

政府部门的资金支持，菲利普亲王也是赞助者之一。为了让青年顺利扎根全球基层，英国外交部动员了其所有驻外机构，而英国皇家海军和空军则提供了免费的运输服务[①]。这种由政府深度参与的人才培养模式引起了美国、荷兰、加拿大和德国的关注，这些国家纷纷向英国学习经验。

和平队的国家力量介入程度则更深，根据 2022 年和平队财务报告，该组织目前仍然属于联邦政府，需要向总统、国会公布其财务情况及工作成果。和平队的负责主任由总统提名并直接向总统报告，2023 年 1 月拜登总统提名卡罗尔·斯潘（Carol Spahn）为第 21 任主任，并获得参议院一致确认。和平队设有白宫联络员专门对接内阁事务办公室、国内政策委员会等部门。同时，美国外交系统持续为和平队提供对象国的相关资讯和支持，从而制定更加科学、高效、安全的扎根策略。国会定期质询和平队的项目进展，划拨预算以介入立项流程。

为了在目标国基层扎根，最大限度地培养人才，这些项目需要两国政府间的密切协作。无论是哪个项目，都必须根据目标国的实际需求，由双方政府协商确定服务内容和形式。例如，在加纳，和平队主要提供基础教育服务；而在响应印度的需求时，CUSO 派遣青年深入当地的公共卫生机构，他们首先在加拿大接受公共医疗体系的培训，随后还需要印度方面提供政策材料等资源的配合[②]。

（二）扎根培养：长时段、多维度、有组织

由于海外服务的具体形式受目标国国际情况的影响，大量青年涉足发展中国家的公共领域，与当地的社会发展高度结合。在为期一至两年的长时段内，青年以教师、保健员、测绘师乃至政府部门的一线助理等身份，协助当地人民开发乡村、改善公共卫生、完善教育体系，乃至探索商业模式。比如

---

① DICK B. Never the Same Again: A History of VSO[M]. Cambridge: Lutterworth Press, 1998: 32.

② BROUWER R C. Ironic interventions: Cuso Volunteers in India's family planning campaign, 1960s–1970s[J]. Histoire Sociale/Social History, 2010, 43(86): 279–313.

和平队队员曾在菲律宾开发数百块示范田、在罗马尼亚为大批本土企业家作金融分析和寻找信贷，甚至参与巴西、乌克兰等地的经济学教育和法律体系改革。

此外，这些项目无一例外要求青年与当地人"同吃同住同劳动"，只会提供与当地人生活水平相当的津贴，或者由当地雇主提供食宿，还有严格的"下乡"管理手册。例如，VSO 曾反对为其志愿者在尼日利亚建造旅馆，理由是这会妨碍他们与当地人民的接触。这样的"下乡锻炼"还体现在交通工具的选择层面，VSO 委员会认为在尼日利亚驾驶进口摩托车，会使得英国青年与当地同事产生隔阂①。

CUSO 介入印度公共卫生的案例更加鲜明地体现了这类项目的扎根程度之深。为了实现尼赫鲁时期的印度现代化，控制人口激增是关键策略之一。但是，依靠专业医生难以向 50 万个村庄普及节育技术。因此，CUSO 派遣多位青年作为女性保健访视员深入马哈拉施特拉邦等地的农村，说服当地家庭接受新的公共卫生政策。她们甚至会携带放映机和发电机，穿梭在不同的村庄，放映与计划生育相关的影视材料。在此过程中，她们需要不断倾听当地妇女的需求，消除其恐惧，在医院、农村家庭之间建立信任关系。

通过 VSO、和平队等组织的公开报告可以看出，这些项目培养的涉外人才早已与全球上百个发展中国家的基层社会高度融合。由于扎根程度深，共同生活联系紧，这些组织在国际青年群体中有显著的影响力，这也反过来培养了大批当地青年成为各自国家在农业、商业、经济等领域的中流砥柱。

（三）体系完整：政府、企业、高校多元联动

涉外人才培养是一个综合性的社会工程。在外派前，选拔和培训通常由高校、政府、跨国企业负责。在"下乡"期间，基金会和企业则会提供必要的支持。当青年归国后，政府与高校则会通过设立专项岗位或学位保障人才的持续培养，并通过媒体宣传提升其社会美誉度。

---

① DICK B. Never the Same Again: A History of VSO[M]. Cambridge: Lutterworth Press, 1998: 46.

VSO 成立伊始就吸引了许多精英大学和中学的参与，大部分青年来自牛津、剑桥、伊顿公学等，许多剑桥大学的学者努力动员学生扎根到发展中国家[①]。壳牌公司作为 VSO 的重要合作伙伴，不仅协助人才选拔，还为坦桑尼亚等地的中小企业与青年一起提供技能培训。咨询业巨头埃森哲也鼓励其员工与 VSO 合作参与海外服务项目。英国知名现代艺术馆也曾协助 VSO 在尼泊尔、印度等地举办艺术展览等活动[②]。这表明，涉外人才扎根海外是推动各个主体协同融入对象国的基层社会的重要组成部分。

等到 VSO 的青年归国后，英国政府通过多种方式整合他们，构筑归国涉外人才青年网络，旨在提升他们的社会声誉并吸引更多年轻人加入，进而提升英国的海外影响力。比如英国国际发展部有大量资金拨款给 VSO 用于建立这种青年网络。伊丽莎白女王也曾邀请 120 名归国志愿者参加白金汉宫的招待会。

和平队的多元联动则更加突出，每年能够吸引上万名优秀高校学生报名，得益于高质量的就业、升学培养体系。在项目的前期阶段，包括哥伦比亚大学和康奈尔大学在内的众多美国顶尖高校提供优质生源，集中进行培训并负责项目的评估工作。在志愿者服务期间，福特基金会和已有的和平队网络提供充足的实际支持及资源调动，以确保青年顺利外派。等到队员归国，政府和高校则为他们提供多元丰富的发展机会，进一步提升人才培养效果，形成体系闭环。

美国各级政府部门、涉外组织定期公示针对归国队员的招聘信息，涵盖美国国务院、国际开发署、农业部等。这类岗位种类齐全，确保各领域的队员归国后专业对口发展。此外，退役人员还享有一定年限的政府招聘优先资格。对于前往海外任教的队员，福利政策也鼓励其选择回到美国基层任教。

① DICK B. Never the Same Again: A History of VSO[M]. Cambridge: Lutterworth Press, 1998: 39.

② BAILLIE SMITH M, LAURIE N. International Volunteering and Development: Global Citizenship and Neoliberal Professionalisation Today[J]. Transactions-Institute of British Geographers, 2011, 36(4): 545–559.

同时，美国顶尖高校专门设立研究生项目、海外研究项目，为归国队员提供充分的深造机会。官网显示，2024 年有超 200 个研究生项目供归国队员选择，包括耶鲁大学、宾夕法尼亚大学等。不仅涉及公共管理学、卫生学等专业，这些高校还给予归国志愿者海外探索研究的发展机会。康奈尔大学设立了全球发展项目，归国队员可以参与一系列国际政治经济活动，尤其是针对非洲的贸易、调研和谈判等。

三、培养接地气的国际传播"铁军"

20 世纪 60 年代以来，上述项目已成为大国培养涉外战略人才的关键平台。由于扎根的程度深、领域广，从中培养的青年不仅成为国际媒体行业的佼佼者，还有众多人才进入政府机构、跨国企业和国际组织，承担重要的国际传播战略作用。由其构成的庞大行动网络，一方面形成外向型的社会文化氛围，另一方面也促进更多母国企业、资本进入发展中国家。具体而言，这些项目取得如下战略成果。

（一）批量生产"在地化"国际传播人才

通过海外选派锻炼出的涉外人才，遍布其国内外各个重点领域。这些人掌握丰富的在地知识和在地能力，经由培养体系进一步转化为战略型人才。

以和平队为例，数十年，该组织为美国培养了大批熟悉海外政治经济状况的政治家、战略家。根据粗略统计，大概有 10% 的美国外交人员具有"和平队"背景[1]。除了外交部门，很多其他部门的政府官员也同样有和平队服役的经历，人员覆盖国际开发署、财政部、卫生部等。和平队官方网站显示，超过 20 位美国驻外大使曾经是和平队队员。例如美国驻印度大使罗伯特·布莱克威尔，美国前驻韩国大使凯瑟琳·斯蒂芬斯，等等。同时，和平队还为美国培养出多位州长、市长、议员，包括 1992 年美国总统候选人保罗·特松

---

[1] PEACE CORPS ONLINE. Charles R. Baquet III, A Retrospective[EB/OL]. (2003–11–30). http://peacecorpsonline.org/messages/messages/2629/1010237.html.

加斯，他曾在埃塞俄比亚服役 2 年[①]。

和平队还为美国各个行业培养顶尖国际人才。他们具备快速扎根海外、拥有较高的社会影响力等特质。新闻记者领域尤为典型，例如著名记者 T.D. 奥尔曼曾在尼泊尔服役 2 年。有多位和平队出身的新闻记者获得普利策奖。随着社交媒体的兴起，和平队还培养出一批青年媒体人，具有一定的网络影响力。2010 年开始，许多在非洲服役的队员开设自己的社交媒体账号，或者建立非政府组织。他们不仅鼓励更多美国人参与海外医疗、经济、教育发展工作，还成为连接美国社会与发展中国家的民间纽带。

和平队通过助推美国高校智库海外研究浪潮，培养出多位顶尖学者。加州大学洛杉矶分校非洲研究中心的重要任务是研究非洲事务并培训和平队志愿者。同时多位知名汉学家也有服役经历，比如普林斯顿大学教授本杰明·艾尔曼（Benjamin Elman），宾夕法尼亚大学教授维克多·梅尔（Victor Mair）。由于和平队海外项目涉及公共管理、经济发展等重要领域，还培养出其他专业的重要学者，从而全方位加强美国涉外人才培养抓手。

同时，从印度归国的 CUSO 青年凭借其出色的海外护理经验，深度参与了加拿大国际公共卫生政策的制定。其中一些人在各类政府机构担任要职，也有成为某大学国际经济研究所的所长[②]。由此可见，这些国家的青年受益于丰富的海外工作经验，成长为具备深厚在地知识和在地能力的涉外人才。

（二）形成庞大的行动者网络

由于深入发展中国家的基层以及相关政府部门，涉外人才在地能力和在地知识得到了充分锻炼，也因此形成了庞大的行动网络。在这里，所谓的在地能力特指在全球基层建立与当地人群的信任关系，处理涉及本国政府、组

---

① WIKIPEDIA. List of Peace Corps volunteers[EB/OL]. (2023–04). https://en.wikipedia.org/wiki/List_of_Peace_Corps_volunteers#.

② BROUWER R C. Ironic interventions: Cuso Volunteers in India's family planning campaign, 1960s–1970s[J]. Histoire Sociale/Social History, 2010, 43(86): 279–313.

织和资本在当地遇到的矛盾和障碍。

CUSO 的青年不仅获得印度农村百姓的信任，还有相当一部分青年为决策部门工作，高度融入该国的政府运作。参与 VSO 项目的青年曾担任非洲多个国家领导人的英语翻译，协助他们与各国政要进行外交活动。在 VSO 的调查报告中，特别强调青年的在地能力以及行动网络的重要性。他们发现在海外项目执行过程中，青年能够建立强大的个人社会关系，利用社会资源和行动网络解决当地问题是重要手段。青年作为"中间人"的属性，沟通当地内外的能力也极其重要①。这群受益于庞大组织网络而扎根全球的青年，反过来帮助壳牌、洛克菲勒基金会、星巴克以及英美外交系统等主体实现全球深度扩张。

随着大批青年归国，政府和高校都会将其组织起来，引导他们成立归国志愿者协会等团体，仅和平队队员在美国就成立有数十个协会。当新的涉外人才在发展中国家面临资金短缺、法务问题等时，他们往往能够依靠这些组织帮助解决。

（三）促成外向型的社会氛围

大国海外人才项目的另一个重要成果便是促成外向型的社会氛围。撬动本国青年走向广阔的外部世界，带动各类主体助力涉外人才培养，形成一种青年人中"走出去，反内卷"的积极心态。目前仅和平队的相关出版著作就多达数千部，它们持续吸引英美高校的知识精英参与出海锻炼。配合完善的培养体系，美国如今每年都有上万人申请加入和平队，其中不少来自顶尖高校的学生。在英国，这种外向型社会氛围更为明显。不少青年自己组织起来，投入发展中国家的建设中，比如有大学毕业生主动前往乌干达建立工程师志愿组织，培训当地工程师以处理其发展中遇到的难题。他们还会组织乌干达

---

① VOLUNTARY SERVICE OVERSEAS, INSTITUTE OF DEVELOPMENT STUDIES. A summary: the role of volunteering in sustainable development[EB/OL]. (2015-03-17). https://www.vsointernational.org/sites/default/files/ic14056_valuing_volunteering_summary.pdf.

的技术人员到英国深造。2015 年 VSO 的调查报告显示，这种社会文化甚至影响了许多在职员工，超过一半的英国全职工人表示愿意前往发展中国家提供技能、知识支持 [①]。

四、政治风波与等级观念

海外人才项目确实锻炼了青年的在地能力，但其深度扎根基层也带来卷入当地政治的风险。尽管 VSO、CUSO 等组织都以帮助发展中国家为名，以不干涉他国政治为原则，但是政治无涉的构想往往面临多重挑战。

国际关系的变化是导致青年卷入当地政治的重要原因。由于澳大利亚在东南亚地缘政治冲突中持有的立场，导致其在印尼的志愿者遭到当地抵制，支援人数迅速减少。美国在南亚局势动荡时支持巴基斯坦，引发印度社会的反美情绪，因为英国被视作美国盟友，这一事件也波及 VSO，印度政府下令将志愿者人数从 500 多人减少到只有 50 人 [②]。更不用说越南战争导致许多发展中国家谴责并反对和平队。

缺乏对国家和地方政治权利关系的理解和驾驭能力，也会导致青年卷入本土政治运动，引发舆情风波。在最早接纳 VSO、和平队等组织的加纳，当反殖民运动组织进入基层学校宣传动员时，和平队的青年因为禁止他们在上课期间开会而发生正面冲突。当青年拒绝学习当地通用语时，和平队与当地的关系进一步恶化 [③]。近年来，VSO 的报告也显示，有不少青年被当地的政治议程利用，在不知情的情况下帮助某个派系进行宣传，导致失去当地信任。在尼泊尔发生罢工期间，有志愿者试图与学校合作继续维持学校正常运作，

① EVANS, M. Half of UK workers would volunteer overseas[EB/OL]. (2015–02–12). https://bettersociety.net/VSO-Exchange-Accenture.php.

② BROUWER R C. Ironic interventions: Cuso Volunteers in India's family planning campaign, 1960s–1970s[J]. Histoire Sociale/Social History, 2010, 43(86): 279–313.

③ SOBOCINSKA A. The interpersonal and the international: Development, volunteering and grassroots diplomacy in the 1960s[J]. The International History Review, 2023: 45(6), 903–918.

该行为同样被视作非常政治化的行为[①]。

此外，青年的个人行为也容易演变为国际政治风波。一名志愿者关于尼日利亚"肮脏和绝对原始的生活条件"的评论被媒体报道后，引发当地社会集体抗议，要求驱逐和平队。尼日利亚外交部长认为这件事体现了美国抱有凌驾于非白人世界之上的优越感。该事件随后发酵，引发国际舆论声讨和平队和美国[②]。

正如前和平队成员所言，美国外交政策具有在所有海外国家构成政治风险的可能[③]。大国公民的身份，决定了这些海外实践的年轻学子卷入本土政治争议事件的风险极高。

除了政治与舆论风险，这些海外人才项目也常常因为带有文明等级式的线性发展观念而引发争议。从英美政府和媒体对项目的定位及其落地情况，不难发现一种居高临下的文化心态——作为等级较高的文明，有责任帮助"落后文明"实现阶段性发展，让其按照科学且普世的发展秩序成长。这就需要青年将西方的生活方式、经济制度、法律体系、卫生观念、教育手段等"先进要素"传播给"不发达国家"。

在一场促使 VSO 获得更多政府支持的辩论中，英国国会议员曾直言他认为西方世界最伟大和最紧迫的任务是提供技能来帮助这些人管理自己的国家。VSO 创始人认为其首要任务便是教育当地人成为负责任的公民，《泰晤士报》则称 VSO 的志愿者在"英联邦欠发达地区的落后社区的'落后民族'"中工作。带着这样的观念，一个 18 岁的英国青年仅仅因其来自"高级文明"的身

① VOLUNTARY SERVICE OVERSEAS, INSTITUTE OF DEVELOPMENT STUDIES. A summary: the role of volunteering in sustainable development[EB/OL]. (2015-03-17). https://www.vsointernational.org/sites/default/files/ic14056_valuing_volunteering_summary.pdf.

② SOBOCINSKA A. The interpersonal and the international: Development, volunteering and grassroots diplomacy in the 1960s[J]. The International History Review, 2023, 45(6): 903-918.

③ MEISLER S. When the world calls: The inside story of the Peace Corps and its first fifty years[M]. Boston: Beacon Press, 2012: 115.

份就被任命为所罗门群岛某所拥有 250 名学生的学校的校长[①]。

和平队则被认为继承了基督教欧洲人的传教传统，只是用一层"社会科学"论证的"现代化发展"外衣包裹起来[②]。官方和媒体都声称，"欠发达"国家已经认识到美国生活方式的独特价值和优越性，渴望美国能够拯救他们这些贫困没落的民族。在美国的社会科学体系中，这些正当性宣称经过了一番系统性的论证，构成了著名的"现代化理论"。然而，和平队给定的发展路径，在发展中国家常常碰壁，有数据表明，他们提供的方案在海外社区发展计划中受挫的比例高达 75%。不少青年在扎根海外基层后根据现实经验抛弃了现代化理论，但又因为不具备足够的在地知识和能力，导致自己孤立无援。

五、余论

如今，西方国家的 X 世代、Y 世代和 Z 世代早已被整合进一套完善的人才培养体系，从而扎根全球基层，形成庞大的国际影响力网络。通过分析英国、美国、加拿大等国海外人才项目的实践案例及其问题局限，我们看到，依赖以媒体和数字技术为中心的海外信息覆盖，只是国际传播的一种简单形式。国际传播效果更持久、更有效的实现方式，是与传播对象的生计、生活相结合，依此产生有效的互动交流，积累丰富的在地知识，并产生传播的"精准性"。这里的"精准性"不是依靠数据分析、机器智能、受众画像、远程推送、舆论操控就能一蹴而就的，而是依靠人际的信息依赖、生计联结和思维交互才能逐渐获得提升。

对于西方国家来说，贯穿几个世纪的海外殖民、移民、贸易、传教、寡头垄断和独裁治理，早已为其锻造了持久而深度的社会文化连接。20 世纪以来，西方国际传播的影响力表面上看是媒体和文化覆盖能力的展现，实际上

---

① SOBOCINSKA A. How to Win Friends and Influence Nations: The International History of Development Volunteering[J]. Journal of Global History, 2017: 12(1), 49–73.

② 雷迅马. 作为意识形态的现代化 社会科学与美国对第三世界政策 [M]. 牛可，译. 北京：中央编译出版社，2003: 222.

却有着极为深厚的知识、人脉、语言、网络和精英体制认同作为基础。因此，将媒体传播作为国际传播的主战场，纵然是本末倒置、不得要领，却也是在文化输出上没有知识积累、缺少人脉网络、基础条件薄弱的一种尴尬选择。

国际传播效果的实现与国家文化影响力的提升不是一个短期内可以通过巧思和捷径完成的工作，而是一项需要搭建人脉网络，扩大交流途径，深入域外本土，积累知识和人才的艰巨事业。在西方国家海外人才培养的案例中，我们可以看到这通常是一个举全国之力，各部门通力合作，打造优秀人才学习锻炼、深造提高、成长就业的完整体系。随着中国各项海外事业的发展，域外人际网络和以生计为基础的跨文化连接都会逐渐拓展，这是值得期待的变化过程，而是否需要在主观上进行战略设计，将这些逐渐发展起来的连接网络作为成规模人才培养的基础，建立一套完善的机制，并在Z世代中激扬出一种外向型的知识视野和行动意愿是需要认真研究的问题。

发展现状

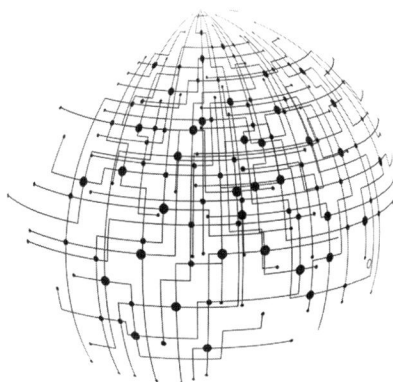

面向全球Z世代的对华认同研究

关天如　杨伊璐[①]

【摘要】为促进全球Z世代对华积极认同的形成，本文从当前Z世代的人口学特征与对华态度现状出发，剖析数字环境下国际舆论场域中的对华认同的三重困境与风险，即虚假信息、阴谋论与意识形态偏见耦合，形塑对华认同；种族主义与仇恨言论激化群际关系；民粹思潮强化青年群体的"排他性"认同。而后，本文采纳社会心理学领域的社会认同（social identity）与群际关系（intergroup relations）视角，提出通过国际传播实践构建全球青年一代良性对华认同的三种具体路径。

【关键词】Z世代对华认同　国际传播　社会认同理论　群际关系

一、引言

伴随着互联网和社交媒体成长起来的Z世代（Generation Z）有其显著的代际特征。大国竞合的时代背景与数字技术对日常生活的渗透，影响的不仅仅是Z世代的媒体使用习惯与信息获取方式，也塑造着他们对"全球"和"本土"的认知，对差异与冲突的包容，以及对"自我"与"他者"的理解。

尽管近年来多项民调均表明海外多国Z世代对华态度相比年长者更为积极友善，但他们成长于主流西方国家资本主义体系面临崩溃的"后民主"和全球政治不确定性大大加剧的背景之下，政治、经济、文化、国际关系和意

---

①　关天如，武汉大学新闻与传播学院副教授、硕士生导师；杨伊璐，天津大学新媒体与传播学院副教授、硕士生导师。

识形态层面的多重危机成为"新常态"①。右翼民粹主义与极端排外情绪盛行、逆全球化与逆一体化的浪潮席卷欧美诸国。这一"危机时代"进一步形塑了青年群体的世界观与群体认同。

数字技术为全球 Z 世代的认同形成带来了机遇与挑战。一方面，多元主体正积极参与到国际传播之中，为不同文明之间互鉴与交流提供了可能，有益于"包容性"而非"排他性"群体认同的形成；但另一方面，基于算法的信息推送逻辑固化了 Z 世代的价值观、政治立场和情感取向，将人们置于既有态度和自我认同的"过滤气泡"之中，这意味着海外青年群体对华负面感知和情绪一旦形成，短期内难以矫正。

本文立足于群际关系与社会认同视角，梳理全球 Z 世代这一群体的认同特征和对华认同现状与趋势，辨析新形势下数字媒体发展与冲突性政治新常态共同导致的群际认同困境，并探讨通过有效的国际传播实践建构全球 Z 世代对华积极认同的路径。

二、Z 世代的群体认同特征及对华认同现状

（一）Z 世代的群体认同特征

1. Z 世代人口学特征发生变化，受教育程度提升，人口构成趋于多元化

作为后千禧一代，Z 世代的受教育程度更高。例如，美国 Z 世代被认为是美国史上受教育水平最高的一代，57% 的年龄较长（18—21 岁）的美国 Z 世代为大学学历，这与 1987 年的 43% 和 2003 年的 52% 相比，具有显著提升；而对于 17 岁以下年龄较小的 Z 世代，有 44% 的人的父母具有学士学位。这反映了以美国为代表的西方国家年轻一代整体追求高质量教育的发展趋势。另外，在许多西方国家，Z 世代的一个重要的人口学特征是族裔的多元化。例如，根据美国国家统计局的数据，少数族裔（包含亚裔、拉美裔、非裔和

---

① ANDERSEN K, OHME J, BJARNE C, et al. Generational Gaps in Political Media Use and Civic Engagement: From Baby Boomers to Generation Z[M]. London: Routledge, 2020: 3.

穆斯林等）占到了全美 Z 世代群体的 48%①。

2. 对多元文化更为包容，对少数族裔态度友好，民族优越感降低

受教育水平的提升及人口构成的变化对于 Z 世代的族裔态度和社会感知影响较大。例如，2020 年，美国皮尤研究中心的一项调查结果表明，22% 的 Z 世代父母至少有一方是移民②；根据人口普查项目，到 2026 年，这一代很可能成为以非白人为主的一代。因此，生长在多文化、多族裔共存土壤的 Z 世代往往对多元文化和少数族裔更为包容，态度也更为开放。

对于少数族裔和多元文化的包容使得 Z 世代和千禧一代类似，其民族优越感和国别优越感程度都相较其父辈一代减弱。例如，调查结果显示，三分之二左右的 Z 世代认为，在美国，黑人等少数族裔群体受到了不公正的待遇。另外，只有 14% 的 Z 世代认为美国优越于其他国家，而相比之下，其父辈（20 世纪中叶出生的人）则有 30% 以上的人认为如此。此外，全球化和区域一体化的飞速发展使得跨国家、跨文化和跨族群的直接交往成为 Z 世代日常生活的一部分。与他们的父辈相比，海外年轻一代在看待与理解中国的现状与发展时，更有可能较少地带有"价值观滤镜"，进而使之成为我国国际传播增效赋能的突破所在③。海外 Z 世代对于少数族裔的共情感知及其较弱的民族优越感，为我国树立海外民众对中国、中华文明及中国人的正面感知提供了难得的时代机遇。

---

① Pew Research Center. (2018). Early benchmarks show post millennials on track to be most diverse, best educated generation yet: A demographic portrait of today's 6-to-21 year olds. Retrieved from https://www.pewresearch.org/report/early-benchmarks-show-post-millennials-on-track-to-be-most-diverse-best-educated-generation-yet/.

② PARKER K, IGIELNI R. On the Cusp of Adulthood and Facing an Uncertain Future: What We Know About Gen Z So Far[EB/OL]. (2020–05–14). https://www.pewresearch.org/social-trends/2020/05/14/on-the-cusp-of-adulthood-and-facing-an-uncertain-future-what-we-know-about-gen-z-so-far-2/#fnref-28453-1.

③ 史安斌，朱泓宇. 人类文明新形态背景下中华文明的国际传播：理论升维与实践创新 [J]. 新闻与写作，2023(07): 45–54.

3. 对社会发展与变革的态度更为开放

与年长一代相比，Z世代对于如社会平等和异族通婚等社会议题，态度更为理性开放。在美国等西方国家，Z世代更倾向于支持性别平等，也更支持不同种族、不同文化背景之间的人进入婚姻关系，并认为这对于社会发展利大于弊[①]。海外年轻群体对于社会发展呈现出的理性、开放的态度为我国树立良好的国际形象提供了宽容的舆论氛围。

4. 对媒介过度依赖加剧Z世代政治认同两极化

作为数字原住民，Z世代群体具有数字原生性，对媒体使用依赖性强于其父辈。其对于社交媒体的依赖强化了该群体的政治认同，加剧政治意识形态极化现象，对抗白热化[②]。例如，2020年美国总统选举，Z世代大学生因反感对方阵营而投票，表达敌对态度，使投票率超53%，成为有史以来美国总统选举中年轻群体投票率最高的一次[③]，该事件就是其政治极化公开的一次突出体现。过度媒介接触带来的政治极化现象也对提升海外Z世代对华好感度带来了挑战。

（二）Z世代对华认同现状及趋势

1. 总体而言，海外年轻人对华态度较年长者更为积极

由于人口结构转型、对多元文化的包容态度及对少数族裔的友善情绪，Z世代比起他们的父辈呈现出更为积极的对华认同。一项针对包括美国、日本、德国、澳大利亚等11个高收入国家的民调结果显示，Z世代的对华态度更为友好。例如，76%的40岁以上的英国人对华态度消极，而年轻人对华消极感

---

① PARKER K, IGIELNI R. On the Cusp of Adulthood and Facing an Uncertain Future: What We Know About Gen Z So Far[EB/OL]. (2020–05–14). https://www.pewresearch.org/social-trends/2020/05/14/on-the-cusp-of-adulthood-and-facing-an-uncertain-future-what-we-know-about-gen-z-so-far-2/#fnref-28453–1.

② 周顺. 美国Z世代大学生政治认同两极化及其原因 [J]. 国际展望，2021,13(02):84–102+156.

③ HESS A. The 2020 Election Shows Gen Z's Voting Power for Years to Come[EB/OL]. (2020–11–18). https://www.cnbc.com/2020/11/18/the–2020–election-shows-gen-zs-voting-power-for-years-to-come.html.

知的仅占 59%。在澳大利亚、德国、墨西哥等国，认为中国有利于国际社会稳定发展的年轻人的比例也高于年长者[①]。

2. 不同维度的对华认同感知呈异质性

对华认同感知复杂，应从多元维度去理解。具体而言，西方国家 Z 世代青年多认可中国的经济实力、科技创新及文化吸引力，然而对于军事实力及国际参与等方面的态度有所保留。一项 2023 年的民调报告显示，德国（55%）、法国（49%）、英国（47%）三国占比更高的年轻人认为中国是世界经济领袖（Top economy）；与此对比，认为美国是世界经济领袖的年轻人在上述国家的占比仅为 17%、34% 和 37%[②]。另外，海外多国年轻人对于中国的文化产业和科技创新也表现出积极的态度。海外 Z 世代对于中国文化、科技及经济方面积极的看法主要是由于他们更容易接触到来自不同国家的信息并受之影响，这也体现了我国在这些领域国际影响力的提升。对比而言，多数海外年轻人对我国军事实力及国际事务参与等方面的态度有所保留。

3. Z 世代更支持中美合作，反对美对中的政策限制

尽管美国民众大多支持通过加征关税等方式对中国企业的海外发展进行限制，但在看待中美合作方面，代际差异较为明显。例如，芝加哥调查委员会的研究结果显示，60% 以上的年长者支持"尽管对美国消费者产生成本，也要减少与中国贸易"，而仅有 50% 左右的美国年轻人支持这一观点[③]。另外，相较于年长者，海外年轻人也更反对对于中国留学生数量的限制。这些差异反映了美西方不同代际的人对与中国经济合作和教育交流等方面的态度差异，

① SILVER L. China's Approach to Foreign Policy Gets Largely Negative Reviews in 24-Country Survey[EB/OL]. (2023-07-27). https://www.pewresearch.org/global/2023/07/27/views-of-china/.

② CLANCY L. Young Adults in Europe Are Critical of the U.S. and China-but for Different Reasons[EB/OL]. (2023-03-22). https://www.pewresearch.org/global/2023/03/22/young-adults-in-europe-are-critical-of-the-u-s-and-china-but-for-different-reasons/.

③ KAFURA, CRAIG. Generational Differences on US-China Relations[EB/OL]. (2022-01-14). https://globalaffairs.org/commentary-and-analysis/blogs/generational-differences-us-china-relations.

海外年轻群体对于文化交流和国际合作较为开放的态度可能会影响未来美国外交决策及政策制定。

4.受地缘政治、文化接近性、意识形态差异等因素影响，海外 Z 世代对华认同感知的国别差异较大

例如，海外年轻群体对华态度较年长者更为积极，然而，韩国是为数不多的年轻人对华态度更为消极的国家[①]，这可能与萨德事件带来的持续的负面感知有关；又如，与多数西方国家相比，"一带一路"共建国家的年轻人对我国的态度更为积极。因此，针对不同国家的 Z 世代群体，制定差异化、分众化、国别化的传播策略尤为必要。

三、数字环境下 Z 世代与对华认同困境

（一）虚假信息、阴谋论与意识形态偏见耦合，形塑 Z 世代的对华认同

当前国际舆论场域中，中国正面临百年未有之大变局与情感压倒事实的"后真相"生态的叠加挑战。部分西方政客与媒体捏造谎言、污名化中国，激化了根植在西方社会中的意识形态偏见，涉华虚假信息与阴谋论弥漫国际传播空间，中国的外宣工作与国家形象建构面临挑战。对于 Z 世代群体而言，正值他们许多重要的世界观、价值观与群体认同形成之时，频繁或密集接触此类不实信息易导致对华偏见逐渐固化。

针对外国公民、外民族与外群体的虚假信息与阴谋论古已有之。来自政治学与社会心理学领域的专家们已经证实，刻板印象、歧视与外群体仇恨既是针对某些特定族群的虚假信息的成因，又是其后果。一方面，人们对外群体的既有态度会显著提升其对外群体的虚假信息和阴谋论的接受程度，即那些本身就对外群体持有怀疑和敌视态度的人会更加容易受到此类信息的蛊惑，

---

① SILVER L. Negative Views of China Tied to Critical Views of Its Policies on Human Rights[EB/OL]. (2022–06–29). https://www.pewresearch.org/global/2022/06/29/negative-views-of-china-tied-to-critical-views-of-its-policies-on-human-rights/.

把外国人和外民族成员视为对己方怀有恶意的"他者"。另一方面，针对特定群体的虚假信息与阴谋论话语又进一步加剧了对外群体的仇恨。

在新冠疫情中，国际舆论场域中的涉华虚假信息尤其猖獗。我国研究者也随之开始关注虚假信息和阴谋论盛行对我国国际传播及国家形象建构的深刻影响。例如，陈秋怡和汤景泰通过大规模的文本分析与社会网络分析，发现新冠疫情期间涉华虚假信息运动是当下西方社会中"情感政治"的集中体现。涉华虚假信息的传播呈现出典型的泛政治化倾向，形成了政治逻辑对风险逻辑的碾压，并基于媒介化逻辑造成负面效应被加倍放大，其主要表现就是将疫情与政治立场挂钩，并且试图在舆论场中强化中国威胁论、中国崩溃论和中国责任论的认知图式[①]。方兴东等认为，"信息疫情"的本质是新技术背景下人类社会信息传播的无序和失控，是民众、媒体、国家与国际社会整体对新形势不适应的一次集中剧烈的爆发。其根源是互联网发展历程中形成的大众传播、网络传播、自传播和智能传播等多种传播机制交错叠加的融合传播的复杂格局[②]。

从危害上来看，虚假信息和阴谋论的泛滥会削弱公众对媒体内容与现实的理性甄别能力，冲击健康有序的政治生态，对内煽动极端主义，对外推动对他国的政治干预。而国际传播场域的虚假信息在生产、传播和受众接收层面的特殊性，导致核查、甄别、纠正它们尤为困难，主要是因为：其一，政治隔阂和意识形态偏见导致事实性信息中杂糅政治倾向、意识形态的主观判断，而且通常具有较高的隐蔽性；其二，地域鸿沟、语言差异和互联网访问限制，增加了追踪核查伪信息的难度；其三，受到文化差异、国际偏见的影响，转变国际受众的既定认知、固有立场、既存价值观的难度很大。

Z 世代群体作为"数字原住民"，一方面得益于移动互联网和数码设备的

---

① 陈秋怡，汤景泰. 协同网络、议程建构与真实性增值：国际涉华虚假信息的传播模式——以 COVID-19 为例 [J]. 新闻记者，2023(07): 3-21.

② 方兴东，谷潇，徐忠良. "信疫"（Infodemic）的根源、规律及治理对策——新技术背景下国际信息传播秩序的失控与重建 [J]. 新闻与写作，2020(06): 35-44.

普及，从出生就享受数字红利，更擅长全方位、多角度的信息收集，因此具有通过多重事实核查工具将接触到的涉华信息进行去伪存真、明辨是非的能力；另一方面，由于算法推送，年轻群体也深陷虚假信息和阴谋论的"信息茧房"之中，如何有效拓宽"信息光谱"，增加观点和立场的多样性，是全球Z世代群体亟待解决的共同难题。对我国国际传播实践而言，需要优化国际传播策略，对海外Z世代民众进行长期的认同测评与心理培育，为我国在新时代铺垫友善和谐的国际舆论环境。

（二）种族主义话语与仇恨言论激化群际关系

针对某些种族和群体（如非裔美国人、穆斯林）的仇恨性话语在西方社会长期存在。例如，一直以来，穆斯林群体被西方政客塑造为"潜在的恐怖分子"，媒体领域也常常将非洲裔的移民加以"懒惰"和"愚蠢"的种族主义描述，将这些少数族裔诬陷为东道国的"象征性和现实性的威胁"以及"福利接受者"，引发了对这些群体的种族主义话语和仇恨言论[①]。华人群体也深受种族主义和仇恨言论的伤害。"黄祸"这一种族主义词汇在19世纪登上历史舞台，是20世纪初西方列强鼓吹入侵和殖民中国的理由之一。19世纪，西方极端种族主义者宣称，黄种人会吞噬西方的"文明"社会，是白种人的威胁，是为"黄祸"。这种建立在肤色血统论上的词汇一直被视为西方国家歧视东亚人民的表现。在过去的三年里，针对华人群体的歧视、侮辱和诽谤急剧增加，甚至在许多一贯标榜自己为奉行多元文化的西方国家也是如此。正如纪莉所论述的，每每疾病传播的危险逼近，"仇外"与种族主义思维与现象就会蔓延[②]。伴随病毒传播的不仅有全人类共同面对的疾病，也有普遍存在的种族主义偏见。更为重要的是，互联网中的种族话语、仇恨言论与现实生活中的仇恨犯罪密切相关。根据一些非政府组织（Non-Governmental Organization，

---

① OBERMAIER, M. Youth on standby? Explaining adolescent and young adult bystanders' intervention against online hate speech[J]. New Media & Society, 2024, 26(8): 4785–4807.

② 纪莉. 种族主义的新冠：以病为名——新冠肺炎的全球媒介呈现 [J]. 学术研究，2020(03): 9–13.

NGO）的最新报告，自 2020 年起，针对亚洲人和中国移民的仇恨犯罪与暴力事件在多个西方国家不断攀升。

随着社交媒体平台的发展，在线空间已经成为传播种族主义话语和仇恨言论的理想场所。这是由于，首先网络结构可能产生言论极端化的效果，个人的极端观点容易转化成想象中的"集体情感"。其次，在当下网络仇恨更多生成于现实政治、经济利益的博弈和交换之中。在网络世界中污名化"他者"/"外群体"和煽动仇恨经常被政客们用作保持政治活跃度、巩固政治阵营的手段。例如，被戏称为"推特治国"的美国前总统特朗普，曾长期在社交媒体平台发表仇恨言论与煽动性内容，直到 2020 年败选后仍试图透过此举博得政治关注。最后，社交媒体平台为仇恨团体发展、联系和组织提供可能，甚至可以在国际范围内促进仇恨集群产生，这也进一步推动了仇恨言论在平台上的传播。社交媒体网络还充当着种族主义话语的放大器和制造者，通过其平台可供性、算法推荐系统和用户的交互工具（如评论和分享功能）促进此类内容的传播。

Z 世代由于其人口学多元化的特征，以及全球化深化所带来的跨国家、跨文化和跨族群的交往增加，比其父辈和祖辈较少地怀有种族主义和对外群体的仇恨态度。但需要警惕的是，由于互联网和社交媒体无处不在的对日常生活的渗透，网络空间中的此类仇华、排华言论将不可避免地进入 Z 世代的信息供给链之中。而种族主义话语和仇恨言论基于其强烈的"情绪唤起"特质和耸人听闻及博人眼球的叙事方式，对受众产生"天然"的蛊惑力。如何通过构建年轻一代乐于接受的国际传播话语体系，提升针对全球 Z 世代的"知华、友华、爱华"认同感，培养海外年轻群体对涉华种族主义话语和仇恨言论的"抵抗力"是我国国际传播实践的重点目标。

（三）民粹思潮与极端排外情绪弥散网络空间，强化"排他性"社会认同

自 2010 年以来，民粹主义重新崛起是欧美政坛引人注目的新动向。民粹主义是一种具有历史复发性的社会政治现象，反映了现代化进程中以平民诉求为皈依、具有反精英主义取向的激进民主意识。民粹主义通常将社会划分为几个内部同质并相互对立的群体："善良正直的"人民，"腐败邪恶的"精英阶层以及不被视为"真正的人民"合法成员的外群体（如移民、少数族裔或外国人）。因此，民粹主义意识形态的核心要素包括：对"人民"的信仰（belief in good people），权利归于人民（people sovereignty），反精英主义（anti-elitism）和群体外排斥（out-group exclusion）。

数字媒体为民粹主义话语和情绪的传播提供了一个绝佳的平台。民粹主义话语由于具有"冲突性"和"消极性"等新闻价值，就能够获得在社交媒体上的"可见性"。同时，互联网极大地突破了时空限制，其低门槛、便于获得、覆盖人群广泛的传播特征恰好与民粹主义诉诸民众和"直接民主"的运动特点相契合，民粹主义政党因此借助互联网在短时间和大空间内煽动民意以造成声势浩大的运动。社交媒体的匿名性、互动性和圈层化等特征也为民粹主义在线表达和情感分享提供了合适的环境。网络环境在公民中激发起了一种赋权感，他们认为自己有权利、有能力去改变违背他们自己意愿的权力结构。此外，社交媒体门槛低、互动障碍少，为民粹主义者提供了紧密联系的平台，建构了一种"社会存在感"。人们通过网络与志同道合的公民共同构建一个"想象的共同体"，对他们积极的自我概念进行确认，并排除那些与他们政治认知不一致的人。

考虑到各种媒体平台上大肆泛滥的民粹主义信息，此类信息对社会结构与个体认知（尤其是青年一代）的影响，值得警惕。有研究指出，右翼民粹政党往往鼓吹"逆全球化"，承诺重构国家认同，并指责移民和外国人（包括华裔群体）造成了本国文化、社会和经济的威胁。通过将移民和外国人描绘成一种"象征性威胁"与"现实性威胁"，民粹政党和民粹话语塑造了一种"排他性"社会认同，大大增强了人们的极端排外态度。此外，学者们还发现具有更强"参政动机"和更高水平的"外向性性格"的青少年更有可能在社交媒体上发布含有极端排外内容的民粹主义话语①。

盛行于欧美等国的"民粹飓风"不仅影响了其国内政策走向，也成为这些国家对外交往的"底色"。随着中国逐渐走近世界舞台中心，西方某些右翼势力将民粹主义、种族主义和极端排外主义杂糅起来，借机渲染新的反华论调，对中国正常的国际发展和海外华人的生命财产安全带来了重大威胁与伤害。面对这一情况，我国应该加大包含制度性贡献在内的国际公共产品供给，以期在引领新型全球化进程中完善全球治理、收窄世界发展差距，防止民粹主义在世界范围内大肆传播。从国际传播的角度，我国外宣部门应进一步提升国际话语权，正本清源地传播好能够澄清西方舆论偏见的中国声音。尤其针对右翼民粹主义的话语特征和海外 Z 世代群体的媒体使用习惯与内容偏好，我国应通过国际传播强化共同体意识和包容性社会认同，构建健康多元的国际舆论场。

四、社会认同视域下发展面向全球 Z 世代的国际传播新策略

（一）构建共享认同

本文提出的第一种塑造面向全球 Z 世代积极对华认同的方法为"构建共享认同"，其理论基础为社会心理学中的"共同内群体认同模型"（common ingroup identity model）②。该模型认为，在两个原本分离的不同群体的认知表征形成一个包摄水平更高的"上位群体"（superordinate group）的情况下，群体成员的身份从"我们"和"他们"可以转变为"我们"这样一个更具宽泛意义和包容性的群体身份，本来只对内群体投射的积极情感也可以延伸至当

① MOLS F, JETTEN J. No guts, no glory: How framing the collective past paves the way for anti-immigrant sentiments[J]. International Journal of Intercultural Relations, 2014, 43: 74–86.

② GAERTNER S L, DOVIDIO J F, ANASTASIO P A, et al. The common ingroup identity model: Recategorization and the reduction of intergroup bias[J]. European Review of Social Psychology, 1993, 4(1): 1–26.

前新形成的上位群体，进而减少以往的负面印象与偏见歧视 [①]。

共同内群体认同模型认为，社会分类（social categorization）并不是天然形成的，而是具有相当程度的流动性和可变更性，个体可以属于不同的群体（比如，一个美国民众可以同时从属于民主党人 / 亚裔 / 女性）。这些群体根据不同的包容性水平，分层次地组织在一起。情境因素、感知目标、过去经验以及期望均可以促进分类水平发生转换，凸显现存的共同内群体关系或者增加新的因素，例如共同任务或共同命运，进而使某种分类水平占据显性位置，通过提升分类水平影响分类结果进而实现行为的改变。而群体通过重新进行社会分类，可以带来群际关系的改善、群际冲突的消弭，降低群际竞争，增加群际共同性的感知，减少差异性感知。

但需要强调的是，构建跨国籍、跨族裔的共享认同并非易事。尤其在对外关系中，国家认同（national identity）往往是人们在理解复杂多变的国际事务时所采纳的根深蒂固而影响深刻的"认知捷径"（cognitive shortcut）。对于长期处于博弈与竞争关系的国家（如中美、美俄等），这种国家认同尤其"泾渭分明"和"非此即彼"，是民众理解"自我"与"他者"的重要依据。然而，笔者认为基于代际的"重新归类"为形成新的"上位认同"提供了可能。Z 世代基于其独立意识、国际公民意识较强等代际特质，构建"全球 Z 世代"这一共享认同可以铸牢共同体的心理基础，借助于共同内群体认同的包容性力量，改善过往基于国别差异而形成的群际冲突，建构包摄水平更高的上位群体，形成"共同感"与"一体感"。这不仅有助于改善海外青年一代对华态度与认同感，也将为后疫情时代的国际合作铺垫广泛的民意基础。

（二）群际接触与延伸交往

本文提出的第二种塑造面向全球 Z 世代积极对华认同的方法为群际接触，这种接触可以是直接的，也可以是间接的（延伸交往）。一直以来，群际接触

---

① 管健，荣杨.共同内群体认同：建构包摄水平更高的上位认同 [J].西北师范大学学报（社会科学版），2020, 57(01): 39-49.

（intergroup contact）都被认为是促进群际关系的金牌法则。戈登·奥尔波特（Gordon Allport）提出的群际接触假说认为，群体偏见是由于某一群体对另一群体缺乏充足信息或存在错误信息而产生的，群际接触则为获得新信息和澄清错误信息提供了机会①。自群际接触假说提出以来，群际接触可以改善对外群体的态度这一结论被普遍证明，多项研究都发现越多接触目标群体，越可能显著地提高对该群体的喜爱程度②。例如，不同种族或信仰的学生，无论他们是被随机分配还是自愿选择，住在同一寝室都有助于减少群体间的偏见。

群际接触的近期研究发现，直接交往并非人们形成或强化对外群体态度的唯一途径，还可通过"延伸交往"（extended contact）的方式达成跨群体接触。"延伸交往"指的是当人们看到内群体成员与外群体成员展开交往、建立友谊时，他们对外群体的态度可能发生积极的转变。对内群体的积极态度有可能移情和转化为对外群体的积极态度，而对外群体的消极感知也可能会消解。这种由其他内群体成员延伸而来的间接交往经验，即为延伸交往。在这一情况下，个体间的交往不再是一个群体间交往的个案，而是存在一定泛化效应，交往所产生的积极影响不仅作用于交往者本人，而且会以交往者本人为起点，通过延伸交往向更广泛的人际网络进行延展。积极的延伸交往的这种影响作用不仅有助于消解对外群体的偏见，而且可能增加对外群体成员的信任感和宽容度。"延伸交往"对于改善群际关系的作用也已被许多实验证实。例如，托马斯·佩蒂格鲁（Thomas Pettigrew）等研究发现，当德国民众得知他们的朋友与穆斯林群体有一定的接触以后，他们会显著降低对穆斯林的偏见和仇视情绪③。

---

① ALLPORT G W. The Nature of Prejudice[M]. Boston, MA: Addison-Wesley, 1954: 253.

② BINDER J, ZAGEFKA H, BROWN R, et al. Does contact reduce prejudice or does prejudice reduce contact? A longitudinal test of the contact hypothesis among majority and minority groups in three european countries[J]. Journal of personality and social psychology, 2009, 96(4): 843.

③ PETTIGREW T F, CHRIST O, WAGNER U, et al. Direct and indirect intergroup contact effects on prejudice: A normative interpretation[J]. International Journal of Intercultural Relations, 2007, 31(4): 411–425.

我国国际传播学者意识到增加群际接触对提升海外民众对华感知方面的重要作用。民众间的人文交流作为积极接触的一种形式，既以直接接触的方式促进跨群体的面对面交流，又以新闻报道、观察式参与等间接接触的方式扩展群际接触经历，对塑造共情环境和建构对华积极认同有着良好的效果。例如，邢丽菊提出，在"一带一路"倡议的背景下，人文交流以中外民众个体面对面的接触、互识、互知、互动为主，在推动情感与文化认同与理解的同时，也成为塑造"一带一路"倡议民意基础和社会根基的路径[①]。徐迪等则以"寰球民意指数"调查结果为依据，评估日本公众的对华形象认知及其如何受到群际接触、社会信任、国家认同等因素的综合影响。研究证实了群际接触对日本公众对华形象认知的正向预测作用[②]。在这一影响机制中，社会信任影响着日本公众在群际接触中的认知和判断，预测了他们的对华形象认知；国家认同在个体信息处理过程中作用突出，也影响了群际接触与日本公众对华形象认知之间的相关关系。

Z世代是在全球化进程不断深化的背景下成长起来的一代人，跨国求学与旅游的普及使得跨国家、跨文化和跨族群的直接交往成为Z世代日常生活的一部分。数字化带来的信息流通的无界性使得各种文化在他们的生活中相互交融，经由媒介的跨群交往（mediated intergroup contact）使得青年一代可以轻松地通过网络结识外国朋友，获取各种文化信息和思想，更加开放和自由地接受新的事物。要充分利用海外青年群体的这一有利因素，通过多种方式加强中国与全球Z世代间的群际接触，积极建立桥梁纽带，构筑中外友好关系的社会基础。例如，可以进一步发挥海外华人华侨群体作为中国最主要的海外形象和舆论代表在海外维护中国利益、传播中国声音、改善中国形象方面的重要作用。鼓励留学生群体在表达中华文化方面发挥能动性和策略

---

① 邢丽菊.推进"一带一路"人文交流：困难与应对[J].国际问题研究，2016(06): 5–17+122–123.

② 徐迪，彭思涵，凌洁."山川异域，风月同天"：日本公众的群际接触、社会信任与对华形象认知[J].新闻界，2023(03): 39–50+96.

性^①。疫情所带来的世界性隔离状态已经结束，国际传播实践仍可以扩展线上跨文化交流创新实践，比如面向海外年轻群体的"云旅游"和展示外国留学生在华学习生活现状的短视频等，以此提升对华的好感，构建一种与中国和中国人民的"连接感"（connectedness）。

（三）通过国际传播弘扬多元文化价值观

本文提出的第三种推动全球 Z 世代形成对华良性认同的方法为通过国际传播实践大力弘扬多元文化价值观。在讨论群际关系时，多元文化价值观（multiculturalism）被普遍认为是一种珍贵的个人层面与社会层面的特质。简而言之，多元文化价值指的是一种对文化多样性社会的认可，是指民众尊重、理解和支持文化间的差异性，并认为生长于不同文化中的群体应该享有同等的权利与机会^②。从政治学的视角来看，多元文化主义则被视为一种"政治态度"，指的是人们认同于"不同的政治"，即人们自发地在政治体系中维护不同的政治理念和生活方式的价值和可行性^③。由于多元文化价值观深刻影响了人们感知"差异"与"他者"的方式，也决定了人们对待"差异"和"他者"的接受与包容程度，它被认为是缓解西方社会中愈演愈烈的种族 / 群体冲突的一剂良药。

习近平总书记提出的"文明互鉴"的理念正是对多元文化价值观的有力呼应，也是中国引领全球治理体系改革建设的重要方案。习近平总书记提出，要"以文明交流超越文明隔阂，以文明互鉴超越文明冲突，以文明共存超越文明优越"，作为国际传播的根本逻辑。所谓文明互鉴，是不同民族在文化交往中，主动和内在地跨越文明的边界，吸收其他文明的成果并运用到实践中，

---

① 郭镇之 ."旅侨"概念及中华文化的海外传播 [J]. 现代传播（中国传媒大学学报），2018,40(11):15–18+31.

② BERRY J W, KALIN R. Multicultural and Ethnic Attitudes in Canada: An Overview of the 1991 National Survey[J]. Canadian Journal of Behavioural Science, 1995, 27(3): 301–320.

③ CITRIN J, SEARS D, MUSTE C, WONG C. Multiculturalism in American Public Opinion[J]. British Journal of Political Science, 2001, 31(2): 247–275.

"使之成为自身价值体系或社会活动的一部分"。文明互鉴是建立在中华优秀传统文化开放包容的特性之上，致力于构建平等对话交流的国际传播体系。在当今全球文化交往中，文明互鉴传播理念的主要内涵，体现为文明之间的平等与尊重、开放与包容、对话与沟通、创新与发展[1]。

正如前文所论述的，Z世代的一个重要的人口学特征是族裔的多元化，多元化的人口构成带来了差异文化的交融，也自然地使得Z世代成为怀有较高程度多元文化价值观的一代。他们能以较为开放和包容的视野和角度看待不同文化之间的差异，而非本能带有着"非此即彼""非黑即白"的二元冲突棱镜。这一代际特征也为海外年轻一代形成良性对华认同减少了认知上的障碍，我国国际传播实践者可以在对外交流的过程中更加注重强调不同文明、不同体制与不同社会间的平等与尊重、对话与沟通、和谐与共生，建构多元文化价值观与文明互鉴理念涵养下的世界性认同。

五、结论

从全球范围来看，Z世代已经成为积极参与政治进而影响国内决策与国际关系的一股新兴力量。例如，在2020年美国总统大选中，Z世代投票率超53%，成为美国有史以来政治参与活跃度最高的年轻人群体，该群体将成为影响美国未来政治走向和中美关系的主要群体[2][3]。因而，我国国际传播实践应把握Z世代的代际特征，精准施策，有针对性地向该群体的媒体使用平台与内容偏好转向靠拢，不断提升国际传播效能。本文立足于群际关系与社会认同视角，根据人口学层面的代际特征，提出的面向全球Z世代的国际传播新

① 张明新，何沁纯.作为国际传播新理念的文明互鉴：形成背景、主要内涵与实践启示[J].中国出版，2023(13)：19–24.

② HESS A. The 2020 Election Shows Gen Z's Voting Power for Years to Come[EB/OL]. (2020–11–18). https://www.cnbc.com/2020/11/18/the-2020-election-shows-gen-zs-voting-power-for-years-to-come.html.

③ 周顺.美国Z世代大学生政治认同两极化及其原因[J].国际展望，2021，13(02)：84–102+156.

策略可经由基于大规模民众参与的实证调研和中长期导向的效果研究所进一步检验。

在全球性经济衰退、大国竞合加剧和"身份政治"主导民众选择的大变局背景之下，引导与塑造全球 Z 世代的对华积极认同不是一朝一夕之功，必须坚持不懈。推动面向全球 Z 世代的国际传播实践的守正创新，提升国际传播能力现代化，为冲突加剧背景下的国际传播找寻新的路向，离不开媒体从业者和多学科研究者的集体努力。

面向"一带一路"共建国家的 Z 世代国际传播

王丹　孙敬鑫[①]

【摘要】"一带一路"走过第一个十年,现已进入高质量发展的新阶段。在这一新阶段,需要更好地将"一带一路"的故事讲给共建国家的民众特别是 Z 世代听。相比较其他群体,Z 世代有其自身特点。为了做好对这一群体的国际传播工作,本文利用民意调查、文献研究等主要方法,研究了当前"一带一路"共建国家 Z 世代的中国观,在此基础上,提出了不断提升传播效果的六方面建议:多在全球议题上寻找契合点,重点讲好"一带一路"的故事,在新技术新形态新叙事上实现更大突破,进一步用好社交平台,加大对 Z 世代负面情绪的关注和回应,针对不同国家加强精准传播。

【关键词】"一带一路"共建国家　Z 世代　中国观　国际传播

一、既有研究回顾

Z 世代(Generation Z)意指 1995—2009 年出生的人,又称"互联网一代"(iGeneration),与"千禧一代""Alpha 世代"相对应,被视为"未来的引领者"。根据联合国经济和社会事务部 2020 年发布的数据,全球 Z 世代在 2019 年达到 24 亿人,占世界总人口的 32%。站在 2023 年的关口,Z 世代这个群体最大的已经 28 岁,最小的也已经 14 岁。对这个特殊群体加强研究,应该成为更多学科的热点选题。特别是为了更好推进新十年的"一带一路"建设,提升面向共建国家 Z 世代的国际传播能力成为日益迫切而重要的议题。

国内最早对 Z 世代的公开研究成果出现在 2000 年前后。但直到 2020 年,

---

① 王丹,中国外文局当代中国与世界研究院传播中心副主任、助理研究员;孙敬鑫,中国外文局当代中国与世界研究院副院长、研究员。本文是教育部重大攻关项目"新时代中国共产党国际形象构建研究"(项目编号:21JD011)的阶段性成果。

才真正成为比较热门的话题。中央党校网上图书和文化馆数据显示，截至
2023 年 10 月 30 日，国内专业期刊发表的 Z 世代主题文章共 2248 篇，2021
年、2022 年和 2023 年分别有 515 篇、771 篇和 508 篇，而此前的 20 年间，
每年只有数篇至几十篇不等。从领域来讲，经济视角排在第一位，超过总量
的三分之一（见图 1）。从相关主题词也可以看出，国际传播只是众多研究视
角之一（见图 2），品牌、消费、亚文化等关键词更能代表国内研究的主要视
角。截至 2023 年 10 月底，国内还没有从国际传播角度研究 Z 世代的专著问世。

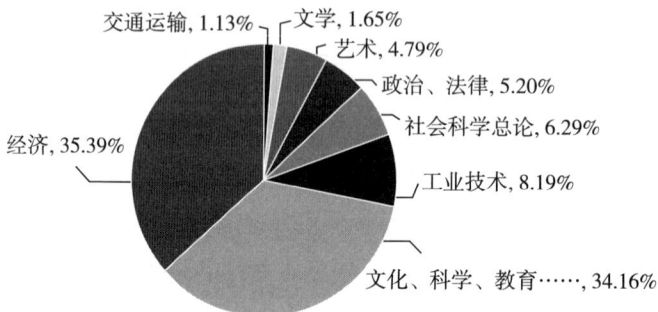

图 1　国内 Z 世代研究的学科分布（截至 2023 年 10 月 30 日）

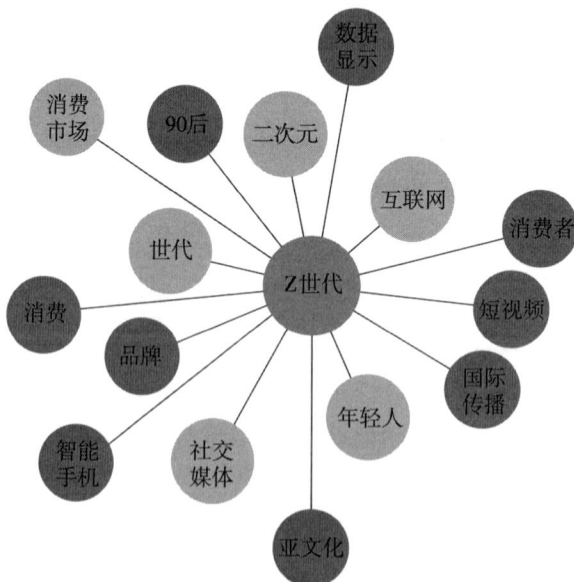

图 2　国内 Z 世代研究的关键词（截至 2023 年 10 月 30 日）

　　笔者遴选了 100 余篇从国际传播角度研究 Z 世代的专业文章，基本上包含了以下四个维度。

　　一是进行群体研究。即从整体上研究 Z 世代的国际传播偏好和特点等。从 2021 年开始，中国青年报社重点发挥《青年参考》团队的国际观察优势，进行海外媒体智库青年问题动态调研，密切关注海外主流媒体和智库对中外青年的报道、调查和研究成果，在编译基础上进行梳理、整合和分析，为 Z 世代青年工作提供参考①。2022 年 5 月，中国日报社 Z 世代研究中心发布《2022 全球 Z 世代观察报告》。该报告运用调查问卷和深度访谈相结合的方式，对约 3000 名国内外 Z 世代进行了调查研究。调查和访谈对象约 40% 来自国外，覆盖美国、英国、法国、埃及、韩国、泰国等 50 多个国家和地区②。谢洋、王曦影基于科学网文献数据库，采用微粒社会下的单体化视角，对 Z 世代群体在家庭、学校和社会空间的相关特征进行分析③。崔育宁分析了 Z 世代的媒介使用习惯和对传媒表达方式的影响，并提出面对 Z 世代国际传播的三方面策略转向④。王润珏、张若溪研究发现，Z 世代群体对国际传播的影响力也在逐步显现，包括对传统媒体机构的改变、在互联网平台影响力的聚集、媒体和社交平台的自主建设等⑤。王沛楠重点研究了西方国家 Z 世代的社交媒体迁移趋势并概括为视听转向、情感转向和算法转向三个维度⑥。

　　二是开展案例研究。即具体研究国内相关媒体、文化单位或个人面向海外 Z 世代进行传播的具体做法以总结经验和规律。杜一娜以四川国际传播中心为案例进行了研究，得出三点经验：贯彻视频化策略、聚焦 Z 世代用户、

① 王海，黄斐，张丹珊，等 . 找准特征 有的放矢 [J]. 新闻战线，2023(15)：18-21.

② 曾庆锴 . Z 世代体育主题国际传播初探 [J]. 新闻战线，2023(16)：50-52.

③ 谢洋，王曦影 . 21 世纪全球 Z 世代研究的回顾与展望 [J]. 中国青年研究，2022(10)：102-109.

④ 崔育宁 . Z 世代登场创新国际传播新方式 [J]. 新闻文化建设，2023(02)：68-70.

⑤ 王润珏，张若溪 . Z 世代与国际传播格局的新动向 [J]. 对外传播，2022(11)：18-21.

⑥ 王沛楠 . 视听、情感与算法：西方 Z 世代的社交媒体偏好转向 [J]. 青年记者，2022(17)：96-98.

落实一体化生产 ①。朱皓婧基于文化场域理论，以优兔（YouTube）街头古筝演奏博主彭静旋为例，通过他国街道上中国古典文化场域与欧洲大众文化场域的争夺，探寻文化与权力隐喻背后的文化认同 ②。杜斌以五洲传播出版传媒有限公司的实践为例，提出了加强 Z 世代数字出版国际传播能力建设的三点建议 ③。钟莉、张嘉伟研究了三星堆面向 Z 世代国际传播的底层逻辑、角色转换、可持续路径 ④。袁玥以《迪迩秀》为例，从全链传播、出圈秘籍、提升认知、制造连接四个方面归纳了其接入 Z 世代的平台的成功经验 ⑤。

三是探索国别研究。即聚焦单个国家研究其 Z 世代的特点或者对中国的整体印象。周顺研究了美国 Z 世代对华认知的表现、成因及影响 ⑥，以及美国 Z 世代保守派大学生政治认同问题 ⑦、美国 Z 世代大学生政治认同两极化及其原因 ⑧。史安斌、杨晨晞结合最新案例分析了美国 Z 世代青年在抵制阴谋论的过程中进行的创新 ⑨。韦红、王翕哲研究了印尼 Z 世代青年的中国观 ⑩。廖荣成、魏然立足诠释包裹理论框架，采用质性话语分析的手法分析了日本《读卖新闻》《朝日新闻》《日本经济新闻》所建构的 5 种 Z 世代媒介形象："关心社会

① 杜一娜.创新"国际传播+"机制 [N].中国新闻出版广电报，2023-08-01(005).

② 朱皓婧.文化场域视角下我国 Z 世代国际传播研究——以古筝博主彭静旋为例 [J].传媒论坛，2023, 6(01): 94-96.

③ 杜斌.关于加强 Z 世代数字出版国际传播能力建设的实践与思考 [J].出版广角，2023(02): 47-52.

④ 钟莉，张嘉伟.文明的语言：Z 世代国际传播的符号之旅——以三星堆国际传播平台为例 [J].新闻界，2022(12): 91-96.

⑤ 袁玥.接入 Z 世代的平台：中国主流媒体短视频传播创新实践——以《迪迩秀》为例 [J].现代视听，2022(03): 16-20.

⑥ 周顺.美国 Z 世代对华认知的表现、成因及影响 [J].当代美国评论，2023, 7(02): 19-40+126-127.

⑦ 周顺.突破重围：美国 Z 世代保守派大学生政治认同研究 [J].美国问题研究，2022(01): 48-66+224-225.

⑧ 周顺.美国 Z 世代大学生政治认同两极化及其原因 [J].国际展望，2021, 13(02): 84-102+156.

⑨ 史安斌，杨晨晞.数字时代抵制阴谋论：管窥 Z 世代媒介文化的新动向 [J].青年记者，2022(11): 96-100.

⑩ 韦红，王翕哲.印尼 Z 世代青年的中国观 [J].国际展望，2023, 15(04): 37-57+158-159.

问题""年少有为""亲近互联网""崭新价值观""消费生力军"①。吴璟薇等重点剖析德国 Z 世代群体的用户画像、媒介使用、消费习惯与价值观念，以期为中国企业在德国的跨文化传播与经营实践提供路线指引②。高冉等以 TikTok（抖音海外版）为例，研究了法国 Z 世代的媒介素养③。戴华东研究了西班牙华人 Z 世代群体的特点及对华文媒体的影响④。谢正以"我眼中的中国共产党"阿拉伯国家青年征文活动的 150 余件作品为样本，分析了阿拉伯国家 Z 世代眼中的中国共产党⑤。吉林大学越南籍留学生 DINH THI VAN ANH 在其硕士毕业论文中，研究了 TikTok 越南版对越南 Z 世代的传播影响⑥。杨晓慧基于对中国、美国、俄罗斯等 11 个国家大学生的在线调查，比较分析了中外 Z 世代大学生在价值观认同、价值观养成、价值观教育效果评价等方面的异同⑦。

四是着力对策研究。即着眼于更好提升面向海外 Z 世代做好国际传播的效果提出意见和建议。王峰、臧珈翊提出了主流媒体面向 Z 世代国际传播的四方面路径策略：内容上聚焦共情传播，打造"破圈"产品；群体上用 Z 世代影响 Z 世代；渠道上聚焦线上、线下两个渠道；内部建设上夯实基础⑧。屈巧巧、杜怡瑶提出了 Z 世代塑造国家形象的三方面路径：强化群体价值认同、创新对外传播表达叙事、打造"洋网红"⑨。王健研究了中国电影面向 Z 世代进行国际传播的策略：在内容层面，将 Z 世代普遍关注的全球性议题融入

① 廖荣成，魏然 . 日本媒体建构的 Z 世代媒介形象初探——以诠释包裹理论为分析路径 [J]. 新闻知识，2023(04): 73–79+95.
② 吴璟薇，谢铠瑶，曹伟，等 . 中国企业面向德国 Z 世代的跨文化传播研究 [J]. 对外传播，2023(01): 46–50.
③ 高冉，史婧怡，林诗婧 . 基于 Z 世代的法国 TikTok 传播机制研究 [J]. 科技传播，2023, 15(02): 91–99.
④ 戴华东 . 西班牙华人 Z 世代与华文媒体的改革探索 [J]. 对外传播，2022(12): 77–80.
⑤ 谢正 . 阿拉伯国家 Z 世代眼中的中国共产党 [J]. 当代世界，2022(02): 78–79.
⑥ ANH V T D .TikTok 越南版对 Z 世代的传播影响研究 [D]. 吉林大学，2020.
⑦ 杨晓慧 . 中外大学生价值观教育调查与比较 [J]. 教育研究，2022, 43(03): 97–109.
⑧ 王峰，臧珈翊 . 面向海外 Z 世代做好国际传播的主流媒体新策略 [J]. 对外传播，2022(10): 46–50.
⑨ 屈巧巧，杜怡瑶 .Z 世代参与国际传播的策略探析 [J]. 新闻研究导刊，2022, 13(13): 30–32.

电影的主题表达中；在市场层面，创新以互联网作为营销阵地的电影宣发模式等[①]。孙美娟提出要充分发挥 Z 世代生力军作用并探讨了 Z 世代国际传播策略[②]。钱钢、周彬提出，要针对 Z 世代群体人格特点、工作生活方式与特征，创新思维与工作方式，依托复合型专业团队，充分利用好新媒体特别是海外社交媒体平台，着力提升对外文化推广成效[③]。彭振刚提出针对 Z 世代国际传播的主要策略：切入共同话语、开展共同行动、创新表达叙事、强化社交媒体传播力影响力，提出了面向 Z 世代国际传播的具体路径：聚焦两类平台、四类人群、线上线下两个渠道，打造系列产品、赋予价值内涵[④]。史安斌、杨晨晞提出，应发挥媒体、高校和跨国组织等多元主体的优势，运用"转文化传播"（transcultural communication）的理念，积极尝试和拥抱新技术和新的传播形态，在实践中探索面向 Z 世代的传播体系[⑤]。

除以上学术文章外，相关机构也在近两年组织开展了以 Z 世代与国际传播为主题的研讨会。例如，2022 年 12 月，清华大学战略与安全研究中心举办"面向 Z 世代的国际传播"研讨会；2022 年 12 月，北京市人民对外友好协会和菲律宾中国了解协会主办"对话'Z 世代'携手看世界"中菲 Z 世代跨文化交流线上对话活动；2023 年 3 月，上海外国语大学 Z 世代国际新闻传播人才培养基地成立仪式暨"实践育人创新与研究转化"专家对谈活动成功举办；2023 年 4 月，清华大学举办高校 Z 世代青年国际传播研讨会；2023 年 5 月，上海外国语大学成功举办国际传播学会第 73 届年会前会"Z 世代与全球传播"学术会议；2023 年 7 月，主题为"汇智青春 扬帆未来"的山东对话全球 Z 世代分享交流会举行；2023 年 9 月，辽宁省人民对外友好协会主办 Z 世代国际

① 王健. 共同体美学理论视域下的中国电影国际传播：以 Z 世代为对象的思考 [J]. 国际传播，2022(02): 57–66.

② 孙美娟. 凝聚国际传播 Z 世代力量 [N]. 中国社会科学报，2022–02–18(002).

③ 钱钢，周彬. 把握 Z 世代人群特点创新对外文化推广策略 [J]. 对外传播，2021(08): 40–42.

④ 彭振刚. Z 世代国际传播策略与实践路径研究 [J]. 对外传播，2021(07): 39–42.

⑤ 史安斌，杨晨晞. 面向 Z 世代开展国际传播的理念创新与实践路径 [J]. 新闻战线，2023(15): 41–43.

传播交流座谈会。此外，2022 年 5 月，中国日报社还联合多所知名高校和相关研究机构创立了 Z 世代研究中心，旨在打造国际传播规划与战略研究的重要咨询机构、具有中国特色的一流智库、高水平实践培训基地和国际合作与交流平台。

整体来看，上述研究成果和具体实践为相关媒体和机构开展面向 Z 世代的国际传播提供了基础理论支撑和有益启示，特别是《对外传播》《新闻战线》《中国青年研究》等专业刊物围绕 Z 世代国际传播做了专题策划。但与现在的传播需求相比，国内的国际传播界对 Z 世代的研究还是存在以下几方面的不足：一是量化研究比较少，直接表现为一手的数据缺失，绝大多数作者都是间接援引西方机构的调查或者研究数据服务自身研究。二是精细化研究还不够，目前的国别研究还主要集中在欧美国家和地区，对全球重点国家特别是共建"一带一路"国家的 Z 世代研究鲜有涉及且不够深入。三是对 Z 世代群体的特点、行为习惯等研究较多，但对他们的中国观研究较少，缺少精准画像，特别是 Z 世代中不同的年龄段之间的差异也缺少对比分析。四是对已经开展的针对 Z 世代的国际传播效果的研究比较少，导致对现状缺少比较清晰的描述和测量。

二、"一带一路"共建国家 Z 世代的中国观

近年来，中国更加积极主动地对外讲自己的故事，同时，也有越来越多的各国青年来到中国或者通过互联网、社交平台等接触有关中国的信息。他们的中国观与年龄更长的群体相比，呈现出明显差异。为了更为精准地了解海外 Z 世代特别是"一带一路"共建国家的 Z 世代对中国的评价，笔者所在的当代中国与世界研究院自 2013 年以来便在全球主要国家开展专题民意调查。2021 年，调查的范围扩大到全球 22 个主要国家，除美国、加拿大、日本外，其余国家均为"一带一路"共建国家。通过对这些数据的挖掘（如无特别说明，以下的数据均来自笔者的调查），以及与同期国际上开展的相关调查进行对比分析，我们能够比较清晰地归纳出"一带一路"共建国家 Z 世代的

中国观。

一是海外 Z 世代特别是发展中国家 Z 世代对中国普遍有好感。中国近年来在各方面取得的成功，吸引了越来越多年轻人的目光。2021 年，海外 Z 世代对中国形象好感度高于海外整体，且相比 2020 年均有提升。海外 Z 世代对中国形象打分位列前五的国家包括：墨西哥（7.8 分）、印度尼西亚（7.6 分）、俄罗斯（7.5 分）、沙特阿拉伯（7.3 分）和巴西（6.6 分）。对中国了解越多的青年，其对中国的积极评价也越多。到过中国的海外 Z 世代对中国的整体评价更高，特别是近十年以来到过中国的群体，打分最高（7.0 分）。数据还表明，海外华人的正面形象能够影响海外 Z 世代对中国整体形象做出较高评价。美国的民调机构以及美国布鲁金斯学会约翰·桑顿中国中心李成主任的研究也显示，29 岁以下的美国青年对中国的好感度，比 30—40 岁、50—60 岁年龄段的人要高出 20%—30%。日本内阁府 2022 年底公布的"年度外交民意调查"结果也显示：20.66% 的受访者对中国"感到亲切"，较 2021 年增加 1.4%。其中，与 60—69 岁的 13.4%、70 岁以上的 13.2% 相比，Z 世代中 18—29 岁的受调查者对中国"感到亲切"的比例为 41.6%，明显高于其他年龄层的平均值[①]。当代中国与世界研究院的研究显示，发展中国家青年的对华友好态度更加明显，63% 的非洲青年认为中国给非洲带来积极影响，约 80% 的东南亚青年期待中国和东盟关系不断深化。

二是海外 Z 世代非常认可中国的国际影响力。2021 年，海外 Z 世代受访者心目中最具国际事务影响力的三个国家分别为：美国、中国和英国。中国的国际事务影响力获海外 Z 世代长期认可，排名第二。越来越多的海外 Z 世代认为中国的国际地位和全球影响力将持续增强（57%）。全球发展的贡献者仍是海外 Z 世代眼中最为鲜明的中国形象。2021 年以来，海外 Z 世代对中国形象的认知评价更加多元，曾到访过中国的海外 Z 世代认为中国可信、可敬、可爱的比例达 41%。除此之外，海外 Z 世代认为中国仍面对贫富分化和环境

---

① 邢晓婧 . 在日本，为何 Z 世代对华更有好感 [N]. 环球时报，2023–02–01(007).

污染等挑战（51%）。

三是高度赞扬中国扶贫减贫以及抗疫成效。2021 年，中国现行标准下 9899 万农村贫困人口全部脱贫，历史性告别绝对贫困，提前十年实现联合国 2030 年可持续发展议程减贫目标，为全球减贫事业作出了重大贡献。对此，74% 的海外 Z 世代了解中国的扶贫工作并积极肯定中国的扶贫减贫成效。发展中国家（86%）和对中国了解程度高（85%）的海外 Z 世代对中国的扶贫工作评价更高。中国的减贫方案获得海外 Z 世代认可，其创新性和科学性也受到肯定。发展中国家青年期待中国能够为其他发展中国家摆脱贫困作出贡献。在抗击新冠疫情方面，中国的表现同样赢得了海外 Z 世代的普遍认可。2021 年，对中国抗疫评价位列前五的海外 Z 世代所在国家分别是俄罗斯（8.1 分）、印度尼西亚（8.1 分）、墨西哥（7.8 分）、巴西（7.5 分）、沙特阿拉伯（7.5 分）。

四是普遍认可构建人类命运共同体以及"一带一路"等重要性。同中国青年的看法相似，海外 Z 世代针对中国领导人提出的重大国际倡议，也普遍给予了认可。2021 年，认知中国提出的理念和主张的海外 Z 世代有所增加（68%）。在中国提出的理念和主张中，人类命运共同体、"一带一路"、文明交流互鉴的认知度排在前列。在个人、国家和全球治理层面，均有六成左右的海外 Z 世代认可构建人类命运共同体的积极意义，且呈上升趋势。发展中国家青年和较高学历的海外 Z 世代对构建人类命运共同体的认可度更高。共建"一带一路"更是成为吸引很多海外 Z 世代接触中国甚至来到中国的一个起点。越来越多的海外 Z 世代认可"一带一路"建设对个人、国家、地区和全球经济带来的积极影响。其中，海外 Z 世代对"一带一路"建设在地区和全球经济方面的积极意义认可度提升最多，尤其是来自发展中国家的青年（65%）。此外，海外 Z 世代还高度认可"文明交流互鉴"在个人、国家和全球治理等层面的积极意义。海外 Z 世代认为"文明交流互鉴"有助于应对当前面临的全球性挑战（51%），同时也是推动人类社会进步和世界和平发展的重要动力（50%）。发展中国家青年和受教育程度较高的海外 Z 世代更认可

"文明交流互鉴"的积极意义。

五是持续看好中国经济发展，认为中国经济对全球经济至关重要。 数据显示，海外 Z 世代认为经济影响力排名前三的国家依次为：美国（86%）、中国（71%）与俄罗斯（31%）。63% 的海外 Z 世代受访者，特别是发展中国家青年（75%）认为"中国经济发展推动全球经济发展"。越来越多的海外 Z 世代（43%，增加 9 个百分点）特别是发展中国家青年（56%，增加 13 个百分点）和 2013 年以后到过中国的青年（45%，增加 8 个百分点）认为中国仍保持高速增长。

六是海外 Z 世代了解中国的渠道比较多样，且具有较高的来华意愿。 当下的海外 Z 世代，大多是互联网一代，他们对外界充满求知欲，同时也更善于通过各种渠道同外界建立联系。调查显示，海外 Z 世代主要通过本国的传统媒体（41%）、新媒体（41%）和使用中国产品（39%）了解中国。海外 Z 世代更期待通过中国媒体了解中国科技（41%）、经济（35%）和文化（35%）等方面的信息。发展中国家青年对中国科技方面信息兴趣较为浓厚（59%），希望了解"中国为什么能成功"。海外 Z 世代有一个共识，即对中国了解程度高、到访过中国的青年普遍对中国抱有好感，给予中国更积极的评价。海外 Z 世代来华意愿稳中有升，游览人文景观（54%）、体验当地生活（49%）和欣赏自然风光（47%）是海外 Z 世代来华的主要动因。吸引近十年到过中国的青年再次访华的原因中，提升最多的是欣赏自然风光（51%，提高 7 个百分点）和探亲访友（27%，提高 6 个百分点）。

三、有针对性做好"一带一路"共建国家 Z 世代的传播工作

Z 世代与"一带一路"有着天然的联系。从时间节点来说，两者都正值"青少年"成长时期；从发展趋势而言，都蕴含着无限的可能和机遇。2021年 8 月，习近平主席在给"国际青年领袖对话"项目外籍青年代表的回信中写道："我们欢迎更多国际青年来华交流，希望中外青年在互学互鉴中增进了解、收获友谊、共同成长，为推动构建人类命运共同体贡献青春力量。"2023

年 10 月，习近平主席在第三届"一带一路"国际合作高峰论坛开幕式上的主旨演讲中宣布了中国支持高质量共建"一带一路"的八项行动，其中就包括"支持各国青年科学家来华短期工作，继续实施'丝绸之路'中国政府奖学金项目"，这对于希望加深对中国了解、希望参与共建"一带一路"的海外 Z 世代而言，是非常好的途径和机会。正如出席高峰论坛的老挝国会副主席宋玛·奔舍那（Sommad Pholsena）所言："要深化老中友谊和'一带一路'合作，两国年轻人需要常来常往。就像习近平主席所说的，国之交在于民相亲，民相亲在于心相通。"① 为了更好地面向"一带一路"共建国家的 Z 世代，做好国际传播工作，我们需要在以下六个方面下更大功夫。

一是多在全球议题上寻找契合点。当前，全球治理面临严峻挑战。通货膨胀、粮食危机、能源价格高涨、青年人失业、气候变化等问题此起彼伏。而这些问题，恰恰是 Z 世代最为关心的。2023 年 6 月，德勤（Deloitte）发布了在全球 44 个国家开展的调查报告，数据显示，生活成本高企仍是 Z 世代和千禧一代最为担忧的社会问题，其次是失业和气候变化，超过一半的 Z 世代（51%）表示靠薪水勉强度日（比 2022 年高出 5 个百分点）② 。与此同时，Z 世代的全球意识更强，对合作的呼声更高。2021 年第四季度，BlueCurrent 联合福莱国际 TRUE 全球智慧中心在中国、日本和英国三个主要市场对 Z 世代进行了一项全球调查研究。结果显示，Z 世代已经准备好成为世界舞台的中坚力量③ 。Z 世代研究中心发布的《2022 全球 Z 世代观察报告》发现，在国际关系问题上，Z 世代普遍表示大国之间应摒弃冷战思维，走出零和博弈格局，求同存异，共同建设一个和平繁荣多元化的世界；在中美关系问题上，全球

① 陈杉，张代蕾.笺暖情长——访与习近平主席书信互动的"一带一路"共建国青年学子 [N]. 人民日报，2023–11–2(02).
② DELOITTE. Deloitte's 2023 Gen Z and Millennial Survey reveals workplace progress despite new setbacks[EB/OL]. (2023–06–25). https://www2.deloitte.com/cn/zh/pages/about-deloitte/articles/dtt–2023–gen-z-and-millennial-survey-reveals-workplace-progress-despite-new-setbacks.html.
③ 中商网.《洞见全球 Z 世代的社交媒体与运动偏好》调查报告 [EB/OL].(2022–02–18). https://finance.ifeng.com/c/8DjavQxGn6y.

Z 世代普遍认为，两国应在交流中增加相互理解和信任，为世界和平发展和繁荣做出贡献。当代中国与世界研究院研究发现，Z 世代对加强"抗疫与公共卫生"方面的国际呼声更高，更乐于通过志愿服务和公益活动参与全球发展。简言之，Z 世代关注气候变化、环境保护、公共卫生等全球性问题，这与中国提出的人类命运共同体理念和"一带一路"倡议吻合。我们需要在这些具体议题上加大策划力度，更好地吸引共建国家 Z 世代的关注和参与。

二是重点讲好"一带一路"的故事。过去十年，"一带一路"建设赢得了海外民众的高度认可。当代中国与世界研究院开展的中国国家形象全球调查显示，共建"一带一路"倡议是海外认知度最高的中国理念和主张，超七成海外受访者认可共建"一带一路"倡议对个人、国家和全球治理带来的积极意义。45% 的海外受访者认为中国企业能给当地经济带来积极影响，主要体现在"带来先进的技术"（46%）、"带来新的资金投入"（42%）和"提供了新的就业机会"（42%）。整体而言，金砖国家和"一带一路"共建国家受访者对中国企业的积极评价更高。2023 年 10 月，第三届"一带一路"国际合作高峰论坛成功举办。这次高峰论坛形成的最重要共识是开启高质量共建"一带一路"新阶段。新的十年，是我们讲好中国故事特别是"一带一路"故事的难得机遇。这既得益于此前项目的持续正向效果，也有新开工民生项目的持续补充，更有这些年积累下来的民心相通的平台和机制，需要我们在守正创新的基础上，提升当地民众获得感和幸福感，为高质量共建"一带一路"打造新标杆，以各方能听懂、听得进、能共情的方式，讲好客观、真实、全面的共建"一带一路"故事，持续塑造良好中国形象。

三是在新技术新形态新叙事上实现更大突破。近年来，AI 技术已从弱人工智能时代演进到强人工智能时代，对国际传播和文明互鉴产生了深远影响。尽管各国对 AI 技术的应用还存在显著分歧，但仅就技术而言，机器写稿、机器翻译、自动分发已经成为现实而且越来越稳定。作为数字时代的原住民，Z 世代相较千禧一代对 AI 技术有天然的亲近感和优势，更加愿意拥抱新技术、强调科技感，对此我们无法忽视。相应地，在文化产品形态上，以动画、漫画、游戏等为主要载体的二次元文化是新生代的文化发展形式，在 Z 世代群体中最受追捧。研究显示，从 2010 年代开始，漫画和动漫已经开始在日本以外的地方达到极高的受欢迎程度，远不像过去那样只是"边缘产业"①。Ypulse 的调查显示，66% 的年轻群体喜欢动漫，而超过三分之一的受访者表示每周都会看动漫②。娱乐是 Z 世代内容消费的主要动机，他们偏爱简短的、视频化、趣味化的内容呈现方式。因此，我们需要大力布局短视频、直播、AR（增强现实）、VR（虚拟现实）、MR（混合现实）等强调视觉效果的媒介领域，逐步推动国内的 Z 世代在国际传播中挑大梁、当主力，让最有"网感"的年轻人到海外讲中国故事。

四是进一步用好社交平台。Z 世代受数字信息技术、即时通信设备、智能产品的影响较大，具有"先天的数字属性"。他们在工作和生活中追求效率，善于使用互联网和智能产品，倾向于通过社交媒体快速获取和发布信息。市场调查网站 ThriveMyWay 统计，Z 世代每天上网的时间长达 8 小时③。以 Z 世代为调查对象资讯网站 Knit 的调查显示，全球 Z 世代使用手机的平均时间超过 4 小时，其中大部分时间花费在社交媒体上④。新闻网站 Axios 调查发现，欧美 Z 世代用户更偏爱小众的应用程序。比如，他们会用 TikTok 观看短视频，用 Snapchat 修饰相片，用 BeReal 分享真实的自己⑤。因此，应把握 Z 世代传播领域移动化、社交化、可视化的特点，用好脸书（Facebook）、抖音海外版

① SHRESTHA S. Z Made K-pop, Anime Cool in Mainstream[EB/OL]. (2022–03–10). https://yr.media/arts-culture/gen-z–k-pop-anime-bts-asia-bts-manga-sajina-shrestha/.

② YPULSE. How Brands Are Using Anime to Reach Gen Z & Millennials[EB/OL]. (2022–02–22). https://www.ypulse.com/article/2022/02/22/how-brands-are-using-anime-to-reach-gen-z–millennials/.

③ TODOROV G.Top Generation Z Marketing Statistics 2024[Facts and Trends][EB/OL]. (2023–05–11). https://thrivemyway.com/gen-z–marketing-stats/.

④ KNIT. Gen Z Social Media Trends & Usage[EB/OL]. (2024–2–19). https://goknit.com/2022–gen-z–social-media-trends-report/.

⑤ 新华网．麻静：立足当下、面向未来 找到和吸引海外 Z 世代 [EB/OL]. (2023–07–13). http://www.xinhuanet.com/fortune/2023–07/13/c_1129746716.htm.

（TikTok）等覆盖全球受众的国际社交媒体平台。需要发挥好网络青年意见领袖力量，打造偶像 IP 的传播共同体，提升粉丝黏着度。例如，17 岁的印度美妆博主阿瑞什芙·汗（Arishfa Khan）、19 岁的美国网红女歌手查理·达梅里奥（Charli D'amelio）、22 岁的意大利籍黑人小伙科班尼·拉米（Khabane Lame）都是在社交媒体平台粉丝数量过亿的超级"网红"，我们需要加强与这些年轻意见领袖的对话交流，通过他们更多呈现客观、真实的中国故事。

五是加大对 Z 世代负面情绪的关注和回应。多项调查显示，以新冠疫情为分水岭，Z 世代对政治、社会、经济和自身未来发展呈现明显的悲观情绪，甚至出现创伤后遗症。全球慈善组织瓦尔基基金会民调显示，年轻人对世界的未来有消极的看法，认为世界正变得更糟糕[1]。悲观情绪也催生出全球 Z 世代对美国的领导地位和西方资本主义制度产生怀疑，对中国和社会主义态度比其他代际更积极，几乎所有国家的受访者都对中国在全球事务中的影响力抱有比其他代际更善意的看法。例如，根据美国 Axios 新闻网的报道，盖洛普 2023 年 6 月对全美各地超过 1000 名成年人进行了电话采访，结果显示，总体上只有 39% 的美国成年人表示他们"非常自豪"自己是美国人，其中 18 岁至 34 岁的美国人对身份的自豪感最低，仅 18% 的人"非常自豪"自己的国籍[2]。同样的情况在很多共建"一带一路"国家也已经出现。我们需要加强对这一趋势的关注和跟踪研究，同时恰如其分地展示中国的大市场机遇、制度型开放机遇、深化国际合作机遇，吸引更多海外 Z 世代来中国逐梦、圆梦。

六是针对不同国家加强精准传播。参与"一带一路"共建的 150 多个国家中，不仅基本国情、宗教、文化、法律、发展阶段差异明显，Z 世代之间，也存在较大的差异。比如在希腊，一些国际流行的娱乐文化受到了希腊年轻

---

① BROADBENT E, GOUGOULIS J, LUI N, et al. What the world's young people think and feel[EB/OL]. (2017-01). https://www.varkeyfoundation.org/media/4487/global-young-people-report-single-pages-new.pdf.

② 中国日报网.盖洛普调查：美国民众爱国情绪呈"自由落体式"下滑 仅 18% 年轻人"非常自豪"自己是美国人 [EB/OL].(2023-07-27).https://baijiahao.baidu.com/s?id=17725597461187 58862&wfr=spider&for=pc.

人的追捧。《绯闻女孩》《迷失》《绝望主妇》等流行的美国电视节目也深受希腊青少年的喜爱，并有着广泛的影响力与庞大的粉丝群。足球是希腊最受欢迎的运动，在青少年群体中也不例外。英国的青少年也特别喜欢足球，除体育活动外，艺术和文化占据着英国青少年大多数休闲时间。英国非常重视艺术教育，超过六成的英国人认为艺术应作为直到16岁的必修课。他们还认为，玩游戏能够鼓励年轻人的创造力，还是一种"文化分享体验"。在意大利，年轻人喜欢时尚、阅读和社交，使用脸书最为活跃。在法国，球类游戏、美食、艺术和时尚是最受年轻人追捧的内容。在西班牙，年轻人更喜欢足球、歌剧艺术及舞蹈，喜欢具有刺激性的娱乐方式。在塞尔维亚，中国的网购平台日益受到欢迎。在俄罗斯，Z世代青少年中受欢迎程度较高的文化娱乐项目包括户外运动、旅行度假、时尚购物、电子竞技、音乐、烹饪、创意制作等。因此，我们需要聚焦不同国家Z世代群体的个性特点、圈层特征与传播习惯，采用差异化、精准化的传播方式，有的放矢地做好交流和沟通工作。其中，有一项基础工作便是加强对共建"一带一路"国家Z世代的调研，获得更多一手数据，分析不同国家、不同文化背景下Z世代用户的互动行为方式和习惯，得到精准的用户画像，掌握其动态的"中国观"。唯此，我们才能为提升国际传播效能打下坚实基础。

面向 Z 世代的知识传播平台化策略

蔡心仪　汤君妍　汤景泰 [①]

【摘要】进入平台化时代，知识传播打破了过去单向性的模式，呈现出碎片化、场景化、圈层化等特点，回应了 Z 世代消费群体注重个性化和互动体验的网络特征。本文从当下 Z 世代对知识的定义出发，分析在平台化发展与 Z 世代受众需求影响下，知识在新时代呈现出的新变化与新特点，提出了 Z 世代的知识传播模式，以发掘知识传播的更大发展潜力，并以此开拓面向海内外 Z 世代的国际传播有效路径。

【关键词】Z 世代　平台传播　知识传播　国际传播

移动互联网与数字技术的快速发展，推动着我们迈入平台化时代。网络平台（online platform）一般是指基于互联网所形成的一种集成了信息交流、资源共享和在线服务等多种功能的互动空间 [②]。值得注意的是，近年来各网络平台掀起知识传播热潮，B 站（哔哩哔哩）、抖音、快手、知乎、百度和腾讯等针对泛知识内容与创作者推出众多扶持计划，2022 年中国知识付费市场规模更高达 1126.5 亿元，较 2015 年增长约 70 倍 [③]。在知识传播领域，平台通过数据化、商业化、选择性等运行机制，影响人类的社会交往和知识文化的生

---

① 蔡心仪，暨南大学新闻与传播学院学生党总支副书记；汤君妍，暨南大学新闻与传播学院硕士研究生；汤景泰，复旦大学新闻学院教授、博士生导师。

② 汤景泰，冯韶文.网络的权力与权力的网络：论网络平台的权力生产 [J]. 中州学刊，2023(9): 156–163.

③ 艾媒咨询 . 2023 年中国知识付费行业现况及发展前景报告 [EB/OL].(2023–03–27). https://www.iimedia.cn/c400/92443.html.

产与传播①，并呈现出知识传播碎片化、场景化等新特点。其中，平台进行知识传播的主要目标受众是身为"互联网原住民"的Z世代（Generation Z）青年群体。他们热衷于从网络平台上获取信息，学习有用的技能，追求知识的实用性、趣味性、社交性。以B站为例，2022年有2.43亿年轻用户在B站观看了知识类内容，是中国在校大学生人数的5.5倍②。

过去，知识传播多呈现单向线性的传播路径具有封闭、规范等特点，受众往往被动地接受知识内容的传递。而在平台化时代，对传播主体、传播内容和传播渠道的重构使得知识传播的权力开始呈现出"去中心化"的趋势，模糊了知识生产者与消费者的界限，推进了传播的民主化。另外，网络平台作为数字基础设施，其权力隐身于算法推荐、内容审核等机制后，把控着知识传播的方式、内容等，带来信息圈层化、"伪科学"频现等问题。在知识传播于Z世代群体中掀起浪潮的当下，挖掘Z世代对知识传播的认知特点，分析平台知识传播模式，探索面向Z世代的知识传播策略，对推动社会知识传播、促进青年健康成长与推动Z世代国际传播等方面均具有重要的理论价值与现实意义。

一、文献综述

关于知识传播的研究，在传播学视角下，国内学者倪延年在《知识传播学》（1999）、《论知识传播》（2000）、《知识传播功能论》（2002）中对知识传播进行了较系统的界定，认为"知识传播是指在特定社会环境下，部分成员借助特定传播媒体手段，向其他成员传递知识信息，并期待实现预期传播效果的社会活动过程"③。同时，他提出知识传播具备六个基本要素，分别是知

① 席志武，段韦.平台化时代的科学传播：泛化特征、现实困境与应对策略[J].中国编辑，2023(9): 79-85.

② 哔哩哔哩.点亮新知（Light Up）——知识学习与网络视频社区研究报告[EB/OL].(2023-04-04). https://www.jfdaily.com.cn/news/detail.do?id=599510.

③ 倪延年.知识传播学[M].南京师范大学出版社，1999: 88.

识传播者、知识受传者、知识传播媒介、知识传播内容、知识传播效果和知识传播环境。这六个基本要素构成了基本的知识传播系统，通过网状的结构互相连接，共同维持、推进知识传播的进行。

随着数字技术的发展，关于知识传播的媒介也日渐丰富，学界日渐关注以互联网为载体的知识传播，讨论其在形式特征、传播范围等方面的变化。比如戴维·温伯格（David Weinberger）重新描述了知识在虚拟世界中所呈现的无穷无尽的状态，他提出"新媒体时代的知识没有边界，也没有形状"[①]；惠东坡在《超文本语境下的知识传播》中认为超文本技术使得知识传播能够兼具全球化与个性化特征，令国内外用户可以体验到实时的信息交互[②]；张晓青、张植禾、相春艳在《基于 Web2.0 的知识传播研究》一文中以博客和维基百科为例，说明 Web2.0 的应用使知识传播者和受传者的范围逐渐扩大，其丰富的传播手段也极大促进了传统媒体发展[③]。

值得注意的是，从 2005 年左右开始，互联网从以网页浏览的万维网 Web1.0 模式过渡到以个性化软件服务为主的 Web2.0 模式，这也意味着网络平台化时代的到来。蒂姆·奥莱利（Tim O'Reilly）敏锐地指出 Web2.0 是以"平台模式"运行的新兴互联网，而平台具有相当的优势，它"借助软件为消费者提供不断更新的服务……程序将自己的服务和数据提供给使用者，允许他们重新编程和再加工"[④]。网络平台化为知识传播带来了巨大改变，颠覆了传统时代学院精英式的传播机制，而让知识平权成为主流[⑤]。终端用户和第三方经营者可借助平台提供的服务，绕过传统媒体和相关机构进行内容生产

① PRIOR M. News vs Entertainment: How Increasing Media Choice Widens Gaps in Political Knowledge and Turnout[J]. American Journal of Political Science, 2005, 49(3): 577–592.

② 惠东坡. 超文本语境下的知识传播 [J]. 现代传播，2004, (06): 36–38.

③ 张晓青，张植禾，相春艳. 基于 Web2.0 的知识传播研究 [J]. 现代传播（中国传媒大学学报），2010(04): 123–126.

④ 易前良，唐芳云. 平台化背景下我国网络在线内容治理的新模式 [J]. 现代传播（中国传媒大学学报），2021, 43(01): 13–20.

⑤ 李质洁. 网络时代的知识传播机制与特点——以维基百科为例 [J]. 青年记者，2014(14): 63.

和分享，实现从"大众传播"到"大众自传播"的革命[①]。谢新洲、赵珞琳在《网络知识传播的沿革与新特征》中将彼时的知识传播动因总结为三点，分别是移动网络技术的普及、信息组织形式的丰富、网络用户需求的扩张，并推导出网络知识内容生产体系也相应变化为精英向平民、权力规制向自我建构、技术限制向自我表达转变，进而得出知识传播在网络平台环境下具有"主体融合"与"实时参与"的突出特征[②]。

而当免费的知识获取成为常态后，越来越多主体加入传播领域中，又出现新的知识传播模式——知识付费[③]。2017 年，知识付费经过几年的蛰伏与市场试水后，迎来大爆发，进入了产品与服务的双向开拓时期[④]。对应地，知识消费成为知识传播的热门研究领域。对于我国信息消费的状况，学界认为其主要呈现出信息碎片化、去权威化、泛娱乐化的趋势。Z 世代成长于互联网时代，该群体受教育程度更高、求知欲更强、数字设备使用更熟练，成为平台化时代知识消费的主要受众群体，B 站、知乎、抖音等平台成为 Z 世代获取知识、认识世界的一大渠道。Z 世代面对网络平台海量的信息，锻炼出强大的信息搜索和分析能力，但也被过剩的信息分散了注意力，消磨了阅读的耐心[⑤]。同时平台化的传播机制塑造了一种充满"随机性"[⑥]的话语空间，即数字平台提供的产品和服务具有可塑性，模块化的设计方便用户生产和再加工内容。因此，文本、音视频、音乐和游戏等所有在线话语呈现出主体多元化、高流动性和强互文性特点，充满不确定性，难以规束。在这种情况下，Z 世代从海量的知识传播中真正获取有效信息、权威性知识，面临巨大挑战。

① 曼纽尔·卡斯特. 传播力 [M]. 汤景泰，星辰，译. 北京：社会科学文献出版社，2018: 3.
② 谢新洲，赵珞琳. 网络知识传播的沿革与新特征 [J]. 编辑学刊，2017(1): 6–12.
③ 李质洁. 网络时代的知识传播机制与特点——以维基百科为例 [J]. 青年记者，2014(14): 63.
④ 汤景泰，王子明，王嘉琪. 2018 年知识付费研究报告 [J]. 南方传媒研究，2018(6): 86–99.
⑤ 王珺. Z 世代阅读特点、成因及引导策略初探——基于代际研究的视角 [J]. 中国出版，2021(15): 61–63.
⑥ NIEBORG D, POELL T. The Platformization of Cultural Production: Theorizing the Contingent Cultural Commodity[J]. New Media & Society, 2018, 20(11): 14–68.

从已有研究中可观察知识传播在互联网时代中的发展变迁，众多学者采取了相对建设性的态度，探讨互联网载体为知识传播带来的新机遇，分析传播者在知识传播实践中面临的困境、受众表现出的新特征等，为当下 Z 世代群体中的知识传播研究提供有力参考。值得注意的是，在"平台化"成为互联网时代重要特征的情况下，知识传播背后的权力争夺并未被深入探究，而针对当下知识消费的重要群体 Z 世代青年，亦尚未系统性总结出其对知识内容的认知特点和消费偏好。由此如何准确理解和满足 Z 世代在知识传播中的真实需求，成为 B 站、知乎等平台发展的关键所在，也是平台化时代下知识传播领域亟须更新的重要命题所在。接下来，我们将引入"知识商品化"（commodified knowledge）、"平台权力"（internet policy）等概念，进一步分析网络平台化时代下 Z 世代知识传播的特点，探索面向 Z 世代的国际化知识传播策略。

二、Z 世代对"知识"的重新定义

所谓 Z 世代，通常意指 1995 年至 2009 年间出生的人。他们的成长期大致与互联网的兴起、发展相伴随，由此受互联网环境显著影响。相比于过去人们通过口语传播、文字传播、电子媒介传播获取知识，Z 世代更多地在网络平台空间的穿梭中获取知识。2023 年 3 月 31 日，哔哩哔哩公共政策研究院、中国传媒大学网络视频研究中心等共同发布了《点亮新知（Light Up）——知识学习与网络视频社区研究报告》。报告显示，2022 年有 2.43 亿用户在 B 站观看了知识类内容，知识类内容已成为当代年轻人追逐的互联网信息主流。而观察被互联网平台媒介深刻影响、悄然形塑的 Z 世代，其接受的知识传播内容亦具有实用性、趣味性、社交性等特点。将"知识"置于媒介技术与社会文化的框架中进行分析，可发现"知识"概念内涵与外延的重塑。

（一）实用性

巴克敏斯特·富勒（Buckminster Fuller）曾用"知识倍增"（knowledge doubling）描述 20 世纪以来知识生产与共享的加速趋势，他指出，人类的知识会伴随技术的发展以倍数增长 ①。如今互联网世界涌现的众多知识，可分为学术意义上的纯理论知识、可解决实际问题的干货型知识和娱乐咨询类的泛知识。诸如"20 天从零学会下围棋""0 基础 3 天学会医学统计学"等速成视频或帖子在各平台频现，凸显出当下知识生产强调实用性的偏向。相比于过去知识需要系统化呈现，吸收知识需要层层剖析、逐步抵达，如今的知识传播更倾向于"短平快"，吸收知识更讲求效率。

另外，知识与日常工作生活紧密结合，例如"如何在大学获得高绩点""工作面试技巧"等经验，"如何坐高铁""如何在快餐店点餐"等常识性问题，都可上升为实用性的知识，让人们在小红书、B 站等平台找到精准可行的解决方案。同时，在碎片化的时间中面对网络海量的信息，Z 世代倾向于通过搜索筛选个人所需知识。与之相对应，Z 世代的主体诉求、个体偏好和文化元素亦在平台中被解构、重组、计算与推广。平台化进一步打破了由传统媒介构建的知识权威体系，将海量数据再结构化，从而重构了知识生产与传播的整体流程，以分类搜索、大数据推流等方式使得 Z 世代更便捷高效地获取知识，呈现出知识获取渠道的实用性。

（二）趣味性

在当下泛娱乐化的媒介环境中，信息多以轻松娱乐的方式进行传递。知识传播领域亦带上了趣味性的特征。传统的知识传播活动中，知识传播者往往采用"驱逐"（expulsion）的方式来确立自身的合法性地位，具体表现为他们会将自己描述为"正式的""严肃的""需要在特定时间和场合来实现的"，而把作为对立面的娱乐行为贴上"不正式的""不严肃的""对时间和场合没

---

① BUCKMINSTER F R. Critical Path[M]. New York: St Martin's Press, 1981: 154–155.

有约束的"等标签。但如今知识在 B 站、抖音等平台的传播却逐渐地在模糊此边界——知识传播也可以超越正式的机构，在"不严肃的"亚文化网络平台上展开；也不再局限于课堂线性时间的设置，而是在任意时刻只要接入互联网都能够进行。

此外，如今的知识传播更着重于讲述方式的生动形象，在专业知识准入门槛较高的情况下，以更有趣的解读风格与呈现手段通达受众。比如 B 站上许多高校老师开通账号，诸如"罗翔说刑法""董晨宇 RUC"等，打破了过往沉闷严肃的课堂形象，改变了呆板说教的口吻，联系社会现象、互联网热梗向网友传授法学知识、传播学理论等。抖音亦曾推出"DOU 知计划"，着力建构立体化知识内容生态，涌现出诸如"二次元的中科院物理所""只露声音的宫殿君""向波老师""咣当地球视频"等优质知识创作者。抖音账号 @历史氪发布过一条"假如皇帝们是按照去世时间加入群聊……"的视频，通过虚拟创建一个名为"宇宙超级皇帝群"的聊天群，安排"秦始皇父子"等依次进入群聊，在现代感十足的爆笑对话中，一场朝代更替的始末被轻松还原了出来。知识通过与网络流行符号、表情包、社会热点等进行"拼贴"，形成了独特的风格，也展示了不同的文化意义。"拼贴"风格往往起到了拉近与 Z 世代受众的文化距离、增强知识传播的趣味性和通俗性、降低知识本身的晦涩性等作用。这种知识趣味性的趋势既满足了 Z 世代受众的学习需求，也为其提供了娱乐和消遣元素，可以有效提升体验感。知识与娱乐间的边界被逐渐模糊和消解，这也是知识传播在互联网时代所展现出来的一类新特性。

（三）社交性

美国云计算之父马克·贝尼奥夫（Marc Benioff）认为，新媒体时代的知识具有社交性、流动性、开放性的特征 [①]。在 Web2.0 和 UGC（用户生产内容）的技术支持下，互联网赋予个体创造和分享知识的能力，知识通过平台传播，打破精英和大众媒体对知识的垄断，促成了基于社会互动的协同创作知识生

---

① BENIOFF M, ADLER C. Behind the Cloud[M]. New York: Jossey-Bass, 2009: 129.

产模式①。而且平台可提供复制内容与支持一键分享等特征，亦使得知识在增容的前提下能够被随时随地传播，推动知识交流的日常化、社交化不断提升。

另外，平台化时代的知识传播，融入了云教育、在线问答、圈层互动学习等新型、新奇、有效的方式，有助于 Z 世代实现以共同志趣、爱好为基础的知识传播，在交流互动中达成社交。诸如知乎、小红书、豆瓣等平台，改变了以往信息对接信息的线性模式，实现了信息与人的网络化对接，并通过信息类聚使人建立新的社交关系，比如豆瓣社区中有"九年义务教育查漏补缺""村通网—网络黑话指南"等小组，有效聚合拥有共同兴趣爱好或以知识获取为目标的 Z 世代青年。值得注意的是，该类平台还引入分析用户之间的关系来筛选问题及答案，强调人际交流，突出知识社会化的交互特征。此外，知识传播的行为具有强烈的自我形象塑造功能②，在"第三人效果"（the third-person effect）的影响下，人们也倾向于认为自身的认知需求在一定程度上与"他人"有密切的联系。因而，社交媒体平台上容易激发起用户分享知识的行为。2022 年，快手发布的《快手知识社交生态报告》提到，大部分快手创作者在创作之初并不是专业的知识创作者，超过 61.1％ 的作者是在使用快手一段时间后，在平等友好的社区氛围的感染以及其他优质创作者的带动下，开始在自己擅长的领域中尝试知识类内容的输出。值得注意的是，现下知识传播平台为充分挖掘用户的知识生产、传播和消费能力，进而获取经济利益，会不遗余力地加强对知识生产过程的控制，如用技术营造更有吸引力的服务平台，推出各类创作者鼓励计划等。平台亦会根据社会赋予用户的文化价值观念、象征意义及范式等来构建知识服务的空间，使用户受到社会文化的浸染，朝着社交化阅读平台所期望的方向去生产、传播和消费知识③。这种知识社交化的特征一方面促进了用户间的交流，但隐性的另一方面，也为平台对

---

① 赵涛.电子网络时代的知识生产问题析论 [J].哲学动态，2015(11): 22–28.
② 汤景泰、王子明、王嘉琪.2018 年知识付费研究报告 [J].南方传媒研究，2018(6): 86–99.
③ 杨逐原.社交化阅读平台中的知识服务：机制、技术逻辑及路径 [J].吉首大学学报（社会科学版），2021, 42(06): 122–130.

用户实施"柔性控制"提供了机会与条件。

三、面向 Z 世代的平台知识传播模式

现代信息技术和互联网正在且已经大大改变知识生产和传播的条件，媒介技术变迁革新了知识形态与内涵，催生了"以信息技术为平台的交叠形态的知识"[①]。出生与成长于这一时代背景下的 Z 世代，也面对着区别于过往的平台知识传播模式。知识传播的边界在不断扩展，不断被媒体平台的形态重塑新生态，呈现出碎片化、场景化、个性化、多模态化与圈层化等鲜明特征，背后也折射出平台权力对知识生产、传播的影响，以及知识商品化带来的效益与问题。

（一）知识传播碎片化

"几分钟了解知识""几分钟看完一本书"等知识内容形式在各平台上成为火热现象。平台化时代，随着数字技术的进一步发展和优化，整个互联网传播模式正呈现出"去中心化"和"分裂"的趋势。受数字媒介设施和用户使用习惯的影响，知识传播呈现"碎片化"的特点。一方面，媒介技术带来时间切割与资本博弈，传播内容需要在短时间内吸引受众注意，才能有效抢占流量红利，这促使平台方使用碎片化信息轰炸战略，提高信息传播的速度，扩大信息传播的覆盖范围。

另一方面，社会节奏快，Z 世代对于系统性内容缺乏接受的耐心，倾向于快速获取知识，阅读偏好更倾向于碎片化、轻量化，也更注重视听结合或轻松愉悦的观看体验。由此知识传播的内容形态也发生了从长到短、由深到浅的变化。无论是"网红教授"还是一般知识创作者，其创作内容经过短视频、问答社区等平台的转化，都以"短平快"的方式被打造为能被快速理解和消费的对象。这种碎片化的知识，经过平台的包装与推广，实际上都成为

---

① 韩震.知识形态演进的历史逻辑 [J].中国社会科学，2021(06): 168–185+207–208.

了一种商品。所谓"知识商品化",即作为公共产品的知识被赋予交换价值,带着商品属性进入市场交易活动中[①]。特别在知识付费平台上,打着"碎片化时间吸收知识"的旗号开设各种课程,让人们产生购买了课程就是学到了知识的错觉,反而让平台实现了知识直接"变现",达成了另一种含义的"知识就是财富"。

(二)知识传播场景化

在数字时代出生、网络环境下成长的 Z 世代,已不仅仅满足于传统的知识吸收方式,而更注重学习的体验感。他们的关注点除了知识本身,还有知识的现实应用价值。知识传播对应地发生了场景化的变化趋势,包括应用数字技术增强受众的体验互动,联系现实搭建知识应用场景等,促进 Z 世代从被动接受信息演变为主动运用信息。约书亚·梅罗维茨(Joshua Meyrowitz)曾说:"社会场景形成了我们语言表达及行为方式框架神秘的基础,每一个特定的场景都有具体的规则和角色。"[②] 相比于过去的知识传播,现在的知识传播更强调场景化,比如引入 VR、声光电等技术,或是采取直播陪伴的模式,有效将用户的时间和空间与虚拟时空相融合,以达到用户在现实时空和心理时空的统一,进而使得用户可以进入学生身份角色,在沉浸式的环境中进行学习,提高知识的获得感。

此外,平台为用户搭建了知识应用场景,让用户得以考察自身对知识的掌握程度。比如学习类 App 平台会将多元学习场景融入游戏化策略中,突破了传统知识传播场景单一的局限,实现了场景与场景之间的链接。流利说·英语在口语版就结合多种场景来设计课程,如"玩转职场"板块中包含了 PPT 汇报、常见面试问题、会议表达等工作日常对话,"旅游出行"板块中分别有

---

① JACOB M. Rethinking science and commodifying knowledge[J]. Policy futures in education, 2003, 1(1): 125–142.

② 梅罗维茨. 消失的地域:电子媒介对社会行为的影响 [M]. 肖志军,译. 北京:清华大学出版社,2022: 21.

礼貌点单、机场英语、酒店住宿等旅行过程中的基础交流。此外，其根据用户英语等级实时匹配其他用户，让双方结合不同情景进行对话练习，在场景化传播中丰富用户使用体验。

（三）知识传播个性化

随着互联网和技术发展，数据量变大，数据类型更复杂多样，我们已然迈进了信息过载的时代，这种规模性变化既促使用户倾向于选择性接收信息，也推动着平台将信息的生产和分发从大众化向个性化转变。对于 Z 世代而言，他们亦更追求个性，拒绝知识"投喂"，渴望回归独立的个性和深度思考。一方面，用户可以根据个人兴趣，主动通过搜索来选择感兴趣的内容进行学习，甚至用户可向平台反映个人的具体需求和基础，让平台设计个性化的学习方案。

另一方面，平台可运用大数据收集用户信息，准确了解不同受众的知识偏好进行知识推送。个性化信息推送针对用户兴趣分发，如今日头条运用大数据技术对用户基本情况进行标签组合，在首页为用户推荐可能喜爱的话题。个性化推荐算法的过滤分发机制使得知识类应用能够根据不同用户的偏好来推送差异化的内容，在移动互联网的信息传播中挑战了"把关人"的角色，给平台化时代的知识传播模式带来了全新的变革。值得注意的是，个性化意味着用户给予平台数据管理与分析的权力，而平台透过对用户行为、情感、资产等持续不断的监察，通过技术控制实现对用户非对称的数据占有，再通过推送信息实现一种柔性而隐秘的价值治理。

（四）知识传播多模态化

随着越来越多知识传播类应用产品的不断涌现，随之而来的是知识内容的呈现形式变得越来越多样，表现出多模态化的特征。模态是"包括语言、文字、图像、声音在内的话语交流所必需的媒介和通道"[①]，包括视觉模态、听

---

① 刘煜，张红军 . 政论纪录片塑造国家形象的多模态话语分析 [J]. 现代传播（中国传媒大学学报），2018, 40(09): 118–122.

觉模态、文字模态等交际模态。在平台竞争日益激烈，知识付费成为红海的当下，知识传播倘若依旧使用单一媒介模态既难以准确传递意义，也难以吸引或留存用户。现在大量的知识文本不仅提供知识内容，还兼备生活服务、娱乐休闲、情感唤起等功能，在表现形式上，文字、图片、音频、视频都被整合于多模态文本中。比如，知乎等知识问答社区早期呈现以文字为主的知识，如今推出了视频回答；在首页的"发现"一栏，更增加了 Live、书店圆桌等，通过不同方式传递知识。抖音、快手等则以短视频的形式表现知识的多模态文本，使用户感官体验更为直观。

（五）知识传播的圈层化

当下网络空间的圈层化传播为人们形成了许多日常联系与交往的新场景，这一现象近年来受到学界和业界的广泛关注，作为"网络空间原住民"的 Z 世代，传播圈层化特征尤为明显。在数字媒介环境里，Z 世代会由于对相应文化产品的共同兴趣形成特定"圈层"，在"趣缘化"的朋辈社交中塑造自我、收获认同，基于趋同的价值观念和审美取向增强联结，进而不断延展圈层的文化内涵[1]。网络大众可基于共同学习理念、学习目标以及学习意愿，聚合为趣缘圈落，实现知识重构与裂变。知识传播与共享为圈群的核心功能，通过高效能的传播来及时满足成员的知识需求，与外界环境实现成果转化。

但这样的圈层化传播亦存在知识传播的排他性问题：大数据精准记录、分析每个用户的兴趣偏好，算法预判用户的行为动机，人工智能根据结果匹配知识传播场景和内容。由此，极易导致"信息茧化"现象，引发消极后果：知识的传播范围停滞于社群内部，且内容具有片面性。换言之，知识传播既在一个圈群内，又囿于其认知水平、视野的固化，导致传播的知识是狭隘的，甚至是无效的。

---

[1] 李厚锐.面向 Z 世代的精准化国际传播 [J].上海交通大学学报（哲学社会科学版），2023，31(09): 53–62.

四、以知识传播为渠道面向 Z 世代的国际化传播策略

平台化时代的到来为知识传播的发展带来了机遇和挑战，其中 Z 世代用户规模不断扩大，对知识的需求日趋增强。在此热潮下，面向 Z 世代进行知识的国际传播，可以透过知识信息载体，广泛宣介"中国主张、中国智慧、中国方案"等相关概念，构建具有鲜明中国特色的国际传播话语体系。由此，我们可以基于知识在平台化时代的特征，围绕知识生产和传播两大维度，分层、分类、分群加强面向 Z 世代的知识国际传播能力建设。

（一）平台知识生产策略

在平台化时代，传播要积极顺应媒体融合发展趋势，摆脱传统路径依赖，切实树立起平台化思维和用户思维，把知识传播工作的着力点和落脚点与公众的知识文化消费方式和日常生活方式进行结合。通过大数据分析等信息技术，把握 Z 世代用户的口味偏好和消费习惯，结合前沿智能传播技术，根据不同的用户群制定"一群一策"的传播方案，创新内容表现形式和叙事方式，匹配同圈层受众需求，推出相关的知识产品，提高全球化表达和分众化传播的实效。平台可吸引用户留言、跟帖、发表见解，鼓励 Z 世代用户创作知识内容，让用户话语成为平台话语的一部分，以"青年影响青年的方式"让国内 Z 世代对外传播关于中国的当代文化、传统文化等知识，鼓励国内外 Z 世代青年沟通，实现信息、知识的双向流动。

与此同时，平台应注意 Z 世代的话语喜好是偏娱乐化的，因此需创新话语表达，将枯燥深奥的知识文本进行适合互联网的"轻松化"改造。比如，视觉传播能显著减少"文化折扣"。因此，可着力布局短视频、直播、VR、AR 等强调视觉效果的媒介。近年来，以播客为代表的音频媒介也成为 Z 世代所追捧的新潮流。对全球 8 个市场的统计数据显示，39% 的 Z 世代宣称他们主要收听或只收听播客。CGTN 旗下的 ChinaPlus 品牌在全球主流播客平台上发布了一系列内容，其中多个播客节目聚焦 Z 世代，取得了良好的国际传播实效。当下，注意内容呈现媒介的布局，以及结合热点进行新尝试，有利于

提升海外 Z 世代的关注度，从而打通精准到达 Z 世代的渠道。

但在创新内容表现形式的过程中也要注意警惕知识泛娱乐化的倾向。知识获取本身具有严肃性和厚重感，并非所有话语文本都适合娱乐化改造。对知识文本之间的建构进行任意拆解，对词汇、短语进行恶意曲解，对视觉形象进行恶搞和胡乱拼贴，不顾传播伦理对他人进行随意调侃……这样的话语表现传达的是"暴力式的直观入侵"[①]，而非"赏心悦目"式的娱乐。"诉诸情感"与"诉诸理性"应该是相辅相成的。知识传播创新话语表达，寄情于理、情理结合，才更符合 Z 世代兼顾理性真实与情感情绪的思维特征。找到严谨的内容与活泼的形式之间的平衡点，还需要平台进一步摸索。此外，平台需要把握生产节奏，保持定期更新，维护知识生产的连续与系统性，使得用户可以在相对固定的知识框架下进行"量"的积累，并不断与其他知识建立联系。

（二）平台知识传播策略

首先，平台需要遵循"内容为王"的原则，将智能推荐和人工把关相结合，建立相对完善的内容审核机制；与创作知识内容的教育媒体进行合作，增加推送原创性。只有在追求经济效益的同时增强社会责任感，才能切实提高在知识市场中的竞争力。平台亦应注重算法可供性对于内容分发的影响。为了使用户对社会有真实全面的认知，平台要改进推送机制，完善算法对知识内容的选取，提高内容多样性，在个性化推送的同时进行重大社会事件的共性化推送，注重推送内容的差别化和深度化，推送更多具有思考性的知识信息。

针对传播过程中的"伪科学"、谣言等问题，平台可充分调动用户参与知识传播内容协同治理的积极性与主动性，将平台社区打造成为广大用户共享、共建、共治的精神家园。例如，中国科学技术出版社在抖音平台建立了多个

---

① 谭笑. 新媒体的话语特征呈现及创新机制 [J]. 现代传播（中国传媒大学学报），2017, 39(10): 159–160.

粉丝群，就用户参与科学内容的生产与治理进行有益尝试。用户参与知识传播的内容治理，可以弥补制度监管与平台治理的不足，发挥重要的补充作用。

平台还可进一步通过知识信息类聚使原本陌生的 Z 世代人群建立起社交关系，进而形成社会化、多元化的知识社区。具体而言，以知识作为介质，使知识在虚拟世界成为一种人类联结的媒介，进而使 Z 世代青年在吸收知识的过程中获得满足，也在使用平台，建立社交的过程中获得满足。在此过程中，Z 世代用户由纯粹地使用"知识"转变为使用"知识"和平台本身。总之，用户能够通过知识传播一步步消散与他人之间的疏离，创造知识、分享知识、消费知识、完成社交，进行沟通和传播，重新建立起人的社会联系，并获得社区中凝结的归属感。

构建海外 Z 世代对华认知的三个层次

——以中华文化短视频对外传播效果为例

石丁　谢疃　李佳藤　李娜^①

【摘要】近年来，短视频产品在全球范围内的兴起为中华文化走向海外 Z 世代提供了新机遇。本文将短视频传播逻辑与文化分层、文化认同理论相结合，借助问卷调查、深度访谈、案例分析等研究方法，总结海外 Z 世代对短视频的接受习惯与审美偏好，分析跨文化传播的认知困境。同时，通过对比文化符号、虚构故事、生活纪实、主题策划、沉浸体验类短视频的传播模式、传播效果，提出强化短视频"小而美"叙事、提升沉浸式交互感、深化跨文化交流等构建海外 Z 世代对华认知的基础策略。

【关键词】中华文化短视频　海外 Z 世代文化分层　文化认同　跨文化传播

当前，世界多极化、经济全球化深入发展，文化多样化、社会信息化持续推进。在此背景下，海外 Z 世代对中华文化的接受度不断提高，推动海外 Z 世代形成对华正确认知和认同早已成为重要的研究议题。随着海外 Z 世代逐步迈入社会，使用短视频、社交媒体等新媒介表达个人观点，他们逐渐成为重要的全球文化生产者与传播者，在国际传播中的影响力不断提升，是推动中华文化走出去不容忽视的目标群体。2023 年 6 月，习近平总书记出席文化传承发展座谈会并发表重要讲话，强调"在新的起点上继续推动文化繁荣、建设文化强国、建设中华民族现代文明，是我们在新时代新的文化使命"。这

---

① 石丁，环球网执行总编辑；谢疃，环球网全球化事业群国际传播中心创研部研究员；李佳藤，环球网全球化事业群国际传播中心创研部主编；李娜，环球网全球化事业群国际传播中心总监。

一重要论断的提出，使中华文化再度成为海内外共同关注的焦点，也使推动中华文化走出去的紧迫性更加显现。短视频作为一种重要的传播媒介，可以直接触达视觉、听觉，较快调动情绪、情感，将中华文化经典标识符号转化为视听语言，继而有助于推动海外 Z 世代形成对中华文化由表及里的认识、认知、认同，并影响其心理、思想与行为。

一、理论综述

（一）文化分层：中华文化的三元结构理论

围绕"文化分层""文化结构"的理论研究，英国人类学家布罗尼斯拉夫·马林诺夫斯基（Bronisław Malinowski）最早提出"文化三结构"学说[①]，将广义的文化分为物质、制度、精神三个层面。中国当代著名哲学家庞朴于 20 世纪率先提出"文化结构三层次说"[②]，在"文化三结构"学说基础上，结合中华文化特有的礼仪观念与哲学思想，将中华文化划分为三个层次：一是"外层文化"，指经人类加工过的物质现实；二是"中层文化"，指心物结合部分，社会形成的制度、规则、关系；三是"内层文化"，指凝练概念化的思想和精神。"文化结构三层次说"蕴含着"由表及里""对立统一"的深刻哲学内涵，与马克思主义理论基本原理相契合。马克思主义理论强调，要在实践中不断透过现象认识本质，把握事物的发展规律[③]。在中华文化的三层次中，"外层文化"和"中层文化"对应马克思主义理论基本原理中的"物质、形式、现象"等概念；"内层文化"则对应"精神、内容、本质"，与另外两个层次相互联系、互为表里。在跨文化视域下，"外层文化"最容易被其他群体

---

① 布罗尼斯拉夫·马林诺夫斯基. 文化论 [M]. 费孝通，等译. 北京：中国民间文艺出版社，1987.

② 庞朴. 庞朴文集 [M]. 济南：山东大学出版社，2005: 2.

③ 光明网. 牢牢把握习近平新时代中国特色社会主义思想的世界观和方法论 [EB/OL].(2023–06–02). https://baijiahao.baidu.com/s?id=1767530984615135067&wfr=spider&for=pc.

所接受。"中层文化"则隐藏在物质文化的外表之下，表现得较为隐晦，强调中华礼仪文化以及家庭、宗族、社群关系的重要性。而"内层文化"作为前两层文化的认识基础，是经过漫长的历史演化凝练形成的思想观念[①]，最不易被其他文化群体接纳与认同。

（二）文化认同：跨文化传播中受众的认知、情感与行为

经济全球化背景下，文化交流与文明互鉴加速开展，不同文化群体在跨文化传播过程中快速接触、接受、接纳"异质文化"，不断改变个人的认知、情感与行为，逐步形成"文化认同"[②]。20 世纪 50 年代初期，美国精神分析学家埃里克·埃里克松（Erik Erikson）提出"文化认同"理论[③]，可以理解为个体对某一群体价值观的认可程度，通过个体的认知、情感、直觉和行为来衡量。国内学者郭为藩、任迪、王静等结合中国国情和中华文化特征进行本土化创新，中华文化认同被界定为"中华民族文化生命得以延续的精神基因"。文化认同的过程包括承认、接受和融入三个阶段[④]。首先，个人承认一种文化的科学性和合理性；其次，从内心接受、接纳这种文化，愿意将其与自身蕴含的文化进行统一；最后，将新的文化融入生活、生产和思维习惯，在实践中将其融入自己的思维方式。

（三）对外传播：中华文化短视频促成 Z 世代对华认同的过程

Z 世代（Generation Z），泛指 1990 年代中后期至 2010 年代初期出生的一代人[⑤]。2022 年 2 月，联合国经济和社会事务部发布的数据显示，全球 Z 世

---

① 庞朴 . 要研究"文化"的三个层次 [N]. 光明日报 .1986–01–17(02).

② 崔新建 . 文化认同及其根源 [J]. 北京师范大学学报（社会科学版），2004, (04):102–104+107.

③ 光明网 . 文化认同与跨文化交际 [EB/OL]. (2014–09–07). https://epaper.gmw.cn/gmrb/html/ 2014–09/07/nw.D110000gmrb_20140907_3–07.htm.

④ 吴春晓 . 当代中国的文化认同研究 [D]. 北京交通大学，2019.

⑤ MERRIAM-WEBSTER. Words We're Watching: "Zoomer" [EB/OL]. (2021–10–25). https:// www.merriam-webster.com/wordplay/words-were-watching-zoomer-gen-z.

代人口总量已超过 20 亿人，占世界总人口的 1/3[①]。根据第七次人口普查数据，中国 Z 世代的总人数约为 2.6 亿。作为与互联网相伴成长起来的一代人，中外 Z 世代深受信息通信技术（ICT）的影响，因此又被称为"网生代"、"移动互联网原住民"或"数字原住民"。他们开放包容、视野开阔、重视创新，普遍具有移动化、社交化、可视化的媒介偏好[②]。

短视频（short video）是指长度至短 15 秒，最长 3 分钟左右的视频，具有时间短、信息承载量高、内容形式年轻化等特点，相较于传统的纪录片、影视剧等长视频，短视频更贴近海内外 Z 世代碎片化、高频率、即时性的媒介使用习惯[③]。在此，本文将短视频传播逻辑嵌入面向海外 Z 世代构建"文化认同"的理论体系中，结合"文化分层"理论和马克思主义基本原理内涵，形成"由表及里"的理论架构，系统分析中华文化短视频如何塑造海外 Z 世代对华认知（如图 1）。

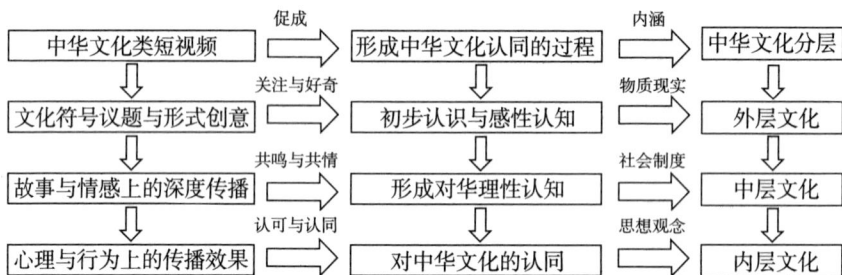

图 1　短视频塑造中华文化认同的传播理论架构

首先，短视频以符号议题、形式创意吸引 Z 世代关注、了解中华文化，促成其对物质现实层面的中华文化产生好奇心理，形成对"外层文化"的感

---

① 姬德强，杨珉儿. 国际传播中的 Z 世代角色发展报告 // 高伟，姜飞（编）. 全球传播生态发展报告（2022）[M]. 北京：社会科学文献出版社，2023: 211.

② 王峰，臧珈翊. 面向海外 Z 世代做好国际传播的主流媒体新策略 [J]. 对外传播，2022(10): 46–50.

③ 人民网. 国内短视频发展现状及问题思考 [EB/OL]. (2018–12–04).http://media.people.com.cn/ n1/ 2018/1204/c422573–30441552.html.

性认识。短视频中直观、丰富的中华文化符号，是对中华文明五千多年历史的凝练，能够让海外青年对中华文化产生初步认识，接触到存在于客观现实中的外层物质文化，奠定对华认同基础。

其次，短视频以故事情节、人物塑造触发海外 Z 世代的情感共鸣，引导其接受中华文化内涵理念，对孕育中华文化的中国社会产生较为深刻的理性认知。在跨文化传播过程中，短视频以碎片化、系列化的方式展现客观真实的社会生活场景，使海外 Z 世代对"中层"制度文化、社会家庭关系形成入眼、入脑、入心的认知。

最后，短视频以心理引导、行为互动实现改变 Z 世代思想观念的传播效果，由表及里地从"认知、情感、行为"上建构起其对中华文化的认同，融入中华文化话语圈层。在上述视觉符号提炼、人物剧情设计基础上，中华文化短视频潜移默化地融入中华民族核心价值观，海外 Z 世代通过点赞、评论、转发、二次创作等方式表达对"内层"精神文化的态度，并外化为个人对中国的认同。

二、面向海外 Z 世代的中华文化短视频传播现状分析

（一）海外 Z 世代短视频接受习惯与审美偏好

本文面向国内高校留学生、外籍网红等 Z 世代群体发放调查问卷，并对外籍青年展开深度访谈。同时，本文结合公开报告与海外平台实时调研数据，梳理总结中华文化短视频海外受众画像和传播生态。

在短视频接受习惯上，海外 Z 世代倾向于使用集合视频创作、交互与社群功能于一体的社交媒体平台，如 TikTok、优兔（YouTube）、脸书（Facebook）、Instagram。其中，TikTok 的全球使用率最高，美国是其最大市场。短视频改变了海外 Z 世代的阅读习惯，使他们能够利用碎片化时间，满足个人娱乐消遣、分享日常、关注名人和网红动态，以及探索新产品的功能需求。

问卷调查数据显示，在短视频形式上，海外 Z 世代更加喜爱轻松搞笑、美食烹饪类短视频，偏好率均达 68.18%。旅行探险（59.09%）、风景（54.55%）、美妆（45.45%）类具有较强视觉冲击力的视频亦受到海外青年追捧（如图 2）。此外，影视剪辑、舞蹈音乐类短视频，能够在短时间内呈现复杂的转场特效，带来多变的视觉刺激，引发受众对主人公变装后形态的审美期待，仅通过形式特效就能抓住受众的眼球。例如，一位美国 TikTok 博主模仿电影中超级英雄的变装快剪视频在网络上迅速传播，获得近 1500 万人次观看和 280 万次点赞。

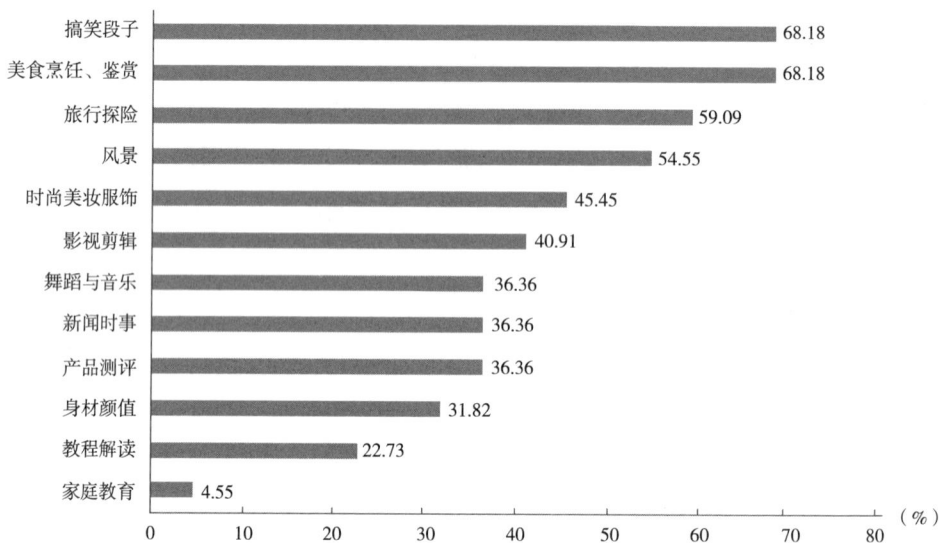

搞笑段子 68.18
美食烹饪、鉴赏 68.18
旅行探险 59.09
风景 54.55
时尚美妆服饰 45.45
影视剪辑 40.91
舞蹈与音乐 36.36
新闻时事 36.36
产品测评 36.36
身材颜值 31.82
教程解读 22.73
家庭教育 4.55

图 2　海外 Z 世代喜爱的短视频形式类别

在短视频主题上，海外 Z 世代更偏好以下类型：

一是反映个性主张、日常生活以及正向价值的短视频。根据 TikTok 官方发布的《2023TikTok 全球流行趋势报告》，2023 年反映个人价值的话题如 #POV#（视角）、#StoryTime#（听我讲故事）、#Selfcare#（自爱悦己）的视频总浏览量分别达到 6856 亿次、2772 亿次、327 亿次，极高的浏览量证明海外 Z 世代对自我意识和个人表达的高度重视。

二是"错乱"叙事类短视频。所谓"错乱"叙事,是指视频的开头即故事的结尾,同时一个视频中展示多个故事。根据 TikTok *What's Next* 2024 年度报告,当前以 #delulu 为代表的"错乱叙事"短视频正在兴起,该类短视频起源于韩流"饭圈"文化,海外 Z 世代与自己喜爱的偶像或角色展开故事想象,以满足个人爱好。此外,海外 Z 世代对全球各国的文化差异、文化交流、文化传承等议题越发重视。在对中华文化短视频感兴趣程度调查中,中华美食文化类偏好率高达 81.82%,国宝动物类偏好率达 63.64%,传统节日和文化遗产/古建筑类偏好率达 54.55%(如图 3)。相较之下,对思想文化、价值观念等议题感兴趣的海外青年占比不高。

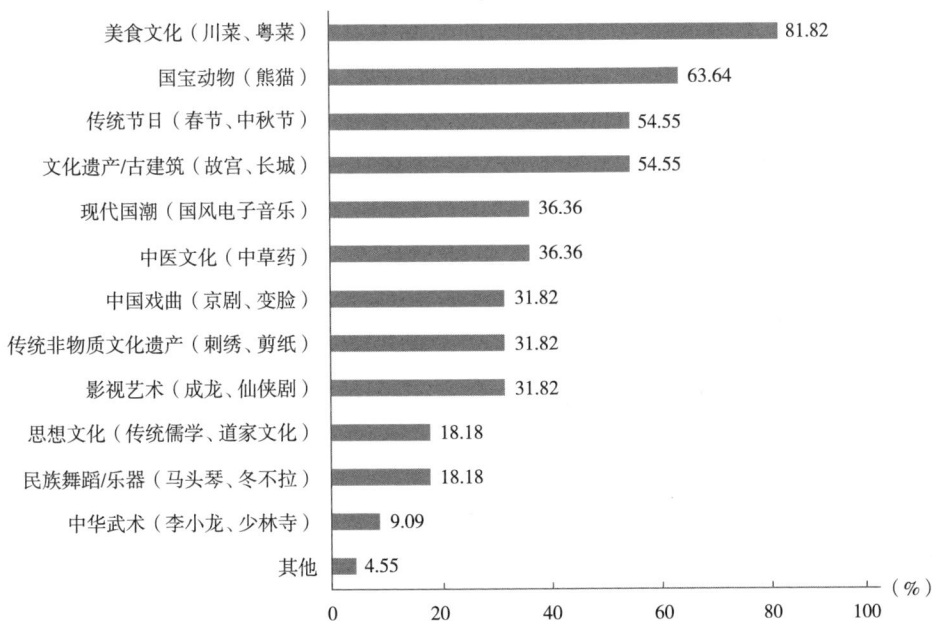

议题	百分比
美食文化(川菜、粤菜)	81.82
国宝动物(熊猫)	63.64
传统节日(春节、中秋节)	54.55
文化遗产/古建筑(故宫、长城)	54.55
现代国潮(国风电子音乐)	36.36
中医文化(中草药)	36.36
中国戏曲(京剧、变脸)	31.82
传统非物质文化遗产(刺绣、剪纸)	31.82
影视艺术(成龙、仙侠剧)	31.82
思想文化(传统儒学、道家文化)	18.18
民族舞蹈/乐器(马头琴、冬不拉)	18.18
中华武术(李小龙、少林寺)	9.09
其他	4.55

图 3　海外 Z 世代喜爱的中华文化短视频议题

(二)中华文化短视频对外传播的问题及认知困境

本文对 TikTok、优兔等平台的中华文化类短视频进行数据分析、案例对比,发现中华文化短视频的对外传播、塑造海外 Z 世代对华认知面临着诸多痛点、堵点，有待进一步优化、解决。

一是数量庞大的海外自媒体对华认知尚不全面，中华文化话题优质创作者数量相对较少，部分 Z 世代对华认知被误导。海外 Z 世代更易对素人、网红等自媒体博主产生信任。但事实上部分自媒体内容创作者对华存在刻板印象或错误认知，例如 TikTok、优兔等平台上就充斥着不少曲解乃至诋毁中华文化现象的内容，其观点倾向、价值导向极大偏离了客观实际。TikTok 平台上就有许多关于汉服与韩服"雷同"、中国农历新年"来源不明"等观点类短视频，刻意引导 Z 世代受众产生对立情绪，导致海外 Z 世代极易对中华文化产生负面认知。

二是视频题材以常见的文化元素为主，易导致海外 Z 世代对华认知固化刻板，难以产生持续吸引力。例如，在 TikTok 平台话题 #chineseculture 下播放量排名前 50 的作品中，11 个议题为 #Hanfu（汉服），12 个议题为 #handicraft production（手工艺制作），8 个议题为 #chinese learning（中文学习）。此类流量较高的短视频对现象背后的文化、制度与历史内涵阐释较少。例如 TikTok 博主 @different culture 2023 年发布的视频 "lion dance"（舞狮表演），尽管收获 53 万人次点赞与 1.3 万条评论，但缺乏背景解说与观点引导，导致评论区充斥着戏谑嘲讽的内容。

三是海外短视频平台的娱乐化舆论氛围解构中华文化意蕴，文化价值大打折扣。例如中国歌曲《一剪梅》被美国 Z 世代博主剪辑成"鬼畜"视频，韩国网友改编"土味"版《向天再借五百年》等，这些原本蕴含丰富中华文化的歌曲被个别海外网友改编并搭配"恶搞"的背景画面后，文化价值大大降低。与此同时，许多中国主流媒体以及中国籍个人博主的短视频难以得到宣介、推广，中华文化价值观难以真正"走出去"，中华民族现代文明的对外话语转化存在诸多现实挑战。

三、中华文化短视频的典型案例与传播模式分析

（一）巧设符号议题，引导海外 Z 世代形成对华感性认识

1. 传统文化符号：汉服、美食、古建筑类短视频流行

汉服及各类少数民族文化服饰短视频在 TikTok 平台上传播效果突出，话题 #hanfu 浏览量超过 14 亿次，话题 #hanfugirl 浏览量达到 1.26 亿次。中国美食借助短视频拍摄手法，吸引众多海外 Z 世代青年关注。如在优兔平台短视频博主 @ 滇西小哥通过朴实无华的镜头，展示原生态的云南美食，被海外青年称赞道："从农田到餐桌，这已是一种艺术。"以推送新鲜有趣的新疆美食为特色的优兔账号 @Tianshan Fairyland（天山奇境）2023 年发布的"新疆烤包子"短视频，客观真实展现新疆特色美食文化，播放量达 7319 万次，互动量超 51.3 万次。历史文化遗迹、民族舞蹈、民乐类短视频深受海外青年喜爱。人民日报 TikTok 官方账号 @PeoplesDaily 2023 年 4 月发布的贵州省西江苗寨夜景短视频，沉浸式展现传统建筑特色，搭配轻音乐营造自然恬静、放松心情的氛围，吸引众多海外网友点赞。

2. 现代文化符号：大熊猫、城市、高铁、自然风光类短视频兴起

面向海外 Z 世代的短视频案例的另一个重要表征是不断结合中国发展现状，挖掘并传播反映新时代社会文化生活的标识符号。国宝大熊猫在短视频平台中"网红"属性凸显，在人民日报 TikTok 官方账号的短视频浏览量榜单上，关于大熊猫的短视频总点击量超 3300 万次、点赞量超 200 万次。地方城市文化、景观也是典型的现代中华文化符号，珠江夜景、东方明珠、山城江景在 TikTok 平台上成为"流量爆款"。主流媒体深耕地方文旅资源，2023 年环球网与海南国际传播中心联合打造的《琼岛环游记》系列视频，从自然风貌、人文情怀、城市温度等角度呈现海南的生机活力，脸书、TikTok、推特（X，原 Twitter）、优兔等平台累计播放量超 1000 万次。

表 1 符号议题类海外短视频案例的传播效果

发布主体	发布时间	视频内容	符号议题	浏览量	网友评论示例
@滇西小哥（Dianxi Xiaoge）	2018年12月	中国特色美食毛豆腐的吃法	中国美食	优兔5538万人次	1. 它的美妙之处在于她从零开始制作了一切。从农田到餐桌上的食物。这本身就是一种艺术。 2. 没有人注意到这些精彩视频背后的出色摄影和编辑吗？向这些制作人致敬。
@李子柒（Liziqi）	2019年1月	年货小零食特辑	中国美食	优兔1.3亿人次	1. 在内心深处，我知道这就是生活真正应该是的样子。 2. 这是令人感动、美丽、真正美好的生活，感谢你提醒我们生活是多么美好而简单。 3.喜欢这些小食品。谢谢你的分享。
@Songsong and Ermao	2020年12月	麻辣食物挑战	中国美食	优兔1.8亿人次	1．哇，他们吃的辣食比韩国人还多。 2.他们让食物看起来太好吃了。 3. 我喜欢他们吃东西的方式。
@maisieding6688	2022年10月	戏曲服饰变装	中国戏曲	TikTok2773.4万人次	1.作为一个喜欢戏装和京剧的人，看到这个真的很酷。 2.对所有使这些成为可能的人表示极大的尊重。
@汉衣华裳	2023年3月	中国女生汉服展示	民族服饰	优兔1108万人次	1. 中国女孩子们真的很可爱、很漂亮。自从我开始看中国古装剧以来，我就喜欢上了中国的服饰。 2. 中国汉服真的很美丽。 3. 喜欢所有的风格，每一个都看起来很漂亮！
@yasminvroon	2023年5月	重庆特色城市建筑	地方城市	TikTok2422.2万人次	1.我只去过西安、苏州、北京和上海，这个城市在我的清单上。 2.地铁从房子里穿过，这太科幻了。
@JWRelax	2023年6月	中国最美丽的地方	自然生态	优兔3195万人次	1.非常独特，我甚至无法想象它们是如何被创造出来的。 2.重庆和华阳湖看起来非常美丽。

发布主体	发布时间	视频内容	符号议题	浏览量	网友评论示例
@arthurharrison31	2023年8月	展示中医养生的护理方法	中医文化	TikTok 4365.9万人次	1. 所有尝试这个视频的人请回复。 2. 我刚开始尝试了大约五分钟，作用很明显。
@peter.pan810	2023年9月	展示古代制纸的工艺	手工艺	TikTok 2949.5万人次	1. 我想知道有多少人忘记了竹子埋在哪里。 2. 制作竹纸大约需要五个月的时间。
@iPanda	2023年10月	熊猫宝宝	国宝大熊猫	优兔 9601万人次	1. 即使是熊猫也受不了熊猫宝宝的可爱。 2. 这让我感动得心都化了。看到这位妈妈是那么爱她的小天使，真是太美了。这就是爱应该是的样子。

（二）故事情节亲民，深化Z世代对华人文社会认知

1. 虚构故事类

虚构故事类短视频借用文学笔法，将中华传统文化符号进行故事化和情感化表达，赋予中华文化符号在跨文化传播语境下更强的思想性，引发国内外Z世代共鸣。取材于中国自然与人文环境打造的国产开放世界游戏《原神》是近年来"文化出海"成功案例，游戏角色"云堇"以"京剧艺术工作者"为原型设计，根据该角色制作的剧情类短视频《神女劈观》在优兔平台累计获得超1000万次播放量，在海外Z世代心中成功树立巾帼英雄的人物形象。2023年1月，《原神》在优兔平台发布新春视频短片《鱼灯》，将已有600年历史的安徽歙县鱼灯节与游戏场景"海灯节"巧妙融合，讲述"游子千里，灯燃家在"的感人故事，传递对"家庭""团圆""游子离别"等中华文化情结的现代性思考。该视频中英文官方账号播放量累计达57万人次，引起海外Z世代对家庭、亲情等话题的共鸣。

2. 生活纪实类

以真实人物和场景为基础的生活纪实类短视频为海外Z世代了解中国生

活面貌、理解中华文化提供了窗口。优兔博主 @ 雨琪在芬兰以一个跨国家庭的中国妻子形象，借助短视频分享在芬兰家庭中制作中华美食过程，"年夜饭""四川话""中芬生活用品大 PK"等主题短视频受到海外网友好评。2020年优兔平台的热门短视频作品"中国菜在芬兰人餐桌上的惊艳表现"共获得 107 万人次观看和 1.5 万次点赞。华裔跨国家庭博主 @ 玲玲的美国生活、@ 田纳西 Jay 和 Ari 分别从外国公婆、跨国夫妻烹饪两个小切口出发，展示中西结合家庭生活场景和文化融合过程，有海外网友评论"中国家庭竟然能吃到这么多美食"。这些短视频叙事突出"烟火气""人情味"，以"客观生活记录者"的形式，生动展现中国人文社会生活，塑造亲切、友好、勤劳的中国人形象。

表 2　故事情节类海外短视频案例的传播效果

发布主体	发布时间	故事剧情	形式类别	浏览量	网友评论示例
@毒角SHOW	2019年9月	让外国人品尝中国食物	街拍、街采	优兔27.5万人次	1.不只让美国人见识到中国的美食，也让他们知道我们的热情。 2.这种抛开当下政治、文化、种族的互相尊重，心里突然感受到一丝暖意。 3.在你身上看到了正能量，好多视频让我看得心情澎湃，我很感动。
@雨琪在芬兰Yuqi in Finland	2020年5月	跨国家庭中的中国女性	Vlog	优兔108万人次	1.真心真意的文化交流很暖心。 2.博主把中国女性的美与自信展现得淋漓尽致！
@田纳西Jay和Ari	2022年10月	跨国家庭对中式烹饪的喜爱	Vlog	优兔21万人次	1.和谐带来正能量，超级无敌喜欢这个大家庭。 2.这是舒适地度过了轻松的一天，我很喜欢吃美味的烤中国菜！

续表

发布主体	发布时间	故事剧情	形式类别	浏览量	网友评论示例
@Genshin Impact	2023年1月	家庭观念、中式父子关系	剧情演绎	优兔45万人次	1.他们不必这样做，但他们这样做了，想要在世界各地分享他们的文化。我真的很感谢他们为这款游戏所做的工作。 2.我希望这成为人们开始更多地欣赏其他文化、尊重它并与我们一起庆祝的一种方式。世界不应该被分割，让我们享受彼此分享和庆祝我们的文化。
@chinesewithmia	2023年9月	动态视频和真人讲述结合介绍中国民族服饰	实景科普	优兔418万人次	1.每次看到这样的视频真的很惊艳！ 2.为什么我的老师不能这样教历史？ 3.她们在美好的传统文化中成长。

（三）主流价值共鸣，寻求Z世代对华文化观念认同

1. 主题策划类

近年来，主流媒体等机构通过短视频形式在海外Z世代群体方面发力，成为与海外Z世代建立情感联络、传递中华文化思想的主力创作者。比如，围绕"和"文化与共同体理念，人民日报英文客户端推出主题宣传片《"和"与世界》，用三维动画技术意象化再现中华历史文化故事和人物，凸显中国"和"文化与人类命运共同体理念形成的历史根源与发展脉络。2022年，人民日报借北京冬奥会这一重要主题，在英文客户端发布宣传片《北京之约》，将"和"文化和奥林匹克核心价值观交织起来，融合北京2008年奥运会开幕式中国古典舞舞者形象，展示了极具特色的文化元素与共同体文化理念，在人民日报新媒体矩阵浏览量超1300万人次，并被巴基斯坦、菲律宾等国家和地区的媒体转载。在文化传承与民族观念表达上，环球网运维的TikTok账号@GlamourChina坚持以文化价值传播为主导思路，以柔性叙事为主要方法，邀请外籍主持人游览湖北省神农架、海南省琼剧发源地、新疆少数民族村落

等，拍摄制作短视频，生动展现传统非遗与现代人文风貌，传播中国诗意乡野生活、中国城市文旅风采。该账号多条短视频浏览量突破百万人次，并有海外网友评论感慨道："这真是很棒的经历！很想去体验！"

2. 沉浸体验类

以外籍网红、留学生为叙事主体的沉浸体验类视频以"润物细无声"的方式讲述中华文化主流价值。同时，作品的沉浸感与互动感符合 Z 世代的接受习惯，带来丰富的情绪价值，满足其休闲、猎奇、学习等需要。2022 年春节期间，中国网联合北京第二外国语学院推出的一档名为《非遗过大年》的短视频节目，聚焦中国青年学子与汉语学院的国际留学生，共同走近非遗传承人，感受传统非遗与年文化的魅力。该系列短视频通过各类主流海外媒体发布，以 Z 世代影响 Z 世代，冬奥期间被海外主流媒体转发超过 2000 次[①]，海外网友表示"我喜欢这些互动""中国人很友善"。

表 3　主流价值类海外短视频案例的传播效果

发布主体	发布时间	价值观	视频内容	浏览量	网友评论示例
@CCTV中国中央电视台	2017年9月	工匠精神	中华百工系列视频合集	优兔2.6万人次	1.这真是太有趣了。我猜这些熟练的工匠/艺术家们越来越稀缺，这些短片非常珍贵，因为它们记录了他们独特的手艺。2.我偶然发现了这个视频，但我非常感兴趣，想看一些类似的带字幕的内容。
@CCTV中文	2019年1—10月	"和"文化、人类命运共同体	外国人在中国系列视频合集	优兔200万人次	1.中国文化怎能不吸引人呢？爱中国的文化。2.希望你在中国幸福快乐。

---

① 北京第二外国语学院.《非遗过大年》系列国际传播短视频助力中国传统文化全球推广 [EB/OL]. (2022–03–02).https://www.bisu.edu.cn/art/2022/3/2/art_18951_291193.html.

续表

发布主体	发布时间	价值观	视频内容	浏览量	网友评论示例
@CGTN（中国国际电视台）	2019年3月	坚韧不拔的民族精神	中国功夫系列视频合集	优兔1000万人次	1.作为印度人，中国让我惊叹和吸引的点是，中国不仅建立了经济和军事强国地位，还建立了文化强国地位。2.现在这才是值得保护和永久保留的文化！不是奇怪的古代戏服，过去就过去了。将过去的力量转化为现代生活是很棒的。
@Blueberry TV（浙江广播电视集团）	2022年8月	爱情、忠义	"诗画江南 活力浙江"文明探源国际传播系列视频合集	优兔32.9万人次	1.这是一个很棒的视频。我会一直在韩国为你加油，期待更多精彩的视频。祝你愉快。2.一如既往地产出好视频！
@CCTV春晚	2024年2月	年文化、天下一家、文化传承	2024年总台春晚视频合集	优兔143万人次	1.中国新年快乐！（Happy Chinese New Year！）2.中国的新年是非常盛大的节日。

四、借助中华文化短视频构建海外 Z 世代对华认知策略思考

（一）从宏大叙事向"小而美"转型，扩大外层文化吸引力

一是更新中华文化对外传播符号图谱，融入具有现代性、流行性的文化元素。针对 Z 世代国际传播理念创新，清华大学新闻与传播学院教授史安斌提出，"要秉持'转文化传播'的思维，结合'Z 世代'关注的议题，进行定制化和叙事化的传播"。当下，中华文化短视频亟须抓住对 Z 世代更具吸引力的"文化杂糅"或"第三文化"等新媒介文化①。主流媒体可以依托已经"走出去"的中华流行文化，在短视频题材和内容策划上，深度融合具有典型代表性的中国音乐、电影、网络影视剧、网络文学、游戏、动漫等，树立年轻

---

① 史安斌，杨晨晞 . 面向 Z 世代开展国际传播的理念创新与实践路径 [J]. 新闻战线，2023(15)：41–43.

化、潮流化的文化认知。充分挖掘"中国式现代化"发展成果，从现代城市、航空航天、大国重器等维度，构建融合各地方文化、现当代文化及网络流行文化的中华文化符号图谱，不断丰富短视频传播的题材内容，基于全媒体传播矩阵，确定全球化传播、全局化推广的文化传播方向。

二是借力华人华侨与外籍青年，用小切口讲好大故事，提升舆论引导能力。在传播主体方面，通过鼓励、支持、引导海外自媒体的发展，探索 UGC（用户生产内容）模式向 PUGC（专业用户生产内容）模式转变的路径[①]。主流媒体联动在海外具有影响力的华人华侨、外籍友人等，推出符合海外青年兴趣的原创内容。对自媒体博主，引导其形成定制化、精准化创作思维，抓住本土国家青年群体中的热点话题，发表真实内容，创新传播方式，有效吸引海外 Z 世代。

（二）从说服教育向沉浸互动转型，树立中层文化认可度

一是预设"隐含的读者"，凸显短视频的真实感、亲切感。"隐含的读者"是德国接受美学代表人物沃尔夫冈·伊瑟尔（Wolfgang Iser）提出的概念，指的是作家设定的预想读者，能够具体化文本。短视频由其形式、时长等的限制，不宜过度强调说教，而应以客观、真实的视角预设隐含的读者，引导海外青年了解中华文化。积极收集海外短视频的评论文本及效果数据，以传播效用反哺内容生产，为策划选题提供指导方向，选择合适的方式进行呈现。例如美食类短视频，应尝试结合海外 Z 世代喜爱的"吃播""直拍"教程类内容，预设观众在观看视频时的心理动态与情绪变化，以更加亲民的方式建构"读者视角"，促使其由感官上的快感延伸至情绪认知上的美感，形成对中华文化整体的美好想象。通过转换生产者与接受者视角，以构建"受众叙事"，更平易近人，更春风化雨[②]。

---

① 王沛楠. 中国互联网企业海外短视频平台上的中国形象分析——以短视频平台 TikTok 为例 [J]. 电视研究，2019(04): 30–32+57.

② 张薇薇. 借力新媒体平台，向世界讲好中国故事——以民间美食短视频为例 [J]. 今传媒，2021, 29(07): 1–3.

二是善用热门网络模板，突出短视频的沉浸感、交互感。短视频滤镜、特效、BGM、表情包等已成为 Z 世代新的网络语言，基于当前国内丰富的大众文化生活，应选取真实、生动的生活场景与艺术形式，结合短视频滤镜、挑战类活动等吸引海外 Z 世代参与二次创作。借助沉浸式、交互式的短视频互动传播，潜移默化地影响海外年轻人认知，力求创造中华文化短视频体验场域，增强海外青年"粉丝"黏性，让更多海外 Z 世代了解中国国情与中国人的生活观念。

（三）从文化输出向文化交流转型，加深内层观念认同感

一是主动打造典型 IP，创设自信、友好、亲切的中华文化形象。从符号到形象，从视频到 IP，中华文化在对外传播过程中应对标海外文化，寻找能够深入人心的人物、形象，不断深化海外 Z 世代的情感认同。例如，短视频《逃出大英博物馆》爆火出圈，关键在清晰讲述了从大英博物馆逃出的小玉壶的故事，将中国文物进行"拟人化"，唤起海内外网友对中华历史文物的关注与共鸣。在短视频生产创作过程中，应精心设计角色、设定人物，打造典型的中国故事形象，以系列化的短视频内容让海外 Z 世代对某一领域的中华文化产生浓厚兴趣，促使其"追更""催更"，真正参与到 Z 世代文化生活中，为其建构全面立体的对华认知奠定基础。

二是寻找共通性议题，树立自由、开放、包容的中华文化认知。在全媒体时代，中华文化短视频创作应保持开放、包容的"心态"，在文化交流中输出属于东方文化的独特叙事风格和多样文化内容，在共同价值、全球议题中寻找中华文化的立足点。一方面，中华文化短视频应主动传播中华民族的核心价值观，如仁爱、和谐、诚信、尊重、共同体观念等。另一方面，中华文化短视频也应开放包容，探索人类文明多样性和共通性，关注可持续发展、生态保护、人权保障、个性价值等全球议题，以及青年普遍关心的社会、教育、家庭等问题。通过回应这些议题，中华文化短视频与全球青年建立共鸣，引发共同思考和行动，寻求海外 Z 世代发自内心的认可与认同。

综上所述，在面向海外 Z 世代群体传播中华文化、构建其对华认知过程中，短视频扮演着日益重要的角色。主流媒体在开展国际传播过程中应善用这一渠道平台，秉持守正创新、交流互鉴的理念，拓宽中华文化议题，强化多元制作能力，推出更多短视频精品，促进更多海外 Z 世代形成对华认同。

"共情"作为动力机制：国际传播视野下
短视频新闻的语态变革与情感化策略

何天平　蒋贤成 [①]

【摘要】 短视频在当今国际新闻传播中的角色愈加显要，这与情感因素对其的深度介入密不可分。本文从情感性的线索出发关切国际传播语境下的短视频新闻，解析作为技术形式的短视频何以塑造新闻产品的情感逻辑，在此基础上归纳短视频国际新闻产品回应用户情感需求的语态更新、语态转化、语态升维。语态变革带来形态调适，本文也进一步指出作为动力机制的"共情"在面向国际传播的短视频新闻生产中所扮演的重要角色，通过结构性地作用于选题把关、内容生产、文本呈现、产品分发、反馈互动等环节并形成"共情之环"的探索建构，尝试从中提取规律性的情感化策略以启发国际新闻传播"讲好中国故事"的效能提升。

【关键词】 国际新闻传播　短视频新闻　共情　语态　情感化策略

一、引言

伴随着全球性社交媒体平台的基础设施化发展，短视频正逐步成为不同国家民众进行跨国、跨文化交往的重要传播形式。例如，2022 年初，北京冬奥会成为全球关注的中心话题，以吉祥物"冰墩墩"为代表的各类冬奥议题成为国内外新闻热点，不同国家的媒体和民众纷纷通过短视频的形式表达对

---

① 何天平，中国人民大学新闻与社会发展中心研究员，中国人民大学新闻学院副教授；蒋贤成，中国人民大学新闻学院博士研究生。本文系中国人民大学科学研究基金（中央高校基本科研业务费专项资金资助）项目"5G 前景下我国视听传播生态演变与治理研究"（项目编号：23XNA030）的阶段性成果。本文原发表于《中国出版》2023 年第 12 期。

"冰墩墩"的喜爱之情、对赛事举办成就的钦佩与赞赏之情等[①]。2022 年末，在卡塔尔世界杯期间，以赛况进展、运动精神、球员成就等为主题的各类短视频新闻同样"席卷"全球，各国民众再一次通过社交媒体平台的接入与短视频新闻的阅听实现跨国联结，于全球共在、便捷即时的媒介仪式中获得全球共通的情感体验，并促成全球共享的情感记忆。

可以看到，短视频新闻在国际传播中的崭露头角，与情感因素的深度介入关联紧密。从基本表现看，短视频新闻作品蕴含的情感要素越来越鲜明地影响用户对新闻的把握与理解，用户反馈也会反过来重塑短视频新闻的生产与传播逻辑；从深层结构看，情感逻辑的延伸得益于技术逻辑的形塑，技术逻辑与情感逻辑的结合也进而增益了通过加强情感连接促进国际传播功效升维的可能性。作为新兴技术样式代表的短视频新闻无疑具有嵌入情感因素的天然条件，在情感机制与算法机制的双向构造中迅速推进着跨国虚拟共同体的搭建与整合[②]，此类探索正日益体现出重要意义。

更进一步地，上述变化也意味着，短视频之于当前的国际新闻传播能力建设，或许不仅仅作为一类"文本"存在，而有更充分的潜质被构造为一种"角色"。这一"角色"面向着全球平台化时代的国际新闻传播，定位于以短视频为内容增长点、以情感为显在传播逻辑、以算法为底层组织建制的结构性样态，回应着平台化时代面向多维主体、进行共创传播的国际传播新格局[③]。据此，本文尝试从情感性的线索出发关注国际新闻传播领域正发生的结构性变化，以短视频新闻这一崛起中的新兴传播样式为考察对象，结合典型案例阐释情感机制介入其中所产生的语态变革与形态调适，从情感化策略建构的角度为短视频新闻"讲好中国故事"的效能提升提供启示。

---

① 梁湘梓，刘海海．从"情感按摩"到"情感消费"：北京 2022 冬奥会短视频的模因传播研究 [J]．成都体育学院学报，2022，48（06）：60–65.

② 何天平，蒋贤成．算法介入国际传播：模式重塑、实践思考与治理启示 [J]．对外传播，2022（10）：34–38.

③ 姬德强．平台化突围：我国国际媒体提升传播效能的路径选择 [J]．中国出版，2021（16）：8–11.

二、新闻业的情感之维与国际新闻传播的共情转向

长期以来，情感问题都被视作"新闻编辑室中的大象"（elephant in the newsroom）[①]。换言之，"情感"作为贯穿新闻生产传播各环节的重要元素，在传统新闻业对新闻价值规范的诠释中，常被认为具有破坏新闻客观性原则的风险，新闻界因此对新闻的情感问题讳莫如深。数字时代的到来则极大地改写了情感之于新闻业的失语境况：这一方面源于新闻生产中情感内涵所得到的进一步开掘；另一方面，媒介技术环境的更迭促使人与媒体、新闻的关系得以重塑，人们获取新闻不再只是一种单纯寻求信息的工具性行为，而是更多地包含心理依恋、数字共存等情感意涵。不难发现，对于数字时代的新闻业，情感已成为具有构造性的核心要素之一[②]。

情感之于新闻生产是一个极具复杂性的概念。过去，情感议题更多地被框定在新闻生产者对于新闻的情感投注范畴内，新闻生产的情感性主要体现为构造新闻文本过程中的情感元素等用户可见的前台行为，以及记者在新闻生产过程中的情感劳动等用户不可见的后台行为[③]。但今天的新闻业对情感议题的诠释显然拥有了更开阔的视野。对此，有研究指出新闻业的情感转向应以受众为中心（audience-centered），情感驱动下的新闻业不仅需要应用各种沉浸式传播技术以实现传播内容的语态革新，更需要时刻将受众置于情感投注的核心、以实现用户与新闻业的"重新联结"（re-connecting）[④]。

对于这种以构建新闻媒体与受众之间的同向性、互惠性情感关系为旨归

① KOTISOVA J. The elephant in the newsroom: Current research on journalism and emotion[J]. Sociology Compass, 2019, 13(5): e12677.

② BECKETT C, DEUZE M. On the role of emotion in the future of journalism[J]. Social Media+ Society, 2016, 2(3): 2056305116662395.

③ KOTISOVA J. The elephant in the newsroom: Current research on journalism and emotion[J]. Sociology Compass, 2019, 13(5): e12677.

④ LECHELER S. The emotional turn in journalism needs to be about audience perceptions: Commentary-virtual special issue on the emotional turn[J]. Digital Journalism, 2020, 8(2): 287–291.

的新闻实践，"共情"（empathy）就成了能够更精准描述这种从情感目标出发、充分体现受众视角进而来提升新闻传播效能的重要机制的核心概念。既有的实证研究也表明，新闻工作需与新闻故事主角、新闻受众等多重主体建立广泛的情感连接，共情因而被视作塑造当前新闻实践的一种关键机制，成为生产高品质、符合道德规范、具有真实性与温度的新闻产品的重要前提①。

当然，"共情转向"不只发生在同一社会文化语境内部的新闻生产或新闻消费过程中，如何创设跨国、跨文化新闻流动中的共情体验同样构成了一个显在的研究命题。情感相比信息本身往往更具备增进沟通认知、促进认同构建的天然优势，这就意味着"共情转向"在这一范畴内的探讨，不仅关涉新闻生产议题，更具有对于加强国际新闻传播能力建设的启示意义。

然而，相较当下日益频繁的跨国新闻流动、跨境新闻实践，对情感性介入国际新闻传播的学术研究则要显得"冷清"许多。这也在提示我们，从"共情转向"出发来推进国际新闻传播的研究具有重要价值。从宏观视野看，情感因素对于国家对外决策的形成、集体身份认同的构建正日益发挥重要作用②。当前国际传播语境下，政治极化现象与新"冷战"思维的出现，促使国际新闻的传播与接受过程越来越多地受到情感因素的影响。国际受众相较以往更可能因为个人的情感接纳度而选择性地接触其他国家的媒体，也更可能在未经理性思考与充分审视的情况下形成对其他国家媒体的负面情感，从增进情感连接出发建立传播的有效通路便成为提升国际新闻传播能力的关键机制。从微观视野看，情感性与技术性的结合也为国际新闻传播能力的提升创造了巨大的想象空间。基于算法的新闻产品形态构造，如短视频新闻在社交媒体平台的智能生产与分发等，都为围绕"情感"的新闻表达与沟通提供了更精准而高效的技术保障（这自然不排除同样可能造成的负面影响风险）。情感性与技术性的交缠，提供了一种着眼于"共情"目标以诠释新闻性的全新

---

① GLÜCK A. What makes a good journalist? Empathy as a central resource in journalistic work practice[J]. Journalism Studies, 2016, 17(7): 893–903.

② 王硕. 国外学界关于国际关系中的情感研究 [J]. 国外社会科学前沿，2022, (7): 24–34+95.

方案。相较传统新闻业更多停留于新闻编辑部内部的新闻价值协商而言,今天的受众与受众之间所拥有的通过情感连接而形成的对于新闻价值规范的共同解释权就显得至关重要,这样的变化同样能够助力打破国际新闻传播过程中存在的诸种信息壁垒。

不难发现,伴随作为规范性话语的"情感"之于新闻业的影响日益凸显,"共情"也已经成为激发国际新闻传播创新的关键动力机制。如何理解其从理念到实践的进路?相应的情感化策略构建与实施何以可能?这里将重点以短视频新闻的国际传播为典型案例展开进一步探讨。

三、国际传播中的短视频新闻:情感逻辑介入下的语态变革

媒介技术环境的变迁,促使情感要素在国际新闻生产传播中的地位进一步凸显。同时,新闻生产的情感转向又进一步推动媒体从业者通过采取短视频新闻、虚拟现实(VR)新闻、新闻游戏等新兴文本形式提升用户在新闻参与过程中的共情体验[①]。而在这些崛起中的技术化新闻作品中,短视频新闻因其技术门槛低、使用场景广、传播便捷性高等优势成为最具下沉性的一类文本,进而创设出从情感连接角度出发增进新闻联系受众与建构现实能力的极大施展空间。这首先缘于短视频作为一种新兴媒介技术的可供性(affordances)为情感逻辑介入短视频新闻国际传播提供了充分机遇。

其一,短视频等媒体平台的基础设施化正不断加深着用户对于平台及相关信息的"情感依赖"。当前,短视频作为平台社会中的一种文化"短中介",有逐步向数字基础设施发展的趋势,能够发挥搭建数据中心、拓展计算服务、形塑政治文化等多重功用[②]。以抖音国际版(TikTok)为代表的短视频平台在全球已具有较大规模的受众范围与较强的用户黏性,国际受众通过短视频平

---

① LECHELER S. The emotional turn in journalism needs to be about audience perceptions: Commentary-virtual special issue on the emotional turn[J]. Digital Journalism, 2020, 8(2): 287-291.

② 姬德强,白彦泽. 作为数字平台和基础设施的短视频——一个传播政治经济学的视角 [J]. 广西师范大学学报(哲学社会科学版),2022, 58(3): 71-82.

台这一便利、易达的传播渠道获取相关新闻信息，能够有力降低接触成本、减少情感折扣，使用户在与媒体构建"亲密关系"的过程中实现更有机的情感联结。

其二，外显化、多模态是增强传播过程中情感表达效能的重要机制，这也是作为技术形式的短视频具备的先天优势。以短视频为代表的社交媒体传播在感官线索上的管理能力（cue-manageability）具有强劲潜能，能够综合调度视觉、听觉等感官实现丰富多元的情感表达[①]。因此，传统新闻传播形态中内隐、暗含的情感线索，正通过嵌入短视频技术形式的各类视听符号调度关系、声画组合方式与蒙太奇手法运用等路径，构建出不以非理性为代价且传达直观、形态多元的具有情感性的新闻内容。这也让国际新闻传播语境中由文化差异等因素造成的传播隔阂得以通过"短平快"且表意潜力充分的新型视听语言实现有效转译。

其三，短视频新闻传播在时间上的可伸缩性、空间上的广布性，以及传者与受者身份的可转换性，正极大地丰富并延伸着情感表达的影响链条。尤其在短视频新闻所主要栖身的社交媒体环境中，传播的可扩展性（scalability）、异步性（asynchronicity）大为拓宽了情感因素在个体、人际、群体、社会、国际等不同维度传递、延伸、互动的可能性，这促使短视频新闻的情感表达能够在更广泛的关系语境中实现流动。当传受者之间的界限趋于模糊、角色转换更为便捷，国际用户就不再仅是作为信息产品的短视频新闻的被动接受者，更是作为情感产品的短视频新闻的表达者、中介者，充当多重情感表达角色并获得多重情感体验。同时，泛在于短视频新闻中的情感性对于消解国际传播中的信息接受屏障也能形成重要助力。

更进一步地，传播模式更迭、传播环境重塑也会带来新闻产品的语态变革[②]。伴随短视频技术形式基于其可供性所创设的情感卷入机制，相应带来了

[①] VALKENBURG P M. Understanding self-effects in social media[J]. Human Communication Research, 2017, 43(4): 477-490.

[②] 彭兰. 新媒体时代语态变革再思考 [J]. 中国编辑，2021(8): 4-8.

国际传播语境下的短视频新闻日益显著的语态变革，这主要体现在三个方面。

其一，短视频新闻产品正呈现出贴近性、多模态的语态更新趋势，以满足用户在个体感知层面的情感需求。国际用户在新闻接触中的情感需要，可大体分为偏重获取资讯的信息性情感需求与偏重感官体验的审美性情感需求两个层面。一方面，为满足用户在信息层面的情感期待，国际传播语境下的短视频新闻正不断凸显产品的贴近性，以亲和力、生活流、自然感的语态向国际用户讲述最具关联性的新闻信息。例如，在中国日报（China Daily）推出的"小彭视频博客"（小彭 Vlog）系列短视频新闻中，记者小彭没有采取严肃板正的媒体主播口吻，而是以朋友的姿态与新闻主人公对话，讲述国际新闻与国际用户的内在关联，通过个人化、关系化的"诉说—倾听式"互动推动媒体与用户之间构建起更趋认同性的情感关系。另一方面，为提升用户在审美层面的情感体验，国际传播语境下的短视频新闻正不断拓展、丰富其传播的感官通道。在视觉语言层面，短视频新闻可以依据差异化的传播主题，广泛利用自然风景、生活场景、特效场景等不同视觉元素吸引用户注意力，并引导用户进入相应的情绪状态。在听觉语言层面，短视频新闻可以综合使用口播、旁白、现场原声、音效、背景音乐等形成丰富的听觉符号系统，配合视觉文本为用户营造具有沉浸感的观看情境。此外，为了应对差异化的传播目标及传播语境，声画关系的不同组合方式也能创造出更趋多样的情感体验，这对于消解国际用户因不同文化语境的认知基础而形成的对国际新闻产品的认知屏障具有积极意义。

其二，短视频新闻产品正经历迈向互动化、社交化的语态转换过程，以满足用户在关系建构层面的情感需求。数字时代，国际用户采取怎样的新闻接触行为紧密关联于"如何接触""与谁接触"等议题，也即新闻产品能否吸引用户在很大程度上受到用户的新闻接触渠道及其与其他用户基于该新闻的交往状况（如点赞、评论、转发等）的影响，这在国际传播语境中有更为鲜明的表现。强调参与式的新闻接触经验、与社交媒体使用相勾连，面向国际用户的短视频新闻产品无疑有着满足上述着眼于关系建构目标的用户情感需求的天然优势，也更易于在国际新闻传播中实现多层次、长链条传播。

其三，短视频新闻产品正参与着从"以我为主"转向"多元沟通"的语态升维，以满足用户在语境创设层面的情感需求。国际新闻产品的特殊之处在于，国际用户从中获得的情感体验，并非着眼于对"我文化"的情感认同，而要去建立与"异文化"的情感通道。短视频新闻产品的形态则能助推上述情感体验的获取，其灵活、精练的表现空间可以帮助用户在哪怕不具备足够认知基础的情况下也能"语境化"地把握新闻以获取某种共通的情感共振。当然，这首先要基于多元主体平等互动的传播语境实现。故而，这样的变化也越来越得到我国新闻业在开展国际传播工作时的重视。中国国际传播媒体正日渐摒弃过去"以我为主"的"对外宣传"思路，通过多元主体、多元视角的"跨文化共情传播"讲述世界各国民众的共同故事、中国故事的世界意义与世界故事的中国视角[①]。短视频形态则为此提供了丰富的探索空间，通过系统性地升级传播语态以满足国际用户的情感期待。

四、以"共情"为线索：短视频新闻国际传播的情感化策略

既然情感因素已充分展现出对国际新闻传播的介入式影响，并结构性地塑造了包括短视频新闻在内的各类新兴新闻产品的语态和形态变革，那么我们就有必要基于对"共情转向"的认识，重新来理解和把握短视频新闻国际传播以"共情"为线索的系统性探索。通常而言，"共情"之于新闻生产关涉不同的认识维度，例如在认识论（epistemological）层面强调记者需首先切身理解新闻主角的认知与情感经历，并将其转译为受众可以理解的主体间事实；在工具策略功能（instrumental-strategic function）层面强调记者需在采访过程中表达对受访者的关怀，建立与信源之间的信任关系；在施为（performative）层面强调记者在新闻文本中通过对表现方式的控制、对图像及文本的应用塑

---

① 钟新，蒋贤成，王雅墨.国家形象的跨文化共情传播：北京冬奥会国际传播策略及效果分析 [J]. 新闻与写作，2022(5): 25–34.

造与受访者的信任关系、营造共情语境；在想象（imaginary）层面强调新闻生产者需充分考虑受众喜好与情感需求，并据此设计新闻文本[①]。上述不同的认识维度也作用于国际传播视野下短视频新闻生产传播的不同环节，基于"共情式国际传播"的核心理念相应建构出具体的情感化策略。

（一）选题把关：依据受众情感心理制定把关标准

共情式国际传播要求传播者以实现媒体与用户之间的共情为传播目标，因此其必须以受众的信息接触需求而非媒体的传播任务为选题出发点。相较于以往的"以我为主"的国际传播思路，作为动力机制的共情敦促传播者在选题阶段即充分综合考虑国际受众的信息需求与中国的传播目标，设计同时符合双方情感需求、有利于达成双方共情体验的传播主题。例如，中国日报的"小彭 Vlog"系列短视频新闻，在选题上便充分体现了与受众共情的特点。2022 年 10 月至 12 月，"小彭 Vlog"紧随中国与世界交往的一些重要话题（如中国共产党第二十次全国代表大会成功举行、习近平赴泰国曼谷出席亚太经合组织第二十九次领导人非正式会议等），亲自去往这些重要会议的举办地，通过各种生活化、趣味化的呈现方式向世界讲述中国在世界格局中的身份、中国对世界未来发展趋势的期待等内容，同时也展现世界其他国家普通民众对中国发展的认知与期望，充分体现出与国际用户在情感心理上的趋近性。

（二）内容生产：构建与受访者、受众等多元主体的共情联结

大众传播时代，传统媒体因其媒资集中的优势体现出更强的权威性，媒体与受众之间的互动关系也往往并不能做到双向对等。媒介环境的更迭与情感逻辑的介入则重塑了媒体与受访者、受众等多元主体的关系，尤其是在平台化国际传播语境中，机构媒体在面对国际受众时很难维系其作为传播主导者的角色。在共情原则的驱动之下，目前短视频国际新闻生产者在生产过程

---

① GLÜCK A. What makes a good journalist? Empathy as a central resource in journalistic work practice[J]. Journalism Studies, 2016, 17(7): 893–903.

中更加强调媒体与用户的平等角色与互动关系，并以此构建用户与媒体双向选择的共情纽带。

例如，短视频国际新闻生产者正将传统的媒体—受众关系调整为更加对等的记者—用户关系。当前，短视频新闻逐步从机构生产模式转向个人团队生产模式，媒体品牌正扩展为记者个人品牌的聚合矩阵。例如，中国环球电视网（CGTN）官网在"观点"（Opinions）栏目下为其三位知名主播（即刘欣、田薇、王冠）设置专门栏目，中国日报在优兔（YouTube）平台的账号下也为"小彭 Vlog"系列制作合集，国际用户可以便捷地观看自己感兴趣、有好感的记者所生产的短视频新闻，也更有利于建立起与记者个人的情感纽带。

此外，短视频国际新闻生产也逐步转向互动式、众包式生产。社交平台的赋能使得传播者、受访者、受众的界限日渐模糊，当今社会在某种意义上已进入"全世界都在说"的用户新闻生产时代[①]。中国国际传播媒体也顺应这一趋势，从媒体内部人员制作、层层把关的新闻生产模式转型为媒体内外联动的众包式生产模式，让更多非新闻从业者成为新闻故事的话语主体，通过调动多元主体的参与热情更好地实现多层次的跨文化共情。例如，中国日报推出的"老外看中国"系列邀请外国人讲述中国故事，将传统意义上的受众转换为传播主体，通过主客身份的变换实现了中外视角的交融互通，能够激发起更多用户对传播者的个人共情，从而实现对新闻内容的共情体验。

（三）文本呈现：通过多模态叙事手段促进用户共情体验

短视频新闻因其多模态叙事手段在构建与用户的共情关系上具有鲜明优势。国际新闻生产也充分利用短视频的多模态属性，通过视听符号的综合使用与叙事逻辑、代表性意符的精心设计，促成用户建立多通道、多层次的共情体验。

首先，短视频国际新闻生产者积极利用视听文本的具象优势，通过强化

---

① 刘鹏 . "全世界都在说"：新冠疫情中的用户新闻生产研究 [J]. 国际新闻界，2020, 42(09): 62–84.

用户的沉浸体验与意识形态符码设置，达成共情传播的目标。例如，"小彭Vlog"系列短视频带领用户跟随其足迹走进一些普通用户难以抵达的场景，让用户以身临其境的方式获得直观形象的"在场"视听体验。以小彭为代表的博主式记者转型，促使其创作的系列短视频更强调从个体体验、受众视角讲述复杂新闻故事。这些作品通常具有多元的话语主体，不仅有中国人（"我说"），也有外国人（"他说"），更有中外不同主体之间的对话与共鸣，符合讲好中外共同故事、促进构建人类命运共同体的价值旨归。在跟随镜头深入的过程中，国际用户也在潜移默化中接受并内化其叙事逻辑，促进了对中国的好感提升和对世界和平发展的信念构建。再如，小彭在巴厘岛的短视频新闻报道中展现了当地居民用巴厘岛传统乐器"铃地克"（Rindik Bamboo）弹奏中国民歌《茉莉花》，获得国际用户的广泛关注和共情。这一场景成为中外文化交流互鉴的代表性具象符号，有助于强化用户对人类命运共同体理念的信心。

更进一步地，短视频国际新闻生产者根据传播主题选择差异化的视听文本组合，从而提升作品的共情传播效能。例如，对于中外受众之间认知壁垒较小的传播主题，简洁、直观的视听文本便足以实现较好的共情效果。2021年云南野生象迁移事件吸引了全球用户的广泛关注，野生象及周围环境风景本身便是可爱中国形象的有力写照，无须过多语言解释便能让国际受众充分理解。因此，CGTN 等媒体在报道云南野生象迁移及其他自然、风景类话题时，以航拍、近景剪辑作为短视频新闻的主体，并配上少量字幕和背景音乐，一般并不配制旁白。而对于外国受众理解较为困难、政治及文化壁垒较深的一些话题，短视频新闻也可以通过不同视听元素的组合促成更有力的共情效果。例如，针对一些争议性的涉华舆论热点，CGTN 推出的《点到为止》等短视频国际评论栏目经常通过可视化的事实数据、主播个性化的解说的组合实现以理服人、以情动人[①]。对于一些体现复杂性的涉华议题，CGTN、中国

---

① 龙小农，阎庆宜. 短视频国际评论引导国际舆论的机理及效果——以 CGTN《点到为止》和新华社《火花》为例 [J]. 青年记者，2021(19): 72-75.

日报等媒体还会制作动画短视频新闻加以评述。卡通化的呈现方式有利于简化视觉文本的信息解码难度、减轻用户的排斥抵触情绪，帮助用户理解视频的核心观点与论证逻辑，在叙事共情上具有独特优势。

（四）产品分发：借助算法推荐机制实现精准共情

对于数字时代的新闻生产而言，产品分发不是新闻生产的终点，而是其迈向更广阔的社会生产过程的起点。共情传播强调的是根据受众的差异化心理特点实现有针对性的传播。根据传播主体与受众的差异，国际传播者也相应制定了层次化的共情目标，例如在国家层面充分凝聚国际社会共识、在媒体层面实现广泛融情、在民间叙事层面促进精准共情等[1]。在多层次共情原则的驱动之下，当前的短视频国际新闻生产者也更加强调根据用户心理与情感特征进行产品的精准投放。

在国家层面，不同国家的制度文化具有鲜明差异、对华态度亦有亲疏之别，国际传播者需要动态评估中国与对象国的文化距离、心理距离，将心理距离较小的国家作为传播的主要目标对象，制定适应不同国家文化特点、差异化的分层国际传播目标[2]。其中，多语种短视频新闻便是精准共情的典型案例。全球化孕育了更多的双语者乃至多语者，但有研究发现，即使是通晓英语的西班牙语母语者，他们阅读英语材料也不如阅读母语西班牙语时的情感反应强烈[3]。因此，多语种短视频新闻不仅能够触及更广泛的国际受众，也能以更贴近用户心灵的方式实现情感共鸣。例如，CGTN 推出的西班牙语主播团队"贵斌说"工作室（Hora de Hablar）在其脸书主页上持续更新西班牙语

---

① 徐明华，李虹. 国际传播中的共情层次：从理论建构到实践路径 [J]. 对外传播，2022(08): 53–57.

② 向志强，李沅津. 心理距离下中国对外传播目标国分层策略研究 [J]. 传媒观察，2022(05): 77–83.

③ IVAZ L, COSTA A, & DUÑABEITIA J A. The emotional impact of being myself: Emotions and foreign-language processing[J]. Journal of Experimental Psychology: Learning, Memory, and Cognition, 2016, 42(3): 489–496.

短视频新闻，有利于拉近与西班牙、拉丁美洲及更大范围的受众的情感距离。

在个人层面，国际受众中的不同个体因其身份认同差异、个人经历及媒介接触习惯等，也具有差异化的对华态度及情感。当前，中国国际传播媒体依托平台算法机制实现产品的精准投放。平台算法推荐机制依靠对点赞、分享等情感化指标的计算[①]，可以实现向不同目标受众推送差异化的传播内容，既有利于让对中国具有较好情感基础的受众进一步理解中国，也有利于循序渐进地减轻与中国心理距离较远的受众的情感偏见。

（五）反馈互动：依靠情感纽带实现"共情之环"

情感要素的作用，不仅体现在新闻制作的后台过程和新闻文本的前台过程，也体现在用户对新闻文本的反馈与互动之中。有实证研究表明，数字时代新闻用户的情感实践包括情感唤醒、情感表达与情感规制三个环节[②]，用户对短视频新闻的情感反馈及后续表达、媒体与用户的情感互动在很大程度上决定了新闻文本的最终阐释框架与舆论影响趋向。

对于国际传播而言，传统的国际传播信息流通常只是"媒体发出—用户接收"的单向过程，用户与媒体之间难以建立起直接的沟通渠道、实现传者与受众之间的反馈与互动。而短视频平台的发展促成了国际传播的社交化、个人化与视频化演进趋势[③]，媒体与用户之间丰富的互动手段、媒体发起的面向用户的各种活动、用户基于平台生产内容并与媒体互动，这些新现象改写了媒体与用户旧有的关系模式，更有利于用户与媒体之间建立起个人化的社交关系[④]。

这种共情式的反馈互动同样体现在用户与用户之间。例如，2022 年 2 月

① GRANDINETTI J, BRUINSMA J. The Affective Algorithms of Conspiracy TikTok[J]. Journal of Broadcasting & Electronic Media, 2022: 274–293.

② 田浩 . 反思性情感：数字新闻用户的情感实践机制研究 [J]. 新闻大学，2021(07): 33–45+120.

③ 龙小农，阎庆宜 . 社交化、个人化、视频化：全媒体时代国际传播发展态势及应对 [J]. 中国新闻传播研究，2021(06): 80–92.

④ 王沛楠 . 视频转向与国际传播理念创新 [J]. 电视研究，2019(07): 28–31.

1 日，CGTN 在其 YouTube 主页发布了春晚节目《只此青绿》的片段，仅用标题"春晚舞蹈向传统文化致敬"点明短视频新闻主题，除此之外并未添加任何字幕、解说。截至 2023 年 1 月，这条视频共有 1800 多条评论。在这些评论之中，多数为外国网友表达对中国传统文化的崇敬之情。例如，一条评论这样写道："一件令人惊叹的艺术作品。对我来说，它也概括了中国的许多优点：用前沿技术铭记悠久的历史，努力实现卓越的同时保持细腻，注重团队合作。我非常希望目前中国与西方的紧张关系能够得到解决，并且像这样的卓越作品可以在没有偏见或政治贬低的情况下得以分享。"同时，在评论区中也有对中国文化熟悉的用户向其他用户科普这支舞蹈的深层文化意涵。例如，这条视频的热评首条介绍道："这支舞蹈起源于中国十大名画之一的《千里江山》，编导将《千里江山》图中的青绿色抽象为女性角色。"这一评论极大延展了视频本身的叙事内容，得到了众多外国网友的感谢与肯定。通过用户与媒体、用户与用户之间的多层次社交互动，这条视频也因此更好地实现了传播主体与受众之间的多维、动态的共情联结。

有学者提出用"共情之环"（empathy cycle）的概念描述共情的三个阶段，首先是个体 A 在个体 B 表达情感后对其产生的情感共鸣，其次是个体 A 试图向个体 B 传达其共情理解，再次是个体 B 对个体 A 沟通行为的理解与接受[①]。随着双方沟通的不断深入，这三个阶段又将不断循环发生，由此构成二者之间的"共情之环"。对于短视频新闻的国际传播而言，用户对媒体的共情反馈及媒体对用户的共情互动使得媒体与用户之间形成互惠、递进式的共情关系，最终形成的"共情之环"（见图 1）作为一种良性的情感化机制，也为短视频新闻国际传播的创新探索提供了巨大的发挥空间。

---

① BARRETT-LENNARD G T. The empathy cycle: Refinement of a nuclear concept[J]. Journal of Counseling Psychology, 1981, 28(2): 91–100.

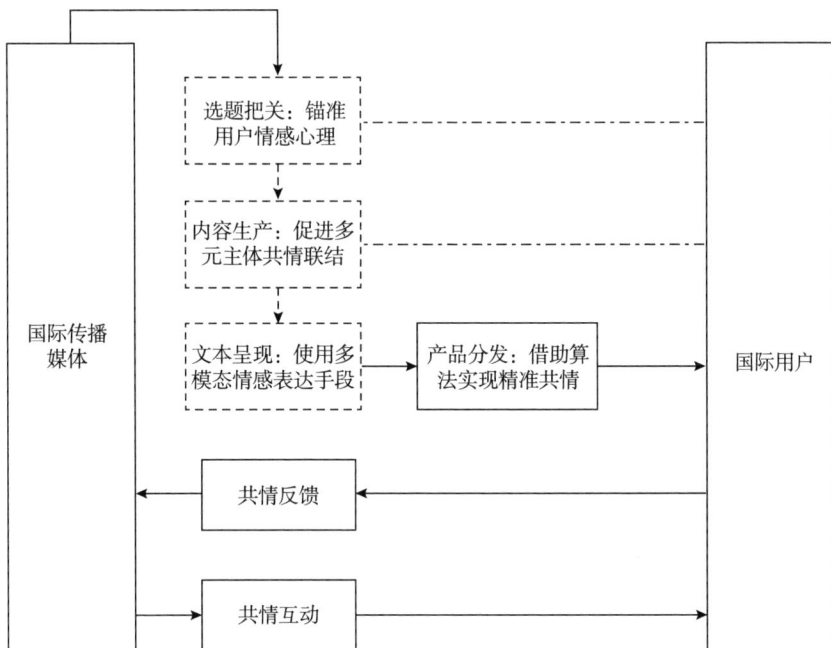

图 1 短视频国际新闻生产传播的"共情之环"

五、情感与技术的交互：短视频新闻共情式国际传播的效能提升

长期以来，新闻传播学界与业界一直面对着情感与技术关系的迷思。传播技术的革新必然带来终极的共情体验吗？或者说，我们仅仅依靠传播技术的革新便能够实现新闻媒体与用户之间的共情吗？例如，曾被广泛寄予促进新闻用户共情体验厚望的虚拟现实技术，就被指出尽管这项技术可以提升新闻在传播过程中的沉浸感，但却无法满足共情所必需的传者与受者之间的互动情境[①]。先进的传播技术并不总是必然促使共情体验的形成。

从情感与技术关系的角度加以审视，尽管今天的中国媒体在通过短视频新闻促进共情传播上取得了显著的进步，但同样也有许多有待进阶之处。例

[①] HASSAN R. Digitality, virtual reality and the "empathy machine" [J]. Digital Journalism, 2020, 8(2): 195–212.

如，目前部分新闻机构的跨文化共情意识仍有欠缺，在依据受众特点创新生产模式、使用各类情感话语符号的共情传播能力层面仍有不足。值得关注的是，目前中国媒体的短视频新闻国际传播在人文类、社会类议题上普遍可以取得较好的共情效果，但还较难与国际用户在时政类、外交类等议题上实现广泛共情。此外，国际用户对中国短视频新闻的共情通常只停留在较浅层的情感共情层面，难以上升至更高层次的共情层面，即国际用户通过接触中国的短视频新闻尚且能够理解其表层情感逻辑，但难以进入并把握中国故事、中国道路的深层意蕴，这有待予以更多的重视。

国际新闻生产的情感之维与技术之维是彼此依赖、不可偏废的动态关系，情感共鸣需以技术创新为依托，技术应用也应以促进共情为旨归。基于上述探讨，本文认为短视频新闻的国际传播应当以更全面、宏观的思维审视新闻产品的技术特性与用户共情体验的关联结构：在新闻主题筛选层面，基于用户信息需求与媒体责任履行的综合考量，选择符合受众情感导向需求、有利于促进传受双方形成正向情感共鸣的新闻主题；在新闻生产与文本表达层面，根据新闻话题的性质与目标受众的特征，选择最具可达性、最符合受众习惯的生产模式与传播形式，充分发挥短视频等视听文本在多模态情感表达上的巨大潜能；在新闻产品分发层面，通过传播技术与分发系统的创新利用不断促进与用户的精准共情，形成统筹全球性普遍共识与地方性国家间共识的情感合意空间；在用户反馈及互动层面，更加注重通过多种技术手段了解用户的使用体验与情感反馈，在与用户互动的过程中促进用户从情感共情向认知共情、联想共情的升维。通过媒体与用户之间"共情之环"的构建与运转，中国短视频新闻的国际传播模式将得到进一步的发展与优化，这也势必能够系统性地促进面向世界"讲好中国故事"的效能提升。

情感部落：网络视频国际传播中的个人叙事与媒介共情

蒋俏蕾　景嘉伊 ①

【摘要】随着媒介生态的深刻变革与国际局势的复杂挑战，与传统宏大叙事相对应的个人叙事日益在网络视频的国际传播中引发关注。本文从媒介可供性视角出发，选取在国际视频社交媒体平台上活跃的个人创作者李子柒和中国奂的优兔（YouTube）频道进行深入探析和系统比较，通过计算扎根的方法对视频文本及其线上反馈展开研究，发现两位博主网络视频的国际传播过程都体现出了以个人化叙事要素作为创意黏性策略来引发媒介化共情，进而形成传播者网红化和受众粉丝化的现象。叙事与共情的理论价值，值得引发网络传播中更深的思考与理论构建，研究发现也为通过全媒、全民系统提升国际传播能力建设的具体实践提供了思路和建议。

【关键词】国际传播　个人叙事　媒介共情　情感公众　计算扎根

一、研究背景

近年来媒介生态环境发生着深刻变革，随着社交媒体和移动终端等媒介技术形态的蓬勃发展与日益普及，信息传播者与接收者的边界不断消解，在日趋碎片化的网络传播中涌现出越来越多的个人化叙事形态 ②。在互联网传播的分享和互动中，人们的情感交流与共鸣共振可以跨越国界，并在国际传播

---

① 蒋俏蕾，清华大学新闻与传播学院长聘副教授、博士生导师；景嘉伊，中国社会科学院新闻与传播研究所助理研究员。本文系教育部哲学社科重大攻关项目"新时代中华文化走出去策略研究"（项目编号：18JZD012）的部分成果。

② 杨伯溆. 宏大叙事与碎片化：全球化进程中互联网传播及其意义 [J]. 现代传播，2019(11): 138–143.

中扮演重要的角色[①]。或无心插柳，或悉心经营，在专业的机构化媒体之外涌现出一批带有鲜明个人特征的中国网红博主，活跃在国际网络视频社交平台上并收获了大量的海外粉丝，李子柒和中国奕就是其中的代表。

2019 年起，古风美食类个人博主李子柒海外爆红现象引发国内广泛关注。截至 2022 年底，"李子柒 Liziqi"优兔主页发布原创视频 128 条，观看量近 30 亿人次，订阅者 1740 余万人次，成为首位订阅数破千万的中文视频创作者，并不断刷新由其创下的优兔中文频道订阅量的吉尼斯世界纪录，一度成为现象级的传播热点事件[②]。

"中国奕 Itzik"（希伯来语为 "גני־גייבב ואכ ינוסה קיציא"）[③]是由中央广播电视总台亚非中心希伯来语部"小溪工作室"开设的优兔频道，是官方媒体以个人视频博客（Vlog）的方式面向以色列进行的小语种传播创新。截至 2022 年底，该账号共有 2.25 万订阅者（以色列人口总计 960 余万人[④]），制作并发布原创视频 324 条，累计观看量约 4100 万人次，开创了我国外语类网红国际传播的先河。主要出镜者奕啸琪（Itzik）在以色列形成了"网红效应"，多次受邀参加当地人物专访、联合报道和粉丝见面会，特别是在全球新冠疫情期间成为以色列受众为数不多的直接了解中国的窗口，极具探析的典型意义。

尽管李子柒和中国奕在主播身份、目标定位和呈现内容等方面存在明显差异，但均通过网络视频的国际传播成为海外拥趸甚众的网红博主，他们创作的视频具有鲜明的个人特征和风格，与粉丝受众建立起强烈的情感联结。基于此，本文聚焦视频社交网站优兔平台上的中文创作者李子柒和中国奕的优兔频道，探析新媒体语境下国际传播的特点与影响。

---

① 史安斌，蒋俏蕾. 以媒为酶"催化"人类文明的共生共荣 [J]. 中国记者，2022(02): 94–97.

② YOUTUBE. 李子柒主页 [EB/OL]. (2022–01–05). https://www.youtube.com/channel/UCoC47do520os_4DBMEFGg4A.

③ YOUTUBE. 中国奕主页 [EB/OL]. (2022–01–05). https://www.youtube.com/user/CRIHebrew?reload=9.

④ 以色列中央统计局数据显示，截至 2023 年 1 月，本国居民人数为 968 万人。考虑到订阅人数和以色列人口总数的比例关系，可以说中国奕在以色列的本地传播是非常成功的。获取地址为 https://www.cbs.gov.il/he/pages/default.aspx。

二、文献综述

可供性（affordance）的理论视角源于生态心理学，最初用以解释人与环境的交互关系 [1]。随着媒介环境逐渐发展成为人们生活环境的重要组成部分，可供性视角应用于传媒研究的解释力也日渐受到关注 [2]。本文以媒介可供性理论为指导，探讨媒介生态环境深刻变革与国际传播环境空前复杂相结合的现实语境下，网络视频作为具体形态在海外社交媒体平台上传播的特点与效果 [3]。具体而言，本文聚焦由网络视频的媒介特征所带来的多元叙事可能性，探究以李子柒和中国奥为代表的网络红人视频博主在国际传播中所运用的叙事策略，分析相关视频如何通过自身特质的经历呈现、场景还原以及个性表达等方式，帮助海外受众打破认知壁垒、了解中国，从而通过建立情感纽带来收获大量且稳定的粉丝群体，并通过分析视频社交媒体平台上的反馈信息来解读作为传播者的视频博主与作为接收者的粉丝之间的关联互动，尤其关注双方在情感层面的共鸣。

（一）网络传播中的多元叙事

叙事（narrative）是指特定主体运用语言或其他媒介来再现发生在特定时间和空间里的事件，同时指涉讲述行为（叙）和所述对象（事）两个维度 [4]。叙事不仅是一种文本类型的展示过程，也是人类理解并组织个体经验、进行生活交际的基本实践形式 [5]。作为人类话语活动的重要组成部分，叙事的意义很大程度上来源于叙述者、叙述文本和受述者间的相互作用以及三者与所处

[1] GIBSON J. The Ecological Approach to Visual Perception[M]. New York: Psychology Press, 2015: 118–119.

[2] EVANS S, PEARCE K, VITAK J, et al. Explicating Affordances: A Conceptual Framework for Understanding Affordances in Communication Research[J]. Journal of Computer-mediated Communication, 2017, 22(1): 35–52.

[3] 姜飞，张楠. 国际传播与跨文化传播 2021 年研究综述 [J]. 全球传媒学刊，2022, 9(01): 93–111.

[4] 申丹，王丽亚. 西方叙事学：经典与后经典 [M]. 北京大学出版社，2010: 10–11.

[5] BRUNER J. Life as Narrative[J]. Social Research, 1987, 54(1): 11–32.

社会历史情境间的内外关联。这种互动建构过程并非自然为之，必须借助某种物质载体的中间传送和再呈现功能才能实现。因此，不论是传统的口语、文字、绘画、舞蹈、戏剧，还是伴随信息传播技术进步发展起来的电影电视、电子游戏和虚拟现实，都具有面向大众的叙事能效。传播媒介在形式上的特性带来了特定的媒介语言学特征，对不同类型的创作者、接收者和文本的容纳度、偏好度都不同，会对叙事过程和方式产生至关重要的影响，而这恰恰是被叙事研究所长期忽视的[①]。

在以口语、文字和印刷媒介为主导的前大众传播时代与传统媒体时代，社会叙事体系以体现秩序和等级为核心，往往为社会权力阶层和知识精英所掌控，通过抽象化、标准化的语义系统进行，因而只能在特定范围内产生影响。以广播、电影、电视等电子媒介为标志的大众传播时代的到来，缩小了叙事传播的时空限制，在覆盖度、时效性和灵活性上有了显著提升。大型传媒机构以及少数符合大众媒介表达需求的个体，以善写、善说、善演的能力优势脱颖而出，通过单向的线性传播模式成为叙述控制方。这种模式根植于现代工业社会的理性主义发展逻辑，具有高度组织结构化、系统规范化特征，更强调社会控制功能的实现，个体的差异性和主动性因而被忽视[②]。以互联网为代表的数字技术的普及，不仅融合了文字、图片和音视频媒介的优势，还通过其分布式技术架构相继在终端、内容和人际关系三个层面实现网络连接，能够通过关键词搜索、标签关联、算法推荐等具体手段实现文本汇聚，让叙事的生产方式、反馈机制和评价体系都发生了巨大变化，带来了网络传播中叙事形态的转向。

长期以来，占据主流的西方经典叙事学采用结构主义的视角，以文本为中心，将叙事作为相对独立的封闭系统，在研究中一般围绕故事（story）和话语（discourse）两个指代层面展开。其中，故事层关注叙述的内容，多将

---

① PRINCE G. Narratology and Translation[J]. Language and Literature, 2014, 23(1): 23-31.

② 姜楠. 感性选择：互联网群体传播中的主题关系建构 [J]. 现代传播，2021(1):66-73.

内含的人物、事件、情节和背景等信息作为静态符号进行呈现；话语层关注叙述的形式，注重不同身份的主体如何综合运用语法、修辞、逻辑等技巧产生出以不同语态、语式和结构为区分的核心叙事类型[①]。这种研究路径关注到了语言这一符号系统的内在结构和成分间的相互关联，有助于快速发现各类叙事作品的基本结构和基础特征，但由于限定在文学批评和社会语言学领域，被指出研究模式过于简化，以静止的共时观看待所有叙事类型，无法对多元媒介形式及其所处语境进行充分解释。在后结构主义思潮影响下，叙事学经历了较大规模的后经典转向，不再聚焦于单一的文学性书面叙事，而是将叙事学与心理学、社会学等跨学科领域结合，极大丰富了叙事学的分析工具和研究范畴[②]。

不同于口语、文字和电子媒介，互联网的碎片化和协作性特征，使其与传统叙事模式形成明显区别。首先，事关叙述主体的差异性，其核心是控制权问题，着眼于叙事文本是被平等地分享给参与者还是为特定个体所保持。互联网技术的可供性，打破了传统信息生产者的垄断地位，基于个体情感和认知的社会化群体传播环境成为主流，无论是专业组织机构还是个体用户，都能以叙述者和受述者的双重身份参与到叙事之中[③]。叙事者们不仅通过阅读、点赞和转发行为表达立场、形成和扩大文本影响，也通过转述、整合、评论、解构和重构方式对元叙事进行改写、创造新的文本[④]。这些杂糅的信息实践不仅是用户间的交互行为，更是具有高度创造性和解释性的文本生产实践，在形式和意义双重维度上都具有扩张力，甚至可能形成与元叙事完全相反的

① 华莱士·马丁. 当代叙事学 [M]. 伍晓明，译. 北京大学出版社，2005: 22-24.

② HERMAN D, PHELAN J, RABINOWITZ P, et al. Narrative Theory: Core Concepts and Critical Debates[M]. Columbus: Ohio State University Press, 2012: 3-6.

③ 隋岩. 群体传播时代：信息生产方式的变革与影响 [J]. 中国社会科学，2018(11): 114-134+204-205.

④ GEORGAKOPOULOU A. Small stories Research: A Narrative Paradigm for the Analysis of Social Media[J]// SLOAN L, QUAN-HAASE A (eds.). The SAGE Handbook of Social Media Research[M]. California: SAGE Publishing, 2016: 266-281.

议程①。

其次，关乎文本组织的线性度差异。互联网非线性的开放特征，打破了传统叙事"过去—现在—未来"的时间顺序和"开始—中间—结尾"的组织线索，叙述者灵活运用正逆时序，将不同时空加工到同一场域，呈现出即时而非完整的叙事文本风格。叙事的意义不仅在于文本自身的设计，还要面向多元参与者及其所在的广阔社会语境开放。碎片化的"小故事"（small stories）成为网络空间内最受欢迎的文本形式，往往具有五个共通点，即从普通人生活而非宏大事物作为叙事视角切入；具有极高的媒介延展性，可跨平台进行传播；受现实和虚拟两个环境特征的同步影响；在表征上是多模态和多符号的，同一文本中可以嵌入文字、图片、音视频，甚至沉浸式体验，但仍用链接或贴文的简单形式来承载；同步面向体量庞大、差异巨大且不可预见的受众开展叙事。

最后，还体现在主客体互动的差异上。网络叙事的本质是互文性（intertextuality），在事件相关体与核心价值观的固定框架下，互文既指叙述者和受述者间的双向建构，也指同一叙事文本在不同平台上的多形态呼应，还指文本集合体内部元素间的互动与共生，是一种多向的持续性共建过程②。有学者提出用指代叙述者主体行为的"正文本"，指代受述者参与行为的"副文本"，以及正副文本作为整体与其时间线上的前、后、同步文本间关联的三个层次，来拆解网络叙事的互文生成机制。其中，正文本包括叙述者所在平台特征、身份特性、遣词造句、行为举止，以及能影响叙事效果的其他所有自发设计。副文本指能辅助正文本完成意义建构的周边元素，包括受述者的赞评转、标题、表情包和语种使用等丰富形态，它们组合为一个包容性极强的附着空间，具有烘托情境、激发情感的强大功效，能够响应、强化或摧毁正文本的既有意义③。本文将采用该思路对相关案例展开分析，从而系统探究

① 范明.论互联网群体叙事的意义流动 [J]. 现代传播，2021(04): 153–157.
② 陈先红，宋发枝.跨媒介叙事的互文机理研究 [J]. 新闻界，2019(05): 35–41.
③ 隋岩，唐忠敏.网络叙事的生成机制及其群体传播的互文性 [J]. 中国社会科学，2020(10): 167–182+208.

网络视频国际传播中的叙事发展过程。

（二）情感公众与情感化传播

随着媒介生态环境的深刻变革，传媒研究也从均质化大众的假设转向探讨不同语境下日益多元的公众类型。"情感公众"（affective publics）是指经由网络技术赋权的、在人与技术实践的与想象的群体互动作用中形成的、通过情感表达被动员起来的、相互联系或不联系的网络化公众形式[①]。情感公众的概念对于研究国际传播具有重要的意义，兹兹·帕帕奇拉斯（ZiZi Papacharissi）根据对 Twitter 上关于"中东剧变"和"占领华尔街"两场社会运动中标签使用的研究，将网络公众视为情感部落（feelings of community），主张在考察媒介技术与公众舆论、集体行动间的关系时，应充分重视情感在其中发挥的中介效用和联结功能。

关于情感公众的形成机理，帕帕奇拉斯着重从两个层面展开具体论述。首先，媒介技术可供性是情感公众形成的重要动力[②]。互联网技术特别是社交媒体的可持续性（persistence）、可复制性（replicability）、可扩展性（scalability）、可检索性（searchability）和可分享性（shareability），让参与者的公开表达被自动记录并永久化数字存档，其他传播主体据此进行再加工和再生产成为可能，通过标签和算法逻辑进一步将松散的话语材料转化为可索引的叙事文本，经由用户间的不断分享行为，被持相似体验与观点的群体看到的可能性不断增强，由此形成了可供情感互动的公共空间[③]。其次，尽管技术推动参与者在物理层面实现了聚集，但真正形成并维系公众身份联结的

① PAPACHARISSI Z. Affective Publics: Sentiment, Technology, and Politics[M]. New York: Oxford University Press, 2014: 115–136.

② 杨逐原，郝春梅. 媒介空间中的情感演化研究——基于情感具身性的视角 [J]. 全球传媒学刊，2022, 9(06): 53–67.

③ BOYD D. Social Network Sites as Networked Publics: Affordances, Dynamics, and Implications[J]// PAPACHARISSI Z. (ed). A Networked Self: Identity, Community, and Culture on Social Network Sites[M]. New York: Routledge, 2010: 39–58.

仍是情感内核的稳固性。传统研究出于解释的便利性，往往将情感简化为非理性，造成了这一解释变量的长期缺位。事实上，作为一种先验式的情绪感知强度，情感与公众对未发生事件的主观性预期紧密关联，是公众内化日常经验并采取相应行动的关键。在社会运动中，公众往往被归属性或团结性的故事结构激励，将情感投资作为线上参与的主要形式，其过程的参与感与效能感都能获得明显提升。考虑到情感的自反性特征和在此基础上形成的一致性共鸣环境，即使参与个体选择结束情感进程，共同体内的情感流和情感连接依然得以保存，能够持续影响其他被动参与者加入进来，有机会在更大范围内形成声势①。

情感公众概念的提出，将社交媒体上的公共文本视为一种软性的情感化叙事结构，这种以情感为中介变量来解释虚拟空间与现实空间互动关联的理论模型，重新强调了公众参与传播活动的感性驱动基础，对于学界重新检验数字时代中公众话语的生产和不同群体间社会关系的建构议题具有重要的意义。互联网技术变革带来的身体缺场式"脱域"与共时性"嵌入"并存的人际交往模式，弱化了地域、社会资本、权力制度关系等带来的身份理性色彩，打破了传统的信息生产、分配、交换和消费链条，赋予了参与者主动选择与建立现实中难以接触到的关系网络的极大可能，公众通过多渠道、多形式的接收、合成、再传播行为，使杂糅的信息产品和价值观念不断涌现并形成浩大声势，深刻改变了传统公共空间的生成逻辑。

尽管对情感公众的关注始于社会运动，但随着当下传播景象的极大繁荣，在娱乐消费、跨国别和跨文化沟通、政治宣介、健康传播等更加丰富多元的围绕日常生活开展的广泛的信息交往实践中，都出现了因事结缘、因趣聚集的情感转向②。这些现象引发了国内学者的关注，并对其内涵与外延进一步拓

---

① PAPACHARISSI Z. Affective Publics and Structures of Storytelling: Sentiment, Events and Mediality[J]. Information, Communication & Society, 2016, 19(3): 307–324.

② 蒋俏蕾，陈宗海，陈欣杰. 延续与变化：我国新闻学情感研究现状分析 [J]. 中国出版，2021(10): 17–23.

展①②。通过对既有研究的梳理发现,尽管公众的情感化传播取向已逐渐成为共识，但其具体的作用机理仍有待细致探究。特别是传统研究将互联网参与者视为典型的弱连接型互动模式，认为在时间分配、情感强度、亲密度和互惠性等方面均投入有限，难以维持长期聚合③，但从现实需求来看，众多传播主体已不再满足于通过单个话题吸引志同道合之人的暂时聚集，而是希望将受众偶发性的情感诉求转化为稳定性的情感依赖，凝聚固定群体参与到长期的传播进程中，以实现不同的传播目的。因此，把握网络视频在国际传播特定语境中情感公众的特质，深入研究视频不同叙事策略的情感触发与演进路径，从而建立和维系较为稳定的情感互动以达成更为好的传播效果是本文的另一着眼点。

三、研究方法

本文聚焦网络视频的国际传播，选取李子柒和中国奚的优兔频道作为典型案例展开研究，通过将量化与质化相结合的计算扎根方法对视听文本及评论反馈进行数据挖掘与主题分析，从而分析阐明相关视频的叙事特点与国际传播效果。

（一）案例研究与系统比较分析

案例研究是"综合运用多种收集数据和资料的技术与手段，通过对特定社会单元中发生的重要事件或行为的背景、过程深入挖掘和细致描述，呈现事物的真实面貌和背景，从而在此基础上进行分析、解释、判断、评价或者

---

① 潘文建，韩立新.新闻用户视角下灾难报道的"情感性策略仪式"研究 [J]. 全球传媒学刊，2022, 9(06): 68–83.

② 王超群.共情与正义：美国弗洛伊德事件抗议运动中的情感动员 [J]. 全球传媒学刊，2022, 9(04): 100–116.

③ GRANOVETTER M. The Strength of Weak Ties[J]. American Journal of Sociology, 1973, 78(6): 1360–1380.

预测"①。区别基于大规模抽样调查的量化统计分析,案例研究具有超越个体经验事实、辅助一般理论建构的力量②。进行案例研究的基本过程包括明确研究问题、提出理论假设、确定分析单位、形成连接数据和假设的逻辑、解释研究结果等③。基于账号关注度、国际传播影响力、内容典型性、实践创新性等因素考量,本文选取李子柒和中国兵的优兔频道进行案例研究,深入分析其叙事策略与特点。

（二）计算扎根研究

计算扎根研究是将计算传播的方法技术与扎根理论的基本原则相结合的研究框架④。首先,本文通过计算机辅助技术对相关视频及其反馈数据进行检索和抓取。其次,对于获取的视频文本,本文基于扎根理论的基本原则和启发性工具展开主题分析,在获取的视频数据间识别、分析和判断中心主题或关键模式。通过熟悉数据、初始编码、寻找主题、检验主题、定义并命名主题等递归式的具体执行步骤⑤,来揭示并呈现相关视频的叙事特点。在叙事主题编码过程中,本文借鉴奇普·希斯（Chip Heath）和丹·希斯（Dan Heath）提出的"创意黏性"理论,对相关案例视频的关键主题进行编码分类,从而展开主题分析⑥。同时还借助数据挖掘的方法与技术,对李子柒和中国兵的优兔频道中视频的观看量、点赞量、评论文本、用户画像等大量的数据信息进

---

① 王金红.案例研究法及其相关学术规范 [J].同济大学学报（社会科学版）,2007(03): 87–95+124.

② 卢晖临,李雪.如何走出个案——从个案研究到扩展个案研究 [J].中国社会科学,2007(01): 118–130+207–208.

③ 罗伯特·K.殷.案例研究:设计与方法（第 3 版）[M].周海涛,译.重庆:重庆大学出版社,2004: 23–31.

④ NELSON L. Computational Grounded Theory: A Methodological Framework[J]. Sociological Methods & Research, 2020, 29(1): 3–42.

⑤ BRAUN V, CLARKE V. Using Thematic Analysis in Psychology[J]. Qualitative Research in Psychology, 2006, 3(2): 77–101.

⑥ HEATH C, HEATH D. Made to Stick: Why some Ideas Survive and Others Die[M]. New York: Random House, 2007: 14–19.

行挖掘探究，并借助词频分析、数据可视化等形式对相关网络视频国际传播的受众反馈进行描述与阐释。

四、研究发现

（一）网络视频国际传播中的个人化叙事凸显创意黏性

创意黏性理论认为，黏性是流行事物具有的让人印象深刻的附着力，是衡量用户行为忠诚度的重要指标，从信息传播角度看，特定观点能否被受众认知、认可和认购，主要取决于六大因素：（1）简约（simple），关键是分解创意核心，并用精练方式进行表达；（2）意外（unexpected），目的是打破期待、违背直觉，利用信息缺口的好奇心理论，用惊奇吸引注意，用兴趣维持注意力；（3）具体（concrete），借助身体行为和感官信息，将一切抽象概念具体化为日常生活图景，常见手段包括画面联想、实物化、图像代替文字等；（4）可信（credential），可通过借助外部权威或丰富内部细节呈现、统计数据、个人经验的方式，为受众提供信用背景；（5）情感（emotional），让受众关心在乎，可通过建立情感联结、诉诸自身利益、寻求身份认同来实现；（6）故事（stories），是信息的具体组织形式，能够产生模仿和鼓舞的双重力量，是激发他人采取行动的关键。

对李子柒和中国奚在 2022 年 12 月 31 日前发布的 453 条视频进行分析，共得到 1575 条创意黏性叙事要素（见表 1）。其中，李子柒的叙事要素分布较为集中，在 128 条视频的 476 个叙事要素中，"简约"最为凸显（128），紧接着是"具体"（127）和"可信"（127），以及"情感"（83）、"意外"（6）和"故事"（5）。中国奚的叙事要素分布更为多元，要素数量为前者的两倍多。在 325 条视频的 1099 个要素中，由高到低分别是"具体"（288）、"可信"（287）、"情感"（177）、"简约"（139）、"意外"（126）和"故事"（82）。

表 1　李子柒和中国奚视听文本的叙事编码表

类目	李子柒		中国奚	
	数量	占比	数量	占比
简约	128	26.89%	139	12.65%
意外	6	1.26%	126	11.46%
具体	127	26.68%	288	26.21%
可信	127	26.68%	287	26.11%
情感	83	17.44%	177	16.11%
故事	5	1.05%	82	7.46%
总计	476	100%	1099	100%

　　分析结果显示出简约性是李子柒和中国奚共有的最突出的叙事特征。简约首先体现在视频文本和媒介平台优兔的既有属性上。有限的时长设置、直观的画面冲击、精良的制作手法和场景、直白的表达方式等，都让二人的视频更易吸引受众并获得快速传播。其次，简约体现在精练的主题选取和清晰易懂的叙事逻辑上。李子柒的主题呈现一以贯之，通过时间逻辑和镜头美化，将复杂的食物制作过程进行线性化、简单化处理，即使毫无对话和旁白解释，海外受众也可以通过画面快速捕捉信息、达成理解。中国奚的表达逻辑简洁，通过重复加强记忆点，借助"回答一个问题""描述一个现象""展示一个场景"等小切口来回应大问题，帮助不具备相关知识与背景经验的以色列受众迅速厘清因果关系、了解事情原委，从而进入相应的情境。

　　基于编码与分析可以发现，具体与可信是两个案例中最广泛使用的叙事策略。李子柒通过浸入真实的田园场景、还原食材的生长和制作流程、展示农务劳作的具体细节、设计贴切的人物衣着与所讲方言、增设生活气息浓厚的出镜人物等方式，将抽象的东方异域田园风光日常化为具体的生活图景，使不具备类似生活体验的海外受众能够超越想象边界、认同视频内容的真实性。而作为具有官方新闻从业者背景的中国奚，则更多以呈现中以两国当代社会发展实景、进入关键环节、营造在场感来提升视频可信度，如在文化类选题上主谈相关群体的个人经历，在新闻类选题上通过采取街头随机采访、引用权威信源和统计数据、加强与以色列官方媒体的联合制作等具体方式，保证个人观点均有人物或事实支撑。在全球新冠疫情期间，中国奚策划了"战疫 Vlog"、"与中国人并肩的以色列朋友"访谈、"抗疫直播"等系列报道，以第一人称的自拍方式展现居家隔离、物资采购和社区管理等生活日常，剪辑痕迹较轻，以纪实性增强真实性，并有选择地与以色列媒体进行合作发布。这对于缓和西方受众长期以来对我国官方媒体传播内容的警惕心理，消解因文化差异和意识形态分歧等造成的跨文化沟通难点具有明显的辅助作用。这种借助个人化叙事打造网红型主播的模式，强调了具体化的个体身份特征、亲身经历和主观话语的作用，使受众倾向于依照传播者的叙事立场进行解读，极大提升了国际传播内容的可信度。

叙事分析结果还呈现出，对于情感的选择性应用在网络视频国际传播中也较为突出，体现了拉近心理距离、建立情感联结的媒介化共情的尝试与努力。李子柒的情感显露较为含蓄委婉，一方面集中体现在营造温暖和谐的家庭氛围，突出与祖母的亲情关系，展示孝顺、善良等东方文化所推崇的美好品质。这使其超越了一般的古风、美食垂直功能类博主，能以人类相通的情感认同凝聚海外受众，加深对博主个体形象的立体认知。另一方面还体现在她利用中国传统节气进行商品植入，在特定场景中抒发阖家团圆、遥寄相思、回忆童年等情绪，以达到超越虚拟寄托、推广个人品牌、动员粉丝进行经济变现的目的。中国奚因其视频主题更加多元，在聚合长期保持兴趣度的固定受众上难度更大，因此更加注重对情感的综合调动，并通过直接的语言表达、夸张的肢体动作以及丰富的情境烘托进行情绪传递。其最典型的表现手法是借助以色列民众引以为豪的国家文化符号，反复强调中国人对希伯来语的学习热情、对犹太民族的正面评价、对以色列生活方式的好奇心和探索欲，来拉近与目标受众的情感距离。值得注意的是，在 2020 年全球新冠疫情流行的第一年中，中国奚共发布了 119 条视频，其中 83 条相关视频采用了情感叙事，比例高达 70%。这不仅贴合了受众出于自身健康利益需求来了解中国抗疫进程的心理，更在于唤醒病毒无国界、人类命运共同体休戚相关之情，成为抵制国际传播环境中相关谣言、偏见与歧视的有力武器。

需要说明的是，尽管意外和故事的叙事要素体现得较少，但在关键时刻的使用可以辅助提升视频的整体表达。“意外”多用于以违背直觉的惊奇来吸引海外受众的注意力，进而填补对中国认知的信息缺口、打破刻板印象。比如，李子柒善于使用原始材料制作食物和生活用品，一定程度上挑战了西方受众对现代工业体系的固定认知，以田园风光、东方文化的异质性增强新奇感。“故事”则多用于通过个人亲身经历，还原事件的前因后果，梳理发展的整体脉络。例如，中国奚善于选用出镜个体，多为在以色列的中国人或在中国的以色列人，涵盖留学生、经商者、政府人员、游客等不同群体，贴合亲身见闻分享个人体悟，更具灵活性和说服力。这两种叙事策略在使用上与具体、可信和情感要素相辅相成，适时添加可让内容的呈现更加流畅自然。

在整体叙事分析的基础上，本文还对播放热度最高的前十位视频展开进一步分析（见表 2），发现李子柒前十位视频中“简约”“具体”和“可信”作为叙事要素的数量均为 10，“情感”为 9，“故事”和“意外”则为 0；中国奚视频中“具体”和“可信”均为 10，“意外”和“情感”为 7，“简约”为 6，“故事”为 3。其中，“简约”“具体”与“可信”作为叙事要素的分布与整体视频的分布比例大致吻合，体现了两位视频创作者个人化叙事中对这三类要素的普遍集中使用，成为吸引受众兴趣的通用基础；而李子柒前十位视频中的“情感”叙事占比达 23.08%，中国奚的“意外”叙事占比达 16.28%，明显高于整体叙事中的 17.44% 和 11.46%，表明在重要情境和适当话题中有目的地选择使用情感和意外元素，对增强受众吸引力产生了明显的促进作用，可以成为提升网络视频国际传播吸引力的关键要素。

表 2　李子柒和中国奚播放量前十位视频与整体的叙事对比

	李子柒		中国奚	
类目	前十位视频	整体	前十位视频	整体
简约	25.64%	26.89%	13.95%	12.65%
意外	0	1.26%	16.28%	11.46%

类目	李子柒		中国奚	
	前十位视频	整体	前十位视频	整体
具体	25.64%	26.68%	23.26%	26.21%
可信	25.64%	26.68%	23.26%	26.11%
情感	23.08%	17.44%	16.28%	16.11%
故事	0	1.05%	6.97%	7.46%

（二）网络视频国际传播中粉丝作为情感公众的媒介化共情

为了分析相关网络视频国际传播的效果，本文分析了案例频道粉丝群体作为情感公众的反馈情况，以呈现相应情感化传播中的共情程度。基于获取到的反馈数据，本文重点关注了接收者的评论态度取向和观看规模效应两个维度，并通过数据爬取、词频分析、可视化呈现等方法，来评估李子柒和中国奚个人化叙事的传播效果，即是否与受众建立了正向的情感联结、促成受众的粉丝化转向以形成长期稳定的情感公众群体。

在网络多模态传播中，表情符号是反映受众情感的重要指标。本文通过对评论中出现的 Emoji 表情符号进行抓取和分析发现，出现最多的前十位表情均属于正面情感导向型（见表3），如"爱心""大笑""点赞""亲吻"和"鼓掌"等，显示出受众对两位视频博主积极正向的情感。值得注意的是，中国奚的评论区中还不乏"中国国旗"和"以色列国旗"的表情符号，且在疫情期间二者多与"爱心""祈祷"等积极情绪的表情连用，直观地呈现出评论者对两国关系的美好期待，显示了积极正向的传播效果。

表3　李子柒和中国奚评论区前十位表情比较

排序	李子柒	中国奚
	表情	表情
1	🖤	🖤
2	😂	😄
3	👍	👍

续表

排序	李子柒 表情	中国奚 表情
4	😵	😵
5	👏	😊
6	😊	😀
7	😹	👌
8	😂	🙏
9	💖	😊
10	💕	😀

本文抓取了李子柒视频的 209128 条英语评论进行词频分析（见图 1），为保持语言呈现的一致性，将中国奚下方的 15940 条希伯来语评论翻译为英语进行词频分析（见图 2）。在剔除代词、数词、冠词、介词、连词、系动词、情态动词、助动词等通用词汇后进行词频分析。结果显示，二者排名前十的最高频词中均含有博主的名字——李子柒（Liziqi）和中国奚（Itzik），以及"视频"和"爱"，充分显示出通过视频文本的个人化叙事成功地塑造出了国际传播网红的效果。受众的评论绝大部分围绕着喜爱的博主而展开，呈现出李子柒和中国奚成为国际传播网红的晕轮效应。李子柒相关评论中的高频词还包括"喜欢""制造""美丽的""观看""看见""生活""中国人""感谢"等，中国奚相关评论中的高频词则包含"中国人""以色列""中国""人们""感谢""世界""好""了解"等，均为积极的情感表述。除此之外，评论中还有大量海外受众借助翻译软件专门进行的中文评论以表达对两位中国博主的尊重与喜爱。比如，"我想用中文写，中国人民也可以阅读，希望软件翻译了正确的内容。非常感谢您提供的所有视频，感谢您给予我们的关爱。祝中国人民健康""我们很爱你们在中国！中国和以色列总是好朋友！"等等。

图 1　李子柒评论词云

图 2　中国奚评论词云

　　通过对两位中国博主海外受众的反馈进行分析可以发现，海外受众响应了视频传播者的叙事策略与情感表达，对博主的形象塑造以及博主展现出的中国文化元素产生了正向的情感共鸣，并由此促成大量普通受众转化为粉丝，成为对博主展开持续关注和强烈回应的情感公众，进一步成就了李子柒和中国奚在海外社交媒体平台上的大规模走红。尤其是在全球新冠疫情期间，两位中国博主视频的评论区收到了大量来自海外粉丝受众的关心和祝福。

　　在视频社交平台上，点赞是反映受众情感偏向的一项重要指标。通过对点赞量进行分析发现，李子柒和中国奚的视频均保持了很高的受众喜爱程度量级。截至 2022 年 12 月 31 日，李子柒在优兔平台上共发布 128 条原创作品，累计获得近 30 亿次播放量，平均每条视频观看量逾 2300 万、点赞量 26 万、评论量 1.7 万（见表 4）。其中，热度最高的《年货小零食特辑》引发超 1.1 亿次观看、146 万点赞和超 5 万条互动评论。根据对全部 2305466 条评论文本的所属语言进行分析，得到排名前八的语言分别是英语（67.6%）、中文（13.3%）、西班牙语（4.3%）、俄语（3.4%）、阿拉伯语（2.4%）、韩语（1.5%）、日语（1.1%）和泰语（1.1%），此外还涉及葡萄牙语、意大利语、法语、越南语等 90 多种语言，可见博主李子柒的视频已跨越了语言文化的障碍，通过视频社交媒体平台在海外得到了广泛传播。

表4　李子柒视频播放量前十位统计表

排序	视频标题	观看量	评论量	点赞量
1	年货小零食特辑	119524132	52926	146万
2	吃得满足，嗦得过瘾，辣得舒坦，就一碗柳州螺蛳粉	79701846	35377	78万
3	瓜间一壶酒——西瓜和葡萄的一生	75255040	44240	105万
4	吊柿饼	70639729	19358	54万
5	竹沙发丨为生活添一抹淡雅绿意，用砍下的竹子制些物件儿	63346325	58141	116万
6	棉……棉花的一生，我保证下次想个新系列名字哈哈哈	54136420	37295	82万
7	紫米南瓜的一生……还有花生	53748136	36172	74万
8	抢在番茄掉果之前，全收回来弄点好吃的——红宝石番茄	50503310	21841	54万
9	黄瓜的一生	47554785	32074	64万
10	寒意渐浓的深秋，来碗暖人心脾的蜂蜜柚子茶可好	47227432	10578	39万

　　截至同一时间，中国奚发布的324条视频累计播放量约4100万，获得约10万次点赞和近2万条评论。热度排名前十的视频中（见表5），《Itzik走出家门向您展示北京2月5日情况》和《Itzik第二次结束隔离，探访北京某商场》等4条均与全球新冠疫情有关，对阐释中国抗疫进展起到了很好的促进作用。因数据表现良好，中国奚获得了优兔在2020年2月4日至29日进行的免费主页推荐。根据对4534214条标注网络接入地的观看数据进行统计，得到以色列本土观看数达4172359次，占总量的92%，此外还有来自美国（128355次）、加拿大（14891次）、英国（9873次）和德国（7181次）等50多个国家的受众。对全部视频下方的16957条评论文本所属语言分析也得到了印证，希伯来语使用量为15940条，占总数的94%。这充分显示出中国奚面向以色列受众精准化的内容定制策略，成为针对海外小语种国家定向传播的成功范例。

表5 中国奚视频播放量前十位统计表

排序	视频标题	观看量	评论量	点赞量
1	Yael第一次来以色列的感受	222023	287	5849
2	Itzik走出家门向您展示北京2月5日情况	168110	294	2491
3	Itzik第二次结束隔离，探访北京某商场	159385	714	7134
4	疫情期间被问得最多的问题：Itzik如何学希伯来语	145351	1010	8330
5	中国人如何谈论以色列	115805	278	1274
6	在以色列庆祝成年礼的中国女孩儿	115689	147	2441
7	为什么中国人都认为犹太人和以色列人聪明	110313	358	2315
8	什么？中国人也吃以色列小吃Malawach吗？	90432	175	1949
9	Itzik一分钟教你用筷子吃饭	89327	79	1364
10	刚出院的李先生讲述新冠康复过程	85481	141	1402

五、结论与讨论

随着新媒体技术的迅猛发展和日益普及，以社交媒体平台和视频形态为代表的全媒体传播为个体的多元表达提供了条件，逐渐消解了国际传播领域长期以专业化、机构化为主导的宏大叙事，出现了以高度个性化、碎片化、情感化和流动化为主要特征的个人叙事转向。同时，也改变了传统传播者和接受者的特征及其线性影响关系，在人人都有麦克风的时代，人人皆有可能参与到国际传播的具体实践当中，推动跨文化传播中的情感交流与共鸣共振。

基于此背景，本研究从媒介可供性的视角出发，选取了在海外社交媒体平台上产生突出影响的李子柒和中国奚的优兔频道作为典型案例，采用计算扎根的研究框架，将量化和质化的方法与技术结合起来，综合采用数据挖掘、主题分析、词频分析、可视化呈现等方法和手段，探究网络视频在国际传播中的叙事策略与传播效果。通过对视频文本和受众反馈的分析发现，网络视频的国际传播中多种个人化叙事要素成为创意黏性密码，视频文本中的叙事策略和情感调动可以帮助海外受众跨越语言障碍、文化认知及意识形态差异，在国际传播中起到正向联动的促进作用，从而吸引并聚拢起大量的海外粉丝，并通过触发正向的情感共鸣转化为情感共振，进而实现长期稳定的情感联结并形成正向交流的情感部落。因此，在当前深度媒介化的语境下，国际传播领域应关注媒介可供性，通过吸纳叙事研究与情感分析的视角，拓展现有的理论框架，并特别关注叙事的个人化转向与数字媒介化共情的形态与可能[①]。

当今世界正经历百年未有之大变局，国际传播既面临着渠道呈现广泛、互动成本低廉、受众用户下沉与价值取向多元的震荡，也遭受着狭隘的民族主义、单边主义、民粹主义等复杂态势的冲击，情感化传播与以情绪引导为主的"后真相"态势在传播过程中不断凸显。尽管有一批国家级旗舰媒体已先行出海探路，但在传播效能的达成上仍有待加强。特别是在外部舆论环境更为复杂的后疫情时代，经由政府部门、主流媒体构建的传统叙事主体、叙事文本、叙事方式、受众预设都面临着突出挑战，创新变革的现实需求更加紧迫。为了全面提升国际传播效能，新时代的国际传播能力建设应充分挖掘全媒体潜能，动员全民参与以形成国际传播的最大同心圆，以期在国际传播中形成情感上的共鸣共振。

在实践层面，本文发现，基于个人化叙事和媒介化共情形成的个体传播者网红化与受众群体粉丝化是李子柒和中国奚海外成功的突出表现。李子柒的海外走红或属无心插柳之举，她通过有效发挥民间个体的原创能力，为广泛的海外受众展示东方生活美景、唤醒田园情感向往，以实现个人品牌与商业价值为导向；而中国奚视频的国际传播则为精心打造的成果，尽管身为国家媒体的专业人士，但其以个人身份出镜、流利使用希伯来语调动受众的积极情绪与情感，在展示中国议题时所受的意识形态阻力较小，在针对以色列的跨文化传播中取得了良好的效果。尽管二者在主体属性、创作目标、受众群体、内容设定等方面存在着明显差异，但都充分利用了视频社交平台的技

---

① 蒋俏蕾，陈宗海，张雅迪. 当我们谈论媒介共情时，我们在谈论什么——基于可供性视角的探索与思考 [J]. 新闻与写作，2022(06): 71-85.

术特点，围绕自身特征运用个人化叙事策略激发媒介化共情，积极塑造网红身份，以此推动受众向粉丝转化，从而建立起具有更加持久稳固情感联结的情感公众，在受众反馈过程中培养其对视频制作发布者的持续兴趣度和认同感。与此对应的是，海外受众在简约、意外、具体、可信、情感和故事的叙事黏性法则作用下，以数字媒体为中介，对传播者产生了正向的情感投射与追随，从而对博主设置的相关议题具有更高的接纳度和认同感，基于共情基础而形成粉丝效应。这种"网红—粉丝型"传受关系的形成，消解了议题的屏障性和严肃性，既蕴藏着粉丝群体的动员与消费可能，也拓展了国际传播的思路与策略。

既有研究显示，相较于非叙事性信息，叙事信息在受众的态度塑造上具有更强的说服力及持续影响力[1]。因此，借鉴李子柒和中国奓的成功案例，新时代背景下的国际传播可以加强对传播叙事和情感的理论研究和实践探索。其一，在传播主体方面，可以突破以政府部门和官方媒体为主的传统信息发布者模式，发掘跨文化传播主体身份特征的多样性，鼓励更多个体参与国际传播实践，以个体化叙事丰富传统的宏大叙事议题。一方面，既应关注以李子柒为代表的民间个人网红博主，在国际传播中呈现更加原创的、多元的、潜移默化的，甚至突破意识形态屏障的、接纳度更广的叙事文本；另一方面，也要重视以中国奓为代表的具有专业背景的网络意见领袖的培育，通过个体视角探索国际新闻的叙事创新，直面回应海外受众关切的问题，对海外受众进行精准细分，系统地推动跨文化传播的建设与提升。诚然，在善用个人化叙事方式在传播中的吸引力、可信度和感染力的同时，也要谨慎注意人格化的国际传播中可能出现的因为网红个人"塌房"而带来的负面连锁反应。其二，在传播受众方面，要善用以视频为代表的社交媒体平台，发挥其直观性、互动性等技术特点，打造具有个人魅力的网红博主，从而实现从议题公众、

---

① OSCHATZ C, MARKER C. Long-term Persuasive Effects in Narrative Communication Research: A Meta-Analysis [J]. Journal of Communication, 2020, 70(4): 473–496.

情感公众到粉丝公众 ① 的海外受众培育与升级。其三，在传播文本方面，要关注叙事内容与策略可能带来的影响 ②。流行地缘政治学（ Popular Geopolitics ）研究认为，受众通过消费流行文化及其相关文本，基于系列叙事而形成的粉丝身份认同，会影响公众对地缘政治含义的阐释、消费与认同 ③④。因此，国际传播应善于从流行文化的媒介形态与叙事文本中发掘传播价值，既展示中国文化的独特魅力，也考虑海外受众的接纳效果，将对博主的个人喜爱提升到对中华文化的理解、对中国的认知，以情感共鸣消解现实屏障。

① WEIYU Z. The Internet and New Social Formation in China: Fandom Publics in the Making [M]. New York: Routledge, 2016: 160–165.

② MCLAUGHLIN B. Tales of Conflict: Narrative Immersion and Political Aggression in the United States[J]. Media Psychology, 2020, 23(04): 579–602.

③ LATHAM A. China in the Contemporary American Geopolitical Imagination[J]. Asian Affairs, 2001, 28(03): 138–145.

④ DITTMER J, DODDS K. Popular Geopolitics Past and Future: Fandom, Identities, and Audiences[J]. Geopolitics, 2008, 13(03): 437–457.

中国企业面向德国 Z 世代的跨文化传播实践研究

吴璟薇　谢铠璠　曹伟　张云①

【摘要】近年来，以 Z 世代为代表的全球青年群体已逐渐成长为未来全球治理的后备力量，为国际政治、经济贸易、人文交流注入了全新活力。2022年正值中德建交五十周年，德国作为中国在欧盟的最大贸易伙伴，一直是中国企业开展海外业务、深化国际传播的重要国别，德国 Z 世代也因而成为中国企业在德国不可忽视的关键目标群体。本文从消费行为学与跨文化传播的视角切入，梳理后默克尔时代与后疫情时代并行的背景之下，中国企业对德国 Z 世代跨文化传播的诸多机遇与挑战，重点剖析德国 Z 世代群体的用户画像、媒介使用、消费习惯与价值观念，以期为中国企业在德国的跨文化传播与经营实践提供路线指引。

【关键词】德国 Z 世代　中国企业　跨文化传播　后疫情时代　后默克尔时代

全球化浪潮之下，以 Z 世代为代表的青年群体已逐渐开始成为建设未来的主力军。诞生于 1995—2010 年的 Z 世代（Gen Z）作为伴随着互联网与数字化发展成长起来的一代常被称作"网络原住民"，由此彰显出鲜明的时代烙印。身处欧洲经济中心的德国 Z 世代充分荫庇于现代洪堡教育理念、受教育水平良好，他们见证着默克尔的总理生涯周期、新冠疫情重塑的国际格局、

① 吴璟薇，清华大学新闻与传播学院副教授、博士生导师；谢铠璠，清华大学新闻与传播学院硕士研究生；曹伟，中国东方航空集团党组宣传部媒体关系分部高级经理；张云，中国东方航空集团党组宣传部媒体关系分部高级媒体关系专员。特别感谢中国传媒大学电视学院硕士研究生姜博文、陈玥，清华大学新闻与传播学院博士研究生宋思静对本文文献梳理作出的贡献。

传统报刊媒体的遇冷与欧盟数字化战略下智能媒介的勃兴。近年来的德国大选已然呈现出联邦议院年轻化的趋势，代际变化折射着政治方向的变化，并在一定程度上体现着民意转化：婴儿潮一代在选举层面的影响力正在弱化，战后两大政党在选举中的主导地位逐渐式微，社会民主党和基民盟—基社盟联盟行走在消逝中，而一些新兴政党的崛起也因其立场观点备受 Z 世代选民的青睐而被高度相关。

2021 年 12 月，伴随新任联邦总理奥拉夫·朔尔茨（Olaf Scholz）的上任，安格拉·默克尔（Angela Merkel）十六年的执政生涯渐入尾声。后默克尔时代 ① 的开启与后疫情时代的发展重叠并行，加之国际格局的变化，将会导致中德关系走向出现更多不确定性。当下，德国的对华政策正经历着从"建设性接触"到"现实性接触"的战略转型，告别了过去"以商促变"的对华政策，进一步明确着两国关系的竞争性质，冀图在开展经贸合作的同时利用规范、规则和制度来制约中国 ②。在逆全球化和贸易保护主义的抬头下，德国出于保护国家安全和自身关键技术等目的，不断加强外资监管，中国企业将不得不面对东道国日趋严格的经贸安全审查。

长久以来，冷战思维的影响、政治辞令的操控、实地考察的缺乏使得中国易被德国刻画成有人权问题、对于西方国家发展充满威胁的政治大国形象 ③。然而伴随着中国企业在德国的发展，德国媒体关于中国经济发展和科技创新潜力的选题也显著增加。在媒介接触与使用的过程中，依托于互联网和社交媒体的数字营销模式正成为建构中国企业形象与中国国家海外形象的重要方式，数字营销方案让中国企业更加全面深入地贴近当地文化与本土消费者，由此为企业品牌形象建设、开辟稳定市场奠定基础。

---

① "后默克尔时代"至少有两层含义：第一是默克尔的政治生涯落幕。默克尔所在的基民盟遭遇了空前失败，不仅输掉了大选，而且得票率创历史新低，基民盟与姊妹党基社盟将扮演在野党的角色。第二是由于默克尔时代沿袭的内外政策将会出现调整，德国的内外环境在近几年内也会出现诸多变数，因而后默克尔时代也是德国的大变局时代。

② 熊炜.德国对华政策转变与默克尔的"外交遗产"[J].欧洲研究，2020,38(06): 1–15+165.

③ 史安斌，张卓.2018 年德媒"中国热"：动向与动因 [J].青年记者，2019(04): 80–83.

2022年时值中德建交五十周年。新时代背景之下，中国企业在德国如何巧借Z世代这一关键群体为突破口，在开展海外业务时把握中国叙事与中国发声的机遇，实现对德国市场的精准传播？本文立足于后默克尔时代与后疫情时代特征，结合德国Z世代的群体肖像，探讨其消费心理、媒介使用及价值观念，提出中国企业定位受众、应对挑战的战略举措，以期为我国国际经贸环境下亟待提升的企业跨文化传播与管理提供启示借鉴。

一、德国Z世代：群体特征、媒介使用、消费习惯与价值观念

KID COUNT数据中心的报告显示，美国Z世代人口数量稳步增长，截至2022年已包括7220万年轻人[1]。德国联邦数据调查亦表明，2021年Z世代在德国人口中的比例也高达10.1%[2]，Z世代巨大的人口基数下，蕴藏着极大的市场消费潜力，在接下来的十年中将成为全球经济增长的引擎。

（一）德国Z世代的媒介接触及其对消费心理与行为的影响

德国Z世代群体自出生以来就被互联网、数字化和智能手机等媒介产品和舆论环境所包围并塑造。他们的媒体使用习惯和消费习惯与时代一同发生着变化，因此呈现出与其他代际不同的价值取向[3]（见表1）。

表1　德国Z世代与不同代际的对比概况[1]

主要人群	婴儿潮世代	X世代	Y世代（千禧一代）	Z世代
出生年代	1946—1964	1965—1980	1980—1995	1995—2010

① THE ANNIE E. CASEY FOUNDATION. WHAT THE STATISTICS SAY ABOUT GENERATION Z[EB/OL]. (2023–11–01). https://www.aecf.org/blog/generation-z-statistics.

② STATISTISCHES BUNDESAMT. Tag der Jugend: Anteil der Menschen zwischen 15 und 24 Jahren auf Tiefststand[EB/OL]. (2021–08–10). https://www.destatis.de/DE/Presse/Pressemitteilungen/Zahl-der-Woche/2021/PD21_32_p002.html.

③ KLEINJOHANN M, REINECKE V. Marketingkommunikation mit der Generation Z: Erfolgsfaktoren für das Marketing mit Digital Natives[M]. Berlin: Springer, 2020: 5.

主要人群	婴儿潮世代	X世代	Y世代（千禧一代）	Z世代
价值判断	注重健康 理想主义 创新思维 诚实可靠	独立自主 个人主义 寻找人生意义 讲求效率	计算机联网 自我意识 寻找人生意义 积极乐观 可持续性	物质占有 计算机联网 交流互动 焦虑情绪 个体成功
形象特征	团队合作 工作中心 职业导向 财力雄厚	实用主义 追求生活品质 惜时如金	数字原住民 活在当下 全天在线	国际化 数字原住民 全天在线 同辈压力 实事求是
消费观念	品牌依赖 身份象征 享乐主义 易受广告影响	悦己型消费 提高生活品质 易受广告影响	理性消费 网上购物 重视效率 负面评价广告	网上购物 意见领袖影响 身份认同 可持续性 接触传统广告少
媒介使用	广播、电视 报纸、杂志	广播、电视 报纸、杂志 互联网	电视 互联网 社交媒体	互联网 社交媒体 流媒体

在新冠疫情和媒介使用惯习差异的双重影响下，德国 Z 世代与其他代际呈现出了迥异的消费者思维方式。Z 世代受人际传播的影响更为明显，突出表现为受熟人经济及意见领袖影响情况明显；更加注重在消费过程中构建群体认同，即通过接受潮流的消费商品或服务，进而使自己融入时新的消费潮流与青年流行文化共同体，打造自身与时代、身份、价值等维度相匹配的身份属性。当 Z 世代初步接受推荐后，也时常会再次返回、诉诸媒体，查看产品信息、图片、应用和评论，从而更加全面、具有时效性地了解当下的服务或产品质量。当 Z 世代对产品满意、进入购买过程后，Z 世代的顾客会更容易进入品牌信任的阶段，由此建构起更深的用户黏性。此时，Z 世代消费者本身又成为商业广告的一部分，会通过社交网络等渠道再次实现品牌分享与传播。

相较其他代际，Z 世代对传统广告的接触稍显局限，群体更高的媒介依

赖性使其卷入社交媒体和流媒体平台的程度更高，因而更有机会触达平台的
插入广告。在 2023 年社交媒体使用人群统计中，WhatsApp 以 62% 的比重占
据德国社交软件的头把交椅，其次是优兔（YouTube）（47%）、脸书（Facebook）
（36%）[①]。根据普华永道对德国商业广告投放及受众反应的调查研究，29% 的
Z 世代受访者认为社交媒体呈现的商业广告对自己最有效果；相较于 Y 世代
（22%）和 35 岁以上受访者（13%），Z 世代的媒介使用呈现出更多对社交平
台的信赖。在传统广告来源方面，Z 世代对电视商业广告的接受度达到 29%，
对比 35 岁以上（41%）群体，Z 世代对于流媒体青睐明显[②]。2019 年起，短视
频应用 TikTok 的德国用户数逐年扩大。此类短视频平台依靠个性化算法推荐，
用户规模大且黏性较强，因而可以通过定制广告投放，结合平台直播带货产
生巨大流量，从而进行品牌营销。

（二）德国 Z 世代对企业品牌的价值判断与后疫情时代的消费意愿

在选择生活必需品与快速消费品时，德国 Z 世代消费者在对主流大牌的
认可中也更凸显了对于品类（category）的关注[③]。德国 Z 世代往往偏向于选择
对自身生产流程及团队工作更为开放透明的品牌[④]，并且仍旧热衷于在实体店
购物，18—24 岁的 Z 世代人群比德国任何其他年龄组更常光顾实体零售店，
59% 的 Z 世代表示每周至少逛零售店一次[⑤]。

德国 Z 世代尤其热衷于到二手家具、二手时装店、跳蚤市场、古着市

① Behre J, Hölig S, Möller J. Reuters Institute digital news report 2023: Ergebnisse für Deutschland[J]. 2023: 49.
② TIM B, PETER K, SEVILAY H K, et al. Gen Z is talking. Are you listening[EB/OL]. (2020–06). https://www.pwc.de/de/handel-und-konsumguter/gen-z-is-talking-are-you-listening.pdf.
③ CHRISTOPH T. Eine Generation ohne Grenzen.Generation Z wird erwachsen[EB/OL]. (2019). https://www.occstrategy.com/media/1904/eine-generation-ohne-grenzen_.pdf.
④ IORGULESCU M C. Generation Z and its perception of work[J]. Cross-Cultural Management Journal, 2016, 18(01): 47–54.
⑤ Treiber C, Hayllar W, Sorensen D, et al. Eine Generation ohne Grenzen: Generation Z wird erwachsen[J]. 2019: 11–13.

场这类兼具消费快感与环保理念的场所购物消费，对于他们而言，可持续性（sustainability）发挥着重要作用。他们会尽量避免使用塑料并购买包装材料尽可能少的产品。52% 的德国 Z 世代愿意为有机食品支付更多费用，47% 表示一直在持续购买有机绿色、可持续包装食品。潮流、环保之外，德国 Z 世代的自我意识与受到社会思潮影响下更为包容、开放的观念也形塑着他们的消费观，正如麦肯锡 2018 年的调查数据显示，48% 的 Z 世代（其他世代占比38%）偏好性别中立、无明显二元区分的品牌[①]。

根据旅行津贴（TravelPerk）网站及欧洲旅游委员会（ETC）数据，后疫情时代，51% 的 Z 世代仍愿意积极计划国际旅行，而其中 90% 表示他们的国际旅行计划或多或少受到了社交媒体的影响。Z 世代旅行计划时的三大考虑因素是物有所值（47%）、廉价航班（45%）以及安全性（42%）[②]，体现出注重稳健的消费心理与风险规避的意识。在进行旅游规划与消费时，智能手机是 Z 世代最主要的依赖媒介。旅行津贴上 2024 年 "30+" Z 世代旅行数据和趋势报告表明，53% 的 Z 世代旅行者使用社交媒体平台进行休闲旅游推荐[③]。在旅游消费过程中，Z 世代愿意与当地人交流，及时更新社交账户中的旅行图志，比起升级航空等交通工具类服务，他们更愿意将旅行经费用于饮食[④]。

（三）德国 Z 世代对本国社会的发展预期及对科技产品的态度认知

伴随着疫情的反复、扩散与常态化，后疫情冲击下的生活不确定性增加，

---

① TRACY F, FERNANDA H. "True Gen": Generation Z and its implications for companies[EB/OL]. (2018–11–12). https://www.mckinsey.com/industries/consumer-packaged-goods/our-insights/true-gen-generation-z–and-its-implications-for-companies.

② TRAVELPERK. 30+ Gen Z travel statistics and trends[EB/OL]. (2022–06–16). https://www.travelperk.com/blog/gen-z–travel-statistics-trends/.

③ TRAVELPERK. 30+ Gen Z travel statistics and trends[2024 update][EB/OL]. (2024–02–19). https://www.travelperk.com/blog/gen-z-travel-statistics-trends/.

④ CARLSON TRAVEL NETWORK(CWT). So reist die Generation Z. Mobil und mit Genuss im Sinn[EB/OL]. (2022–12–06). https://www.mycwt.com/de/de/cwt-kompass/cwt-kompass-travel-management/generation-z/.

青年心理健康易受其影响，严重时可加剧疫情焦虑与政治抑郁。

2022 年，24% 的德国 Z 世代对本国经济和社会政治形势发展呈现乐观态度，较之前两年这一比例不降反增；然而，依旧有 42% 的 Z 世代群体对未来德国社会发展持消极观点（同比下降 3%）、约 27% 预期德国社会经济发展水平与前两年相似或持平，由此体现出德国 Z 世代对本国社会发展的审慎观点与危机意识[①]。涉及 44 个国家的德勤 2023 年 Z 世代和千禧一代调查也显示，生活成本、财务状况再次成为 Z 世代最关心的问题[②]。相比于全球群体，后疫情时代的德国 Z 世代对环境保护尤为重视，但他们对于跨国公司应对环境议题的企业责任与行动满意度较低，并且认为本国政府投身应对气候变化乏善可陈。

2021 年 4 月，德国内阁通过《对外经济条例》（AWV）第 17 次修正案，重点将高科技和未来技术纳入审查范围。与联邦层面对于科技外资的敏感相比，三分之二的德国 Z 世代受访者表示对"前沿科技与高新技术"持乐观态度，并关注技术赋能的娱乐便捷。在私人交通工具领域，无人驾驶汽车发展蒸蒸日上，继续朝着电动化、一体化和自动化方向发展。65% 的德国 Z 世代受访者乐于尝试自动驾驶。除了广受好评的泊车助手和全自动驾驶程序，德国 Z 世代驾驶员尤其看重以下功能：疲劳驾驶与司机健康的实时监测（30%）、车载娱乐系统（30%）以及自动刹车和危险感知（27%）。通过与地理位置服务与连接性相结合，"娱乐化"作为驾驶服务中的发展等级指标，将会是面向 Z 世代个性化营销的一个新接触点。技术也在潜滋暗长地改变着 Z 世代消费者对金融业的观点看法：德国 Z 世代普遍对新金融产品和加密货币更加开放，约 80% 表示听说过"比特币"，近三分之一愿意考虑投资数字货币，而该比

---

① DELOITTE. Deloitte Global 2022 Gen Z and Millennial Survey[EB/OL]. (2022). https://www2. deloitte.com/content/dam/Deloitte/de/Documents/Innovation/Deloitte%20Millennials%20 Gen%20Z%20Survey%202022_GERMANY.pdf.

② DELOITTE. The Deloitte Global 2023 Gen Z and Millennial Survey[EB/OL]. (2023). https:// www.deloitte.com/global/en/issues/work/content/genzmillennialsurvey.html.

例在 35 岁以上人群中仅占 17%[①]。

二、面向德国 Z 世代：中国企业的升维策略与开拓路径

（一）微观层面：中国企业核心竞争力的升级迭代

1. 国际化发展布局与海外风险规避能力提升

接地气的"本土化"方针是众多国际企业获得成功的重要策略。当前在德国发展得最好的中国企业之一——华为在全世界各国进行推广和营销时，都会针对特定国家的法律和市场营销环境，制定相应的策略，从而规避因对其他国家法律、文化甚至宗教等方面的不熟悉而造成的违法、违规问题。德国国家航司汉莎航空为确保公司扩大其在欧洲的业务，选择以意大利作为战略枢纽，由此辐射近十个目的国，并为特定市场逐一定制配套的语言服务[②]。

鉴于此，中国企业在对外传播时要对对象国或对象区域进行针对性调查和传播方式研究，通过熟悉文化、熟悉法律、熟悉风格的途径避免企业传播中的文化冲突风险。

2. 全局品牌战略规划与跨文化管理机制完善

品牌形象是一个企业对外宣传的第一张名片。不同的企业要在对外传播和对外推广时打造属于自己的品牌战略和对外形象。由于真实性对于德国 Z 世代来说非常重要，因此在营销传播中也应该强调企业形象的可信度和可靠性。华为在德国波恩设立安全实验室时选择公布源代码，这一开源举措通过强化企业品牌形象的真实维度，进而改变西方民众对中国科技的怀疑态度与刻板印象。

跨文化管理机制也是塑造中国企业出海形象的重要举措。中国企业在对

---

① Tim B., Peter K. & Sevilay H. Koecke, et al. Gen Z is talking. Are you listening. [R]. PwC Europe Consumer Insights Seriers, PwCIL, 2020: 15.

② THE LUFTHANSA GROUP. Lufthansa Annual Report 2018[EB/OL]. (2018-12-31). https:// investor-relations.lufthansagroup.com/fileadmin/downloads/en/financial-reports/annual-reports/ LH-AR-2018-e.pdf.

德国 Z 世代目标群体的市场营销中，应该着重于提升产品创新能力、优质价格策略、扩大数字销售领域以及创新的营销传播活动。中国东航充分发挥海外机构的作用，创新性选取来自不同国家的机长、乘务、员工作为主创、主播、主导，共同运营策划东航欧洲及全球账号，形成兼具区域表达与全局传播的海外社交媒体矩阵。

（二）中观层面：完善企业文化与品牌传播路径

1. 精准传播受众，优化企业形象传播策略

Z 世代的社交行为以密集的数字方式展开，社交媒体成为他们生活中最重要的使用媒介之一。这就要求中国企业建立更加便捷的数字渠道用以直接和 Z 世代的消费者进行接触，通过"订阅推送""互动论坛""优惠打折""热门话题"等营销方式与其保持积极联系，从而使其分享对公司产品的感想；就公司品牌、产品和服务的问题主动创造流行话题，建立更加紧密的连接与受众反馈。

当企业与德国 Z 世代进行跨文化沟通时，应该将自己定位成更加年轻化、与 Z 世代平等化交流的亲近形象，从而实现网状式的社交传播，通过创造一种符合 Z 世代数字媒体消费习惯的整体氛围，使之内化为最终的消费者。德国 Z 世代推崇的普世价值判断与价值选择使得他们倾向于认同拥有较高社会责任感的商业企业。由此，中国企业在进行品牌打造和企业文化建设时应积极建设企业履责形象，以丰富和建构企业形象的社会维度。

2. 巧借国家形象，发展企业品牌与软实力

中国企业在德形象塑造和传播方面仍面临着众多挑战和壁垒，因此需要向上溯源，借力国家形象，打造符合德国本土的"中国名片"。企业文化是企业的黏合剂，通过企业价值观的提炼和传播，能够把全体员工团结起来，为了同一个目标而努力奋斗。

因而，中国企业在分析受众群体的同时，也应该重视对自身的企业文化和价值进行包装和融入，注重经济合作的同时兼顾中国文化等软实力的输出，

在中德合作与发展中建立稳固的信任关系，并在消费者心中建立起良好的企业形象。在传播内容上，应当选取容易被国际受众接纳和喜爱的内容，弘扬中华优秀传统文化、革命文化和社会主义先进文化，增强国民的文化自信与文化认同感，同时推动国家文化符号的 IP 化、流行化，为重构当代大众流行文化与国家文化认同注入新活力①。

（三）宏观层面：全球视野下的中国企业国际化定位

1. 整合营销，树立中国企业国家品牌

在企业对外发展的过程中，中国企业不仅塑造着自身在外的企业形象，同时也身负塑造可信、可爱、可敬的中国形象的责任，对应"恪守信用""可爱亲近""值得尊重"的文化内涵。

中国企业应该将以上三种文化精神作为自己企业建设的文化基础。加强自身硬实力，打造出质量好、服务好的产品服务，营造出与各国合作好、信誉好的传播氛围，从而实现"可信"；结合当地文化观念，在多平台的社交网络上依托自身企业的优秀人才打造企业本土代言人，通过讲企业自己动人的小故事，展现出中国企业，乃至中国的大情怀，从而实现"可爱"；中国企业国际传播应强调合作共赢，将自身利益与当地的民众、社区和社会紧密相连，从而建设责任和利益的共同体，积极履行社会责任，实现共同发展，进而实现"可敬"的中国形象。考虑到德国 Z 世代对企业社会责任感与公益贡献度的看重，中国企业在当地开展业务需要注重建设并宣传自身社会履责属性，参与公益慈善活动并在国际化议题（气候变化、公共卫生）上加强话语权并贡献中国方案。

2. 求同求异，强化中国企业国际认同

中国企业在德国经营时常面临涉及业务环节多、利益相关方多、语言文化差异等问题，易导致对德投资在生产经营目标、管理方式、文化理念等问题上存在冲突。一般而言，企业的跨文化传播实践往往需要经历"求同去

---

① 范红，苏筱．新时代中国形象的多元建构与国际传播策略 [J]. 对外传播，2022(02): 67–71.

异""求同存异""求同求异"三个阶段①。

"求同去异"阶段是品牌管理与跨文化传播的初级阶段。这一阶段某种程度上没有摆脱母国、母公司文化的约束，不能从其他文化中反观自己的文化，极易盲目落入自己文化的框架之中。"求同存异"发展周期的企业文化自信度和对不同文化的认同感均较高，是国有企业走出去、跨文化管理的成熟阶段，提倡和而不同。这一阶段中，中方企业充分尊重和考虑德国的政治制度和政策、法律、文化、宗教，与当地政府、民众保持密切沟通合作；积极组织中方员工学习德国文化、当地风俗习惯及相关法律法规，提高员工的法律意识与合同意识；在履行合同责任的同时主动承担责任，积极推动员工本土化，促进当地经济社会发展，努力成为德国政府可信赖的合作伙伴。"求同求异"阶段对中国企业的文化吸收能力和包容能力提出了更高要求，中国企业应当更为自信地明确、肯定、拥抱中德企业与国家的不同之处，努力使自己的跨文化性成为一种长处，因为在管理结构、管理职务和人事政策上完全超越中德两国的政治、经济与文化界限既不可能，也并不可取。

中国企业需要在自身经营需要和当地规制要求之间求得一种动态平衡。考虑到德国 Z 世代注重平等与多元化的特点，中国企业应审时度势，推动公司内部平等文化的形成与完善。中国企业在德国应助力职场性别平等，同时也要弥合不同年龄员工之间的薪酬差异，从而化解冲突，注重扁平化管理，推动员工之间平等关系的建立。此外，公司也应招募更多不同文化背景的人才，"美美与共"，加强公司的文化包容性与多样性，避免管理层同质化，在努力融入德国本土文化的同时优化重塑自身的企业文化，提升软实力。

---

① 陆如泉.大型石油央企海外跨文化管理实践——来自中国石油的案例分析 [J]. 中国石油企业，2021(07): 10–15+111.

实践创新

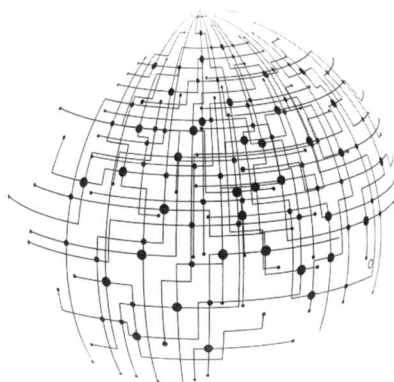

在地化多维共情：孔子学院面
向海外青年群体的跨文化传播实践探析

钟新　林芊语　蒋贤成 ①

【摘要】"共情"是跨文化传播的重要策略，做好面向海外青年群体的共情传播，对提升中国国际传播能力具有重要意义。本文回顾了跨文化共情传播的理论发展脉络，对全球 16 所孔子学院的 18 位院长（或教师）进行深度访谈，并对孔子学院线上文化活动开展多次参与式观察，提炼出孔子学院面向海外青年进行跨文化共情传播的多维模式，即孔子学院通过在地化共情实践助推海外青年自我实现、激发跨文化趣缘联结，借助社交平台扩大传播覆盖面、构建在线趣缘社区，并最终提升海外青年的跨文化共情力。本文亦探讨了海外青年在参与孔子学院活动中的跨文化共情触发机制，包括物质体验、人际交往和精神共鸣等多个层面。

【关键词】共情　跨文化传播　孔子学院　Z 世代

一、引言：孔子学院面向海外青年的跨文化传播

面向 Z 世代（Generation Z）海外青年的跨文化传播已经成为当下国际传播研究与实践的重要议题。在丰富的国际传播主体中，孔子学院显现出其独特性与重要性。孔子学院是中外合办的非营利性汉语教育与文化交流机构，其重要目标人群即是海外的青年群体。孔子学院为海外青年提供了丰富的文化活动体验和学术、商业、科技交流机遇，为学习者打开了一个多维度的跨

① 钟新，中国人民大学新闻与社会发展研究中心研究员，新闻学院教授、博士生导师；林芊语，中国人民大学新闻学院博士研究生；蒋贤成（通讯作者），中国人民大学新闻学院博士研究生，新加坡南洋理工大学联合培养博士生。本文系国家社科基金重点项目"新时代加快国际传播五力建设研究"（项目编号：22AZD074）的阶段性成果。本文原载于《青年记者》2024 年第 9 期 60-67 页。

文化交往大门，让他们从不同的角度和层次去认识、体验中国文化。此外，孔子学院的学习者是跨文化交流的积极参与者，他们有着强烈的跨文化交流意愿。选择学习汉语本身，体现了他们对中华文化的兴趣。因此，孔子学院是中国面向海外 Z 世代青年进行跨文化传播的重要平台。

长期以来，国内学界的跨文化传播和国际传播研究着重于本国的利益与诉求，而跨文化共情传播更关注传受双方的情感共鸣、利益互惠，这种视角更加适应我国所倡导的构建"人类命运共同体"的理念。跨文化共情能够拉近不同文化群体之间的心理距离，进而实现全人类文明的凝聚[①]。孔子学院是中华文化的海外传播平台，具有深入民间、在地化的文化传播特色。孔子学院在不同国家、地区设立，为海外青年提供了直接、真实的跨文化体验，与信息时代的其他传播主体相比，其可达性让学习者更有机会深入了解、沉浸式体验中国文化。此外，孔子学院鼓励师生间的面对面交流，这样的直接交流方式能够极大地增强师生间的情感纽带[②]。鉴于孔子学院的以上特性，孔子学院成为理解跨文化共情传播的重要媒介。本文以孔子学院如何开展多维度的跨文化共情传播实践为例，探析如何做好面向海外 Z 世代青年群体的跨文化传播。

二、理论回顾：跨文化共情传播

（一）从共情到跨文化共情

"共情"原是心理学与哲学领域的概念，吴飞等学者率先把它引入中国传播学学界并对"共情传播"的概念做出界定[③]。关于共情的定义众说纷纭，本文参照刘聪慧等的定义，认为共情是一个包含认知、情感、行为等多方面的

---

① 马龙，李虹. 论共情在"转文化传播"中的作用机制 [J]. 现代传播（中国传媒大学学报），2022, 44(02): 77–83.

② 钟新，蒋贤成. 跨文化共情传播机制探新：基于孔子学院院长访谈的跨国比较研究 [J]. 东岳论丛，2023, 44(02): 49–61+191.

③ 吴飞. 共情传播的理论基础与实践路径探索 [J]. 新闻与传播研究，2019, 26(05): 59–76+127.

心理机制，是"个体在面对他者时，产生与他者的情绪共享，在认识到自我和对方差异的前提下，对其总体情况进行认知和评估，从而产生的伴有相应行为的一系列情感反应，在这一过程中，主体将这种情感和行为指向客体的心理过程"[①]。由以上定义可知，共情源自一种"本能"的情感反应。

共情除了应用于同一文化内部，还能作用于不同文化背景间的互动，即跨文化共情。跨文化共情是指来自不同文化背景的个体在沟通与交往中可以超越文化隔阂并实现与对方的共情。在实际生活中，由于个体的理解能力、认知能力、文化素养差异，个体的跨文化共情表现也产生了差异，因而具有"本能"属性的跨文化共情也可以被视作一种差异化能力。跨文化共情所具有的能力性质又使其具备了可培养性与可习得性，成为在跨文化交往中可以应用的一种主动实践策略：在跨文化交往中，传播者培养并应用共情，使来自多元文化背景的接收者——"他者"对信息内容产生相似的理解和情感共振，从而激发"他者"的积极响应和行为回应[②]。跨文化共情能力能够化解"自我"与"他者"的二元划分，帮助个体跨越文化障碍，达到真正的双向理解[③]，是跨文化交往成功的关键因素。

（二）跨文化共情的层级性

学界在探讨共情时，普遍认为共情具有阶段性特征。李成家和彭祝斌将"跨文化共情传播"分为两个阶段，分别是指向自我的情感共鸣阶段以及指向"他者"的行动反馈阶段[④]。徐明华和李虹在探讨国际传播中的共情策略时，将共情的应用区分为国家叙事、媒体叙事和民间叙事，进而提出"不对称共

---

① 刘聪慧，王永梅，俞国良，王拥军. 共情的相关理论评述及动态模型探新 [J]. 心理科学进展，2009, 17(05): 964-972.

② 李成家，彭祝斌. 论跨文化共情传播——基于国际互助抗疫的探索 [J]. 现代传播（中国传媒大学学报），2021, 43(05): 65-69.

③ GUDYKUNST W B. Bridging differences: Effective intergroup communication[M]. California, Sage, 2004: 260.

④ 李成家，彭祝斌. 论跨文化共情传播——基于国际互助抗疫的探索 [J]. 现代传播（中国传媒大学学报），2021, 43(05): 65-69.

情""弱共情""同感共情"三个层次[①]。罗伯特·卡可夫（Robert Carkhuff）对共情进行了五层次的深入描述：第一层次是指个体未能体察到他人的感受和行为，展现出对他人情绪的全然忽略；第二层次是指个体能够从单一角度理解他人的经历和行为，但对其感受视而不见；第三层次是指个体开始理解他人的经历、行为和情感，尽管对感受的深度还未完全感知；第四层次是指个体不仅理解他人的经历、行为和感受，而且能够洞悉其内心隐藏的感受和意义；第五层次是共情的最高层次，个体不仅准确把握他人言语的表面含义，还能理解其背后隐藏的更深层次的含义及感受的程度[②]。这些研究显示了共情的阶段性特征。此外，有学者提出"共情之环"（empathy cycle）理论，认为共情的发展可以被划分为三个主要阶段：第一阶段，当个体 B 表达情感后，个体 A 产生情感共鸣；第二阶段，个体 A 尝试向个体 B 传达其对于共情的理解；第三阶段，个体 B 对个体 A 的沟通行为实现理解与接受。这三个阶段在沟通深入后会循环进行，形成了所谓的"共情之环"[③]。

这些研究尽管各有侧重，但都在不同程度上体现了一个核心观点：共情是一个多维、动态、具有层次性的过程，不应被简化为一个单一的概念，需要从多个层面进行理解并阐析其多级机制。本研究将剖析孔子学院面向海外 Z 世代青年的共情机制，以期丰富学界对于跨文化共情机制的理解。

尽管共情的研究领域已从单一的人际交往扩展至大众传播范畴，并进一步涉足了从文化内部到文化间的交互层面，但目前国内研究在探讨跨文化共情传播时，多数还是局限于大众传播的角度，并且过分强调传播的单向"传递"功能，而较少涉及其双向互动和情境共享的特性。相较之下，孔子学院的课堂教学模式正是一种典型的面对面跨文化交流场景，凸显了共情的双向

① 徐明华，李虹 . 国际传播中的共情层次：从理论建构到实践路径 [J]. 对外传播 2022(08): 53–57.

② CARKHUFF R R. Helping and human relations: A primer for lay and professional helpers: Ⅱ . Practice and research[M]. Holt, Rinehart and Winston, 1969: 315–317.

③ SUCHMAN A L, MARKAKIS K, BECKMAN H B, et al. A model of empathic communication in the medical interview[J]. Jama, 1997, 277(08): 678–682.

互动和共享特质，为跨文化共情传播提供了宝贵的研究机遇。

三、研究设计：面向全球孔子学院的质化研究

本文采取质化实证方法切近研究问题。首先，研究者基于公开资料对孔子学院信息进行预调查，考察教学效果、文化活动、社交平台宣传等情况，选取了综合表现较为突出、遍布全球的 16 个孔子学院，对 16 个孔子学院的时任或前任 18 位院长（或教师）开展半结构化深度访谈（见表 1，关键信息作匿名化处理）。系列访谈于 2021 年 6 月至 2023 年 2 月陆续开展，访谈形式为"一对一"视频访谈、文字访谈和当面访谈。每次访谈时长从一小时至四小时不等。

表 1　孔子学院院长系列访谈时间与形式

序号	时间	所属地区	身份	访谈形式
A1	2021年6月2日	欧洲（南欧）	时任孔子学院中方院长	视频访谈
A2	2021年6月9日	拉丁美洲	时任孔子学院中方院长	视频访谈
A3	2021年6月11日	欧洲（中欧）	时任孔子学院中方院长	当面访谈
A4	2021年6月11日	亚洲（南亚）	时任孔子学院中方院长	视频访谈
A5	2021年6月11日	拉丁美洲	时任孔子学院中方院长	视频访谈
A6	2021年7月17日	非洲（南部非洲）	时任孔子学院中方院长	视频访谈
A7	2021年7月24日	亚洲（西亚）	时任孔子学院中方院长	视频访谈
A8	2021年7月30日	大洋洲	时任孔子学院中方教师	视频访谈
A9	2021年8月4日	拉丁美洲	时任孔子学院中方院长	视频访谈
A10	2021年10月8日	欧洲（西欧）	时任孔子学院中方院长	文字访谈
A11	2021年10月25日	亚洲（东亚）	时任孔子学院中方院长	文字访谈
A12	2022年4月29日	北美洲	前任孔子学院中方院长	当面访谈
A13	2022年5月3日	欧洲（北欧）	时任孔子学院中方院长	视频访谈
A14	2022年5月10日	欧洲（西欧）	时任孔子学院中方院长	视频访谈
A15	2022年9月30日	北美洲	前任孔子学院中方院长	视频访谈
A16	2022年10月13日	欧洲（西欧）	时任孔子学院外方院长	视频访谈

序号	时间	所属地区	身份	访谈形式
A17	2022年10月20日	亚洲（西亚）	前任孔子学院中方院长	当面访谈
A18	2023年2月16日	非洲（南部非洲）	时任孔子学院中方院长	视频访谈

从 2020 年至 2022 年，孔子学院文化活动主要采取线上进行的形式，为研究者提供了远程参与观察的机会。研究者在线参与 6 场孔子学院线上文化主题活动（见表 2），观察活动形式和反馈效果，并进行记录，活动结束后对相关参与人员进行访谈。这部分观察资料为孔子学院共情传播方式及海外青年的共情触发机制考察提供了更为全面的视角。

表 2　参与孔子学院线上节日文化活动列表

序号	活动时间	所属地区	活动主题
B1	2021年2月5日	欧洲（南欧）	春节文化活动
B2	2021年6月11日	拉丁美洲	端午节文化活动
B3	2021年9月18日	非洲（南部非洲）	中秋节文化活动
B4	2021年9月20日	非洲（南部非洲）	国庆节文化活动
B5	2021年9月22日	欧洲（西欧）	中秋节线上知识竞赛
B6	2021年9月30日	拉丁美洲	中秋节文化活动

通过综合使用深度访谈法和参与式观察法，本文主要旨在回答以下两个问题。其一，孔子学院如何通过多种策略提升海外青年群体对中国文化的"共情"能力？其二，海外青年在孔子学院的跨文化学习过程中如何实现对中国文化的"共情"，存在何种心理机制？

四、在地与在线：孔子学院的多维跨文化共情传播策略

在全球化的今天，跨文化交流的重要性越发显著。孔子学院，作为中国文化对外交流的窗口，已经不再仅仅具备语言培训职能，其中一些孔子学院根据当地需求开展"汉语＋"模式的多种服务。一位受访院长（A8）认为："孔院的重要之处在于它象征着一个中国文化中心，与大学的中国市场、学生的文化体验、当地的社区服务是连成一块的。孔院如果只是一个教中文的

地方，其价值是很小的。"研究发现，孔子学院拓展了作为语言培训机构的基础职能，与所在地文化、学生主动共情，将其自身打造为促进文化间共情力的综合性文化平台，通过设计多样化的在地活动，主动开展在线共情实践，拉近中外文化距离，提升海外青年对中国文化的共情力。

（一）在地化共情实践

孔子学院作为一种在地化的教育和文化传播平台，在推动跨文化共情方面扮演着至关重要的角色。这种共情实践不仅仅局限于语言和文化教学，而是通过一系列具有策略性和创新性的活动，深入挖掘和响应海外青年的内在需求和兴趣，从而有效促进跨文化共情。具体而言，这种在地化共情实践可以分为三个主要方面：助力青年需求、激发趣缘连接和观照文化传统。

1.秉持利他理念：助力海外青年自我实现

社会学家奥古斯特·孔德（Isidore Marie Auguste François Xavier Comte）最早提出了"利他主义"（altruism）的概念。在孔德看来，利他主义是指将他人的利益置于自己利益之上的道德品质或行为。[1]利他主义与共情联系密切，研究发现，当人们接受帮助时，更有可能对帮助者产生良好的印象和情感[2]，这种正面的情感反馈可以促进双方的共情。孔子学院在文化传播中秉持了利他的理念。一位孔子学院院长（A18）在采访中说道："学中文到底能为他们带来什么？年轻人可以出于兴趣学中文，但如果要在这条路上走得更长久、可持续，就必须立足当地，满足当地的实际需求。"根据亚伯拉罕·马斯洛（Abraham Maslow）的需求层次理论，人的需求有生理的需要、安全的需要、归属与爱的需要、尊重的需要、自我实现的需要五个层次，这是人类共

---

① COMTE, A. The Catechism of Positive Religion[M]. 1852. Trans. R. Congreve. London: Chapman, 1858: 215.

② CIALDINI R B, Brown S L, Lewis B P, et al. Reinterpreting the empathy–altruism relationship: When one into one equals oneness[J]. Journal of Personality and Social Psychology, 1997, 73(03): 481.

同的需要[1]。孔子学院的利他实践指向了马斯洛需求层次理论中自我实现的需求。孔子学院通过打造学术交流平台、创造访学深造机会，帮助海外青年实现个人发展。

在非洲和西亚等地区的一些国家，孔子学院成立了"汉语+"职业技能培训实践基地。据 A18 所述，其所任职的孔子学院为当地青年开展电商培训，指导青年以抖音直播的形式进行销售，帮助青年自主创业，实现个人职业发展。一位孔子学院院长（A6）在采访时说："人的精力是有限的，如果只是大而泛之地教汉语，学生可能没有那么多需求，不愿意花时间一周跑来学两次。"其所在孔子学院为合作高校的医学院学生定制中医汉语课程，为理工科学生定制理工类汉语，让学生在有限的时间内高效地将汉语应用于专业学习。在院长 A4 所在的南亚某国，部分青年女性难以获得良好的个人发展机会。院长 A4 所在孔子学院资助了一名家境清寒的农村女孩到中国留学，女孩在中国完成了本科和硕士阶段的学习，目前活跃于国内外电视节目中，找到了较为理想的工作。在孔子学院的帮助下，女孩走上了截然不同的人生道路，获得了良好的发展前景。

2. 激发跨文化趣缘连接：创造文娱活动共享平台

在液态的现代社会中，Z 世代青年展现出以享乐主义为导向的文化消费特征[2]。学者彭振刚指出，娱乐已经成为 Z 世代内容消费的首要动机[3]。相较于其他群体，Z 世代更倾向于寻求即时的娱乐满足。娱乐不仅为 Z 世代提供了欢乐，还催生了一种新的社交形态——"趣缘群体"。趣缘关系建立在共同爱好和价值取向上，能够超越传统的因经济、社会、教育、种族或地理因素而凝聚的群体关系。研究指出，趣缘群体具有强大的凝聚力，如线上粉丝社群

① MASLOW A H. A Theory of Human Motivation [J]. Originally Published in Psychological Review, 1943(50): 370–396.

② 张琳，杨毅. 从"出圈"到"破圈"：Z 世代青年群体的圈层文化消费研究 [J]. 理论月刊，2021(05):105–112.

③ 彭振刚 .Z 世代国际传播策略与实践路径研究 [J]. 对外传播，2021(07):39–42.

展现出了惊人的爱国主义动员能力 ①。

在全球化的背景下，跨文化交往日益频繁，但文化差异造成的沟通障碍依旧存在，而趣缘连接在一定程度上有助于消解文化差异所带来的障碍。兴趣或爱好，如音乐、电影或电视节目，可能成为跨文化沟通的桥梁。如金英润（Young Yun Kim）所述，寻找共同点是促进跨文化沟通的关键 ②。吴飞也指出，共情容易产生在认同度较高的群体中 ③。来自不同文化背景的人们在趣缘群体中相聚，在共同的兴趣和爱好中寻找共鸣，他们更愿意靠近彼此，更愿意理解彼此的文化，接纳文化差异。除了能促进认知层面的共情，基于趣缘的人际交往也能为交往双方提供工具性与情感性的支持 ④，在情感层面拉近彼此距离。

孔子学院组织的文化活动体现了激活跨文化趣缘连接的理念。孔子学院除语言教学外，还提供了富有趣味的文化活动，激起海外青年对中华文化的趣缘连接。一位孔子学院院长（A16）在采访时说道："海外青年不一定只学中文，还可以学书法、学太极、舞狮、剪灯笼，这是寓教于乐，这可能比语言教学本身效果还来得快一点。"这些活动吸引了对特定文化活动感兴趣的海外青年群体，让他们由兴趣入手，在趣味情感和好奇心驱使下进行文化探索，逐渐靠近中国文化内核。此外，趣缘连接能够推动趣缘群体的形成，进而跨越文化差异的藩篱，促进跨文化友谊。

如果说发展中国家的孔子学院经常通过利他实践促进与学员的情感联结，那么发达国家的孔子学院则更倾向于开展趣缘联结活动，吸引不同受众参与。A8 所在的大洋洲某国孔子学院以音乐作为中外连接的桥梁，通过举办音乐会

① 刘海龙. 像爱护爱豆一样爱国：新媒体与"粉丝民族主义"的诞生 [J]. 现代传播（中国传媒大学学报），2017,39(04):27-36.

② KIM Y Y. Adapting to an unfamiliar culture: an interdisciplinary overview. In GUDYKUNST W B. (Ed.).Cross-cultural and intercultural communication[M]. California: Sage Publication, 2003: 243-257.

③ 吴飞. 共情传播的理论基础与实践路径探索 [J]. 新闻与传播研究，2019, 26(05): 59-76+127.

④ 蔡骐. 网络虚拟社区中的趣缘文化传播 [J]. 新闻与传播研究，2014, 21(09): 5-23+126.

凝聚音乐趣缘群体。该国青年对音乐兴趣强烈，在该国原住民的传统文化中，音乐、舞蹈被视为精神和文化表达的重要部分。18世纪，随着英国殖民者到达当地，西方古典音乐和流行音乐传统在此扎根。随着时间推移，来自不同国家的移民为当地带来了多元化的音乐风格。由此，当地对于不同音乐文化接受度较高。该国孔子学院考虑到当地对于音乐的喜好组织了音乐会活动，每次均邀请一位中国演奏家和一位西洋演奏家共同演出，促成中西音乐的对话，为中外音乐爱好者提供交流空间。音乐会不仅面向孔院合作大学的师生，还对社会人士开放，促成更大规模的中外交流平台。音乐作为一种人类共通的艺术形式，能够超越语言边界、突破文化隔阂，基于音乐这一趣缘的连接唤起共通情感和审美。

3. 观照文化传统：打造跨文化节日共庆平台

孔子学院主动共情，观照海外青年的文化传统，通过在外国重大民族事件、节日活动的缺席和在场，体现其以共情和尊重为核心的节日活动安排。例如，A16所在孔子学院为观照所在国文化传统和民族情绪，在英国女王逝世后，出于对英国民众哀悼期的尊重，该孔子学院决定将2022年的中秋节庆祝活动推迟两周。虽然对于中国人来说，中秋之后两周再吃月饼可能显得有些不合时宜，但这一举动展现了孔子学院对当地国民情感的尊重。

孔子学院不仅庆祝中国传统节日，还积极参与当地的节日和文化盛会，以"在场"的符号表达对当地文化的尊重和喜爱，传达主动共情的信号。A7所在孔子学院不仅庆祝中国传统节日，更是主动地融入当地，庆祝当地犹太人的重要节日——光明节和逾越节，表达对当地节日文化的尊重和喜爱。孔子学院也在节日活动的参与中，拉近了彼此距离，促进了双方的交流。

此外，孔子学院还将中国传统节日文化活动和当地文化相结合，打造节日共庆的平台。在这个文化共享的场域中，来自不同文化的人们共同参与、共同体验、共同表达，增进了情感共鸣。A18所在孔子学院每年9月举办"文化遗产月"，当地举行文化庆典，孔子学院将中秋节、端午节等中国传统节日纳入其中，与当地人共同庆祝。孔子学院还将中国传统民俗风情带入庆典，表演舞龙、舞狮等中国传统艺术，这种融入式的文化交流形式受到了当地民众的热烈欢迎。每年的文化遗产月活动期间，当地组织者都会主动邀请孔子学院参与，希望借助中国的传统文化为当地节日庆典增添不同的色彩。两种截然不同的文化在共同庆祝中找到了共通点，共享彼此的喜悦情绪。这种交互性的文化活动模式促进了双方对彼此文化的共情能力，提升对彼此文化的认知水平与理解能力。

（二）在线共情实践

孔子学院的优势在于通过在地化交往、面对面交流挖掘跨文化共情的深度。同时，孔子学院也通过在线共情实践，拓展跨文化共情的广度。在线共情是共情在社交媒体时代的发展，通过社交媒体这一中介，天各一方的人们与他者形成连接，共情远处的悲喜。在线环境消除了物理空间的限制，使得跨文化、跨地域的交流成为可能。学者指出，在线平台通过文本、图像、视频等多种媒体形式展现情境，有助于情感的传递与共鸣[1]。此外，社交媒体等其他在线平台允许用户即时响应，为共情提供了迅速的反馈机制。顺应媒介化时代的需求，孔子学院把在线共情实践应用于日常语言教学、文化活动和社交媒体平台的传播与推广中。

1.线上教学与文化活动拓宽传播覆盖面

孔子学院通过开办线上课堂，突破地域边界，为全球学者创造了跨文化的学习场域。这一策略迎合了 Z 世代学生的学习偏好。研究发现，Z 世代学生倾向于在线学习平台，且经常将优兔（YouTube）作为他们的自学渠道[2]。本研究调研的所有孔子学院都开展了线上节日文化活动，让居处所在国各处的中华文化爱好者有机会便捷地在线感知中国传统节日文化的氛围和魅力。

[1] OELDORF-HIRSCH A. The role of engagement in learning from active and incidental news exposure on social media[J]. Mass Communication and Society, 2018, 21(02): 225-247.

[2] MOHR K A J, MOHR E S. Understanding Generation Z students to promote a contemporary learning environment[J]. Journal on empowering teaching excellence, 2017, 1(01): 9.

这种线上文化交流模式大大拓宽了参与者的范围，突破了地域和时间的限制，使得更多的人能够在云端共同体验和分享节日的喜悦。A6 所在孔子学院组织了一次中非文化深度融合的春节晚会，邀请中非两国的学生共同参与，两国学生在线上共同演唱歌曲、表演舞蹈、演奏各自的传统乐器。这样的活动为当地学生创造了深入的跨文化交流体验，增进了两国学生之间友谊，从多维度促进了跨文化共情。

2. 社交媒体平台构建虚拟在线趣缘社区

Z 世代成长在社交媒体时代[①]，社交媒体是触及 Z 世代青年的主要途径。孔子学院积极发挥国际社交媒体的作用，向海外青年展示日常文化活动，通过国际社交媒体平台如脸书（Facebook）、推特（X，原 Twitter）和照片墙（Instagram）等，为海外青年构建了一个虚拟的"趣缘社区"，以便国际青年实时接触到孔子学院的日常文化活动资讯。例如，拉丁美洲 C 国孔子学院在国际社交平台上介绍有趣的中国文化，如讲解古诗词。聚集对中国文化感兴趣的趣缘群体，来自不同文化区的网民在评论区互动、交往。

孔子学院通过线上共情的传播策略，拓宽了其作为文化传播桥梁的角色，吸引生活在数字背景下的 Z 世代青年。在网络环境之下，共情通过线上与线下、现实和虚拟的交互作用，实现思想与情感的共振。

五、体验、交往、共鸣：海外青年的跨文化共情"触发"机制

既往研究表明，共情具有层层递进发展的特征。本文探索海外青年在孔子学院跨文化接触中的"共情"触发机制，并发现这一机制可以被归结为由物质体验、人际交往、精神共鸣共同组成的多维、层级式共情机制。

（一）具象体验：在触摸与互动中感知中华文化

海外青年在参与孔子学院文化活动中最直接、生动的共情体验是通过具

---

① 王沛楠. 视听、情感与算法：西方 Z 世代的社交媒体偏好转向 [J]. 青年记者，2022(17): 96-98.

象参与实现的。海外青年的具象体验包含物质性文化体验和空间性文化感知两个层面。

一方面，海外青年可以通过参与物质性文化具身体验实现共情。当学生体验包饺子、吃粽子、剪纸、舞龙舞狮等经典传统文化符号时，他们通过身体实践与物质文化互动，能够更直观地理解物质背后的中国文化。通过与物质文化互动，学生可能会产生与中国文化的情感共鸣，从而增进对中国文化的共情。例如，通过参与龙舟和舞狮活动，海外青年可以感受到中国节日文化的趣味和欢乐，实现愉悦情感的共振。

另一方面，孔子学院还提供了完整、深入的空间感知系统。物质对象和结构定义并塑造了个体所处的物理空间。这些物质实体不仅决定了空间的形状和功能，还影响了个体如何感知和使用这些空间。当学生进入孔子学院的教室学习时，他们不仅仅是进入一个学习场所，更是进入一个充满中国文化氛围的物质空间。教室的布置、教学材料，甚至教师营造的氛围都可以为学生提供沉浸式的学习体验。

此外，孔子学院的学生还可以具身体验传统文化空间。A9 所在的拉丁美洲某孔子学院组织了粽子游园活动，学生通过参与各种文化活动进行打卡，领取粽子或月饼作为奖励，还可以参与游戏、体验中国传统服饰。活动现场，学院组织了舞龙和舞狮队伍，购买了充气式的中国拱桥和庭院装饰，营造中国传统文化空间。在这个场景中，校园被转化为一个充满中国文化元素的空间。每一个活动点都体现了中国文化的一个面向。从游戏到文化活动，再到试穿中国传统服饰，每一小处文化活动场所集合成系统化的文化空间，为学生提供了一个身临其境地体验中国文化的平台，使其能够通过具身参与增进对异国文化的理解与共情。

（二）人际交往：以接触、对话、合作进阶共情

孔子学院学生通过跨文化人际交往，共情体验得到进一步深化。正如高尔顿·奥尔波特（Gordon Allport）所提出的著名的"接触假说"所述，不同

群体间的成员通过进行有意义的、平等的接触可以减少对彼此的偏见①。海外青年通过与中华文化背景的青年群体接触，通过观看、倾听文化实践者，可以帮助个体打破对其他文化的刻板印象和偏见，而当海外青年与来自中国文化群体的人建立真实的关系时，他们往往会发现国际媒体上塑造的刻板印象是不准确的。打破刻板印象后，学生便会产生与特定跨文化群体接触的更强意愿②，进一步深化理解，从而提升对中国文化的共情。

接触之后，不同文化群体成员间的"对话"可以实现跨文化共情层次的推进。跨文化对话中，跨文化双方需进行协商与合作才能保持对话的有效性。纵使对话主体受到文化特征所限，但在形成有效对话的过程中，尊重异质文化必不可少。跨文化主体需要对自身文化进行反身性思考，在比较中理解异质文化，从而确保主体双方对话的可能性③。A18所在的非洲某孔子学院组织当地青年领袖去中国参观，访问不同的大学，和中国的青年领袖对话，在对话中进行反身性比较，理解不同文化同龄青年的生活，从而促进跨文化理解与共情。

继接触、对话后，"合作"推进海外青年群体的共情体验进一步加深。合作中，海外青年学生与中国学生拥有了共同目标，因此更容易理解与感受彼此的情感。在A6所在的非洲某国孔子学院，当地青年学生在中国访学时，与中国学生联合举办画展。国际妇女节的时候，该孔院邀请当地大学生，把一堂教学课变成了研讨会，讨论中国与当地的女性地位，以及两国共同存在的一些社会现象和问题，并就此互相提出对策建议。来自不同文明的学生积极对话，促成了研讨会的成功举办。在合作中，双方进行思想碰撞，情感共鸣强烈。

---

① ALLPORT G W. The nature of prejudice[M]. Addison-Wesley, 1966: 281.

② VAN ES M A. Muslim women as "ambassadors" of Islam: Breaking stereotypes in everyday life[J]. Identities, 2019, 26(04): 375–392.

③ 周翔，付迎红. 中国影像故事的"叙事—共情—跨文化"互动机制模型——基于对"一带一路"题材纪录片的分析 [J]. 现代传播（中国传媒大学学报），2022, 44(06): 108–114.

（三）精神共鸣：对中华文化的深度理解与情感认同

精神共鸣属于深度共情范畴，表征为对中华文化的深度理解与情感认同。共鸣的隐喻常常描述信息与受众的世界观之间的契合，即当某种信息、观念或情感与受众的内在信仰和情感产生深刻的共振时所发生的现象，用以说明这些信息、观念或情感与它们的受众的世界观产生了共鸣[①]。一些孔子学院学生表现出对中国文化观念的深度认同。在 A8 所在的大洋洲某国孔子学院，一位当地学生自发地和家人庆祝中秋节。中秋节不仅有明亮圆月下品月饼的美好意境，更象征着中华文化重视家庭团圆的价值观。海外青年选择与家人共度中秋节，说明他们不仅理解中国节日文化的内涵，还通过实际行动践行，向家人传播中华文化，这是深度认同中国文化、与中华文化核心价值产生共鸣的体现。同样，在 A7 所在的西亚某国，一位学生致力于翻译中国古典文学的巅峰之作《红楼梦》，这部小说是中国文化、社会、情感和哲学的深刻反映。一位异国青年学生选择翻译这部作品，意味着他不仅对这部小说产生了兴趣，还对背后的文化和情感有了深入的理解，产生了深度共情。翻译不仅仅是语言之间的转换，更是文化和情感之间的桥梁。这位学生通过翻译工作，不仅是将中文转化为自己的语言，更是将中国的情感和文化传达给家乡的读者。这种跨文化的情感传递是他对中国文化产生深度共情和共鸣的体现。

由此，具象体验、人际交往、精神共鸣构成了孔子学院海外青年学生共鸣的三大触发机制。具象的物质体验为学生提供了直接接触和直观了解中国文化的机会。这种直接的体验使他们能更加真实地感受到中国文化的魅力，为进一步的人际交往和精神共鸣打下基础。在人际交往中，通过与中国学生的直接接触，外国学生得以更加深入地了解中国青年的生活细节，体会中国人的生活方式，与中国人形成情感连接。精神共鸣是共情的顶峰状态，表征为对中华文化的深度理解和文化内核的自发传递。在孔子学院跨文化传播语

---

① MCDONNELL T E, BAIL C A, TAVORY I. A Theory of Resonance[J]. Sociological Theory, 2017, 35(01): 1-14.

境中，物质体验、人际交往、精神共鸣三大环节层层递进，共同构成了海外青年群体的跨文化共情触发机制。

六、结论与展望：面向海外 Z 世代的跨文化共情传播

本文借助跨文化共情理论，探索面向 Z 世代孔子学院学生的跨文化共情传播策略。在对 16 所孔子学院的 18 位院长和教师进行半结构化深度访谈、对多所孔子学院进行在线参与式观察后，本文发现：孔子学院通过在地化共情实践，助力海外青年自我实现，激发跨文化趣缘连接，打造跨文化共情平台；通过线上教学与文化活动拓展传播覆盖面，依托社交媒体平台构建虚拟在线趣缘社区，提升海外青年的跨文化共情力。研究还分析了海外青年在孔子学院学习中的跨文化共情触发机制，包括物质体验、人际交往和精神共鸣的多维共情层面。

本文基于孔子学院的在地化多维共情实践，对面向海外 Z 世代青年的跨文化传播提出以下建议。

（一）以主动共情促成文化双向互动

不同国家的受众具有不同的文化价值观，对中国具有不同程度的了解和经验水平，这些因素都影响其对文本的解码和感知。孔子学院师生在课堂教学与日常交往中，应秉持主动共情的理念，尊重不同文化青年的文化传统，主动学习当地语言、参与当地文化活动。在面向 Z 世代海外青年进行跨文化传播时，应注重交往、传播的双向性，杜绝单方面输出，而要做到互相学习、互相欣赏，努力超越"我们"与"他者"的二元对立。同时，跨文化传播者要有跨文化敏感性，对海外青年的文化背景进行深入研究，了解其历史、宗教、价值观和信仰等深层次文化内核，理解其对于中国的情感态度，从海外青年的角度出发设计共情故事文本，从而真正实现文明交流互鉴。此外，不同文化背景、不同发展状况的青年对于孔子学院有着不同的利益需求。跨文化传播者应观照不同地区青年的实际需求，个性化地组织教学与文化活动内

容。以"利他"思维增进双方的理解和信任，促成深入、持久的合作关系。

（二）以共情心态拥抱 Z 世代文化取向

Z 世代表现出以趣味、娱乐为特征的文化取向。孔子学院在设计活动时，凸显了活动的趣味性，将中国传统文化与 Z 世代喜闻乐见的大众文化相融合，如策划音乐会，举办趣味游园活动，等等。以此为借鉴，在面向 Z 世代的跨文化传播中，传播者应结合 Z 世代青年的兴趣和喜好，设计有趣、新颖的文化活动和内容。例如，走进 Z 世代的文化消费圈，将传统文化与现代流行元素结合，以音乐、艺术、影视和游戏等形式创新表达，激发 Z 世代的好奇心，从而实现与海外 Z 世代青年的对话与共情。

（三）依托社交平台构建在线情感联结空间

Z 世代是数字平台的主要用户。为了更有效地触达 Z 世代，传播主体需要充分利用社交媒体等数字工具。孔子学院通过线上教学、线上文化活动、线上文化知识科普和日常活动展示，触及 Z 世代用户，获得了良好的传播效果。在面向 Z 世代的传播中，跨文化传播主体需要掌握好社交媒体逻辑，采用更具有吸引性、互动性强的媒介形态进行传播，如互动视频、游戏等传播形态。此外，可以运用虚拟现实、增强现实、人工智能等新技术，为海外青年提供沉浸式的文化体验，增强其对中国文化的共情与认同。

延展性逻辑下网络视频的跨文化传播

——基于"歪果仁研究协会"86条视频的实证研究

刘滢　吴潇①

【摘要】"延展性"概念由美国学者亨利·詹金斯等人提出，用于描述当下流行的参与性更强的内容传播方式，而网络视频是其中最为重要的内容形态之一。本文阐述了"延展性"概念的内涵和"延展模式"下内容生产、传播的特征，梳理了近年来跨文化传播视角下网络视频传播研究的三个重点，并基于"歪果仁研究协会"发布的86条网络视频进行了实证分析。

【关键词】延展性　网络视频　跨文化传播

"延展性"概念由美国学者亨利·詹金斯（Henry Jenkins）、山姆·福特（Sam Ford）和约书亚·格林（Joshua Green）于2013年在《可延展的媒体：在网络文化中创造价值与意义》一书中提出，这三位学者用"延展"（spread）、"可延展的"（spreadable）和"延展性"（spreadability）来描述当下流行的参与性更强的内容传播方式，而网络视频是其中最为重要的内容形态之一。在实践操作层面，各国政府、新闻机构、民间团体及个人纷纷在以社交网络为代表的新媒体平台上开展跨文化的传播活动，特别是以视频为形态的文化产品，愈来愈成为互联网内容海洋中的巨浪。本文在阐述"延展性"概念的基础上，梳理了近年来网络视频跨文化传播研究的三个重点，并对"歪果仁研究协会"的传播个案进行了具体剖析。

---

① 刘滢，北京外国语大学国际新闻与传播学院副院长、教授，清华大学伊斯雷尔·爱泼斯坦对外传播研究中心高级研究员；吴潇，天津大学研究生院综合管理办公室综合管理科副科长、助理研究员。

一、"延展性"和"延展模式"

根据詹金斯等学者的定义，"延展性"指的是具备促使用户自发分享内容的技术和文化潜力，用户的分享有时得到了版权所有者的许可，有时违背其意愿。詹金斯等人同时指出，自上而下或自下而上的力量决定着内容如何跨文化或者在文化间进行分享 [①]。显然，这是一种对新媒体时代媒体内容跨文化传播的理论抽象，较好地概括了社交网络平台上纷繁复杂的传播现象。

从"延展性"概念的提出背景来看，实际上是延续了詹金斯在《融合文化：新媒体和旧媒体的冲突地带》一书中的观点，即媒体内容横跨不同媒体系统、相互竞争的媒体经济体系以及国家边界的流通，很大程度上是依靠消费者的积极参与完成的 [②]。这一观点强调了新媒体时代受众（或媒体内容的"消费者""用户"）在跨文化传播中的重要作用，为"延展性"概念的提出奠定了基础。此后，詹金斯通过比较"分发"（distribution）和"转发"（circulation）两种传播方式，得出了"延展模式"。

为了更好地阐释"延展性"概念，詹金斯等学者将"延展模式"与"广播模式""黏性模式"进行了对比。"广播模式"是指传统媒体时代的新闻生产模式，媒体采集、编辑内容，然后通过专业渠道进行大众化传播。"黏性模式"是指把内容放置于一个特定位置，然后吸引受众到这个位置上去看，这样受众数量就容易统计计算，这是互联网发展初期以门户网站为中心的传播模式。与之相比，"延展模式"下的媒体诞生于社交网络盛行的时代，主要特点是分散性，生产容易被分享的内容，通过交换内容使人们相互连接，并通过分享内容获得广泛收益。具体而言，"延展模式"强调人与人之间社会联系的重要性，特别是社交网络平台的放大效应，引导用户用意想不到的方式使用内容，在这种媒体模式下，受众感到自己是内容的组成部分 [③]。

---

① JENKINS H, FORD S, GREEN J. Spreadable media: Creating value and meaning in a networked culture[M]. NYU press, 2013:3.

② [美] 亨利·詹金斯. 融合文化：新媒体和旧媒体的冲突地带 [M]. 北京：商务印书馆，2012: 31.

③ 刘滢. 国际传播：全媒体生产链重构 [M]. 北京：新华出版社，2016: 42.

学者史安斌、欧阳春雪在詹金斯等人理论的基础上，提出应从受众市场、收视平台、传播策略三个方面打造"延展"型的电视媒体。他们认为，从传播的角度来看，延展不同于由传统媒体主导的发行或播放，它应当成为Web3.0 时代媒介和文化传播的主要方式，即媒体机构与受众合作，借助于人工智能等新的技术手段，通过参与和体验共同完成媒介内容的生产、消费和流通①。这就进一步明确了受众参与是视频类内容传播具备"延展性"的重要条件，同时强调了这是当前网络环境下媒介和文化传播的主要方式。学者林静进一步以央视春晚"咻一咻"为例，就"延展"型受众、"延展"型平台与"互联网 +"思维、"延展"型广告与广告主三个方面进行了个案分析②。以上研究把"延展性"概念引入电视媒体的转型研究中，为传统媒体适应新的传播生态环境指出了一条创新路径。

二、网络视频跨文化传播的研究重点

最能体现"延展性"的其实是网络视频的兴起及其跨文化传播。随着传播技术的升级换代和社交网络在全球范围内的流行普及，收看、分享网络视频已经成为人们媒体消费的重要内容之一。人们不仅在专门的视频分享网站［如优兔（YouTube）、抖音等］围绕视频进行一系列互动活动，也在其他综合性社交网络平台［如脸书（Facebook）、推特（X，原 Twitter）、微信、微博等］拍摄、上传、观看、评论、转发视频，其中既有跨越国界的信息流动，也有一国境内不同文化之间的碰撞交流，跨文化的传播活动频繁而多样化。而这些视频能否成为关注度较高的热门视频并对人们产生广泛影响，则取决于其是否具有"延展性"。从可以搜索到的文献来看，网络视频跨文化传播的相关研究重点主要集中在跨文化适应性、国际话语空间拓展和传播效果三个

---

① 史安斌，欧阳春雪. 打造"延展"型媒体：Web3.0 时代美国电视节目营销新趋势 [J]. 电视研究，2014(11): 73-75.

② 林静. 从央视春晚"咻一咻"浅谈"延展型电视"的发展路径 [J]. 新闻研究导刊，2016(04): 268-269.

维度上。

（一）网络视频的跨文化适应性

网络视频在传播过程中面临跨文化的障碍，在不同文化环境和背景下，网络视频传播的适应性如何？这是跨文化传播必须解决的一个问题。此类研究中，学者周翔、程晓璇的分析较具代表性。他们从网络视频模因的属性和特质出发，选取全球范围内流行的 50 个网络视频模因各自的原始视频（1 个）和衍生视频（4 个），共计 250 个视频样本，做了较为详尽的实证分析和内容研究。研究发现，跨文化适应性高的视频模因大多来源于流行文化，拥有更成熟、更完整的文本，并且通常以音乐为最主要的继承属性，提供了更为开放的参与结构等①。衍生视频事实上是对视频模因的一种延展，它保留、继承了原始视频的某些属性，同时增加了一些新的属性。

（二）网络视频与国际话语空间的拓展

如何通过网络视频这一视觉传播形式拓展我国的国际话语空间？学者杜骏飞、吴洪认为，电子媒介重构了传播符号，官方话语与民间话语出现分离，并相互借鉴、取长补短。网络视频传播模式要想取得成功，必须克服国内官方媒体、国内网络媒体和国外媒体这三重屏障。而对于国际话语空间的秩序重构，除了有鲜明的立场，还应打造出若干世界级话语平台。此外，如何打造极具表现力和说服力的动态影像内容更是传播中国的关键点②。其中，"世界级话语平台"的打造和高质量"动态影像内容"的生产制作事实上是"延展模式"下媒体运营和内容生产的应有之义，只有这样才能使国内、国际范围内的传播活动真正打破地理的疆界，实现我国政府、媒体、企业、个人等主体国际话语空间的拓展。

---

① 周翔，程晓璇. 网络视频模因跨文化适应性的实证探析 [J]. 现代传播（中国传媒大学学报），2016, 38(09): 44–50.
② 杜骏飞，吴洪. 网络视频：国际话语空间的拓展与秩序重构 [J]. 中国广播电视学刊，2009(08): 63–64.

（三）网络视频跨文化传播的效果

另一个重要的研究领域是传播效果，这既是学界的关注焦点，也是业界指导实践的依据。网络视频跨文化传播的效果很难测量，这方面的研究凤毛麟角。学者郭镇之、杨颖、张小玲、杨丽芳曾经对 BBC 播出的三部中国主题纪录片的传播效果进行了两次小型的国际受众调查，调查对象是英国、马来西亚两所大学的在校生 [①]。由于其中一部纪录片《中国新年》是中国五洲传播中心与 BBC 联合制作的，并且这些纪录片在互联网上广泛传播，因此，这项研究可以说是网络视频跨文化传播效果研究的有益尝试。此外，学者鞠先鹤以中国军网的视频为例分析了网络军事视频的对外传播效果，提出应精心策划选题，打造网络军事视频的核心力；借道多种媒体，扩大网络军事视频的渗透力；从基层遴选鲜活素材、创新节目样式、依靠文化载体渐进传播等关于内容和形式的具体策略 [②]。这些策略对于提升跨文化传播效果无疑是有帮助的，但是，如何对效果进行有针对性的评估这一问题仍然没有得到很好解决。

从以上分析可见，尽管学者们围绕网络视频跨文化传播的研究已经不断涌现，其中不乏渗透着"延展模式"理念的扎实成果，但是，真正运用"延展性"概念去探析网络视频跨文化传播实践的研究还很罕见，效果研究更加稀缺。为了弥补这方面的缺憾，本文尝试做一个探索性的案例分析，研究对象是"歪果仁研究协会"制作的网络视频。

三、"歪果仁研究协会"的传播实践

"歪果仁研究协会"是一支由中外青年混搭的网络视频制作团队，成立于 2016 年末，会长和创始人是一名在北京大学留学的以色列人。他们关注的对象是生活在中国的外国人，通过讨论中国当下最热门的话题，拍摄外国人

---

① 郭镇之，杨颖，张小玲，杨丽芳 . 关于 BBC 中国主题纪录片的两次国外小型受众调查 [J].
　国际传播，2016(01).

② 鞠先鹤 . 网络军事视频对外传播效果探究——以中国军网视频分析为例 [J]. 中国传媒科技，
　2012(18): 122–123.

在中国各地发生的有趣的故事，试图从外国人的视角向世界展示一个立体的、生动的、真实的中国。视频采用中英文双语，跨文化元素丰富，在国内外各类网络平台传播。我们试图结合"延展性"概念，通过对"歪果仁研究协会"的网络视频进行内容分析，并追踪其传播路径和效果，判断其传播延展能力。

（一）概念的指标分解

基于以上对"延展性"概念的阐释，我们将"传播延展能力"分解为"内容吸引力"和"传播延展性"两个方面，以涵盖用户参与内容生产的全过程。其中，"内容吸引力"是指把用户聚拢到媒体账号或者某一视频产品，主要表现为粉丝量和播放量两个指标；"传播延展性"是指把内容扩散出去并广泛传播，一般包含点赞量、转发量和评论量三个指标（见表1），在不同的媒体平台上略有区别。

表 1　评估"传播延展能力"的具体指标

一级指标	二级指标	具体指标
传播延展能力	1. 内容吸引力	1.1 粉丝量
		1.2 播放量
	2. 传播延展性	2.1 点赞量
		2.2 转发量
		2.3 评论量

对具体指标的说明如下：

粉丝量：指媒体所开设账号的订阅用户数量，这一数量是不断变动的。真实的粉丝量数据能较好地反映一个账号的受欢迎程度。

播放量：网络视频的收看次数，在分析时还可以进一步区分是否完整播放以及播放的时长等。

点赞量：用户给某一视频或页面点赞的数量，用于评估用户对网络视频或账号的喜爱程度，不同媒体平台上点赞量的定义有所不同，但均能反映出用户主动参与的意愿。

转发量：指用户转发视频的次数，反映了用户参与内容传播的具体行动，在实际评估中还可以区分正向转发和异向转发。

评论量：即网络视频获得用户评论的数量，能够在较大程度上反映用户参与内容生产、传播的热情，在实际评估中还可以区分正向评论和异向评论。

（二）研究发现与数据分析

我们统计了"歪果仁研究协会"截至 2017 年底在国内外六大平台上发布的所有视频，共计 86 条，研究中统计的数据截止日期为 2018 年 1 月 11 日。这些平台包括爱奇艺、搜狐视频、AcFun 弹幕视频网、微博以及优兔（YouTube）和脸书（Facebook），其中，微博平台包含上述"内容吸引力"和"传播延展性"的五大指标数据，其余平台的数据未能全部覆盖。

对于视频内容，笔者将这 86 条视频的主题分为九大类别，每个类别及其对应的视频数量如下：语言文化类 16 条、游戏娱乐类 19 条、社会类 21 条、美食类 6 条、旅游类 6 条、科技类 2 条、经济类 10 条、教育类 5 条、国际类 1 条。这些内容多为当下中国的热点话题或是受众比较关注的问题，如共享单车、外卖小哥、异地恋、相亲、王者荣耀、买房、网购等。

1. 内容吸引力

（1）粉丝量

在笔者统计的"歪果仁研究协会"六大播出平台中，其中五个平台可以看到粉丝量数据，如图 1 所示。

图 1 "歪果仁研究协会"在五个平台的粉丝数量

由图 1 数据可知,"歪果仁研究协会"的视频播出平台中,微博平台的粉丝数量远远大于其他平台,甚至领先数十倍,而其他四个平台的数量相差不多。由此可见,微博作为中国较大的社会化媒体,拥有非常高的受欢迎度,在网络视频传播中,其内容吸引力大于其他平台,有利于把用户聚拢到媒体账号中来。笔者认为,造成这一现象的原因在于,微博平台作为社会化媒体,其碎片化阅读的适应性较强,具有分散性,用户之间的联系强,有利于内容的相互分享,符合詹金斯"可延展的媒体"概念,内容吸引力较好。而爱奇艺和 AcFun 作为专业的视频网站,社交性较弱,粉丝数量较少。两个海外平台的粉丝数量也印证了这一点,脸书(Facebook)作为海外社会化媒体,其社交属性与微博有一定的相似性,而优兔(YouTube)则为专业的视频网站,传播延展能力相对较差。

(2)播放量

笔者统计了"歪果仁研究协会"86 条视频在六大播出平台的播放量,并按主题分类。统计发现,这 86 条视频并非都在所有平台播出,有些视频仅发布在其中的某几个平台,故笔者按照各平台每类视频的条数,计算各类视频在每一平台上的平均播放量以及在所有平台的单条视频平均播放量,统计结果如表 2 所示。

表 2 "歪果仁研究协会"视频在六大平台的平均播放量

分类	视频数量	爱奇艺平均播放量	搜狐视频平均播放量	AcFun平均播放量	微博平均播放量	优兔平均播放量	脸书平均播放量	所有平台平均播放量
语言文化	16	104455	23093	255186	7808333	53937	493600	1456434
游戏娱乐	19	68910	18452	197286	5593333	51321	197666	1021162
社会	21	68489	17608	89596	3985789	49692	93000	717363
美食	6	89664	15503	335667	7880000	71360	33000	1404199
旅游	6	96048	33764	171666	5217500	7734	70500	932869
科技	2	92250	22785	135330	7960000	50326	116500	1396198
经济	10	88930	16973	181919	7054000	46937	115333	1250682

分类	视频数量	爱奇艺平均播放量	搜狐视频平均播放量	AcFun平均播放量	微博平均播放量	优兔平均播放量	脸书平均播放量	所有平台平均播放量
教育	5	105130	22000	91791	4310000	35267	/	912838
国际	1	/	/	/	/	/	27000	27000

注："/"表示该类视频未在该平台传播。

从表2中平均播放量的指标来看，不同类型的视频内容在所有平台的单条平均播放量数据差异较大。其中，语言文化类网络视频平均播放量最高，美食类次之，而其他内容的平均播放量相对较低。因此，从传播内容的角度分析，"歪果仁研究协会"传播的网络视频中，语言文化类视频的内容吸引力较好，传播延展能力较强。为了探索"歪果仁研究协会"网络视频的跨文化传播效果，笔者进一步统计这86条视频中在优兔和脸书上传播的50条视频，并计算它们在这两个海外播出平台上的单条平均播放量，结果如表3所示。

表3 "歪果仁研究协会"视频在海外平台的平均播放量

分类	视频数量	优兔平均播放量	脸书平均播放量	海外平台平均播放量
语言文化	11	53937	493600	273768
游戏娱乐	9	54213	197667	125940
社会	11	49692	93000	71346
美食	4	71360	33000	52180
旅游	3	7734	70500	39117
科技	2	50326	116500	83413
经济	6	46937	115333	81135
教育	3	35267	/	35267
国际	1	/	27000	27000

注："/"表示该类视频未在该平台传播。

从表3的数据统计发现，在海外社交网络平台上，仍然是语言文化类视频的吸引力最强，传播效果最好，其次是游戏娱乐类和科技类。

2. 传播延展性

在脸书上，除了给某一条具体内容点赞，用户还可以给一个页面点赞（Like），相当于订阅了这个页面，该页面的所有更新都会发送到用户的新闻订阅（News Feed）里。"歪果仁研究协会"在脸书上的账号点赞数量是64487，而粉丝数量是69681，点赞率较高，达到92.5%。这说明"歪果仁研究协会"的视频在海外社会化媒体脸书上较受用户喜爱，延展性和传播效果较好。

（1）点赞量

至于具体对视频内容的点赞量，在笔者关注的"歪果仁研究协会"六大播出平台中，微博、优兔和脸书的点赞特点较明显，在这三个平台传播的视频共有 73 条。同样按照上述方法，统计其平均点赞量，结果如表 4 所示。

表 4 "歪果仁研究协会"视频在三个平台平均点赞量

分类	视频数量	微博平均点赞量	优兔平均点赞量	脸书平均点赞量	海外平台平均点赞量
语言文化	12	25627	376	6189	3282
游戏娱乐	15	16519	413	3497	1955
社会	19	15375	330	1378	854
美食	5	23393	359	555	457
旅游	5	16596	94	1323	709
科技	2	22636	275	2523	1399
经济	10	21728	681	1652	1166
教育	4	16305	480	/	480
国际	1	/	/	1150	1150

注："/"表示该类视频未在该平台传播。

从表 4 的点赞量来看，无论是微博平台还是海外媒体平台，"歪果仁研究协会"的视频内容中，仍然是语言文化类内容的延展性更强、传播效果较好。而其他类型的内容在海内外传播平台上的点赞量则有所差异，例如，美食类视频内容在微博上获得的点赞量较高，仅次于语言文化类，而在海外平台中，其点赞量在所有类别中为最低；游戏娱乐类内容在海外平台的点赞量较高，但在微博平台上的表现相对较差。

（2）转发量

转发量是衡量延展性的另一个重要指标，体现了用户主动参与内容传播的行为。在笔者统计的视频中，微博平台和脸书平台的转发情况表现较为明显，微博上称之为"转发"，脸书表现为"分享"。两个平台上用户转发"歪果仁研究协会"视频内容的数量统计如表5所示。

表5 "歪果仁研究协会"视频在微博和脸书上的平均转发量

分类	视频数量	微博平均转发量	脸书平均转发量
语言文化	13	18596	2481
游戏娱乐	15	10983	1252
社会	19	10229	299
美食	5	15932	111
旅游	5	11457	270
科技	2	78632	810
经济	10	16837	451
教育	4	5555	/
国际	1	/	114

注："/"表示该类视频未在该平台传播。

从表5中的数据可以得出，在微博平台和脸书平台，"歪果仁研究协会"发布的视频中语言文化类内容的平均转发量较高。然而，在微博平台的传播中，科技类内容的转发量远远高于其他内容，达到78632。笔者发现，这是因为"歪果仁研究协会"在2017年9月13日发布的短视频"歪果仁吐槽新iPhone"在微博上取得了良好的传播效果，播放量达到796万，转发量是78632，说明新iPhone的面市较受用户关注，因而用户更乐意主动参与到内容的传播当中，导致该视频内容的延展性较好。

（3）评论量

评论是社交网络用户参与互动的另一种积极方式，评论量可以反映网络视频内容的话题性。在笔者统计的六大播出平台中，仅微博平台的评论属性表现突出，其各类视频内容获得的平均评论数量如表 6 所示。

表 6 "歪果仁研究协会"视频在微博上的平均评论量

分类	视频数量	微博平均评论量
语言文化	12	7139
游戏娱乐	15	3519
社会	19	3005
美食	3	7404
旅游	4	3355
科技	1	28276
经济	10	5450
教育	4	2943
国际	0	/

注："/"表示该类视频未在该平台传播。

对表 6 中的评论量指标进行评估后发现，科技类和美食类表现突出。科技类视频内容评论数量较多的原因仍然是上文提到的视频"歪果仁吐槽新 iPhone"在微博上受到广泛关注，单条视频的评论数量达到 28276。笔者发现，"歪果仁研究协会"在发布这条视频时，与受众进行互动，发文称"转发＋关注送一台新 iPhone"，吸引了较多用户，加之新款 iPhone 话题本身就广受关注，因此，该条视频的话题性较强，评论数量多。

（三）对语言文化类视频的个案剖析

研究发现，语言文化类视频内容的播放量、点赞量一般排名比较靠前，转发量和评论量也较高，内容的吸引力和延展性都表现突出，跨文化传播效果较好。样本涵盖的 16 条语言文化类网络视频中，在海外媒体平台各项传播指标最高的是以下两条——"歪果仁被中式英语带跑偏后"和"自从歪果仁被中国方言虐到怀疑人生以后"。为了探索这类内容在跨文化传播中的延展性，笔者选取网络视频"歪果仁被中式英语带跑偏后"在脸书上的传播情况，具体分析其跨文化传播的延展性。

"歪果仁被中式英语带跑偏后"是 2017 年 9 月 19 日发布在脸书平台上的，截至 2018 年 1 月 11 日，视频播放量达 190 万次，分享次数达到 1 万次，获得点赞 2.3 万个。该条视频在脸书上的内容吸引力和传播延展性较高，跨文化传播效果良好。根据上文可知，"延展性"是技术和文化两方面的潜力，因此我们从这两个层面进行剖析。

从技术层面看，脸书成立于 2004 年，是美国最主要的社交网站之一，属于社会化程度较高的媒体，拥有易于内容传播的技术资源。用户在脸书上发布内容相对其他专业视频网站较容易，如果内容得到用户的认可，用户可以十分便捷地将内容分享给其他人，因为该平台上存在通过交换有意义的字节使人们彼此连接的社会网络。在内容分享和交互方面，脸书作为业内的翘楚，已经申请多项专利。除了内容推送和分享的相关专利，还提出了一些新的交互方式。2011 年，脸书申请两项新的专利技术，基于用户提交内容上所标记的兴趣点，自动返回其他用户提交的包含上述兴趣点的内容[①]。因此，脸书属于自身延展性较好的社会化媒体，为"歪果仁研究协会"的网络视频传播提供了较好的技术资源和平台基础。

从文化层面看，跨文化传播研究常强调两种或两种以上文化的变量[②]。"歪果仁被中式英语带跑偏后"这条视频中包含许多中国人说中式英语的有趣现象，彰显了东西方语言文化的差异，同时通过呈现外国人受中式英语影响后的一系列诙谐幽默的故事来展现视频主题，内容吸引力较强。在詹金斯的"延展模式"传播路径下，更易于被用户分享的内容具有以下特点：对用户有用、轻便、可重复使用、与大多数用户相关、题材稳定[③]。这条视频大体

---

① 夏鹏，王从雷. 社交网络信息推送与分享相关专利分析 [J]. 电视技术，2013，37(s2): 176–177.

② [美] 迈克尔·H. 普罗瑟. 文化对话：跨文化传播导论 [M]. 北京大学出版社，2013：67.

③ JENKINS H, FORD S, GREEN J. Spreadable media: Creating value and meaning in a networked culture[M]. NYU press, 2013：197–198.

符合上述特征，内容涉及中式英语的特点及其对外国人的影响，属于英语国家用户较关心的话题；体量上较轻便，时长仅为3分02秒，易于在社会化媒体上播放和分享；对用户而言，视频内容循环性较强，可重复观看；用户想了解中国文化、中美语言差异、外国人在中国语言交流等问题时，都可参考和借鉴该视频；该视频属于"歪果仁研究协会"一贯关注的内容领域，内容垂直性较强，题材稳定。

四、结论

根据詹金斯的观点，"延展模式"的传播路径与传统的"广播模式"和"黏性模式"不同，前者更强调内容的参与性和可分享性。"歪果仁研究协会"的网络视频传播产生于社会化媒体时代，作为网络视频自媒体，这一机构自身也是社交网络用户，生产的内容易于被用户分享，通过社交平台的放大效应，引导用户关注并转发、评论视频，具有较强的"延展性"，符合"延展模式"下的内容跨文化传播规律。

"歪果仁研究协会"仅仅是跨文化视野下网络视频传播的一个民间机构个案，有一定的局限性，但是由于其内容上的文化杂糅和技术上的社交平台属性，为"延展性"概念补充了比较典型的分析素材，为我们理解新媒体时代的传播现象提供了一个新颖的思考方向。未来可供继续研究的话题包括：国家、新闻媒体、个人等传播主体的跨文化视频传播如何体现"延展性"，如何将"延展性逻辑"更好地运用于"讲好中国故事"的传播实践中，"限时分享"（或"阅后即焚"）的信息流模式给网络视频传播的延展性要求带来哪些挑战，等等。

文明的语言：Z世代国际传播的符号之旅

——以三星堆国际传播平台为例

钟莉　张嘉伟①

【摘要】Z世代群体随着年龄的增长，逐渐成为传播对象主体。他们在行为特点、价值取向、政治观点等方面均有独特之处，不同国家、地区的Z世代群体特征也有明显分化。三星堆作为一种具有强烈符号学特征的人类文化，在其国际传播的过程中，符号学的一些原理、推演、工具的运用，为提升传播效能提供了一种新的解决思路。本文从符号学隐喻、空框结构、社群行为等角度，研究以Z世代为主要对象的三星堆国际传播的底层逻辑、角色转换、可持续路径。

【关键词】三星堆　符号学　国际传播　Z世代

2021年3月，与三星堆新一轮考古发现成果的首次发布时间同步，三星堆国际传播平台——"Sanxingdui Culture·三星堆文化"正式上线。三星堆国际传播平台包括"Sanxingdui Archaeology·三星堆考古"双语官方网站、"Sanxingdui Culture·三星堆文化"脸书（Facebook）公共主页、推特（X，原Twitter）账号、照片墙（Instagram）账号、优兔（YouTube）频道等，与国外文博机构的传播平台和账号、CGTN、China Plus等有效互动，与川观新闻、四川日报官方微博、抖音、B站等紧密协作，构成三星堆国际传播的立体范式。

党的二十大报告提出，增强中华文明传播力影响力。坚守中华文化立

---

① 钟莉，四川日报报业集团编委会委员兼四川日报社编委会专职委员、川观新闻首席内容官，四川国际传播中心副主任；张嘉伟，四川国际传播中心纵目云智能运营部主任。

场，提炼展示中华文明的精神标识和文化精髓，加快构建中国话语和中国叙事体系，讲好中国故事、传播好中国声音，展现可信、可爱、可敬的中国形象。加强国际传播能力建设，全面提升国际传播效能，形成同我国综合国力和国际地位相匹配的国际话语权。深化文明交流互鉴，推动中华文化更好走向世界。

三星堆国际传播平台选择主流社交媒体平台 YouTube、Instagram、X（原Twitter）、Facebook 开设账号；同时也研究 Z 世代用户聚集的新兴平台，如社交新闻网站 Reddit、问答社区 Quora 等，明确以 Z 世代年轻用户为传播对象。Z 世代已逐渐成为传播对象主体，他们在行为特点、价值取向、政治观点等方面均有独特之处，不同国家、地区的 Z 世代群体特征也有明显分化。向海内外 Z 世代群体更好推介多元一体的中华文明、丰满可爱的中国形象，三星堆是一个很好的载体。QuestMobile2022 年发布数据显示，多重生长环境塑造了 Z 世代线上高活跃度、追求情感维度的行为特征。随着国内经济及文化的繁荣发展，信息媒介形式的变迁，Z 世代拥有着物质及信息更加丰富、文化更加自信的成长环境。受殷实的基础生活及人生阶段特征的影响，Z 世代更加追求对社交、尊重及自我实现需求的满足。视频、社交及游戏娱乐成为 Z 世代群体的主要线上日常。另外，美国民调机构皮尤研究中心 2020 年发布的研究报告《步入成年却前途未卜：迄今为止，我们对 Z 世代的了解》显示，美国 Z 世代比前几代在种族和族裔上更多元，受教育程度更高，在政府的作用、美国种族关系，以及美国在世界的地位等问题上，都有自己的独特看法。他们中大多数人认为美国的种族和族裔多样性是件好事。他们不认为美国比其他国家更优越，这一点与美国前几代人存在差异。

符号是人类文明共同的语言。文明世界伊始人类就使用符号。符号消费已经远远超过物质消费，相应地，符号生产也超过物质生产。在国际范围的文化冲突中，对"符号权"的争夺，越来越超过对其他实力宰制权的争夺。三星堆作为一种具有强烈符号学特征的人类文化，在其国际传播的过程中，符号学的一些原理、推演、工具的运用，为传播效能的提升提供了一种新的解决思路。本文从符号学隐喻、空框结构、社群行为等角度，研究以 Z 世代为主要对象的三星堆国际传播的底层逻辑、角色转换、可持续路径。

一、隐喻的运用：可爱中国成为国际传播的底层逻辑和本体

就像说到麻辣想到四川，说到金字塔想到埃及，麻辣、金字塔也是人类文明的一种符号化表现。符号学解释了三星堆国际传播的底层逻辑：三星堆—中国，可爱的三星堆—可爱的中国。在这一对隐喻关系中，三星堆成为中国的意象之一（喻体），中国成为隐喻的本体。

皮尔斯符号学角度的隐喻概念指出，隐喻就是通过描述其他事物中的对应关系来体现事物表象特征的一种亚像似符。概括地说，就是通过与该事物有对应关系的另一事物的特征来指示该事物。如蕴含"爱情是和谐"这样一个隐喻的"在天愿作比翼鸟，在地愿为连理枝""思为双飞燕，衔泥巢君屋""如鱼似水相知"等句子。除文字的隐喻表达外，隐喻还可以包括音乐、美术、雕塑等多模态的艺术形式。

（一）视觉识别

三星堆国际传播平台定位专业文博机构账号，以"专业打底、小众出圈"为思路，以文博这样的专业小众题材，出圈破壁，形成对古老文明的大众兴趣，通过阐述三星堆对中华文明的重要作用及对世界文明的特殊贡献，促进中国与世界的交流互鉴。将小众的考古引入大众传播尤其是国际传播，需要有鲜明的 IP 形象。三星堆国际传播设计了统一的视觉识别系统：以三星堆最具代表性的文物——青铜纵目面具为主要元素，选择 Z 世代用户喜闻乐见的活泼手绘单线条动漫风格，在保证权威性的同时符合大众传播的特点。

（二）可视化认知

三星堆文明是人类文明共同的瑰宝，其强烈的符号意象，具有适合全球传播的基因。国际传播要采用贴近不同区域、不同国家、不同群体受众的精准传播方式，推进全球化表达、区域化表达、分众化表达，增强亲和力和实

效性。QuestMobile2022 年数据报告显示，移动视频、移动社交及手机游戏行业为 Z 世代总使用时长占比 TOP3 的行业，且占比均高于全网平均水平。

视频化内容可以打破不同文化体系下表达方式差异形成的屏障，降低海外用户对内容的理解门槛。三星堆国际传播以视频化为基本的传播"语言"，推出了视频直播和《三星堆百科》《发掘现场》《外国人怎么看三星堆》等系列视频节目。作为全新推出的垂类 IP 账号，三星堆国际传播首先需要为海外用户建立一个清晰的初步认知——三星堆是什么？为此，三星堆国际传播平台推出《三星堆百科》栏目，通过一系列 3 分钟左右的视频短片，每期介绍一件重要文物，为海外用户建立对三星堆文化全景的、系统的认知。在三星堆遗址 2021 年 3 月、5 月和 9 月的重大考古成果发布期间，三星堆 Facebook 账号和 YouTube 频道联动 CGTN 持续多日同步推出 2—3 小时的考古发掘双语直播。同时，推出《考古新青年 Vlog》《Archaeologist's daily life》系列视频节目，由三星堆青年考古人出镜，以生活化的场景塑造生动立体的三星堆考古人形象，拉近与海内外 Z 世代用户的距离。面向北美和英国的青少年和大学生，推出"三星堆博物馆之夜"线上直播活动，不仅得到来自华盛顿大学（圣路易斯）、耶鲁大学和美国中文学校等院校青年的热情参与，还进入了北美合作院校中文课堂。

手机游戏进入 Z 世代内容消费 TOP3。三星堆国际传播对此进行了多次尝试，基于考古场景，开发双语版挖宝小手游，使用户能够在有趣的互动中，主动获取知识，进而形成自我认知。小手游在"Sanxingdui Culture"各海外社交媒体平台账号和社群发布后引起关注，成为一次全新的尝试。在文物数字化技术的支持下，大量可视化交互运用，VR 视频 [VR]《Wandering in the Sanxingdui Ruin Site》《第一人称视角探馆视频》《线上文物 3D 云展馆》《3D Revivification of newly unearthed relics from Sanxingdui》等新媒体产品，让符号化表达更具有吸引力，也让考古现场、博物馆浏览等线上用户体验更强的沉浸感、在场感。

（三）年轻态表达

酷文化是 Z 世代潮流文化的显著特征之一，由不完美、打破规则等要素构成。符号学中所讲的"噪音"，即是一种不完美的表达而形成的特有效果。如牛仔裤上的破洞，脱口秀表演中故意忘词，喜剧表演中故意穿帮的桥段，等等，这种对完美的反叛、对规则的打破传递出鲜明的隐喻，制造出强烈的效果。

三星堆新一轮考古发掘首次向全球发布阶段性考古成果时，川观新闻等机构联合策划推出四川方言电音歌曲 MV《我怎么这么好看》（*How pretty I am*），"古老文物＋电音"这一打破规则的年轻态表达方式，使作品在国内外各大新媒体平台刷屏。作品为文物加上炫酷霓虹特效，让 3000 年前的古老文物与未来科技感碰撞出了充满张力的美感；通过押韵贴切的歌词、真实细腻的手绘让整首 MV 重构出了穿越千年的古蜀王国；以年轻态的话语表达、"亚文化""非主流"的方式针对海内外 Z 世代群体完成了中华文化的阐述与传播。产品发布后，得到 CGTN、China Plus、Culture Express 等央媒在海外视频社交平台上的账号转发。在 YouTube 平台上，一些转发此作品的个人频道也获得超越以往的流量。该歌曲还在国内年轻人聚集的 B 站周榜排名第二，入选 QQ 音乐年度十大经典歌曲。美国 Billboard 公告牌流行音乐排行榜被全球年轻人普遍认可，这首音乐作品的爆火也得到其 Billboard 中国官方微博关注点赞。

（四）内容池构建

三星堆国际传播平台不仅在传统艺术领域构建内容池，还在新应用新形态上不断适应 Z 世代的语境。"幻彩三星堆"中华文化全球推广活动，国内外资深艺术家、非遗手艺人等参与创作，吸引了来自全球 56 个国家和地区的网友互动参与。川观新闻、三星堆研究院联合推出"物物相生　当珍稀动物遇上三星堆"公益数字藏品项目。项目采用多维度立体式融合传播，分阶段发布系列新媒体产品：《物物相生》六幅数字藏品及申领小程序、同名主题动画MV 及四川话 RAP 歌曲、六幅高清壁纸、一套动态表情包和系列新媒体稿件等。数字藏品艺术风格多样、观赏性强，既有青铜大立人、金杖、铜扭头跪坐人像等三星堆 IP 的古老意象，也有大熊猫、朱鹮、长江鲟等呆萌可爱的珍稀动物。通过国宝级文物和动物跨越时空的联动，隐喻传递出和谐共生的时代之美，呼吁大家共同守护文物、保护生物多样性，共建美丽世界。系列公益数字藏品发行后，通过腾讯安全领御平台进行区块链认证，具有唯一编号、永久存证、不可复制、不可篡改等特性。超 6 万人次参与申领《物物相生》公益数字藏品，发行当日 6000 份藏品上线一秒即被抢空。同名主题动画 MV 的相关微博话题 # 当珍稀动物遇上三星堆 #、# 四川动物找三星堆摆龙门阵 #、# 四川动物下班后有多忙 # 等总阅读量破 5 亿，讨论次数超 7.6 万。

二、空框结构运用：内容生产者与传播对象之间积极转换，实现传播效能提升

李思屈阐释可达鸭在全球风靡一时的现象时，曾引用空框结构概念，认为这只黄色的、简单的鸭子之所以流行，不是因为其长得萌、有童心，而是因为其"撞对了空框结构，空框结构容易引起情感连带"，自己的即时情感都可以填进空框里。精神符号学里文化的基因是文化的基本单位，通过非遗传方式，特别是模仿而得到传递，如中国的牛郎织女，这个文化基因可以体现在各个地方。IP 是文化基因的宿主，在互联网上特别明显。互联网时代使基因有了更轻便的宿主，如表情包、动漫、短视频。冰墩墩也是如此，因为它的文化基因继承得好，而且形成了一个空框结构，便于模仿和再创造，激发了很多人的创作热情。

空框结构在三星堆传播过程中得到广泛运用，产生了大量创新案例，让传播对象成为内容生产者，主动参与创作，使三星堆的传播效能得到几何级提升。

（一）以我为主

三星堆 5 号坑出土的金面具备受关注，因其残缺，带给人们无限遐想。

从符号学的角度看，这残缺的金面具正是典型的空框结构。金面具的另一半，是什么样子？三星堆国际传播平台内外联动推出"三星堆金面具P图大赛"，类似角色养成游戏，网友在互动中赋予三星堆新的意象。

＃三星堆金面具P图大赛＃微博话题阅读量620万，相关推文、视频全网传播量超1000万，推文获得央视新闻、《环球时报》等数百家媒体微信公众号转发。近千名网友P图投稿，一些知名动漫角色扮演者参加P图大赛，将三星堆文化推广至年轻人喜欢的"二次元"圈（动漫游戏等亚文化圈层）。B站是中国年轻世代高度聚集的综合性视频社区，目前月活用户达到2.37亿，其中35岁及以下用户占比高达86%，新增用户平均年龄为20.2岁。B站视频博主＠才疏学浅的才浅在本次互动的影响下制作视频《纯手工复原三星堆黄金面具》，再次将金面具相关话题推上热搜，在B站登上周榜第一。川观新闻联合B站推出策划，才浅带着"金面具"来到四川与文物专家对话，将互动话题再次推到B站首页，吸引上百万网友关注，还引发众多网友在线下用道具进行金面具角色扮演。一场由三星堆带来的网络狂欢，持续了近一个月。

三星堆的符号意义由"我"定义，这个"我"是受众，将传播权交给受众，实现传播者与受众角色互换。不同于传统的单链条式传播，以我为主的受众变身"主创"传播，呈现出媒体与用户双向交互的传播和生产模式。网络红人的参与更使得三星堆这样的主流文化迅速传播到青年群体中，让更多的年轻人关注、了解并爱上三星堆。

（二）去中心化

2021年3月20日，三星堆"上新"引发全网关注。四川日报微博连续发起两个话题＃三星堆上新惊动全国博物院＃、＃全国文物大battle＃，巧用全国文物"找亲戚"、点名"battle"（挑战）的方式，带动上百家国家级和省级媒体热烈响应，全国各地文博机构及文旅系统热情参与，国家文物局、文旅部官方账号等纷纷为这次全国文物大battle"救场"，全国网友热闹"围观"。自发生产创作的过程中，网友们将文物P成表情包、制作短视频，逐渐形成一次网络集体行动。# 全国文物大 battle# 话题两次冲上微博全国热搜高位，获得 2.1 亿次阅读、3.3 万次讨论，网友留下"一边倒"的正向评论，@ 人民日报和文旅部官方账号 @ 文旅中国、@ 文旅之声等也纷纷转发。《人民日报》《光明日报》为此撰文高度评价：这是一次"五千年文明史"的互联网展示。从三星堆文物出发，看似"挑战全国"，实则将网友的视野从三星堆扩大到多元一体的中华文明，用互联网的手段把文物营销出圈。在坚定文化自信、讲好中国故事的传播工作中，去中心化的传播链条，让文物成为社会舆论的主角。

三、社群行为："15 分钟名气"之后寻找新的 Z 世代用户群体

Fifteen minutes of fame（15 分钟名气）指某个人或者现象在媒体上制造的短暂的宣传效果或知名度，也可称为"转瞬即逝的名气"。三星堆国际传播如何避免"15 分钟名气"现象？三星堆新一轮考古发掘成果自 2021 年陆续发布以来，已走过高光时刻，近两年形成的影响还在持续，但作为久久为功的国际传播工作才刚刚开始，要达成"三星堆—中国""可爱的三星堆—可爱的中国"的底层逻辑，还需要面向国内外 Z 世代群体做好传播工作。

人的符号传播行为必然是一种社群行为。皮尔斯指出："思想连续不断地交流，并影响那些在某种特殊的易感性关系（peculiar relation of affectability）影响其他思想的能力；但它们却会获得某种普遍性（generality），而且会与其他思想观念融为一体。"三星堆的国际传播不一定要预设议题，不一定以让对方接受中华文化为前提，最初的目的可以只是让对方知晓。依托符号学的理论，瞄准"小众出圈"的目标，持续通过影响有影响力的人，三星堆国际传播平台不断发掘潜在用户。系列账号注重社群运营，运用社交平台的粉丝增长和用户运营工具，获取用户关注。在 Facebook 平台，"Sanxingdui Culture"账号利用头部考古和文化类社群，通过编辑筛选内容发布到社群中，获得社群垂类用户关注和点赞。

三星堆国际传播，内容创作和运营推广互为支撑，缺一不可。短视频平

台的社交化突破，让Z世代的关系构建和情感与认同维系呈现全新特点。被称为"数字原住民"的Z世代，在社会交往、日常生活和经济生产活动中深度使用互联网，甚至在短视频以及短视频平台个性化地"栖居"，产生对短视频及短视频平台信息、知识和观点获取的强烈依赖。

在运营推广方面，短视频社交平台的优势非常明显，具有速度快、范围广、效果强、成本低等特点。三星堆国际传播平台成立专门负责运营推广的小组，通过大型宣传项目，与具有渠道资源、内容资源的央媒和省文物考古研究院、三星堆博物馆建立了三星堆海外传播平台的合作机制。借助与CGTN、China Plus等央媒大号和垂类账号进行转推、评论等互动，快速提升三星堆在社交平台的品牌曝光度。同时，三星堆国际传播平台也成为海外主流传统媒体和社交媒体的三星堆供稿中心，提供丰富的文图、视频素材。

四、结语

从符号学的角度看三星堆文物本身，是一件很有意思的事情；从符号学的角度分析三星堆国际传播，也是一件很有意义的事。

在传播实践中，符号学更像是一种工具，而不是一门稍显深奥的学问。借助符号学的思维方式，反证传播实践中的应用和创新，为三星堆国际传播提供了全新的视角。如何向世界讲述古老文明？这是三星堆国际传播面临的问题。通过"小众出圈"的思路，实现破圈效应，展现多元一体中华文明的灿烂成就，以及中华文明对世界文明的重要贡献，力求中国传统文化的全新表达。

以三星堆文明为载体，以文载道、以文传声、以文化人，向世界阐释推介更多具有中国特色、体现中国精神、蕴藏中国智慧的优秀文化，展示可爱中国的形象，是历史交给我们的重任。

以体育明星为核心的国家形象体育传播方式初探

范红　何佳雨 [①]

【摘要】体育文化国际传播与运动员形象的塑造具有独特的价值和意义。体育作为全人类共同的语言，易于跨越国界和文化差异，成为国际交流的桥梁。体育明星由于其高曝光率和广泛影响力，成为传播体育文化和塑造国家形象的有力工具。本文从国际体育明星与体育传播出发，通过案例分析，试图厘清个人、项目、国家和商业四元一体的以体育明星为核心的国家形象体育传播方式，为中国国家形象建构与讲好中国故事提供新方法和新思路。

【关键词】国家形象　体育传播　体育明星　多元共建

一、中国国际传播的机遇与体育传播的优势

国家软实力是指一个国家通过文化、价值观、外交政策等非强制手段对其他国家产生吸引力和影响力的能力。这种力量能够影响他国民众和政府的态度和行为，进而在国际关系中为该国赢得尊重和合作 [②]。国家形象是外界对某国的总体印象和评价，包括政治制度、文化传统、经济发展水平、科技创新能力等各个方面。国家形象的好坏直接影响到其他国家和人民对该国的信任度和合作意愿 [③]。其中，体育传播的低语境和高共情使其容易跨越文化和国家差异，成为传播国家形象的良好媒介，而体育传播的核心是运动员自身的传播能力和效果。中国虽然有大量优秀的运动员，但总体将体育文化的影响

---

① 范红，清华大学教授、博士生导师，清华大学国家形象传播研究中心主任；何佳雨，北京化工大学艺术与设计系讲师。

② 范红. 国家形象的多维塑造与传播策略 [J]. 清华大学学报（哲学社会科学版），2013, 28(02): 141–152+161.

③ 史友宽. 体育文化国际传播的实践考察与理念创新 [J]. 体育科学，2013, 33(05): 13–24+73.

力上升到国家形象建构的势能不足，反观发达国家在利用体育产业塑造国家形象方面积累了丰富经验，以美国为代表的西方国家借助其强大的职业体育联赛和体育明星，成功地将其塑造为一个个充满活力和竞争力的国家形象。这些国家还通过举办国际大型体育赛事来占领体育传播的话语权，如奥运会和世界杯，进一步提升了自身的国际影响力[①]。这些经验对于中国来说具有重要的借鉴意义，即通过体育项目、体育明星和体育产业来建构国家形象话语体系，从而源源不断地培养具有极高经济价值和社会价值的比赛项目与体育明星，吸引全球 Z 世代青少年，实现国家软实力的全面升级和可持续传播。

中国现阶段传播的主要问题集中在传播渠道受限、传播者思维影响与品牌意识不足三个方面。尽管中国在国际传播领域投入了大量资源，但相较于一些西方国家，中国的国际传播渠道仍然有限[②]。这主要表现在两个方面：一是海外媒体资源的缺乏，中国在许多国家缺乏自己的媒体机构与渠道，导致中国的声音难以直接传达给当地受众；二是社交媒体平台的限制，由于各国对社交媒体的管理政策不同，中国的社交媒体平台在很多国家无法正常使用，限制了中国信息的传播范围。中国的国际传播在一定程度上还受到传统的"宣传思维"的影响，即更多关注于单向的信息发布，而不够注重与受众的互动和沟通。这种思维方式导致中国的国际传播缺乏针对性和实效性，难以满足不同受众的需求。中国的国际传播也存在内容同质化的问题，缺乏创新和多样性，难以吸引受众的兴趣和关注。此外，在国际传播中，品牌意识至关重要，中国的国际传播在品牌建设方面还存在明显不足，缺乏具有全球影响力的国际传媒品牌，导致中国的声音在国际舞台上难以获得足够的关注和认可，对于塑造什么样的国家形象也缺乏系统化的品牌定位和形象塑造，导致受众

① 赵可金. 中国全球战略传播中"哑嗓子"问题及其对策 [J]. 当代中国与世界，2024(01): 107–116.
② 吴海燕、王译仟. 高低语境视阈下大型体育赛事开幕式文化传播研究——以卡塔尔世界杯为例 [C]// 中国体育科学学会. 第十三届全国体育科学大会论文摘要集——墙报交流（体育新闻传播分会）. 西安体育学院，2023: 3.

对中国的认知模糊不清。

中国受众与海外受众并不共享社交软件和通用语言，并且中外受众的文化喜好也存在差异，这使得中国文化国际传播需要选择一种低语境、高情绪价值和可持续的传播途径，而以体育明星为核心的体育传播恰恰是中国现阶段国际传播的新机遇，为中国解决国际传播中的渠道受限、传者思维和品牌意识不足问题提供了新的思路和方法。

体育传播的低语境性有助于突破渠道限制，中国现阶段除 TikTok（抖音国际版）以外并没有全球通用的传播途径，因此在建设自己的文化传播渠道的同时需要利用他国现有的媒体和渠道传播中国的内容。而体育事件本身具有超越国家和文化的吸引力，不受特定文化和语言的限制，易于跨文化传播[①]。比如定期引起世界关注的奥运会和世界杯，参与这些体育赛事的同时需要调整思维来利用这些赛事扩大自身可持续性的影响，现实可行的方式是将体育健儿打造成代表国家、代表体育项目和整个行业的国际巨星。

体育传播的高情绪价值有助于改变传播者思维，体育赛事往往伴随着强烈的情感体验和民族自豪感，能够激发受众的共鸣和认同，这些共鸣的情绪很容易在运动员这一载体上逐渐沉淀，为可持续传播叙事铺垫。比如，受众喜欢篮球尤其是美国 NBA，通常会聚焦在个别杰出的运动员身上，如乔丹、科比等。喜欢运动员的同时也会接受相关的体育知识，产生受众需求与传播内容生产的供给侧调整。比如，日本花样滑冰运动员羽生结弦的国际走红间接让更多人了解花样滑冰项目，通过体育传播传递积极向上的价值观和正能量，塑造良好的国家形象[②]。

体育传播的可持续性有助于增强品牌意识，体育赛事和活动具有周期性和连续性，能够形成长期稳定的品牌形象。笔者研究了全球商业价值前 50 位

---

① 范红，何佳雨．冬奥运动员形象塑造与 Z 世代体育传播研究——以新生代花样滑冰国际巨星羽生结弦为例 [J]．对外传播，2021(12): 35–37.

② 惠若琪，储志东．数字化背景下群众性体育赛事破圈传播研究 [J]．南京师范大学报（自然科学版），2024, 47(01): 142–148.

的运动员，发现绝大部分来自足球、篮球和网球三个项目，这些项目是体育商业化较早且高度职业化的项目，并且发达的西方国家通常拥有这些项目的话语权，能够长期持续地创造以运动员个人品牌为核心的体育传播内容生态，如美国 NBA、欧洲足球冠军联赛和四大网球公开赛。

二、以体育明星为核心的体育传播模式

体育传播是以体育项目、体育明星和体育产业为核心的一种信息传播方式。它通过体育赛事、体育人物和体育产业的活动和事件，向公众传递体育信息，塑造和提升国家形象，推动体育产业发展。

体育项目是体育传播的基础，也是体育传播的主要内容，包括各种体育赛事、训练、比赛、表演等。体育项目不仅吸引了大量观众的关注，也为体育传播提供了丰富的素材和话题。通过体育项目的传播，可以让更多的人了解和参与到体育活动中来，提高全民健康水平，同时也提升了体育项目的知名度和影响力。体育明星是体育传播的关键，体育明星的言行举止，不仅代表了体育项目的形象，也反映了国家和地区的形象。通过体育明星的传播，可以有效地提升国家和地区的知名度和影响力，同时也推动了体育产业的发展。体育产业是体育传播的重要载体，体育产业的发展，不仅可以提供更多的就业机会和经济收益，也可以为体育传播提供更多的资源和手段。通过体育产业的传播，进一步提升体育项目的知名度和影响力，推动体育产业的发展[①]。

在体育传播中，事件、人物和环境构成了信息传播的核心要素。将这一理论框架应用于体育传播领域，我们可以将体育项目视为传播学中的事件，体育明星视为人物，而体育产业则相当于环境。体育项目（事件）是体育传播的核心内容，它们是信息传播的出发点和落脚点，是吸引公众注意力的关键。体育赛事如奥运会、世界杯、NBA 赛季等都是具有全球关注度的事件，

---

① 黄子婷 . 新媒体语境下体育明星的媒介形象建构与传播 [J]. 东南传播，2023(10): 14-18.

它们的举行为体育传播提供了丰富的素材和话题，在这些事件的传播过程中，媒体通过报道比赛结果、运动员表现、技术统计等信息，使公众得以了解和关注。体育明星（人物）是连接体育项目和公众的重要桥梁，他们在体育项目中的卓越表现和独特个性，使他们成为公众关注的焦点。体育明星的形象、言论和行为不仅能够影响公众对体育项目的看法，还能够传递特定的价值观和生活方式。体育产业（环境）为体育传播提供了必要的支撑和背景。体育产业包括体育俱乐部、媒体公司、赞助商、体育用品制造商等，它们共同构成了体育传播的生态系统，体育产业的发展为体育项目的推广和体育明星的塑造提供了资金和资源支持。体育产业的商业利益也驱动着媒体对体育事件的广泛报道和深度挖掘，从而推动了体育信息的传播[①]。

在三者关系中最适合品牌化传播的是体育明星，体育明星在亲民性、鼓励性和可塑性三个方面都有显著优势，成为最适合品牌化传播形象的元素。

体育明星具有极高的亲民性，通过在比赛中展现出的拼搏精神和毅力，赢得了广大观众的喜爱和尊重。体育明星通常被视为普通人通过努力和奋斗可以实现的榜样，他们的成功故事往往能引发人们的共鸣，使人们对品牌产生亲近感。例如，篮球巨星迈克尔·乔丹的成功经历就成为耐克品牌的一部分，他的形象和故事深深地印刻在消费者的心中。

体育明星具有强大的鼓励性，他们通过自身的行动和态度，传达出积极向上、永不放弃的信息，这对消费者来说是非常鼓舞人心的。例如，足球巨星贝克汉姆以其坚毅不屈的精神和积极向上的态度，成为阿迪达斯品牌的重要代言人，他的形象和故事鼓励了许多消费者积极参与体育运动，追求健康的生活方式。

体育明星具有很高的可塑性，他们的形象和故事可以根据品牌的需求进行调整和改变，以适应不同的市场环境和消费者需求。例如，篮球巨星科

---

① 戴逸伦.新媒体视域下个人媒介对体育明星形象构建影响探析[J].新闻文化建设，2023(17)：23-25.

比·布莱恩特在职业生涯早期以硬朗的比赛风格和高傲的性格著称，但随着年龄的增长和经验的积累，他逐渐展现出领导力和团队精神，这也使得他能够为各种类型的品牌代言，如运动品牌、汽车品牌、金融品牌等，也能成为美国篮球和男篮世界杯形象大使，成为整个国家和体育项目的杰出代言人。

体育明星是整个体育传播领域中最直接最重要的终端，也是不断产生全新的可持续传播的信息源，体育项目的话语权需要长期积累，但短期将原有成绩极高的运动员打造成体育明星具有极高的现实意义[①]。

三、打造国际化体育明星的顶层设计

体育明星不同于演艺明星和社会名人，其本质就代表了国家和具体的体育项目，也容易在媒体曝光的过程中将其竞技水平和人格人品与其国家形象高度统一，因此打造一流的国际体育明星是个人、行业和国家多元共建的结果。体育明星的基础是其竞技水平，这是需要长期科学训练才能获得的，并且由于运动员存在运动黄金期，通常年龄小，具有较高的可塑性与活力，深受年轻 Z 世代的喜爱。体育明星的商业亲和力，能够获得赛事以外的关注，资本投资也是其社会影响力转化成商业价值的重要原因。发达的体育产业不仅需要成熟的运动员培养机制，源源不断提供具有国际竞技水平的高质量人才，还需要将其赛事所获得的暂时的影响力常态化，服务于本国体育、行业与国家形象[②]。

当前，中国所面临的舆论困境往往是大众认为体育是高尚且纯粹的，需要全身心投入训练，任何形式的其他活动都是在浪费运动员的时间，影响其成果，比如游泳运动员傅园慧参加综艺节目被网民吐槽不务正业。事实上，在不影响训练的情况下积极参加商业活动能够让运动员学会如何在受众面前展现更好的自己，学会如何通过社交媒体等形式为国家品牌形象服务，从而

---

① 潘焱.国际化背景下体育明星的形象塑造 [J].新闻世界，2015(05): 79–80.
② 成林.从"姚明现象"看我国体育产业国际化的策略选择 [J].法制与社会，2007(07): 804–805.

科学最大化体育明星的社会贡献和国际传播能力。

体育明星的国际化是国家、社会和个人共同努力的结果，以羽生结弦为例，他的全球爆火并成为日本最受欢迎且最有价值的运动员之一，是个人努力、社会包容和国家包装的共同产物。个人努力是高超的竞技水平与学习能力，他不但具有极高的体育天赋，还以优异的成绩考上早稻田大学。社会包容方面体现在日本社会对于强者的多元尊重而非嫉妒歧视，他在训练之余参加了许多商业和慈善活动，还出了自传，讲述人们感兴趣的积极的故事。国家的包装和荣誉对于他的成功也必不可少，他是日本"3·11"大地震的亲身受害者，加上他在苦难中展现花样滑冰的美好的巨大反差，帮助他树立良好的国内与国际形象对于国内福岛灾后重建具有重要意义；他同时也是日本二次元文化的爱好者，比赛曲目通常为日本动漫的经典配乐，培养其国际影响力对于日本现代文化的国际传播也具有极高的价值。在国家授予荣耀、参与社会商业活动和个人持续努力的共同驱动下，羽生结弦成为日本花样滑冰和整个体育界的杰出代表，并将其影响力扩展到体育圈外。

打造具有国际传播功能的体育明星首先需要对于整体产业，尤其是全球Z世代受众进行了解。英国体育传媒公司 Sportpro 每年都会发布全球最有价值前 50 位的运动员，这些运动员大部分集中在足球、篮球和网球上，而这些项目的权威联赛也大多分布在发达国家。成熟商业化的体育项目能够为运动员带来更多训练和比赛外的曝光机会，能够让社会大众了解运动员的经历并且通过养成式偶像的方式实现运动员与其粉丝受众共同成长。体育明星国际化的顶层设计的第一步是国家发展具有影响力和赛事主动权的项目，该项目需要具有极大的运动员和赛事优势，不但能够获得最好的成绩，还能主办此类周期性赛事吸引全球受众和同类运动员参加。笔者认为中国在乒乓球、射击和跳水等领域具有压倒性优势，但这些极具魅力的项目的商业化开发不足，并没有出现类似于美国 NBA 和欧洲足球冠军联赛之类的具有话语权的职业赛事体系，也就难以培养体育与商业价值相统一的国际体育明星。中国不乏具有国际影响力的体育明星，姚明、李娜和董方卓等都具有在海外一流赛事效力的经验，但这些赛事对于中国运动员来说具有较高的门槛，无法周期性提供能够传播中国国家形象的运动员，并且赛事为他国国家形象传播服务，所以需要中国建设自己的商业化与国际化体育赛事项目。

赛事主办权、运动员形象和体育产业是紧密相连的现代体育传播体系，具有赛事主办权的国家能够快速培养高质量的运动员，并且积极吸纳其他国家此项目优秀运动员来赛事效力，能够通过这些来自不同国家的运动员吸引该国对于此类项目的注意，比如王治郅、姚明等第一代去美国 NBA 打球的中国篮球运动员客观提升了中国篮球爱好者对于美国 NBA 的关注，并且提升了该赛事的国际地位。赛事主办权相比申请举办权的奥运会与世界杯不同，能够周期性为运动员提供以赛促竞的机会和持续性的媒体曝光，为筛选、打造具有国际传播影响力的体育明星提供人才池，也能通过运动员自身对于商业品牌传播的熟悉程度来培养整个产业国际传播的候选人。运动员的形象塑造是一个复杂的过程，它涉及赛事形象、商业形象和社会形象等多个方面，这些方面共同构成了运动员的整体形象。赛事形象主要是指运动员在比赛中的表现和成绩，是运动员形象的基础。一个好的赛事形象可以使运动员获得公众的认可和尊重，也可以为运动员带来商业价值。商业形象是指运动员通过代言、广告等方式在商业领域中的形象。一个好的商业形象可以为运动员带来丰厚的经济收入，也可以使运动员的社会影响力得到提升。社会形象则是指运动员在社会活动中的表现和影响力。一个好的社会形象可以使运动员受到社会的广泛赞誉，也可以为运动员的国家形象传播做出贡献。赛事形象的塑造需要依靠专业的训练体系和竞赛机制，运动员需要在严格的训练体系中不断提高自己的技能和体能，同时在竞赛机制中通过不断的实战锻炼，形成积极向上、坚忍不拔的比赛风格。商业形象的塑造需要依靠有效的市场运营和品牌管理。运动员需要通过参加各种商业活动和代言，以及合理规划自己的职业生涯，来提升自己的商业价值和品牌影响力。社会形象的塑造需要依靠积极的公益行动和社会责任。运动员通过参与公益活动，关心社会热点问题，以及积极履行社会责任，来提升自己在社会上的形象和影响力，而这些都需要成熟完善的体育产业作为保证。

四、国际体育明星形象分析

打造国际体育明星进行国家形象传播，需要培养和塑造符合主流审美和精神价值需求的运动员，研究现有西方国家知名的体育明星为中国塑造自己的国际体育明星提供了一定的借鉴。本文研究了商业价值在 Sportpro2023 中排名世界前十的 30 岁以下的体育明星，如基利安·姆巴佩（法国足球，26岁）是其中最年轻的 Z 世代国际体育巨星，他的形象解构能够为本文建构国际体育明星形象体系提供依据。

姆巴佩是法国新生代足球球王的新代表与法国队队长，出道即巅峰，迎来了法国队在俄罗斯世界杯的夺冠。作为一位世界级足球运动员，姆巴佩在赛场上的表现是他形象的核心，比赛中的高超技术、团队精神和领导能力，使他在球迷中获得了广泛的认同和尊重。即使在卡塔尔世界杯决赛不敌梅西率领的阿根廷队，姆巴佩也在决赛中实现了帽子戏法并在赛后被到场观战的法国总统马克龙安慰。姆巴佩是来自喀麦隆的二代移民，其奋斗历史具有传奇色彩，是一代移民在异国他乡努力奋斗并且获得社会主流认可的表现。喀麦隆不乏具有足球天赋的年轻人，但法国开放包容的环境给予他们更大的发展空间，姆巴佩一家正是如此，其父亲是足球教练，两个弟弟也都为足球运动员。法国与法国足球树立姆巴佩的形象极具多元价值，从个人角度看他是难得的足球天才，出生在足球世家能够较早地系统性获得足球训练。作为新移民的二代子女，他的成功能够传播法国多元、包容的文化氛围，能够为新移民融入主流社会提供榜样。他极具商业亲和性并积极投入慈善事业，不但承担了法国迪奥香水代言人角色，为法国品牌赋能，还成为 EA Sports 的代言人；以往足球游戏的封面是最知名的足球明星如罗纳尔迪尼奥、C 罗和里奥·梅西，而今天的足球游戏无论是《FIFA21》还是《足球经理 2024》的封面都是姆巴佩；他还成立自己的慈善基金会 "Inspired by KM"（姆巴佩激励），支持 98 名来自不同背景的弱势儿童，资助他们一直从学校到走进社会开始工作。

姆巴佩的个人经历与竞技水平完美展现了作为国际体育明星的责任与担当，从事职业足球运动员的主业与商业代言和慈善事业的副业并没有耽误他的成长，反而使他的运动员形象更加丰满具体，成为法国足球和法国运动员的杰出代表。

与日本花样滑冰巨星羽生结弦类似，姆巴佩同样代表的是他所在的体育行业、他的国家以及他的特定经历。羽生结弦是花样滑冰的世界冠军，姆巴佩是世界杯冠军法国队的现役队长，他们都成为他们国家最受欢迎的运动员之一，同时羽生结弦代表着日本从福岛大地震走出来的信心，而姆巴佩代表的是新一代非洲移民在法国实现被主流社会所认可。两者还有的共同点是发达的体育产业对于运动员的赋能与包容。

从国家层面观察，法国拥有完善的体育产业，其中包括强大的足球青训体系和成熟的职业联赛，这些都是造就像姆巴佩这样的国际巨星的重要因素。法国的足球青训体系非常完善。这个体系不仅注重技术训练，还强调运动员的全面素质教育，包括文化学习、心理辅导等方面。这种全面的培训方式有助于年轻球员全面发展，也为他们未来的职业生涯奠定了坚实的基础。法国的职业联赛也非常成熟，法甲联赛是欧洲五大联赛之一，拥有许多世界级的球队和球员，在这些竞争激烈的环境中，年轻球员能够获得更多的比赛机会，更快地成长。法国足球还有着丰富的国际交流和合作经验。法国足球协会经常与其他国家的足球协会进行交流和合作，通过这种方式，法国足球能够吸收和学习其他国家的先进经验和做法，从而提高自身的水平和竞争力。法国完善的青训、成熟的职业联赛、广泛的国际交流和合作，以及政府的支持和推动为姆巴佩成为国际巨星提供了重要的基础和帮助[1]。

从个人层面观察，姆巴佩是一位极具商业价值的足球明星，他已经成为

---

① 刘兵，郑志强. 足球运动对欧洲国家体育发展的影响力分析 [J]. 武汉体育学院学报，2019，53(01): 5–11.

多个品牌的代言人。美国运动品牌巨头耐克早早就签下了姆巴佩，并为他推出了个性化足球鞋。这些品牌代言活动不仅增加了姆巴佩的收入，也提升了他在全球范围内的知名度和影响力。法国商业媒体也对姆巴佩的成名起到了积极的推动作用，姆巴佩在俄罗斯世界杯上的出色表现让他赢得了世界杯最佳新秀奖以及法国荣誉军团骑士级勋章，同时也吸引了大量粉丝的关注。此外，姆巴佩也是社交媒体上的热门人物，他的流量甚至超过了同队的坎特和格列兹曼，在 Z 世代用户中有着极大的影响力。姆巴佩与巴黎圣日耳曼足球俱乐部的合约也是法国商业对他个人品牌塑造的重要部分。2022 年，姆巴佩与巴黎圣日耳曼签下的 2+1 续约合同，总值 3 年 6.3 亿欧元的金额超越梅西在 2017 年与巴萨签下的 4 年 5.55 亿欧元合同，成为体育史上最贵的一份合同，这也是法国商业对他的认可和投资，同时该合同的进度与最终结果一直吸引着全球体育媒体和足球爱好者的目光。

从商业层面观察，法国商业也通过各种市场推广活动来提升姆巴佩的地位。巴黎圣日耳曼足球俱乐部在姆巴佩的续约公告中，强调了他是俱乐部的重要资产，这对于提升姆巴佩在全球市场的形象和知名度具有重要意义。姆巴佩代言迪奥香水也在塑造姆巴佩国际巨星地位方面发挥了重要作用。整个法国商业界通过品牌代言、媒体曝光、俱乐部合约和市场推广等多种方式，使姆巴佩成为全球知名的足球明星。

国家擅长的体育项目、成熟的体育产业、个人的努力与商业不遗余力的传播共同塑造国际巨星，国家、项目、个人和商业成为国家体育传播叙事中最核心的部分，本文将其概括为以体育明星为核心的国家形象体育传播模式。

五、以体育明星为核心的国家形象体育传播方式探究

体育明星的培养需要举全国之力，重点在国家擅长的项目上精准进行资源分配，而选择什么类型的项目需要考虑人口结构和文化背景等多重因素。首先是人口的体量与身体素质。运动员培养的本质是从相当的人口基数中选择具有相应运动天赋的人进行系统性、针对性的培养，由于存在国际人口的

行业性流动，当一个国家运动人口不足但体育培养机制在世界享有盛誉时，也可以借用他国的运动人口。比如巴西、阿根廷等拉美国家拥有广大的足球运动人口，但本国的体育产业和商业不足以支撑所有球员获得发展的资源，而欧洲恰恰是体育产业发达而体育人口相对不足，因此顶级的拉美足球运动员通常在欧洲豪门效力，拉美国家也源源不断向欧洲足球青训和联赛输送人才。身体素质也客观地限制国家在一些特定项目上的选择和发展，黑人的运动天赋通常较高，无论是美国 NBA 篮球联赛还是世界杯冠军法国队，黑人的比例都相当高，而这些项目缺少来自特定国家的高运动天赋人群，具体的项目短期很难达到国际水准并且吸引高质量体育人口。其次是文化背景。文化背景也是影响国家是否擅长某一类运动的主要原因之一，某些体育项目可能在某些国家或地区具有深厚的历史和传统，这源于特定的文化习俗、宗教活动、军事训练等。国家的社会价值观会影响人们对体育项目的重视程度以及在其中投入的资源。美国更注重个人主义，这会促进个人为核心的体育项目的发展，如篮球。地理和环境条件也会影响体育项目的流行程度，沿海国家更倾向于水上运动，而高纬度山区国家更注重滑雪和登山等户外活动。经济条件也会影响国家对体育项目的投资和发展，富裕国家有更多的资源用于体育基础设施、培训和科学研究，甚至有条件吸纳运动移民，从而在特定项目上取得优势。政治因素对体育项目的发展也会产生影响，比如足球是阿根廷的国家象征，并投入大量资源进行培训和发展，以在国际比赛中取得优势。

　　教育和培训对国家擅长的体育项目会产生非常重要的影响。教育体系的设置和课程安排直接影响学生对不同体育项目的接触和了解程度。包括中国在内的许多国家的教育体系都将特定体育项目作为重要课程内容或额外课外活动，学生能够在早期接触到并培养对这些项目的兴趣，为潜在运动员提供生源。而培训系统对于专业运动员的培养也至关重要，国家投入大量资源用于建立专业化的体育训练机构，提供优质的教练团队和设施设备，为运动员提供系统化、科学化的训练。这种培训体系不仅可以挖掘和培养优秀运动员的潜力，还可以为他们提供坚实的技术基础和专业知识，使其在国际舞台上有竞争力。教育和培训系统还可以促进体育项目的科研和创新发展。通过与大学、研究机构的合作，开展体育科学研究，探索运动训练、营养、生理等方面的最新理论和技术，为运动员提供更有效的训练方案，提高整体竞技水平。完善的教育和培训系统能够为国家培养出擅长特定体育项目的优秀运动员，并促进该项目在国际舞台上的发展和竞争力的提升。

政府在国际赛事举办上的支持直接影响国家擅长的体育项目。政府的投资和支持对于体育基础设施的建设和维护至关重要，如果某一特定体育项目的场馆建设和设施升级，那么该项目在国家内的普及度和发展水平将会提高。同时政府举办国际体育赛事可以提升国家在该项目上的知名度和声誉，激发民众对该项目的热情。这种赛事的举办不仅会吸引国内优秀运动员，还会吸引来自其他国家的精英运动员，促进技术和经验的交流与提高。政府的赛事组织能力和举办水平也会直接影响国际赛事的质量和影响力，通过制定激励政策、提供奖学金和培训计划等措施，可以为国家未来的体育发展打下坚实基础。

商业运作的力量也不能忽视，特别是商业代言等活动，对国家擅长的体育项目的扩大影响有着极为重要的作用。商业赞助和代言活动可以为特定体育项目带来更多的资金支持，通过赞助商的投入和运动员的代言合作，体育项目可以获得更多的资金用于基础设施建设、运动员培训以及赛事组织等方面，从而推动项目的发展和水平的提升。商业运作可以提高特定体育项目和运动员的知名度和曝光度，吸引更多人参与和关注，进而培养更多的优秀运动员和球迷基础，从而推动该项目的长期发展。

国家培养和选择优势项目是第一步，接下来是按照国家形象传播需求来选择符合条件的运动员。这需要对国家形象和价值观有清晰的认识，了解国家所倡导的核心价值观、文化传统以及国际形象定位，以此为基础确定培养国际体育明星的整体方向和标准；考虑国家擅长的体育项目和该项目在国际上的竞争优势，分析国家在不同体育项目上的历史表现、运动员的实力和潜力，以及国际体育市场的需求和趋势，确定哪些体育项目更适合作为国家重点培养的方向；根据所选定的体育项目寻找具有潜力和天赋的运动员进行培养，通过基层选拔赛、青少年训练营等渠道挖掘优秀的年轻运动员，并为其提供系统化的训练和发展计划，综合考虑运动员的综合素质，包括技术水平、心理素质、领导力以及与国家形象相契合的外在形象和言行举止；进行持续的品牌塑造和国际推广工作，通过与体育赛事、品牌合作、媒体宣传等方式，将培养的运动员打造成国际体育明星，并以其为代表有效传播国家形象和特定体育项目的价值观念，提升国家在国际体育舞台上的影响力和竞争力。整个过程需要政府、体育管理机构、体育界各方的合作和支持，以确保培养出的国际体育明星能够真正成为国家形象的有力代表，为国家和特定体育项目赢得更多的荣誉和认可。

此外，还应注重已成名的体育明星的社会名誉管理的相关培训，做好体育明星的传播培训，特别是在社交账号运营和参加国家形象传播活动方面。针对社交账号运营，需要为体育明星提供专业的培训课程，包括社交媒体平台的基础知识、内容创作技巧、粉丝互动策略等方面的内容。培训内容应该实用性强，紧跟时代潮流，帮助体育明星更好地利用社交媒体平台与粉丝进行互动，提升自身的形象和知名度。体育明星还需要接受相关的国情、文化和形象宣传方面的培训，涵盖国家形象的核心价值观、形象塑造的策略与技巧、文化交流与国际合作等方面的内容，以更好地代表国家形象参与各种形式的宣传活动，展现国家形象的魅力。培训过程需要持续跟踪和评估，及时收集反馈意见，不断优化培训方案和内容，对体育明星的学习成果和表现进行定期评估和考核，激励其不断进步和提升。

姆巴佩的成功为筛选和培养体育明星以及塑造国际化的运动员形象提供了思路。他展现了出色的技术水平和比赛表现，这是成为国际体育明星的重要条件之一。成为体育明星的首要条件是个人项目竞技能力超群，能够通过比赛成绩获得天然的全球关注。团队合作能力和个人魅力也是成为体育明星的重要因素。姆巴佩的自信、幽默和谦逊等品质吸引了大量支持者，这些支持者成为他的粉丝，为他的职业生涯和个人品牌增添了价值，他在社交媒上积极互动，与球迷分享自己的日常生活和训练经历，增强了他与粉丝之间的互动和认同感。作为国家形象的体育明星最重要的是对于国家和世界的责任感，姆巴佩的行为和言行举止都非常成熟，他积极参与公益活动，关注社会问题，热衷于慈善并且不忘自己的家乡喀麦隆，为自己赢得了更多的尊重和支持。总之，适合培养成代表国家形象的体育明星通常需要具备出色的技术水平、个人魅力和领导力，积极的社交媒体互动，以及成熟的行为举止和社会责任感。

六、结论：体育明星的塑造和传播需要个人、项目、国家和商业的共建

中国在体育领域有着独特的发展优势和巨大的潜力，以体育明星为核心的国家体育传播体系是中国体育事业发展的重要组成部分，对于提升国家体育软实力、塑造国家形象、促进国民健康具有重要意义。但在国际传播中仍然存在一些问题和不足，需要借鉴发达体育产业和成熟的国际体育明星的成功经验。

（一）加强对体育明星的培养和管理

体育明星是国家体育传播的核心力量，他们的形象和影响力直接影响着国家体育形象的塑造和传播效果。政府和相关机构应该加大对体育明星的培训和管理力度，建立健全的培养体系，提升他们的专业水平和形象塑造能力，同时加强对其行为的规范和管理，确保他们做到身体健康、品德高尚、言行端正，成为社会的良好榜样。

（二）建立完善的体育明星推广机制

目前，体育明星的推广主要依靠媒体报道和赛事直播，这种方式虽然可以传播体育明星的形象和事迹，但是受到时间和空间的限制，传播效果有限。因此，应建立多种形式的推广机制，包括广告代言、形象代言、公益活动等，通过多种渠道和平台将体育明星的形象和价值观传递给更广泛的受众，提升

其影响力和知名度。

（三）加强体育明星的社会责任意识

体育明星作为公众人物，应该树立正确的社会责任观念，积极参与公益活动，关注社会热点问题，为社会发展做出应有的贡献。相关机构可以通过设立奖励机制和表彰制度，激励体育明星更加积极地履行社会责任，树立良好的社会形象。此外，还需要加强体育明星与媒体、赞助商等相关方的合作与沟通。媒体是体育传播的重要渠道，赞助商是体育产业发展的重要支撑，体育明星作为连接媒体和赞助商的桥梁，应该加强与其合作与沟通，共同推动国家体育传播事业的发展。政府可以通过加强对相关方的政策引导和支持，为体育明星与媒体、商业赞助商之间的合作提供更加良好的环境和条件。当前中国社会舆论对于体育明星参与商业活动存在一定程度的抵制，从发达国家的成熟体育产业观察，体育明星需要通过参与商业活动和慈善活动来提高其传播个人形象、体育项目形象和国家形象的能力。

国家体育传播不仅仅是为了宣传体育赛事和体育明星，更是传递国家文化、价值观念和精神风貌的重要途径，能够提升国家在国际上的话语权和影响力，为中国体育事业的全面发展做出更大的贡献。以体育明星为核心的国家体育传播体系建设是中国体育事业发展的重要任务，需要政府、体育界、个人、商业等相关方共同努力，加强对体育明星的培养和管理，建立完善的推广机制，加强体育明星的社会责任意识，加强与媒体、商业赞助商等相关方的合作与沟通，注重提升国家体育传播的软实力，为讲好中国体育故事和弘扬中华体育精神赋能。

面向 Z 世代的"韩流"影视跨文化传播

曹书乐　牛雪莹 [①]

【摘要】"韩流"是东亚乃至世界范围内跨文化传播中的独特现象。"韩流"影视产品随着社会政治文化的变迁不断变化，呈现了新的题材、类型与价值观，也契合了 Z 世代的审美期待。在总结"韩流"影视发展新趋势及其实现跨文化传播的经验和路径的基础上，本文提出，面向 Z 世代开展跨文化传播应把握不同国家 Z 世代的群体特征，以及 Z 世代的心理特征和价值观，注重流媒体和社交媒体间的联动，提供具有传播潜力的新类型、新题材，打造能够跨越文化区隔、引发 Z 世代普遍共鸣的文化产品。

【关键词】Z 世代　韩流　韩剧　韩国电影　跨文化传播

一、Z 世代及其社会文化环境

Z 世代（Gen Z）一词源于西方。《牛津词典》将其收录并描述为"20 世纪 90 年代末至 2010 年代初出生的一群人，他们被认为对互联网非常熟悉"。2021 年，加拿大的一项人口普查报告沿用了美国民调机构皮尤研究中心的划分方式，将 Z 世代定义为 1997—2012 年出生的群体 [②]。各机构和已有研究对 Z 世代的划分标准大同小异。本文基于联合国经济和社会事务部的划分标准，将 Z 世代定义为出生于 1995 年到 2010 年的群体 [③]。

---

① 曹书乐，清华大学新闻与传播学院长聘副教授、博士生导师；牛雪莹，清华大学新闻与传播学院博士研究生。

② STATISTICS CANADA. A generational portrait of Canada's aging population from the 2021 Census[EB/OL]. (2022-04-25)[2022-04-27]. https://www12.statcan.gc.ca/census-recensement/2021/as-sa/98-200-X/2021003/98-200-X2021003-eng.cfm.

③ 王峰，臧珈翊. 面向海外 Z 世代做好国际传播的主流媒体新策略 [J]. 对外传播，2022(10): 46-50.

Z 世代之前的世代，包括出生于第二次世界大战（以下简称二战）后的"婴儿潮一代"（Baby Boomers）、出生于 1965 年到 1980 年的 X 世代（Gen X）、出生于 20 世纪 80 年代和 90 年代早期的"千禧一代"（Gen Y）。与这些世代相比，Z 世代最大的特征在于出生时恰逢信息传播技术大变革，见证了互联网和移动互联的高歌猛进。但世界范围内 Z 世代的社会处境各不相同。例如，美国的 Z 世代种族多元，面临严重两极分化的社会环境、财富分配不均导致的教育鸿沟和混乱的社会秩序；俄罗斯的 Z 世代面对战争动荡；日本的 Z 世代则主要呈现"低欲望"特征①。

Z 世代成为全世界人口最多的代际群体，一项人口统计研究表明，2030 年 Z 世代将占全球劳动力的 34%②。作为互联网第一代原住民，Z 世代的群体特性是具有网络化的生活方式、矛盾化的社会心态和扁平化的群体结构③。该群体大多开放多元、个性鲜明、思维活跃，具有碎片化阅读习惯和多任务处理能力，对文化消费有较大的需求④。麦肯锡发布的报告也显示，Z 世代具有自豪感强、消费欲强、孤独感显著、决策依赖线上社交媒体等基础特征⑤。

Z 世代在中国的总体人口约为 3 亿，约占中国总人口的 20%。中国的 Z 世代处于计划生育与优化生育"全面二孩"政策的中间阶段。大多数中国 Z 世代为独生子女，身上集中了家庭的注意力，在成长过程中往往能够获得家庭资源的倾斜，也因此更为自我。有研究指出，相较于其他国家，中国"421"式的独特家庭结构会加剧中国 Z 世代的"结果"导向诉求，使他们更注重当

① 吴瑛，贾牧笛. 面向 Z 世代的国际传播：历史、理论与战略 [J]. 社会科学战线，2023(12): 161-171.

② MCCRINDLE RESEARCH. Gen Z and Gen Alpha Infographic Update[EB/OL]. https://mccrindle.com.au/article/topic/generation-z/gen-z-and-gen-alpha-infographic-update/.

③ 何绍辉. Z 世代青年的形成背景与群体特征 [J]. 中国青年研究，2022(08): 14-20.

④ 李厚锐. 面向 Z 世代的精准化国际传播 [J]. 上海交通大学学报（哲学社会科学版），2023, 31(09): 53-62.

⑤ 盛海诺，袁伟，章淑蓉，李文俊. "拥抱 Z 世代"——券商年轻化转型探索 [EB/OL]. [2024-06-06]. https://www.mckinsey.com.cn/拥抱 z 世代 - 券商年轻化转型探索 /.

下、即刻的满足 [①]。此外，中国 Z 世代的成长过程伴随着信息科技的加速发展，因此他们大多习惯于使用社交媒体和流媒体平台，并关注怀旧文化和迷因（meme）文化。

二、"韩流"及其跨文化传播

"韩流"（Hallyu 或 Korean Wave）是流行文化中一股显著的潮流。伴随着文化产业、社会和文化变革以及数字技术的迭代更新，韩流的定义也在不断流动和变化 [②]。2009 年，韩流指韩国流行文化在亚洲其他国家的普及 [③]，2015 年则指韩国文化在海外市场上获得的成功，反映出韩流的生命力。事实上，韩流跨文化传播的目标区域已从 1995—2005 年以中国、日本等亚洲各国为主逐步发展为世界各地 [④]。

韩流的发展与韩国政府长久以来的"文化立国"政策和文化振兴战略紧密相关。1960 年起，文化被韩国政府视为第二经济 [⑤]；1998 年，韩国提出"文化立国"战略，将文化产业确立为国家经济的支柱产业，并成立了韩国文化产业振兴院等机构为政策实施提供支持；1999 年，韩国出台《文化产业振兴基本法》并不断修改完善，为文化产业机构的建立、税收优惠等提供了法律保障 [⑥]。此外，韩国也在不断加强与中国文化产业合作，促进共同发展。2014 年，中韩签署了《中韩电影合拍协议》，中韩合拍电影在中国不再受到进口电

---

① 王水雄. 中国 Z 世代青年群体观察 [J]. 人民论坛，2021(25): 24–27.

② LEE S, NORNES A M. Hallyu 2.0: The Korean Wave in the age of social media[M]. Ann Arbor: University of Michigan Press, 2015: 14–22.

③ RYOO W. Globalization, or the logic of cultural hybridization: The case of the Korean wave[J]. Asian Journal of Communication, 2009, 19(02): 137–151.

④ BOK-RAE K. Past, present and future of Hallyu (Korean Wave)[J]. American International Journal of Contemporary Research, 2015, 5(05): 154–160.

⑤ 向勇，权基永. 韩国文化产业立国战略研究 [J]. 华中师范大学学报（人文社会科学版），2013，52(04): 107–112.

⑥ 赵丽芳，柴葆青. 韩国文化产业爆炸式增长背后的产业振兴政策 [J]. 新闻界，2006(03): 91–93.

影配额的限制，《重返二十岁》《逆转之日》等中韩合拍电影应运而生。

韩流研究者按影响力大小构建了韩流的同心圆模型，由影响力最大的韩剧和韩国流行音乐，电影和游戏，饮食和化妆品，语言、时尚和旅游业四部分组成。这主要是从产业分类的角度出发。还有学者将韩流的出口方式按时间划分为韩流 1.0（韩剧 K-drama）、韩流 2.0（音乐 K-pop music）、韩流 3.0（文化 K-culture）和韩流 4.0（风格 K-style）四部分。韩流 1.0 和 2.0 在部分研究中也被定义为 20 世纪 90 年代的"原始韩流"和 21 世纪初的"新韩流"，其中"原始韩流"指在亚洲中年女性中流行的韩剧，"新韩流"指以 H.O.T 为代表的 K-pop 音乐和韩国电影[①]。当然，站在现在的时间点，这里所谓的"新韩流"已是"旧"现象了。2010 年后，韩流不再局限于韩剧和音乐，韩流 3.0 的目标是向全世界推广韩国传统文化。同时，随着韩流明星流行，粉丝在追星过程中自然而然地关注明星及其背后的韩国风格（K-style）。韩流 4.0 代表着全球粉丝出于对韩流明星的喜爱而对其吃穿住行等生活方式产生的兴趣和模仿行为[②]。

经过多年发展，韩流的影响力覆盖东亚和东南亚国家，以不同文化产品影响着从 60 后、70 后、80 后到 Z 世代的不同代际。但韩流在西方国家仍是较为小众的亚文化。韩国国际文化交流振兴院（KOFICE）发布的《2022 韩流白皮书》显示，2021 年韩流播出节目（Broadcast Program）在美洲的出口直线下降，而在亚洲和其他地区上升[③]。该白皮书还指出，虽然韩流长期将韩剧和音乐作为主要出口内容，但世界范围内的韩流消费者对其文化内容体验率最高的是食品（72.3%），然后依次为电影（67.7%）、音乐（63.2%）、电视剧（62.1%）。与之相对，中国对韩国文化内容体验率最高的品类为韩剧

---

① CHEN S. Cultural technology: A framework for marketing cultural exports–analysis of Hallyu (the Korean wave)[J]. International Marketing Review, 2016, 33(01): 25–50.

② BOK-RAE K. Past, present and future of Hallyu (Korean Wave)[J]. American International Journal of Contemporary Research, 2015, 5(05): 154–160.

③ KOFICE. 2022 한류백서 _Hallyu White Paper 2022[EB/OL]. (2023-09-26). https://kofice.or.kr/ b20industry/b20_industry_00_view.asp?mnu_sub=20200&seq=1343&page=1&find=&search=.

（85.8%），其次是电影（82.3%）和食品（81.0%）①。由此可见，韩国影视是中国人最为关注的韩流形式，也是下文要着重讨论的内容。

在 Z 世代崛起的同时，韩流文化产品本身也在进行发展和转型，拓展出新的类型、题材、审美风格和价值观；同时迭代传播渠道，向深处触及范围更广的跨文化受众。面向 Z 世代多样化文化需求而依旧能持续输出成功案例的韩流"新"动态值得我们关注和研究。

三、面向 Z 世代的"韩流"影视新动态

（一）韩国电影变化趋势

韩国电影在二战后复苏，受益于本国的国产电影振兴政策，开始生产类型电影，并形成有"韩国好莱坞"之称的忠武路。韩国电影后续经历了电影复兴、电影不景气、新电影文化、新韩国电影运动的历史发展阶段，从 1996 年开始进入兴盛期，形成了成熟的电影产业，并开始在全球范围内产生影响力，成为韩流发展过程中的重要一环。

20 世纪 90 年代以前，世界电影史著述中并没有韩国电影的一席之地。90 年代后期，受好莱坞大片影响，《生死谍变》《实尾岛》《太极旗飘扬》等韩国电影里程碑之作不断涌现。韩国人的爱国情怀与其特有的财阀投资模式相辅相成，激活了韩国本土电影市场②，韩国电影迅速发展，受到海外关注。2000 年起，韩国电影屡获戛纳、威尼斯、柏林三大世界电影节奖项，其代表作包括《醉画仙》《老男孩》《空房间》等。韩国电影在收获票房的同时也收获了口碑。目前，具有本土文化特色的好莱坞式类型电影，如恐怖电影《汉江怪物》《雪国列车》《釜山行》等；探索了韩式暴力美学的犯罪片，如《老男孩》

---

① KOFICE. 2023 Overseas Hallyu Survey[EB/OL]. (2023-11-10). https://kofice.or.kr/b20industry/ b20_industry_00_view.asp?mnu_sub=20300&seq=1346&page=1&find=&search=.

② 卞智洪. 二十世纪九十年代后期韩国电影振兴现象产业分析（上）[J]. 北京电影学院学报，2002(04): 36-46+103.

《新世界》《犯罪都市》等；刻画"病态资本主义"的作者电影，如金基德（Kim Ki-duk）的《空屋》；基于真实社会事件的改编电影，如《熔炉》《素媛》《7号房的礼物》《辩护人》等，均在世界范围内具有关注度。随着韩国电影国际影响力的不断增加，奉俊昊、延尚昊、洪尚秀等导演逐渐得到国际认可，奉俊昊执导的《寄生虫》成为第一部获得奥斯卡最佳影片奖的非英语电影。总体而言，韩国电影主题、类型在不断拓展，表现手法也在不断丰富。

近年来，以奈飞（Netflix）为代表的流媒体平台进入韩国影视市场，对韩国电影业产生了较大冲击。韩国电影振兴委员会发布的《2023年韩国电影产业结算》报告显示，2023年即使有《首尔之春》和《犯罪都市3》两部"千万电影"，也即观众人数达到一千万的电影，韩国国内的票房和观影人数仍均有下降趋势，票房两极化现象较为明显。流媒体对院线产生影响的主要原因是观众消费习惯的改变、电影票价上涨等，影片"口碑"由此成为韩国观众电影消费的重要参考指标[①]。

（二）韩国电视剧变化趋势

在以《东京爱情故事》为代表的日本趋势剧（Trendy Drama）的影响下，展现经济高速发展背景下年轻公司职员的情感与生活的内容也出现在韩国的电视剧生产中。韩国偶像剧《爱上女主播》（2000年）以发誓成为新闻主播的女记者的故事为主线，《妙手情天》（1998年）则讲述神经外科医生情感生活，热遍东亚三国。观众看到长相俊美的男女偶像明星作为主角在都市生活中谈情说爱，耳目一新；但从更深层次来看，设置在职场中的偶像剧剧情映照着现实生活的变迁，反映着青年人从小城市向大都市的流动和在大都市中的奋斗。在2000年前后开始发力的韩国偶像剧，如《蓝色生死恋》《浪漫满屋》《巴黎恋人》等陆续被中国的卫视引入播出，引发了当时年轻观众的追剧热潮。

---

① KOFIC. "입소문과 역주행이 극장 영화 흥행 이끈다" 영진위 "2023년 한국 영화산업 결산" 보고 [EB/OL]. (2024-02-29). https://www.kobiz.or.kr/new/kor/03_worldfilm/news/news.jsp.

这些电视剧交织着对浪漫爱情的幻想和乐观面对人生困难的价值观。2000 年至 2006 年的《夏娃的诱惑》《守护天使》《明朗少女成功记》《夏日香气》等韩剧的女主角大多具有"灰姑娘"式的成长历程,追求理想爱情和人生幸福。电视剧通过其纠葛的感情故事或冲破原生家庭桎梏的救赎情节吸引观众。有学者将早期韩剧的爱情公式总结为两男两女的二元对立结构,其中,女主角天真善良,女配角作恶多端。男女主人公往往因为女配角而产生诸多误会,历经磨难修成正果,以体现两人矢志不渝的爱情[①]。

但是由于《天国的阶梯》《悲伤恋歌》等剧集过于集中地加入车祸、失忆、不治之症、多角恋等情节,使韩剧逐渐被贴上烂俗、苦情、套路的标签,在海外的影响力也一度下滑。如今面向 Z 世代群体的偶像剧《爱的迫降》《太阳的后裔》等削弱"误会"的桥段,更多展现男女平等的成年爱情观,以配合不断改变的受众的价值观,还出现了《经常请吃饭的漂亮姐姐》这样的"女强男弱"的姐弟恋设定。

甚至,早期韩流中浓墨重彩的偶像剧,已不再是唯一能在海外流行并引发话题的电视剧类型。在如今的"新"韩流中,韩国电视剧的题材和类型随着文化的变革和社会观念的转变而不断变化和丰富。穿越、重生、魔幻、奇幻等内容元素层出不穷;社会观照逐渐增多,对社会议题和特殊群体的关注成为韩流与受众新的连接方式。复仇剧《黑暗荣耀》《财阀家的小儿子》和大逃杀类型剧《鱿鱼游戏》均成为近几年的爆款。

(三)新的影视题材、类型与价值观

随着政治经济的变迁,社会文化也发生了变化,观众口味偏好随之变化。韩流影视顺应这一潮流,呈现了新的题材和类型,也展现了新的价值观。"治愈系"影视聚焦人性的善良与美好,通过温暖、感人的故事线让观众在快节奏的生活中找到心灵慰藉和情感共鸣。现实主义批判题材则直面社会问题,

---

① 王小惠,阙奕婷. 华文社群之 [韩剧迷] 解读型态研究——以《我叫金三顺》一剧为例 [J]. 传播与社会学刊,2011(16): 99–122.

深入挖掘社会矛盾与冲突，具有强烈的现实意义。多元价值观题材影视则打破传统韩国道德观念框架，呈现出价值观的开放性和多元性；不再简单地划分好人与坏人、正义与邪恶，而是展现了复杂人性中的"灰色地带"。

1. 现实主义题材影视剧

如果说早期韩流电视剧给亚洲其他国家甚至西方国家留下的典型印象是童话般的"浪漫爱"——无论是夕阳下的牵手还是雪地中的拥吻，均是在构造某种超凡脱俗的人间幻象。那么现在出圈的韩流电视剧中的爱，要么是反传统父权制的姐弟恋、不伦恋或不忠恋，要么是走向非圆满结局（BE, Bad Ending）的悲情恋（如《现在，正在分手》），呈现出生活的真实性和某种戏剧性。

更甚者，这些浪漫剧已不再是韩流电视剧的主流。现在更受海外受众关注的韩流影视常常以揭露残酷社会现实来引发广泛共鸣。这一变化的背后是韩国漫长艰难的民主化进程引发的韩国民众对政治的高敏感性和 Z 世代年轻人面临的生存困境。韩国土地相对贫瘠、自然资源匮乏，有着被日本占领和南北分裂的历史，由此滋生的仇恨与痛苦也造就了具有反抗性的韩国社会。对现实的批判和审视以及对社会问题的剖析和呈现一定程度上源于韩国人的"恨文化"，而文化消费品则是这种"恨文化"的发泄口。"恨文化"并非单一的"仇恨"，而是交织着失望、惆怅、郁郁不得志等复杂的情感宣泄，这种"恨文化"也成为韩国民众的"集体情感体验"和"民族性格特征"①。

随着社会财富逐渐积累，韩国的阶层差距不断拉大。韩流影视剧一方面表达着对上流社会的崇拜，如《家门的荣光》《花样男子》《检察官公主》《继承者们》均以财阀和世家子弟为主角，讲述上流社会的爱恨纠葛和生活故事；另一方面，伴随着 2008 年开始的世界经济下行、就业机会萎缩和阶级固化，韩国民众的生存压力增大，普通人通过努力也难以实现阶级跃迁，《黑暗荣

---

① 王晓玲. 韩国"恨"文化的传承与变化———一项针对韩国高中文学教科书的分析研究 [J]. 当代韩国，2010(03): 44–55.

耀》《模范出租车》这样的小人物反抗强权、揭示上流社会阴暗面的"发疯式"韩剧更是不断涌现。之所以被戏称为"发疯",是因为这些韩剧的剧情在充满戏剧性的同时富于"爽感",出现了不少以暴制暴、血腥复仇的情节。

韩国现实主义题材电影则以真实事件改编为主,一方面突破"边缘现实主义",在传递现实苦难的同时展现现实的改变,从而表现出真善美的力量[①]。如《素媛》《7 号房的礼物》等电影通过现实题材叙事,将"坏人终将受到惩罚,无辜的人也能沉冤昭雪"的价值引导和真实的社会事件结合,带给观众深入现实的双重反思和希望。另一方面,韩国电影也着力揭示现实的残酷性,即结局并非次次圆满。例如《熔炉》等电影展现出普通人与腐败的上层社会之间的斗争仍在继续,并未结束。韩国电影中的现实题材电影又被称为"社会派"电影。有研究指出,从 2010 年开始,社会派电影从"软弱无力的知识分子,焦虑的现实"转向关注少数群体和劳工问题[②]。

韩国电视剧中的现实主义题材剧同样开始全方位批判现实社会的弊病。从批判个人层面的容貌焦虑、年龄焦虑、精致的利己主义到家庭层面令人窒息的"为你好"式教育,再到批判社会层面的群体优绩主义、社会结构固化和财阀绝对势力等,不惮于展现特殊议题中的深度肌理和幽暗人性。《少年法庭》触及少年犯罪问题,《天空之城》直面升学主义的高压社会中的高考和教育问题,《闪烁的西瓜》呈现了聋哑人的生活困境,等等。该阶段,女性意识也在崛起,表现在多样化的题材剧中,加深了对现实的批判深度。

韩流影视的现实主义趋势与同时期的韩国文学创作中相互呼应,反映了 Z 世代的集体焦虑。赵南柱所著的《八二年生的金智英》《若你倾听》展现出在社会资本和阶级重压之下无处藏身的个人生活。作品刻画了按照社会既定的刻板印象中的成功标准来规划自己人生选择的韩国年轻人形象,引发了东亚社会中广泛的认同。

---

① 尹鸿,梁君健.现实主义电影之年——2018 年国产电影创作备忘 [J].当代电影,2019(03): 4-12.

② 周健蔚.走向世界的韩国电影(2010—2019)[J].北京电影学院学报,2020(03): 66-81.

2."治愈系"影视

韩国普通年轻人面临着高房价、因求学而欠下的债务、高失业率、低水平工资和被延长的劳动时间等严重的社会问题。在普遍感受生存压力的情况下，韩国年轻人中诞生了流行语"三抛世代"——自认为成为抛弃爱情、婚姻和生育的世代。在 2011 年的这个流行语的基础上，这两年进一步衍生出"五抛世代"的说法，也即多出两项抛弃——抛弃买房和抛弃人际关系。甚至出现了 Z 世代的"单身婚礼"等新观念。这样的流行语，深刻反映出韩国Z 世代感受到身外世界的重重压力后进一步向内蜷缩的脆弱心态，一种抛弃传统的社会关系和社会责任以求独善其身的底线心态。这种心态不仅存在于韩国，也在其他亚洲国家或多或少地存在。也因此，Z 世代十分渴求针对心理的安慰与疗愈。

"治愈系"一词起源于 20 世纪末的日本。一项研究认为，治愈的核心是"自愈"，是对现实的妥协、自我疗伤和对资本——政治意识形态的自觉归顺[①]。治愈系的韩流文化通过输出一种短暂逃离现实的生活方式和治愈体验而获得了年轻人的共鸣。韩剧的观众，尤其是女性观众在谈论角色及其生活环境时，会引入某种治疗性的品质，这种"治疗"指看剧过程中找到了情感舒适区[②]。

在与"治愈"相关的众多元素中，环境是韩流影视中常见的元素。和建成环境相比，自然环境具备对情绪和认知的正面修复性效应，更容易激发正面情绪[③]。天空、海洋、森林等自然元素能够消解压力，带来舒适放松的感受[④]。例如，以海边为背景的韩剧《我们的蓝调时光》《海岸村恰恰恰》《欢迎

① 王文斌 . 青春摆渡与镜像疗法——当下中国"治愈系"影视剧的文化征候 [J]. 文艺研究，2019(03): 115–123.

② JU H. Korean TV drama viewership on Netflix: Transcultural affection, romance, and identities[J]. Journal of International and Intercultural Communication, 2020, 13(01): 32–48.

③ 陈筝，翟雪倩，叶诗韵，等 . 恢复性自然环境对城市居民心智健康影响的荟萃分析及规划启示 [J]. 国际城市规划，2016, 31(04): 16–26+43.

④ 闫冰玉，吴建平，权明晓 . 不如吃茶去：当代青年的"治愈"心理体验 [J]. 中国青年研究，2023(07): 93–103.

回到三达里》等，均展现了韩国海边优美的自然风光和质朴、慢节奏的生活方式。韩流影视由此化身为治愈窗口，为还在社会中挣扎奋斗、无法亲身投入大自然的人们提供心灵慰藉。

治愈系电影更倾向于温情、温暖甚至催泪的风格，例如展现自我疗愈的《独自生活的人们》，体现互相疗愈的《我爱你》《创可贴》等。这些影视提供了温暖、治愈、向上的情绪价值，提供了逃离残酷现实的温情屏幕世界。治愈题材的韩流影视大多聚焦于小人物的成长故事或生存故事，对小人物的人生书写恰恰是大部分普通观众的人生写照，所以观众会产生共鸣，情绪得到抚慰。

与之相关联的是，不少 Z 世代因此对不"治愈"的结局具有抵触心理。治愈体验往往与轻松愉快的大团圆结局挂钩，当出现开放式结局或非团圆结局时，观众会表达出拒绝和失落。例如，2022 年热播的韩剧《二十五，二十一》是关于击剑少女的爱情治愈剧，但男女主角却在最后一集分开，体现了初恋的青春疼痛而非"治愈"效果。因此，国内影视作品口碑网站豆瓣上的评分在大结局播出后从 9.1 分快速下滑到了 8.1 分。

3. 多元价值观

韩流擅长创造既有韩国传统文化特色又能引起全球范围内共鸣的文化产品。早期韩剧所展现的家庭、孝道等儒家传统观念深受东亚观众的"文化认同"。受中国人喜爱的韩剧继承和发扬具有普世价值的文化传统，如诚信有礼、长幼有序、尊师重友等[①]。2011 年的一项研究也表明，受台湾地区欢迎的韩剧包含"兴盛家道、遵从父母、男尊女卑、男女授受不亲"等家庭观、"爱是牺牲奉献"的爱情观和"轮回报应""宽他严己"的社会观[②]。

近年来的"新"韩流则更具多元价值观，即不再传递儒家和父权制下的

---

① 吴麟.传播和谐的"传统—现代"价值观——从韩剧热播谈起 [J].电视研究，2006(06): 58–59.

② 蔡佳玲，李秀珠，李育倩.韩剧风潮及韩剧文化价值观之相关性研究：从文化接近性谈起 [J].传播与社会学刊，2011(16): 55–98.

传统价值观，而是迎合 Z 世代独立、自主、追求精神自由的特性，展现男女平等、机会平等和主体意识等现代价值观。在奈飞平台上播出的韩国全女性素人荒岛生存真人秀《海妖的呼唤：火之岛生存战》集中展现了女性的身体力量和意志品质，在一定程度上破除了对女性的刻板印象；韩剧《非常律师禹英禑》表现了患有孤独症谱系障碍的女主角通过努力也能获得平等的就业机会和圆满的爱情；《内在美》的男主角为了克服人脸识别障碍的缺陷不懈努力，跨越外貌的表象，从而感知真正的心灵美、内在美；《超异能族》则展现出具有超能力的普通人不再选择拯救世界，而是转向关注个体和家人幸福。

这类具有多元价值观的"韩流"影视的成功输出，可以说是通过韩国人所演绎的韩国故事传达了全球普适的关切，形成了年轻观众中的广泛"共鸣"。

四、流媒体丰富"韩流"影视跨文化传播渠道

"流媒体"（Streaming Media）指可以在互联网上实时传输和观看音视频的媒体产品。和传统影视传播方式相比，流媒体可以更为迅捷地将音视频内容传递给观众，且内容不再受传统影视的带宽和播出时间的限制。代表性的流媒体平台包括奈飞、Disney+ 和我国的爱奇艺、腾讯视频、优酷等。

全球流媒体巨头以丰富多元的主题、高质量的制作水准和文化敏感性吸引了大量 Z 世代受众的关注，改变了 Z 世代文化消费的习惯。GWI 发布的《2023 年 Z 世代群体研究报告》显示，2021 年全球 Z 世代使用流媒体的时间首次超过了广播电视[①]。

数字时代，流媒体成为 Z 世代认识韩流文化的主要渠道。其中尤以奈飞平台为代表。奈飞的内容供应模式包含直接购买版权内容播出和与世界不同地区的内容创作团队进行合作生产原创剧集这两大类。2016 年，奈飞正式在韩国布局流媒体服务。2019 年播出的《王国》是奈飞首部韩国团队创作的剧

---

① GWI. Gen Z: GwI's report on the latest trends among internet users aged 16–25[R]. london: GWI, 2023.

集，上线后便在平台上大获好评。之后，韩国创作团队推出的内容，包括韩剧《鱿鱼游戏》《黑暗荣耀》《D.P 逃兵追缉令》和韩国真人秀《单身即地狱》《体能之巅》《海妖的呼唤》等，均登上奈飞全球电视节目排行榜。

对于韩国影视制片人而言，韩国国内市场较小且资金有限，创作成本问题一直是一个巨大障碍。奈飞和其他流媒体平台对韩国影视的投资成为其制作高预算内容的关键[①]。奈飞一贯鼓励创作方尝试拍摄受本土电视台播出制约的题材，这在一定程度上也促进了韩流内容在题材和类型上的多样性。而奈飞内容多样性的增加，直接提高了韩国 Z 世代对奈飞的使用满意度并降低了用户的媒体替代意愿[②]。

此外，作为播出平台的奈飞，其算法推荐有助于打开潜在的受众群体。与传统电视台不同的是，奈飞主页会基于用户的观看数据生成推荐列表和热门趋势。一项研究的受访者表示，在看完一部日本恐怖电影后，奈飞向她推荐了韩剧《地狱使者》。这次韩剧观看体验让她发现了更多具有奇幻元素和灵性元素的作品，而这导致她最终观看了原本不在计划中的韩剧《爱的迫降》[③]。奈飞还通过平台用户行为数据了解观众并时刻调整策略来满足其口味[④]。可以说，奈飞的拍片投资和播出平台均成为新时代韩流走向 Z 世代的关键因素。

除了奈飞，爱奇艺、腾讯视频等中国本土流媒体平台的崛起也为 Z 世代提供了接触韩流文化的通路。这些平台不仅提供了包括影视和综艺等形态在内的韩流内容，也通过个性化推荐算法精准地将韩流内容推送给感兴趣的受众。

① KIM T. Cultural politics of Netflix in local contexts: A case of the Korean media industries[J]. Media, Culture & Society, 2022, 44(08): 1508–1522.

② AHN J. Generation Z and Its OTT Usage Patterns: The Case of Netflix in Korea[J]. International Journal of Contents, 2022, 18(01): 65–75.

③ PARK S, HONG S K. Is Netflix Riding the Korean Wave or Vice Versa?| Reshaping Hallyu: Global Reception of South Korean Content on Netflix[J]. International Journal of Communication, 2023, 17: 6952–6971.

④ WAYNE M L. Netflix audience data, streaming industry discourse, and the emerging realities of "popular" television[J]. Media, Culture & Society, 2022, 44(02): 193–209.

五、面向 Z 世代的"韩流"影视跨文化经验的启发

全球范围内的 Z 世代，总体具有较强的主体意识和身份认同的自觉性，思维活跃，开放多元，在媒介使用上具有碎片化阅读的倾向和智能化社交媒体的依赖性，媒体消费决策高度依赖社交媒体与趣缘群体。善用 Z 世代中广泛流行的流媒体平台和社交媒体传递文化内容，并能够获得该群体情感共鸣的韩流新趋势给我们的跨文化传播带来启发。

选择全球范围内流行的媒体平台，在海内外进行多平台协同传播有助于内容在最大限度上触及跨文化群体，助力有效传播。Z 世代群体较为集中地停留在一些媒体平台上，并具有较强的使用黏性。例如，全球性的流媒体平台奈飞、优兔（YouTube）和短视频平台 TikTok，以及社交媒体平台 Instagram；区域性的流媒体平台爱奇艺、社交媒体平台微博、抖音等。Z 世代在这些主流应用上的停留时间长，流媒体平台与社交媒体平台间进行联动能够促进文化内容的有效扩散。韩流便是借助奈飞在全球不同国家和地区的影响力，接连推出了"爆款"内容，不仅一扫早期韩流留给人们的陈旧印象，更一举吸引了遍布在世界各地的 Z 世代。同时，韩流在 Z 世代中的传播也依赖社交平台辅助"破圈"。不同社交媒体联合宣发不仅能辐射更大的用户范围，也有助于建立国际化的粉丝社区。韩国演艺界人士也通过社交媒体营销在其他国家保持热度，如在中国购买微博广告位、进行 SEO 优化等，提高韩流文化在中国社交平台上的曝光度。

在具体内容创作上，把握住 Z 世代的心理特征和价值观，提供具有传播潜力的新类型、新题材，是成功进行跨文化传播的关键。在跨文化传播领域，一直以来都强调"文化接近性"的意义，认为受众更易接受与本地文化相近的内容，因此跨文化传播需要重视亲近性。但是，究竟什么内容才具有"接近性"？也许并不一定要同处"儒家"文化圈，不一定要在地缘上接近，或者是同宗同族；而只要能与生活在当下的受众的焦虑与渴望产生联结，通过叙事让受众产生情感上的共鸣即可。各国 Z 世代普遍面临着生存和情感的困境，在认同方面存在焦虑，心灵敏感，渴望抚慰。

有研究将韩剧《鱿鱼游戏》全球火爆的原因归纳为"全球共情"效应。韩国面临的社会危机也在全世界上演，而《鱿鱼游戏》的表达直击社会痛点，从而在跨文化传播中引起全球共情[①]。社会规训和本我在博弈，社会压力与个体生命力在碰撞，而韩剧一方面扒开现实的外衣，暴露其本质，令人直呼酣畅淋漓；另一方面又呈现着 Z 世代普通人的顽强、反抗与斗争的精神，及其存在的挣扎与焦虑。从《大长今》到 2020 年的《我的新创时代》，韩剧展现了不同时代背景下年轻人的奋斗史。"韩女 Vlog"也通过展现极端自律的学习过程而呈现极强的生命力，激励着 Z 世代年轻人。

理解不同国家的 Z 世代的群体特征，理解他们的焦虑与渴望，抓住数智媒体带来的机遇，创作能够跨越文化鸿沟的内容。这或许就是我们能从近年"韩流"影视的跨文化传播实践中得到的启发。

---

① 史安斌，朱泓宇 . 从《鱿鱼游戏》管窥"奈飞模式"：理论重构与实践创新 [J]. 青年记者，2022(03): 89–93.

新时代高校加强 Z 世代国际传播能力建设的创新探索

——以清华大学为例

陈垦　刘书田 [①]

【摘要】 Z 世代是社交媒体内容最活跃的消费者及生产者，正在成长为改变国际传播格局的重要力量。目前，高校已成为最有影响力的 Z 世代青年聚集地，应多措并举加强 Z 世代国际传播能力建设，助力我国国际传播事业高质量发展。本文着重阐述了清华大学把握 Z 世代特点，有效开展国际传播的新策略新路径，以期为国内高校加强 Z 世代国际传播能力建设提供参考，为凝聚青年力量、讲好中国故事作出高校贡献。

【关键词】 Z 世代　国际传播　高校　中国故事　社交媒体

新时代新征程，宣传思想文化工作面临新形势新任务，必须要有新气象新作为，加强国际传播能力建设愈加成为紧迫要务。2023 年 10 月，习近平总书记对宣传思想文化工作作出重要指示，强调"着力加强国际传播能力建设、促进文明交流互鉴"。Z 世代青年是中外文明交流互鉴的参与者，也是未来全球发展的中坚力量，其对于中国社会与文化的认知和传播，在世界范围内具有重要意义。

本文重点阐述了清华大学有效发挥高校优势，结合 Z 世代青年群体的特点，贴合其话语和表达方式，既讲好 Z 世代受众喜闻乐见的故事，又为 Z 世代搭建发声新平台，在满足 Z 世代个性化、多元化内容需求的同时展现真实、立体、全面的中国，增强国际传播的亲和力和实效性，为形成同我国综合国

---

① 陈垦，清华大学党委宣传部副部长、新闻中心副主任；刘书田，清华大学党委宣传部职员。

力和国际地位相匹配的国际话语权贡献高校力量。

一、Z 世代青年的主要特征分析

美国皮尤研究中心将 Z 世代（Generation Z）定义为 1997 年及之后出生的群体。Zebra IQ 在发布的 Z 世代报告中，将 Z 世代指向出生于 1995 年至 2010 年间的群体。《牛津生活字典》将 Z 世代年龄范围划定为"在 21 世纪第二个十年达到成年的一代"。

虽然不同机构对于 Z 世代的年龄界定存在细微差异，但业界普遍认同将伴随互联网和智能设备成长的一代人定义为 Z 世代，亦称"互联网一代""数字原生代""后千禧一代"。探索面向国际传播能力建设的新生力量——Z 世代的国际传播策略，必须精准把握 Z 世代特点。

从成长背景来看，数字化和全球化是 Z 世代出生和成长过程中最重要的两个时代背景，对其生活方式、思维方式、价值观念等形成具有重要影响。首先，Z 世代成长于移动互联网快速发展的十年，话语表达体系与内容深受数字信息技术与通信设备等科技产品的影响，偏好以自我表达为导向的个性化社交。其次，Z 世代在体验、使用各类智能终端的过程中，逐渐将"数字化"逻辑内嵌于认知、思考、表达、学习和行动之中，同时也显现出对互联网以及"电子屏幕"的高度依赖[1]。最后，国内外 Z 世代因浸润在不同的生活背景中，呈现出不同的特点，为我国面向 Z 世代开展国际传播提供了特定条件。有研究指出[2]，我国 Z 世代成长在改革开放不断深化和中国综合国力不断增强的时代背景下，具有独特的国际视野和对国家发展成就的认可，并具备一定的"讲好中国故事"的意识和本领。海外的 Z 世代群体则成长于"后冷战"时代，思维较少受到意识形态对立的影响，更倾向于相信自己的亲身经

---

① 王润珏，张若溪. Z 世代与国际传播格局的新动向 [J]. 对外传播，2022(11): 18–21.

② 史安斌，杨晨晞. 面向 Z 世代开展国际传播的理念创新与实践路径 [J]. 新闻战线，2023(15): 41–43.

历和所见所闻，因而相对其他年龄群体普遍对中国的印象更正面、对华态度更为友好。由此，加强 Z 世代国际传播能力建设，既要加强我国 Z 世代青年的国际传播素养，也要着力扩大知华友华的海外 Z 世代朋友圈。

从思想特征来看，Z 世代思维活跃、开放包容、个性鲜明、崇尚创新，依赖互联网形成对世界的认知，具有多元化的价值观。Z 世代更关注一些全球性的问题。具体言之，其以行动为导向，追求权利平等，重视个人选择，热衷于在气候变化、种族平等诸领域积极发声，以勇敢自信的姿态积极参与国内乃至全球的公共事务。同时，有学者认为，Z 世代作为构建人类命运共同体的重要力量，在跨文化传播能力和全球胜任力方面具有天然优势[①]。由此，开展面向 Z 世代的国际传播，既要聚焦国际议题，强化群体价值认同；又要善于传播优秀中华文化和中国故事，激发情感共鸣，从而提升中国文化的感召力和亲和力。

从国际传播表现来看，社交媒体是作为数字原住民的 Z 世代的重要活跃平台。有学者指出，Z 世代关心全球紧迫性问题、追随网络意见领袖、社交平台使用多元、娱乐至上偏爱短视频、追求品质与颜值[②]。2022 年国际新闻媒体协会发布的报告《Z 世代与媒体：各自须知对方的事》显示，超过四分之一的 Z 世代青年倾向于在社交媒体平台进行消遣娱乐。此外，Z 世代习惯通过移动端平台和视频化形式进行信息获取与交流，呈现出"平台选择多样化、使用时段高频化、使用需求多元化"的社交媒体使用特征[③]。"短、频、快"的内容类型更受 Z 世代青年青睐，短视频则是 Z 世代青年最喜爱的内容形式。因此，如何在对外讲好故事的过程中嵌合 Z 世代的媒介使用特点，是实现精准传播、构建 Z 世代舆论阵地新格局的重要突破口。

① 史安斌，童桐 . "乌卡时代"战略传播的转型与升维 [J]. 对外传播，2022(06): 14–17.

② 彭振刚 .Z 世代国际传播策略与实践路径研究 [J]. 对外传播，2021(07): 39–42.

③ 史安斌，杨晨晞 . 面向 Z 世代开展国际传播的理念创新与实践路径 [J]. 新闻战线，2023(15): 41–43.

二、高校 Z 世代国际传播能力建设的机遇与挑战

党的二十大报告指出，要加强国际传播能力建设，全面提升国际传播效能，形成同我国综合国力和国际地位相匹配的国际话语权。高校国际传播能力的建设对国家形象的塑造和国际话语权的提升具有重要作用。高校作为国际传播的重要主体，应发挥其优势，将国际传播力建设主动融入国家战略，形成上下一体、上下一心、战略一致、目标清晰的高校国际传播力建设蓝图，助力提升中国国际话语权[①]。近年来，我国高校国际传播能力和水平整体呈现上升态势。根据北京师范大学新闻传播学院连续九年（2014—2022 年）发布的《中国大学海外网络传播力建设报告》，我国"双一流"高校国际传播力建设水平逐年提升，海外社交平台建设力度不断加强，社交平台账号活跃度显著提升[②]。

当前，高校加强 Z 世代国际传播能力建设在文化资源、人才储备和环境基础等方面具有一定的优势条件，为其面向 Z 世代开展国际传播工作提供了得天独厚的机遇。第一，高校具备国际传播的跨文化资源，易于切入全球 Z 世代的话语体系。高校作为学术机构，在当今现实环境下更加具备推进国际合作的优势；作为科学知识的殿堂和人类文明的灯塔，承担着对外传播中华文明、促进人类文明互益互鉴的天然使命；作为对外文化传播的窗口，充分体现在国际交流中所承担的文化输出功能。随着经济全球化发展尤其是"一带一路"建设深入推进，中国文化迎来了"走出去"的绝佳机遇。而社交媒体则具备及时便捷、受众多元、交互分享等特点，有助于推动校园文化品牌的推广并发挥校园文化的外延效应，继而增强校园文化传播的国际影响力。一些高校主动借助社交媒体向国际社会讲好高校故事，加强对外文化交流和多层次文明对话，进一步提高文化传播的亲和力和感染力，显示出高校在化

---

① 张加春.新时代大力提升高校国际传播力的四个维度 [J]. 北京教育（高教），2021(10): 15–17.

② 北京师范大学中国海外网络传播力课题组，方增泉，祁雪晶，等.新时代我国"双一流"高校国际传播的创新路径 [J]. 对外传播，2023(03): 56–58.

解中西方思维方式、价值取向和文化背景的差异，打消国际社会对中国文化片面化理解等方面所作出的积极尝试。第二，高校具备国际传播的人才资源，能够用 Z 世代影响 Z 世代。高校作为国际传播人才培养和 Z 世代群体学习生活的主要场所，是推动中外青年人才交流、提升中华文明影响力的重要平台。Z 世代作为高校学生群体的主力军，具备一定的全球视野、对话世界的能力和使用各类社交媒体的天然技巧。其知识水平、媒介素养和国际观也是影响国际关系的重要变量[①]。他们特有的价值观念和行为习惯将对高等教育、国际传播乃至整个社会产生重大影响，需要进行提前规划和布局。第三，在数字化时代背景下，高校加强 Z 世代国际传播能力建设正逢其时。在国际传播过程中，高校可以将本校特有的核心价值蕴藏于社交媒体的内容生产中，潜移默化地影响海外 Z 世代对本校乃至所在国的认知态度。而 Z 世代则能够为高校对外传播注入新鲜血液和活力，让高校的声音和形象在网络上被更多群体关注。在深度全球化的国际传播中，应当鼓励高校 Z 世代青年主动开展对外传播与跨文化交流，创造性地使用短视频等年轻人喜闻乐见的方式进行表达，以青年视角讲述高校价值观，使国际受众更容易响应与接受，进而提升高校文化的渗透力。

当前高校在开展面向 Z 世代的国际传播工作上也存在一定问题与挑战，尤其体现在话语表达主体性、数据话语权、跨文化叙事等方面。例如，高校国际传播工作缺乏对国际受众的差异化认识；叙事话语与 Z 世代群体的跨文化对话中存在鸿沟[②]；尚未做到精准分众化施策，存在内容同质化倾向；国际话语权处于弱势地位。下一步，高校亟须进一步挖掘 Z 世代资源条件优势，深入理解其独有的特点，持续加强面向 Z 世代群体的国际传播能力建设，提升高校声誉，传播中国故事，加快提升中国高校话语在国际舆论场中的影响力。

---

① 张颐武 . 中国 Z 世代的国际观已经浮出水面 [J]. 中关村，2021(02): 100–101.
② 李厚锐 . 面向 Z 世代的精准化国际传播 [J]. 上海交通大学学报（哲学社会科学版），2023, 31(09): 53–62.

三、高校加强 Z 世代国际传播能力建设的策略

结合高校国际传播工作实践和 Z 世代特征，清华大学紧扣 Z 世代共同话语，创新跨文化表达叙事，强化社交媒体传播，形成了以"YOUTH"理念为核心的 Z 世代青年国际传播工作策略。

图 1　清华大学加强 Z 世代国际传播能力建设的"YOUTH"路径

一是 Young——汇聚青春力量，持续培育 Z 世代国际传播"KOL"。高校应充分发挥团学组织优势，组织多样的国际传播活动并推动 Z 世代青年积极参与。尊重每一位学生的自主选择并为其提供自由发展的平台，大力支持学生国际社交媒体矩阵建设，挖掘在全球社交媒体具有影响力的学生，培育一批富有清华气质和熟知学科特色的全球青年 KOL，在国际舆论场发出中国青年声音。

二是 Open——秉持多元开放理念，深耕 Z 世代社交媒体"新平台"。高校应构建高水平、多层次的全球合作网络，深入 Z 世代青年所在的社交媒体主战场。一方面，重点用好如优兔（YouTube）、海外版抖音（TikTok）和照片墙（Instagram）等全球新媒体平台，以平等的姿态和接地气的话语、生动有趣的融媒体作品与 Z 世代进行对话交流；另一方面，应在传播过程中注重赋能 Z 世代，变"被传播者"为新的传播者，鼓励其积极使用社交媒体平台，参与外宣主流媒体平台传播活动，通过交流、互动、沟通，共同建构新的话语体系，增强全球网络舆论场上的同频共振。

三是 Unique——**彰显独特气质，打造 Z 世代专属"麦克风"。** Z 世代成长于"去中心化""人人都有麦克风"的时代环境。基于此，高校既要培养有国际影响力的中国青年领袖，也应精心组织在华的外籍青年讲好中国故事，把国际传播的主战场、主阵地交给年轻人。此外，Z 世代群体渴望被尊重，重视自由选择、保护多元与个体差异。因此，高校应制定系统性的人才培养方案，组建一支综合素质好、语言能力强、善用社交媒体、能有效助力学校全球传播工作的学生记者团队伍，遴选一批有较强国际化背景和影响力的 Z 世代青年，结合招生、科研、人才引进、社会实践等国际交流合作相关活动，主动面向海外宣讲，展示高校风采。

四是 Transcultural——**创新跨文化表达与交流，扩大国际青年"朋友圈"。** 高校应研究分析 Z 世代感兴趣的话题，并结合碳中和、公共卫生与健康、人工智能治理等国家战略议题和高校重要国际传播活动，引导青年学生积极发声，从而推动多维度声音共振，实现战略传播的"大合唱"效应。一方面要创制优质内容品牌，增强内容的生动性、丰富性和真实性，在充分调研的基础上构建面向不同地域、不同文化、不同类型的海外受众的内容体系；做好小切口、有温度的传播，以平等的姿态、诚恳的态度、接地气的话语与 Z 世代进行沟通交流，注重提升传播内容与青年群体自我价值实现需求的呼应，积极引导 Z 世代青年的价值观建立。另一方面要以技术赋能创新话语表达，主动适应国际传播新趋势，推动云计算、大数据、人工智能、5G、区块链等信息技术在全球传播内容生产中的应用，促进传播形态实现向社交化、智能化、数据化的变革。

五是 Human-Centered——**细化推进"一人一策"，涵养国际传播"人才池"。** 高校作为人才培养的主阵地，应充分发挥"三全育人"理念，以国际传播经历赋能青年人才成长。采取"一人一策"，为每一位有潜力成为优秀传播者的青年学生提供定制化培养方案。组织校内外专家，围绕 Z 世代青年国际传播能力培养路径、高校国际形象与全球传播能力建设等课题持续开展研究，调动挖掘学校学科及人才优势资源形成一批有价值的政策建议报告。

四、清华大学加强 Z 世代国际传播能力建设的实践

在国际传播场域中，高校聚焦 Z 世代特征，创新国际话语表达，开展分众化、多渠道、多平台的精准传播，讲述贴近 Z 世代的中国故事，是全面提升传播效能的关键。清华大学从阵地平台建设、内容品牌打造、队伍人才培育、资源聚合挖掘等多重维度，开展了一系列面向 Z 世代的国际传播创新实践。

（一）深入 Z 世代青年舆论阵地，拓展国际传播平台建设

短视频平台是 Z 世代青年的新兴社交媒体阵地。清华以 Z 世代青年为目标受众，根据其文化背景、社交媒体使用习惯与偏好等进行深入分类，并据此制定精准策略，以多平台的矩阵化运营能力实现传播效果的精细化和最大化。2020 年 7 月，清华大学率先开通 TikTok 账号，成为亚洲地区首家登录该平台的高校。2021 年 4 月，学校发挥海外基地优势，联合清华大学拉美中心、东南亚中心在西班牙语短视频平台 Kwai 和印尼语短视频平台 SnackVideo 开设账号，成为全球首个入驻快手国际版的高校。目前，清华已经形成多语种平台协同联动的校级海外社交媒体矩阵，总粉丝量超过 750 万，年均发布各类融媒作品 8000 余条，五年蝉联中国大学海外网络传播力排名榜第一。

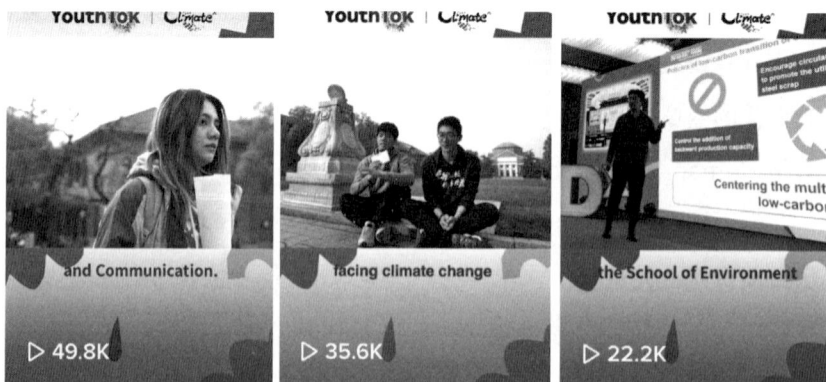

图 2　清华大学在 TikTok 平台设置"青年说（Youthtok）"话题标签

同时，学校充分利用社交媒体线上互动功能，讲好清华大学"更开放、更融合、更具韧性"的国际化故事。例如，110 周年校庆大学校长全球论坛召开前后，学校在英文社媒平台推出"'清华朋友圈'——世界知名大学校长的清华故事"系列报道，并组织论坛直播、社交媒体打卡活动等，吸引 29 个国家和地区的观众参与，全球阅读量超过 700 万。此外，学校善用社交媒体话题标签，积极引导正面舆论。清华在 TikTok 平台设置"清华青年说（YouthTok）"话题标签，以参与联合国《生物多样性公约》缔约方大会第十五次会议（COP15）第一阶段会议的全球环境胜任力项目（GELP）硕士生谢璨阳、全球环境国际班（GEP）学生张尚辰和全球传播学生使者、苏世民学者程浩生等为主要代表，围绕气候变化议题主动表达 Z 世代观点，发出清华的青年学者声音，取得了良好的传播效果。从"单打独斗"到"聚合发展"，清华充分协调各部门力量，统筹宣传资源，实现传播平台间高效联动，打造主题聚焦、生态多元、形式多样、主体协同的国际传播网络[①]。

（二）贴合 Z 世代青年内容需求，制作"叫好又叫座"的移动内容产品

结合 Z 世代青年对视觉类、互动类作品的喜好，围绕重要时间节点，学校推出了类型丰富且具备高传播度的系列融媒产品，塑造立体清华形象。110 周年校庆期间，清华大学在 TikTok 等国际社交媒体平台发起了"110 周年校庆手势舞"挑战活动，以活泼轻松的形式和简单有趣的动作吸引了众多年轻一代群体的参与，累计曝光量超过 70 万。迎接建党百年之际，清华大学拍摄以多位 Z 世代中外青年为主唱的多语种《国际歌》MV，被新华社、中国日报社等主流媒体在海外社交媒体平台广泛转载，总计播放量超过 300 万。

---

① 北京师范大学中国海外网络传播力课题组，方增泉，祁雪晶，等.新时代我国"双一流"高校国际传播的创新路径 [J]. 对外传播，2023(03): 56–58.

图 3 "清华二十四节气·冬至"视频

结合 Z 世代青年对于在线学习的多元化需求，学校围绕积极心理学、未来汽车等热门议题定制化打造《清华公开课》，触达 180 余个国家和地区的受众，总传播量超过 1000 万。此外，学校还打造了"清华之书"（Beyond the Page）、"清华人的一天"（A Day in the Life）、"探秘清华"（Discover Tsinghua）、"创新清华"（Innovative Tsinghua）和"清华故事"（Tsinghua Vlog）等由学生独立自制或参与拍摄的短视频品牌系列，满足 Z 世代青年多元化的视觉内容需求。例如，法国留学生丹凤（Katherin）自主拍摄多个"清华故事"视频，记录了疫情下的校园生活，向海外展现了真实可信的中国大学校园图景。学校联动院系加强正面宣传，精心策划"清华二十四节气·冬至"视频，讲述计算机系张钹院士和他的学生——归国清华人朱军、陈健飞的三代传承故事，将思想引领以"润物细无声"的方式融入国际传播内容中。总之，清华大学聚焦于内容产品的深度优化，挖掘全球核心议题，精准定位 Z 世代的话语共同点和情感共鸣点，通过共情增进理解，使中国声音成功"破圈"[①]。

（三）培育 Z 世代青年国际传播人才队伍，分享多彩清华故事

清华大学坚持价值塑造、能力培养、知识传授"三位一体"教育理念，

---

① 王峰，臧珈翊.面向海外 Z 世代做好国际传播的主流媒体新策略 [J]. 对外传播，2022(10): 46–50.

持续规范和加强学生记者团建设，组建了一支来自俄罗斯、美国、巴基斯坦等 20 多个国家的英文学生记者队伍。与此同时，清华大学自 2021 年起推出全球传播学生使者项目，遴选有较强国际化背景和影响力的中外 Z 世代青年，目前已授予 22 名中外学生"全球传播学生使者"荣誉。这些清华 Z 世代青年以学生记者或学生使者的身份，深度参与学校全球传播工作，在校内外各类平台上积极发声，成为新时代讲好清华故事的生力军。许多全球传播学生使者也在毕业后走上了国际传播的重要岗位。例如，来自中国香港的黄尔诺，在校期间曾多次参与央视节目录制，并获得中国国际广播电台（CGTN）全球主持人记者网红招募行动暨央视全球英文主持人大赛第一名及金话筒奖，目前已成为一名全职主持人。来自格鲁吉亚的达琳娜，在校期间重点关注国际合作议题，毕业后入职清华大学国际处，参与亚洲大学联盟秘书处文化交流和传播活动事务。

图 4　2021 年 4 月，学校为首批全球传播学生使者颁发证书

此外，清华大学积极推出"蒲公英计划"，旨在培养创新型全球传播骨干人才，向全球撒播文化种子，打造高知名度和高美誉度的"清华形象"。来自新加坡的学生吕依颖就曾在泰晤士高等教育论坛全球留学展、亚洲大学联盟云端会议等国际在线会议上，代表清华学子分享求学故事，激发世界各国优秀青年学子对清华乃至中国大学的向往。

（四）借力国内外媒体平台，打造 Z 世代 KOL

清华大学重视与国内外媒体平台的合作，为善于讲好故事的 Z 世代青年提供更广阔的传播渠道。具体言之，以全球传播学生使者为代表的清华 Z 世代青年在气候变化、在线教育、人工智能治理等议题上通过个人社交媒体平台和主流外宣媒体平台积极表达观点，以正面态度回应舆论关切。例如，新冠疫情暴发后，清华大学与中国日报社合作举办"新时代大讲堂"活动，由武汉籍外文系本科生张睿茹结合自身经历，发表以《疫情后，我看见了万众一心》为主题的抗疫演讲。演讲播出后迅速登上国内外热搜榜，总传播量约 5 亿人次，并收获了"优秀的中国年轻人的声音值得被世界听到"等众多点赞评论。清华大学与中国日报社合作《中国让我没想到》节目发布系列专题片，讲述用相机记录中国发展的泰国籍学生郑建德等多位清华学生的故事；主动推介俄罗斯籍学生尤丽娅参加中国国际电视台《对话思想者》节目，分享对中国共产党及党的二十大的认识和理解，展现"他者"视角下可信、可爱、可敬的中国形象；推荐俄罗斯学生谷尼克参加中国日报社《少年会客厅》节目，结合在清华的学习经历和在中国的生活体验，分享对于中俄友好关系的看法和对中国的印象，其演讲视频被时任外交部新闻发言人华春莹官方推特平台转载，产生了广泛影响。

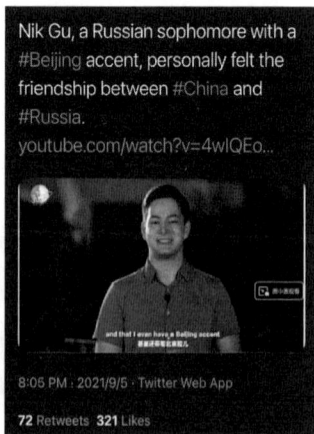

图 5　张睿茹演讲　　图 6　华春莹转发谷尼克演讲

2022 年 11 月，清华大学还联合中国日报社举办了"全球 Z 世代热议二十大"论坛。来自中国、俄罗斯、印度、南非、法国和埃及等 30 余个国家的 Z 世代青年以线上线下相结合的方式参加，并有代表先后发表演讲，分享对"中国式现代化"的看法等。该论坛获得美联社、国际在线、凤凰网等 290 家媒体转载，活动报道覆盖受众超过 2 亿。总之，学校通过社交平台展现世界青年眼中的中国，将宏大叙事融入身边小事，以"他者"视角真实、生动、全面、立体地诠释中华优秀传统文化与当代中国特色社会主义文化的魅力，提升高校国际传播的感召力和亲和力，塑造多元、开放、包容与现代的世界一流大学形象[①]。

五、结语

Z 世代是"后浪"，也是世界的未来。未来，高校应持续研究 Z 世代特点，并发挥其独特作用，探索有效的高校国际传播策略和路径；加大国际传播人才培养力度，培养洞悉中国国情、了解世界动向、通晓新闻理论、熟稔多语种技能的国际传播"高手"；培育一批具有高识别度和影响力的关键意见领袖，提升议程设置能力；用好各类媒介平台，不断扩大全球 Z 世代青年朋友圈，赢得更多支持和认同；塑造良好大学形象，为讲好中国故事、传播中国思想，促进文明交流互鉴和构建人类命运共同体，贡献中国大学和高校青年的智慧与力量。

---

① 郭帅，单明圆.高校加强 Z 世代国际传播能力建设的实践路径 [J].牡丹江教育学院学报，2023(08): 26—28.

未来展望

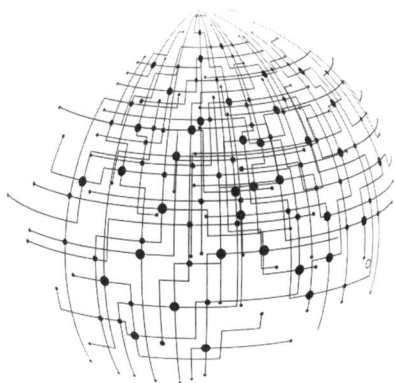

人工智能重塑国际传播：效能神话、算法逻辑与发展态势

常江　罗雅琴 [①]

【摘要】人工智能技术伴随 Z 世代的成长不断迭代升级，正成为重塑国际传播格局和生态的变革性力量，在跨境信息采集，以及跨境内容生产、分发和人机交互等环节不断创造效能神话。跨国平台成为国际传播的新阵地，算法逻辑的数据化及共生原理内嵌其中，与市场逻辑和政治逻辑相互交叠，使得国际传播呈现出机器代理跨国交往、平台力量重塑公共空间、多重认知域博弈的发展趋势。其中，效率与公平、机遇与风险、流动与控制三对矛盾始终存在。据此，应以人文主义为认识论出发点，将技术视为悬置在多种可能性之间的矛盾的发展过程，推动国际传播观念和伦理体系的革新，并以此观照变动中的国际传播实践。

【关键词】人工智能　国际传播　平台化　算法逻辑　ChatGPT

一、引言

Z 世代（Generation Z）已成为国际传播的重要受众群体，这一群体的成长伴随着互联网、即时通信工具和智能移动设备的快速迭代升级，以数字原住民的身份深度参与数字化的全球进程。全球媒介的平台化转型已对信息生产形成结构性影响，基于人工智能技术的数字平台推动着多元化、个人化、智能化的内容生态的形成，在此背景下，Z 世代的媒介使用习惯也呈现出鲜明平台化、圈层化和趣缘化特征 [②]。因此，这一群体既为当下以数字平台为代

[①] 常江，深圳大学传播学院教授、博士生导师，深圳大学媒体融合与国际传播研究中心主任；罗雅琴，深圳大学传播学院博士研究生。

[②] 李厚锐. 面向 Z 世代的精准化国际传播 [J]. 上海交通大学学报（哲学社会科学版），2023，31(09): 53-62.

表的媒介所培育，又是未来传播生态的塑造者。与平台化时代并行的是国际环境的剧烈变动：经济增长放缓、地区冲突加剧、新冠疫情影响深远……这表明一种易变、不确定、复杂、模糊的时代结构正在形成，传统意义上的国际传播理念也因此面临尖锐的挑战。

如今，跨国媒体平台成为国际传播的新阵地，人工智能技术成为影响国际传播的重要变量，凭借数据收集、个性化推荐、智能分发等算法不断创造效能神话。算法已经成为国际传播新体系的基础架构，其背后的运行逻辑也与市场、政治力量等相互交叠，有力地重塑着国际传播的生态。

二、人工智能的效能神话

人工智能技术使用计算机模拟人类智能及执行智能任务，是重塑国际传播生态的驱动力，分为计算机视觉（computer vision）、自然语言（natural language）、虚拟助手（virtual assistants）、机器人流程自动化（robotic process automation）和高级机器学习（advanced machine learning）五个主要门类。这些技术贯穿了跨境信息采集，以及内容的生产和分发等传播环节，创造出人机交互的新方式，极大提升了国际传播的效能，也使得参与国际传播实践的主体不再仅仅是主权国家及其代理机构，而是在新技术的佐助下日益呈现出一种人机协同参与、国家和各色社会机构交错影响的新局面。

（一）跨境信息高效采集

在国际传播和国际话语权的竞争中，快速获取高质量信息往往是抢占先机的关键。但由于互联网去中心化的媒介架构，海量信息散逸于虚拟世界的各个角落，仅凭人的力量难以完整理解和精准捕捉。而数据挖掘与分析、智能语音识别和多语言数据采集等智能技术不仅可以实现这一点，还能按照预先设定的规则"自动地"形成人类视角难以捕获的非结构化信息。这种全球信息采集的有效性建立在庞大的数据库之上，因此对"数据"智能化处理水平就成为影响国际传播中归纳、预测和内容生成效果的重要因素。

但与此同时，两个问题也随之而来：一是社会中固有的结构性偏见、歧视、暴力等要素由于人的判断的缺位而融入数据之中，造成难以察觉的信息污染；二是数据隐私、国家信息安全和版权等问题日益严峻。著名语言学家、哲学家艾弗拉姆·诺姆·乔姆斯基（Avram Noam Chomsky）发文表示，ChatGPT 表现出某种类似邪恶的平庸：剽窃、冷漠和回避[①]。因涉嫌在未经许可的情况下使用受版权保护的内容训练人工智能系统，或使用的机器学习模型通过互联网非法收集个人信息，OpenAI 公司面临多起关于侵犯版权和隐私的诉讼[②]。美国三位漫画艺术家也对包括 Stablility AI 在内的三家 AIGC（AI Generated Content）公司发起集体诉讼，指控其模型用于训练的数据包含受版权保护的内容，是对艺术家版权的侵犯[③]。

（二）内容生产智能化

在内容生产环节，智能化生产趋势日益显著，机器写作已经成为国际传播领域的常见操作。早在 2006 年，汤森路透公司（Thomson Reuters）就使用自动化计算机程序编撰财经新闻[④]。2014 年，美联社与 Automated Insights 公司合作，使用其自动化写作平台 Wordsmith 撰写国际报道。之后，《华盛顿邮报》的 Heliograf、《纽约时报》的 Blossom、腾讯的 Dreamwriter、新华社的快笔小新等大批写作机器人应运而生。自动化机器写作使得国际新闻生产效率显著提高，远非人类记者所能企及。以美联社为例，在与 Automated Insights 联手

① CHOMSKY N. The False Promise of ChatGPT[EB/OL]. (2023-03-08). https://www.nytimes.com/2023/03/08/opinion/noam-chomsky-chatgpt-ai.html.

② SOUTHERN M G. ChatGPT Creator Faces Multiple Lawsuits Over Copyright & Privacy Violations[EB/OL]. (2023-07-03). https://www.searchenginejournal.com/chatgpt-creator-faces-multiple-lawsuits-over-copyright-privacy-violations/490686/.

③ XIANG C. Artists Are Suing Over Stable Diffusion Stealing Their Work for AI Art[EB/OL]. (2023-01-18). https://www.vice.com/en/article/dy7b5y/artists-are-suing-over-stable-diffusion-stealing-their-work-for-ai-art.

④ WIRED. Robots Wrote This[EB/OL]. (2006-08-29). https://www.wired.com/2006/08/robots-wrote-this/.

后,其每季度发布财经新闻的数量从 300 篇增加到 3700 篇[①]。随着机器写作日渐成为一种程式化的内容生产方式,其文本模式僵化和内容表达肤浅等短板也逐渐暴露,这有可能影响意义在跨境信息传递中的准确呈现。

此外,更为智能化的社交机器人和深度合成等技术也进入了国际信息生产视野,成为内容产出的生力军,甚至被视为国际传播的一个新的主体。通过"类人类"行为的算法,社交机器人可以自动生成内容,因此被广泛应用于各种服务型信息自动发布,以及新闻聚合、广告营销、远程沟通等领域。由于学习能力强,不少活跃于全球性社交平台的机器人账户不断自动生成的内容既有趣又"与时俱进",吸引全世界的用户。例如,推特(X,原Twitter)上的机器人账户 @MakeItAQuote 就因其生动活泼的互动方式拥有超过 57 万的关注者。甚至,在那些以发布短文、短视频和图文为主的社交媒体平台上,因社交机器人极高的智能程度,我们甚至难以区分它们与普通"人类账号"之间的差别。据统计,推特上关于 2016 年美国总统大选的相关讨论中,活跃用户里约有 15% 是机器人,至少有 40 万个机器人发布了 380 万条推文,约占内容总量的 19%[②]。不仅如此,社交机器人还可以通过智能化的复制手段,高速、批量发布信息,劫持话题标签,干预国际舆论。社交机器人传播虚假信息和阴谋论、破坏信息生态和挑动国际冲突等问题已成为各大平台自我治理的重点,其结果就是智能化检测工具的出现和不断升级。如今,各平台普遍使用如 Botometer3 之类的机器人检测工具来对付真假难辨的社交机器人。其中,推特的做法最为决绝:该平台表示将不再支持任何用户免费访问其应用程序编程界面(API),这就使社交机器人无法毫无成本地使用数据库搜索、回复文本并生成自动推文。

---

① PEISER J. The Rise of the Robot Reporter[EB/OL].(2019-02-05). https://www.nytimes.com/2019/02/05/business/media/artificial-intelligence-journalism-robots.html.

② MARKOFF J. Automated Pro-Trump Bots Overwhelmed Pro-Clinton Messages, Researchers Say[EB/OL]. (2016-11-18). https://www.nytimes.com/2016/11/18/technology/automated-pro-trump-bots-overwhelmed-pro-clinton-messages-researchers-say.html.

社交机器人自动生成的文字内容相对容易被证伪，但日渐成熟的深度合成技术则可借助智能算法实现图片与音视频素材的合成和自动生成，这种"深度伪造"的信息以假乱真的程度很高，即可实现沉浸、真实、自由和临场的体验，进而赋能情感传播[①]。在俄乌冲突中，就曾有两条关于双方最高领导人的深度伪造视频引发广泛关注并影响了后续的国际舆论。而现有研究已经表明，即使人们知晓内容可以被深度伪造，并且能够意识到自己刚刚接触到了伪造的内容，但哪怕只是短暂的接触也会产生强大的心理效应，从而促使其改变自己的（隐性）态度和意图[②]。因此，深度合成技术造成的负面影响不仅在于让信息变得真假难辨，更加速了国际受众的认知错乱和理性崩溃。当个人的信息识别能力无法分辨深度合成内容的真假，这最终有可能导致其区分真实与虚假的初始动力的丧失。一如阿维夫·奥瓦迪亚（Aviv Ovadya）所言：面对一个任何事物都可能被人为扭曲或伪造的数字媒体环境，最有可能也最具破坏性的反应是"对真实漠然"（reality apathy），即人们可能会完全放弃尝试验证信息[③]。对于深度合成技术的忧虑同样促使人们从技术本身出发寻找解决方案。如脸书（Facebook）牵头，微软、麻省理工学院等知名研究机构联合举办的"深度伪造检测挑战赛"（Deepfake Detection Challenge），就是把人工智能作为一种解决方案的尝试，"以子之矛攻子之盾"。

（三）内容精准分发与快速扩散

相较于内容生产，主流互联网平台的功能其实更侧重于内容的智能化分发与扩散。人工智能技术在内容分发和扩散领域同样有着高效和高精准度的

---

① 何康，张洪忠，刘绍强，等. 认知的罗生门效应制造：深度伪造在俄乌冲突中的案例分析[J]. 新闻界，2023(01)：88-96.

② HUGHES S, FRIED O, FERGUSON M, et al. Deepfaked online content is highly effective in manipulating people's attitudes and intentions[R]. Fermi National Accelerator Lab.(FNAL), Batavia, IL (United States), 2021.

③ WARZEL C. Believable: The Terrifying Future Of Fake News[EB/OL]. (2018-02-12). https://www.buzzfeednews.com/article/charliewarzel/the-terrifying-future-of-fake-news#.taE9n0qax.

表现。在不分昼夜抓取高关注度信息并进行有效的整合和自动生成内容后，社交机器人能快速将完整的"信息套餐"（information diet）推送给全球用户，其机制形同"投喂"。不仅如此，通过对用户地点、设备、历史行为、个人喜好等数据的分析，智能算法还能实现高度精准的个性化推送。而在信息扩散环节，社交机器人往往是国际舆论场中的"超级传播者"，通过自动发布文章链接、转发其他账户或执行更复杂的自主任务实现跨境信息的病毒式传播[①]。

如今，智能算法已成为各平台为用户筛选和定制内容的基础工具。尽管个性化的内容分发能在一定程度上帮助用户节约信息检索的成本，有助于缓解信息过载制造的精神焦虑；但算法推荐可能产生的信息茧房（也称"信息过滤泡"）效应也一直为学界和批评者所诟病——这是一种窄化的信息经验的自我强化系统[②]，存在被用于操纵性宣传、国际信息战、传播极端主义、引发国际舆论极化的伦理风险[③]。针对这些问题，对于多样化推荐系统的开发和设计被很多研究者视为"破茧"的主要方法，例如，基于综合用户画像的多样化标签推荐方法，就能实现依据更为多元和去中心化的标签体系对信息进行自动化分发，在满足精确率的前提下，尽可能实现信息套餐的多样化[④]。

（四）人机交互改善文化折扣

虽然人工智能的崛起赋予了国际传播更丰富的可能和更细腻的维度，但受限于特定的历史积因和全球政治结构，参与国际传播的人类主体长期以来仍以国家、非政府组织和少数掌握特定传播资源的个体为主。而以 ChatGPT 为代表的交流型人工智能的诞生和不断成熟，则将国际传播的主要场域拓展

① SHAO C, CIAMPAGLIA G L, VAROL O, et al. The spread of low-credibility content by social bots[J]. Nature Communications, 2018, 9(1): 1-9.

② ROWLAND F. The filter bubble: what the internet is hiding from you[J]. portal: Libraries and the Academy, 2011, 11(4): 1009-1011.

③ BADAWY A, ADDAWOOD A, LERMAN K, et al. Characterizing the 2016 Russian IRA influence campaign[J]. Social Network Analysis and Mining, 2019, 9: 1-11.

④ 刘海鸥，李凯，何旭涛，等 . 面向信息茧房的用户画像多样化标签推荐 [J]. 图书馆，2022(03): 83-89.

至微观、日常的人际传播范畴。作为一种大型语言模型（LLM），ChatGPT 的智能形成于人类反馈强化学习（RLHF）的方法之中，即通过强化学习的方式优化带有人类反馈特征的语言模型。机器人在这一过程中接受了如书籍、文章、网站等文本的训练，并基于对话任务对交互方式进行智能化的调整，这使其在理解用户意图、生成类似人类的文本以及保持对话连贯性方面的表现更佳[①]。人类社会原本有着多样的种族和文化差异，《圣经》故事中也有上帝为阻止人类修建通往天堂的巴别塔而令其讲不同的语言、最终因沟通失败而成为一盘散沙的寓言。近日，歌手泰勒·斯威夫特说流利的中文、郭德纲说英文相声等视频在社交平台上广泛传播，视频高度贴合人物声线和风格实现了较高程度的以假乱真。这些视频皆使用主推"数字人"功能的 AI 视频工具 HeyGen 生成，只需要上传视频、选择语言便能生成自动翻译、音色调整、嘴型匹配等[②]。人工智能强大的跨语言翻译、多语言文本的内容生成、智能问答等功能，为改善国际传播中的"文化折扣"（cultural discounts）提供了一种可能的解决方案，其个性化的交互方式为来自不同文化、使用不同语言的个体跨越沟通障碍提供了高效且成本低廉的新途径，完全有可能创造新的国际交流方式。

以 ChatGPT 为代表的人机交互实践虽然被寄予了"重建巴别塔"的乌托邦式想象，但"反乌托邦"的忧虑也接踵而至。有学者针对此类大型语言模型提出了六个方面具体风险：歧视、排斥和毒性（toxicity），信息风险（information hazards），错误信息危害（misinformation harms），恶意使用（malicious uses），人机交互危害（human–computer interaction harms），自动化、访问和环境危害（automation, access, and environmental harms）[③]。还有人

---

① SHEN Y, HEACOCK L, ELIAS J, et al. ChatGPT and other large language models are double-edged swords[J]. Radiology, 2023: 230163.

② 新京报 . 郭德纲赵本山飙英语，有公司蹭流量卖服务，AI 换声暗藏侵权风险 [EB/OL].(2023–10–26). https://m.bjnews.com.cn/detail/1698992799129871.html.

③ WEIDINGER L, MELLOR J, RAUH M, et al. Ethical and social risks of harm from language models[J]. arXiv preprint arXiv:2112.04359, 2021.

在使用 ChatGPT 创作五行打油诗时发现其通常倾向于为保守派创作消极的打油诗，为自由派创作积极的打油诗，存在明显的制造信息茧房的意图[①]。针对这些风险，将对伦理问题和社会危害的考量纳入大型语言模型的测量和评估框架就显得格外重要，"用技术对抗技术"似乎仍是较为务实的思路[②]。

三、人工智能的算法逻辑：数据化与共生

人工智能提高信息生产流通的效率主要依托机器学习、内容推荐、深度学习、自然语言处理等算法的运用，嵌入平台的算法通过设定框架和规则重新收集和分配信息和注意力资源，建立起新的数据秩序，改变着国际传播的游戏规则。因此，对算法逻辑的理解和掌握成为国际传播实践突围的必由之路，而数据化和共生则是理解算法逻辑的两个关键。

（一）数据化

算法运行是一个输入与输出的循环：首先，我们在网络中的行为被量化为数据；继而被算法捕捉、采集、储存、提炼、加工、处理，将现实世界一步步转化为庞大的数据集；然后，由算法计算挖掘数据间的联系，输出新的内容重新进入我们的经验世界，成为我们看到的新闻等信息产品、社交平台的首页推送和搜索引擎的结果等；而后通过对这些内容的反馈和选择，人的行为再次被"输入"为数据，喂养算法实现更加精准和个性化的信息体验[③]。这一将人的身体、行为、思想不断转化为数据的循环往复的过程即是数据化，最终创造出一个与现实世界难解难分的数据化世界。这一世界通过量化抽象

① MCGEE R W. Is Chat GPT Biased Against Conservatives? An Empirical Study[EB/OL]. (2023–02–15). https://papers.ssrn.com/sol3/papers.cfm?abstract_id=4359405.
② CHEN M, TWOREK J, JUN H, et al. Evaluating Large Language Models Trained on Code[EB/OL].(2021–07–14). https://arxiv.org/abs/2107.03374.
③ GILBERT A S. Algorithmic culture and the colonization of life–worlds[J]. Thesis Eleven, 2018, 146(1): 87–96.

将现实系统化，让世界变得可测量并通过量化逻辑被组织和合理化 ①。

数据化的世界是透明的，借助对海量数据间的微弱关联进行整合和挖掘，能够揭示出一个不可见的、非结构化的乃至未知的世界，能够仅仅通过数据而非内容识别和预测人的行为，算无遗策又无须真正理解数据之外的意义，但数据流动的透明性也为监控提供了便利。同时数据化的世界也是以可计算为原则的，"万物皆可量化"能够实现更加精准的、多维度的国际传播效能测量，但在数据生产与加工的过程中也为操纵和支配创造了空间。正因算法强大的数据整合与处理能力，使得实现有效的精准化的国际传播无法不倚赖对数据逻辑的服膺和利用。例如，脸书的算法注重人际关系的优化，最为青睐与用户互动性强的内容；优兔（YouTube）鼓励原创，通过观看时长、分享次数、重复观看等指标衡量频道的权威性指数并据此推荐。各类信息被处理为"语境真空"的流水化数据，数字平台获取数据并对其进行商品化和价值提取，是数据殖民主义将日常生活纳入资本体系的一种形式 ②。

（二）共生

数据化得以实现的前提是人类产生数字痕迹，算法虽然可以预设规则，但人并未独立于算法之外，而是在人机交互中形成与算法相互纠缠的共生关系。一方面，人类的交往行为越发依赖算法连接起庞杂的信息关联网络以提高交流与传播效率，算法的结果也深刻影响着用户的选择和决策。另一方面，算法的设计需要研究用户，算法的运行和数据的生成依赖用户的行为和反馈，与人的互动和交往愈多，算法才能更加"智能化"和"类人化"，而且用户同样可以掌握算法的规则，通过训练和塑造算法以实现特定利益。

鉴于人和算法相互构建的共生关系，因此将算法视为独立于人类社会之

① FAZI M B. Digital aesthetics: The discrete and the continuous[J]. Theory, Culture & Society, 2019, 36(1): 3–26.

② 常江，田浩. 尼克·库尔德利：数据殖民主义是殖民主义的最新阶段——马克思主义与数字文化批判 [J]. 新闻界，2020(02): 4–11.

外的对象是不成立的。尽管算法的基础是客观的数学定理与程序，各平台也打出"价值无涉"的口号，但算法的设计及喂养算法的数据库和参数仍有可能存在人为价值的介入。以国际传播中常使用的共情策略为例，平台算法的内在逻辑系统性鼓励动员用户的情感表达，令他们通过生产情感化信息获得更多粉丝和影响力。此类算法虽然有利于激发用户共情体验和正向反馈的实践模式，但其培育和刺激的情感生成并不基于对他者遭遇的理解，而更多是对既有价值和立场的选择性增强。例如，脸书于 2018 年推出旨在提升用户参与度的内容推荐算法，但他们同时也发现激发参与的最佳方式是向用户灌输恐惧和仇恨，因此其算法利用了分裂（divisiveness）对人类大脑的吸引力向用户提供越来越多的分裂内容[①]。算法是社会的产物，在与社会中存在的各种力量的互动中建立起一种新的数字生态，它与我们的生活相伴，与我们的认知世界紧密相连，有学者甚至提出目前开发的算法都受到了意识形态的操控，让我们无法看清美国资本主义再生产的所有片段[②]，还有学者将人工智能视为一种意识形态国家机器，国家间在人工智能上的技术差距暗藏意识形态霸权[③]。

四、人工智能与国际传播的新态势

传播主体由人类行动者转向人机协同；传播场域从宏观的公共场景拓展至微观、私人化的范畴；传播渠道从建制化走向平台化……人工智能已经全方位地参与国际传播的各个环节。内嵌于跨国平台的算法逻辑主导了国际传播新规则的设定，通过数据化的方式革新了跨境信息交流的方式，在全球范

---

① HORWITZ J. Facebook Executives Shut Down Efforts to Make the Site Less Divisive[EB/OL]. (2020–05–26). https://www.wsj.com/articles/facebook–knows–it–encourages–division–top– executives–nixed–solutions–11590507499.

② TIMCKE S. Algorithms and the End of Politics: How Technology Shapes 21st-Century American Life[M]. Bristol University Press, 2021: vi.

③ 蓝江. 生成式人工智能与人文社会科学的历史使命——从 ChatGPT 智能革命谈起 [J]. 思想理论教育，2023(04): 12–18.

围内创设了广泛、垂直的数字连接关系，引发国际传播格局与生态的嬗变，有力推动了"数字全球化"时代的到来。与此同时，在人与算法的共生关系中渗透了技术逻辑的理性与效能，也容纳了市场逻辑逐利的天性，更内嵌了权力逻辑的博弈与控制。如前文所述，人工智能的效应是一个矛盾共同体。矛与盾相互依存、互为犄角，矛愈锐利，人类被其穿透的风险愈高，防范风险的盾便需要愈坚固。但此处的"盾"不应仅仅包括技术之盾，更要包括人文之盾，因为以技术对抗技术只能暂时解决问题，长远来看只会如疫苗一样"培育"出逃逸性更强的病毒变种。因此，本文将跳出单一的技术逻辑框架，尝试从技术、市场、政治三个维度完整阐释人工智能时代的国际传播新态势——机器代理跨国交往、平台力量重塑公共空间、多重认知域博弈；在此基础上，本文将首要基于人文主义的视角对这些态势做出价值反思。

（一）机器代理跨国交往

从信息采集到内容的生成、分发和扩散，再到主体间的对话与交流，国际传播的完整环节正不断被人工智能代理。从这一概念起点出发，我们需要在认识论层面重新锚定技术的历史角色——技术或将不再只是一种媒介，而是与人类处于同等地位的交流主体。交流是一个社会过程，传播的自动化也即社会过程的自动化[①]。人类可以通过人工智能共享信息和参与社会生活，人工智能也可以通过模拟人类的行为、语言甚至思考创造意义。技术的类人化程度越高，其作为主体参与社会生活的存在感便越强。对此，有学者提出了解释性的 CASA（computers are social actors）框架，主张将计算机作为社会行动者纳入理论考察[②]。包括机器写作、语音助手、社交机器人、对话代理在内的各种智能技术，莫不在扮演曾经限定在人类范畴的社会角色。而机器代

---

① MEAD G H. Mind, Self and Society[M]. University of Chicago press, 2015: 154.

② REEVES B, NASS C. The Media Equation: How People Treat Computers, Television, and New Media Like Real People[M]. Cambridge University Press, 1996: 28–36.

理也必然会带来日常交流的变革①。如同蒸汽机代替了产业工人进行大规模商品生产一样，人工智能也接管了越来越多的"交流劳动"，培育一种具有国际流通性的媒介话语体系，参与全球公共文化的塑造。

就国际传播而言，跨国交往由机器代理引发的最深切的忧虑在于以数据为中心的数字交往的异化。这种异化首先体现在交往界面化制造的现代洞穴让人难以触及真实的世界。人类交往的场域迁移至数字化界面，继而开启数据化进程，我们所面对的不再是真实世界，而是投射在界面上的数字幻影。基于算法对海量原始数据的归纳统计建立起行为模型，就有可能预测物理世界和数字世界的大多数现象（包括人类行为），人类行动者不必承担记录、解释和评估事物的责任，也就免去了人类转录、表征、制度化和符号化等创造意义的过程，有人称之为"数据行为主义"（data behaviourism）②。但只有通过人类主体间的言语交流才能形成共同的意义和文化，生成国际传播的交流资源，若无须考虑人类主体的心理动机、具体语境、思想和意义，具体的跨国交往也就失去了文化意义。

异化还表现为跨国交往的偶然性与冲突性中产生的"交流盈余"被机器代理湮灭。ChatGPT 这样的交流型机器人，在一定程度上克服了语言障碍，整合了全球的知识与文化，并以虚拟的跨国交流代替面对面的跨国交流，以貌似客观中立的立场参与国际交往，以高效、低成本的方式有问必答。理想化的机器会让人失去进行现实交往的耐心与动力，但人类交往劳动的生产性、自发性和偶然性正是文化多样性和创造力的源泉。你来我往之间，基于差异的冲突与融合才能达成更深入的彼此理解。人工智能追求速度、效率的技术逻辑会影响人们的实践观和世界观，机器的代理也将重塑我们感知和理解"远

① GEHL RW, BAKARDJIEVA M. Socialbots and Their Friends: Digital Media and the Automation of Sociality[M]. New York: Routledge, 2016: 2.
② ROUVROY A. The end (s) of critique[C]// HILDEBRANDT M, DE VRIES E (eds). Privacy, Due Process and the Computational Turn: The Philosophy of Law Meets the Philosophy of Technology. New York: Routledge, 2011.

方""他者"的方式，从而减少了人类组织、斗争、合作和相互同情的机会和冲动①。

不仅如此，内嵌于人工智能技术的偏见、歧视和刻板印象也不利于实现真正平等、互谅的国际交往。技术的运行方式越完美，权力关系就越隐蔽，这会使国际传播中悬而未决的公平和正义问题进一步复杂化。

（二）平台力量重塑公共空间

人工智能促使国际传播的主要场域从彼此区隔的大众媒体迁移至相互联通的数字平台，创造了新的公共讨论空间，从而重塑公共对话与交流的模式。以 GAFAM（Google, Amazon, Facebook, Apple, Microsoft）为代表的欧美跨国高科技公司，因其控制的平台、技术和数据资源而成为国际传播的重要基础设施，并通过与传统社会结构的持续互动塑造了一个"平台社会"（platform society）。何塞·范·迪克等人将平台社会描述为：社会和经济流通越来越由全球在线平台生态系统（以企业为主）引导，该系统由算法驱动并以数据为燃料②。依托这些平台提供的连接可供性，世界范围内的个体间建立起无穷的数字连接，通过"为你推荐"（For You）等基于智能算法的信息流界面塑造用户的信息议程，催生出叠加在原有国族身份认同之上的虚拟身份认同，拉动全球用户针对特定国际事件的泛传播。跨国平台既显著提升了气候、环境、性别、种族、人权等全球普遍性问题的能见度，也将"地方的"事件和社会运动上升到国际关注的层面。于是我们看到，如"黑命贵"（Black Lives Matter）这样原本发生在单一国家的地方性社会运动，由于跨境数字平台和信息的大规模自动化传播而发展为全球性的媒介事件，其话语势能超越国界、文化和地域，成为国际传播实践中一种自发的、难以预测和控制的结构要素。

---

① REEVES J. Automatic for the people: the automation of communicative labor[J]. Communication and Critical/Cultural Studies, 2016, 13(2): 150–165.

② VAN DIJCK J, POELL T, DE WAAL M. The Platform Society: Public Values in a Connective World[M]. Oxford University Press, 2018: 4.

可以说，正是跨国数字平台的存在，改变了人们对于"本地""远方""世界"的空间感知，这也就在观念层面上促使国际传播日益由"国族中心主义"向"平台世界主义"升维①。

正如范·迪克等人所言："平台既非中立，也并非无价值的建构，其自身架构中就携带着特定的规范与价值观。"世界主义的想象与期待固然美好，但平台企业的发展野心是否与其标榜的世界主义的愿景相一致？这有待商榷和反思。有学者即在对奈飞（Netflix）和声田（Spotify）的话语分析中发现：欧美代表性流媒体平台热衷于强调自己对"全球文化多样性"的关注，并宣称自己的算法注重赋予多元文化以可见性；而实际上，这体现了高科技公司用世界主义的话语为其全球扩张的商业野心和技术实践赋予合法性的企图，与实际情况相去甚远。将作为市场战略的全球化与作为伦理政治的世界主义结合起来是跨国平台的常见策略，其目标在于鼓励国际受众接受其全球扩张②。公共空间平台化并不意味着自动促进公众的政治参与，相反，资本裹挟下的平台成为注意力和商业利益竞争的场所，利用情感力量侵蚀民主讨论的机会。短视频平台 TikTok 就被指通过从用户对巴以冲突的巨大兴趣中挑起情感对立而获取利益：平台上的创作者分别扮演以色列人和巴勒斯坦人进行直播 PK，鼓励用户打赏，最后获得礼物更多的一方获胜，而 TikTok 占据高达 50% 的收入③。"平台资本主义"与"平台世界主义"之间的矛盾，本质上仍是商业逻辑和人文逻辑之间的不可调和性，公共领域可以被理解为一个由不同类型的公共性、透明度和参与性组成的不稳定的网络，这些网络与各种技术、经济和

① 史安斌，童桐.平台世界主义视域下跨文化传播理论和实践的升维 [J].跨文化传播研究，2021(01): 31–50.

② ELKINS E. Algorithmic cosmopolitanism: on the global claims of digital entertainment platforms[J]. Critical Studies in Media Communication, 2019, 36(4): 376–389.

③ WIRED. TikTok Streamers Are Staging "Israel vs. Palestine" Live Matches to Cash In on Virtual Gifts[EB/OL]. (2023–10–26). https://www.wired.com/story/tiktok–live–matches–israel–hamas–war/.

政治组织模式密切相关[①]。故而，在视人工智能为一种革命性力量的同时，我们也要看到其背后的政治经济结构的历史延续性。若想客观评估公共空间平台化的发展趋势，就要同时观照其文化民主潜力和隐藏在效能话语背后的商业权力。

（三）多重认知域博弈

平台虽然利用世界主义话语标榜自身的进步性和独立性，但其核心驱动力仍是商业利益。以 GAFAM 为代表的跨国信息平台依其在人工智能领域的垄断优势，成为全球传播资源配置体系的实际主导者。不过，由于国际传播生态的极度复杂，资本的逻辑往往与"地方的逻辑"交织在一起，从而培育出一种专属于人工智能时代的、独特的全球地缘政治体系[②]。不可否认，国际传播不是单纯的文化交流，而始终具有鲜明的政治诉求。当下数字化的国际信息传播实践就始终受到后冷战思维的约束，例如 TikTok 背靠母公司字节跳动的前沿算法技术在全球市场中取得成功，之后其产品和服务便在美国以国家安全为由遭遇"围剿"。推特根据美国政府推出的《外国代理人登记法》将 CGTN、Global Times 等中国媒体海外账号标记为"国家附属媒体"（state-affiliated media），但美国自己的外宣机构美国之音（VOA）却不在受限之列。可见在国际舆论场域，仅有"前沿技术"是不足以实现有效传播的，国际传播实践始终是且一直都会是关涉国家利益的宏观政治经济工程的一部分，其天然的意识形态属性将不断受到严苛的审视。

人工智能技术的国际话语权博弈已成为国家间权力博弈的重要一环，促使各国将国际传播领域的风险管理与信息治理置于战略高度。美国国防部在2016 年提出了"多域作战"（multi-domain operations）的观念，其中就涉及

---

① HANSEN M. Unstable mixtures, dilated spheres: Negt and Kluge's the public sphere and experience, twenty years later[J]. Public Culture, 1993, 5(2): 179–212.

② 姬德强. 数字平台的地缘政治：中国网络媒体全球传播的新语境与新路径 [J]. 对外传播，2020(11): 14–16.

不同于"物理域"和"观念域"的"认知域"（cognitive domain）作战问题。在人工智能时代，认知域被认为是由基层协议、基础算法和数据结构支撑，有各种不同的形式基础和鲜明的立场性，构成不同类型的知识，这一领域的斗争也通过不同的平台来实现[①]。因此，国家间争夺话语权的问题也就成为不同认知域之间的竞争。

基于人工智能的数控化治理方式能够对跨境信息风险进行准确感知和预测，帮助国家掌握全球舆论场的风向，有助于提高其跨境信息治理的效率和水平，从而在认知域的竞争中取得优势。以社交机器人为代表的智能化信息产品为塑造国家形象、引导国际舆论提供了更具地区和受众精准度的便利工具，但同时，这也意味着更密集的信息流监管和发达国家建立数字霸权的威胁。吉尔·德勒兹（Gilles Deleuze）就曾预言：控制社会最有效的工具就是计算机，这种控制在形式上却并不束缚人的行为，而体现出"迅捷流转"且"无限持续"的表面特征[②]。他的理论想象可以帮助我们更好地理解今天高度算法化的国际社会。数控化的信息治理的本质仍是一种不可化解的矛盾：人在无垠的全球网络空间中既无时无刻不在流动，又无时无刻不被控制。随着推特、脸书这些平台发展为一种垄断性力量，人工智能技术和设备也就同时成为数控化治理的信息基础设施，国际网络空间有可能变成推行和维护数字霸权的场所，从而进一步加剧国际信息传播秩序的失衡。

五、结语

本文基于对人工智能在国际传播领域应用实践的观察，将数据化和共生视为理解算法逻辑的两大关键，继而归纳出机器代理跨国交往、平台力量重塑公共空间、多重认知域博弈三个国际传播发展态势，并尝试基于人文主义

---

① 蓝江. 人文视野下的认知域及其国家安全战略价值 [J]. 人民论坛·学术前沿，2023(11): 54–64.

② DELEUZE G. Post–scriptum sur les sociétés de contrôle[J]. POURPARLERS, Éditions de Minuit, 1990, 46(1): 5–12.

的视角做出反思。从历史的经验看，技术带来的光明与晦暗总是形影相随，本文的讨论也坚持围绕着对效率与公平、机遇与风险、流动与控制三对矛盾的辩证思考展开。人工智能赋予国际传播更多可能性，也不可避免要面对新老问题的交叠。技术不是一种命运，而是一个悬置在不同可能性之间的矛盾的发展过程，如同布鲁诺·拉图尔（Bruno Latour）所说的"物的议会"（the parliament of things），文明的选择将在此相互竞争①。技术既是问题的提出者，也是问题的解决方案，但两者之间的力量配比则取决于人类行动者在多大程度上遵从普遍人性和公共福祉。

因此，本文认为，人工智能时代的到来意味着国际传播现有的观念和伦理应当全面革新，而在这个过程中，"人的价值"应当始终占据至高无上的认识论地位。正如控制论创始人诺伯特·维纳（Norbert Wiener）所说的："我们必须坚持发挥自己的想象力，以充分检视那些新的应用模式会将我们引向何方。"②

---

① FEENBERG A. Transforming Technology: A Critical Theory Revisited[M]. Oxford University Press, 2002: 15.

② WIENER N. Some Moral and Technical Consequences of Automation: As machines learn they may develop unforeseen strategies at rates that baffle their programmers[J]. Science, 1960, 131(3410): 1355–1358.

TikTok、Z世代与国际传播的数字前沿

姬德强　孙林 [①]

【摘要】 随着 TikTok 在全球的崛起，TikTok 研究也正在兴起，成为国际传播的前沿领域。TikTok 对传统国际传播秩序的挑战性和对新兴国际传播生态的平台性驱动着国际传播的理论创新。目前的英文文献更多聚焦于这一平台的内容生态、用户文化和地缘政治，并与新冠疫情这一全球公共健康危机产生更多关联；而中文文献更多关注这一平台全球化运营的特点和问题，及其赋能中国国际传播的机遇和挑战。Z世代作为 TikTok 平台的主要用户群体，正在甚至已经成为国际传播的中坚力量，相关学术研究方兴未艾。基于此，作为一个前沿领域的 TikTok 研究需要在继承和发扬传统国际传播理论的基础上，关注国家权力和国际秩序的平台化转向，并深度融合平台理论从跨学科角度对平台机制进行的分析和解构，破除一系列认知和研究的二元论，同时结合全球 Z世代群体视角，打通青年群体、TikTok 平台、国际传播研究三者之间的理论通路。

【关键词】 TikTok　国际传播　平台研究　跨学科　Z世代

对国际传媒学术界而言，长期以来，源自中国的媒介往往是例外的或他者式的存在 [②]。不管是与政治制度的高度互构关系，还是在一个封闭市场内的垄断式发展，中国的传统媒体和新兴媒体大多被解释为一般性传媒理论之外的特殊案例，一方面用以自我佐证西方主导的传媒理论的合理性，另一方面

---

① 姬德强，中国传媒大学教授、博士生导师，中国传媒大学媒体融合与传播国家重点实验室研究员，中国传媒大学人类命运共同体研究院副院长；孙林，中国传媒大学媒体融合与传播国家重点实验室国际传播白杨班硕士研究生。

② 姬德强.“双重西方化”：中国外宣的困境与出路 [J]. 青年记者，2021(06): 18-20.

也对这一媒体制度的全球化进程抱持意识形态上的敌视态度。这一点主要体现在被称为传媒的规范理论（normative theory）的研究传统中，也因此和缺乏有关中国传媒制度、历史和实践的经验研究的学术现状保持了高度一致。然而，TikTok 的兴起和繁荣在很大程度上撼动了这一学术格局，在将自身发展成为一个新兴的国际传播平台的同时，也给国际传媒研究带来了挑战，而这一挑战的核心，也许是如何处理其与中国的复杂关系。显而易见，TikTok 与中国有关，但又属于全球用户；TikTok 虽然源自中国，但却不是跨国数字平台的东方跟随者，而是创新者乃至超越者。立足于这一交叉点，我们发现一个新兴研究领域正在围绕 TikTok 展开，并且吸纳了国际学术界的多元力量。因此，面对加强和改进国际传播工作的政策要求，以及深入和创新理解国际传播前沿变革的学术要求，本文将基于对 TikTok 崛起这一国际传播大事件的分析，集中梳理 TikTok 研究这一前沿领域的国内外研究现状。

与此同时，作为国际社会的活跃群体，Z 世代（Generation Z）已经成为国际传播的主力，以及跨文化层面推动中外文化交流与文明互鉴的重要力量。而面向 Z 世代的国际传播却面临国家话语主体性模糊、跨文化对话中的叙事鸿沟、权力话语视角下的国际话语权弱势现象等问题[①]。在消费主义逻辑（比如新的注意力经济模式）和意识形态涵化逻辑双重驱动下，多国政府、媒体和企业已经从内容、机构、平台着手，全面展开面向 Z 世代的国际传播布局[②]。TikTok 平台上的 Z 世代用户群体，得益于其庞大的规模数量与鲜明的代际特色，为塑造国际传播中的全球叙事与跨文化对话提供了可能，逐渐受到国内外学术界的关注。但现有研究却鲜有结合平台研究、Z 世代群体研究与国际传播研究三者的有机路径。因此，本文拟通过梳理 TikTok 平台上 Z 世代特征的国内外学术研究现状，并结合关于中国国际传播研究和话语体系的讨论，挖掘立足中国国际传播语境、面向全球 Z 世代群体的 TikTok 平台研究的

---

① 李厚锐.面向 Z 世代的精准化国际传播 [J].上海交通大学学报（哲学社会科学版），2023，31(09): 53–62.

② 王润珏，张若溪.Z 世代与国际传播格局的新动向 [J].对外传播，2022(11): 18–21.

深层逻辑与未来方向。

一、TikTok 崛起：国际传播的大事件

在加强和改进国际传播工作的政策背景下，在国际媒体陷入意识形态漩涡的斗争环境里，各类数字平台逐渐成为后疫情时代讲好中国故事的重要选择。这主要缘于数字平台的三个基本特征：其一是市场导向，即以用户或流量的货币化为核心目标；其二是可编程性，即基于数据和计算的实时个人化定制服务；其三是参与文化，即在虚拟空间中突破传统文化边界，塑造新的文化交往和圈层机制。伴随着数字平台的崛起，国际传播的平台化进程[1]也得到了加速和加强。对中国的国际传播工作而言，数字平台为解决全球化和本土化这个一体两面的问题提供了可能。

在众多数字平台中，源自中国市场的 TikTok（抖音海外版）自 2017 年发布以来，通过兼并短视频应用程序 Musical.ly 和不断更新针对目标市场的算法，迅速进入了传统媒体可望而不可即的海外主流市场，尤其是在市场逻辑下收获了最活跃的数字原住民用户群体，并逐渐向中老龄群体拓展。截至 2021 年 9 月，TikTok 的全球活跃用户总量超过 10 亿；同时，TikTok 成为 2021 年度美国市场和全球市场下载量排名第一的移动应用，而 TikTok 全球受众中 18—24 岁的用户数量已将近 4.2 亿，约占全部成年用户（18 岁及以上）的 38.5%[2]。基于此，至少从流量和用户层面，TikTok 的市场成功和技术优势既满足了传统国际传播思维下以到达率或者使用率为指标的效果想象，同时又凝结了 Z 世代群体传播主力，进而被视作国际传播工作转型发展的新增长点，也参与驱动着国际传播研究和实践的平台化转向。

与其他数字平台不同，TikTok 在全球的挑战者之势——尤其是面对以优兔（YouTube）和 Instagram 为代表的源自西方市场的垄断平台——已经形成，

---

[1] 姬德强. 平台化突围：我国国际媒体提升传播效能的路径选择 [J]. 中国出版，2021(16): 8-11.

[2] DataReportal. TikTok Users, Stats, Data & Trends[EB/OL]. (2023-05-11). https://datareportal. com/essential-tiktok-stats?rq=TikTok.

加之其对移动化娱乐和数字化生活的深刻影响，尤其是其基于个体用户实时数据计算而打造的自动化视听内容产制，使全球和地方市场的信息消费和文化交往产生了革命性变革，因而获得欧美学术界从规范到经验等多个角度的广泛关注。其中，最具有事件性影响的是美国前总统唐纳德·特朗普（Donald Trump）曾以国家安全为由宣布封禁 TikTok，进而引发了有关数字平台地缘政治的争议。被地缘政治捕获的商业化数字平台由此成为疫情背景下国际传播的结构性议题。除了大国博弈下的平台政治，TikTok 这一技术平台和商业体系的复杂性正被广泛讨论。比如，TikTok 的算法技术如何加速了数字平台的全球本土化进程，TikTok 如何促进了文化创意产业在数字平台上的多元发展，以及 TikTok 上的产消者及数字劳工问题，等等。对中国的国际传播研究而言，TikTok 更多被视为字节跳动的全球化成功，以及短视频平台出海的创新探索。对于后者，中文文献经常采用的"抖音海外版"这一中文称呼即是典型证明。

TikTok 对于全球 Z 世代的影响力也加速了中国国际传播的平台化转向。有美国专家称，相较于年龄较大的传统保守派，Z 世代群体对中国的好感度更高，且倾向于通过 TikTok 等年轻化社交平台和科技文化等领域去了解中国 [1]。除浅层情感倾向与社交媒体使用偏好外，对青年文化特别是价值观的影响或将成为 TikTok 平台前沿发展的深层动力。作为当今青年网络文化的核心载体之一，TikTok 平台在社群重塑与价值引导方面对 Z 世代用户持续释放强大引力，进而形塑了一种席卷全球的青年文化共同体，对国际传播视角下的全球叙事风格和话语形态产生深远影响。

从上述意义看，TikTok 已经不仅是一个国际传播的大现象，还成为一个国际范围内多学科参与研究的新领域。正如曾静（Jing Zeng）、克里斯托·阿比丁（Crystal Abidin）和迈克·谢弗（Mike S. Schäfer）所梳理和分析的那

---

[1] 陈雪莲. 专访美国"知华派"专家李成：美国的对华政策疏远了中国青年 [EB/OL].(2022–01–29).https://kan.china.com/article/1331801.html.

样，这是一个正在快速拓展和不断多样化的研究领域 ①。因此，为进一步理解 TikTok 的崛起对国际传播一般理论和实践的影响，以及对中国国际传播工作的启发意义，对国内外近期的代表性文献进行梳理就变得十分必要。更值得注意的是，此类研究文献以及相关的研究实践已经在探索搭建一个 "TikTok 研究" 的前沿领域。在学科交互的背景下，"TikTok 研究" 有可能和其他交叉领域一样，成为媒介与传播或国际传播研究的新增长点。

二、TikTok 研究：全球学术的新热点

图绘这一新兴领域，也许可以从最为简单的国内外文献比对开始。因为这一简单的比较视野，本身即是至少三种研究传统的碰撞、交叉与融合。这三种研究传统分别是：中国媒体的市场结构和制度特征及其在跨国数字平台上的延伸，以及所导致的有关数字地缘政治的讨论；国际传播的平台化及其在不同区域内的表现，带有鲜明的平台经济视野和制度主义的比较传统；宽泛意义上的媒介与传播研究，往往以功能主义为导向，关注新兴媒介如何被不同领域所使用，以满足包括知识、心理和情绪在内的多元社会诉求，包括以 Z 世代为代表的代际特点以及置于全球语境下的叙事特色与话语风格。

英文学术界对 TikTok 的研究初步呈现出一种多元化走向。受到新冠疫情的影响，有关 TikTok 与 COVID-19 的文章也在逐渐增多。曾静、阿比丁和谢弗三位学者主编了《国际传播学刊》(*International Journal of Communication*) 2021 年的一个专辑，聚焦于梳理 TikTok 的研究视角，并讨论了 TikTok 与其母体软件 (legacy apps) 的关系。在专辑的导言中，三位作者从两个角度描绘了这个新兴领域的研究现状 ②。首先是 TikTok 兴起的三个重要背景，分别是 TikTok 的中国源起，以 "个人主页" (For You Page) 为核心的技术特征和参

① ZENG J, ABIDIN C, SCHÄFER M S. Research Perspectives on TikTok and Its Legacy Apps: Introduction[J]. International Journal of Communication, 2021, 15: 3161–3172.

② ZENG J, ABIDIN C, SCHÄFER M S. Research Perspectives on TikTok and Its Legacy Apps: Introduction[J]. International Journal of Communication, 2021, 15: 3161–3172.

与文化——或者说更具内容创造力的迷因文化所展示的模仿与复制赋能[①]，以及上文所述的地缘政治问题。其次，文章对相关英文文献进行了整体梳理和分析，提炼了两个方面的重要发现：第一，研究的热点——从数量层面——聚焦于 TikTok 在新冠疫情中扮演的角色，用户行为与内容特征，以及这一平台的技术特点；第二，五个主要的参与学科或领域，分别是计算机科学、社会科学、医学、商业与管理、艺术与人文，其中增长最快的是医学，可见 TikTok 研究的多学科或跨学科属性。该专辑的五篇文章也分别从技术的社会建构、数字平台与文化实践的互相建构、平台的可供性与科学传播的机遇和挑战、医疗工作与可见性劳工、中国社交媒体上的地方主义等角度，探讨了这一领域的扩展性和多样性。上述专辑对 TikTok 研究的梳理和拓展，展现出多元学科对 TikTok 的关注与其创新性的平台特征有着密切关系，而后者也是平台研究（platform studies）的基础。在这个意义上，也许我们可以将 TikTok 研究归纳为在新冠疫情期间快速发展并不断丰富和完善的平台研究的一个有机组成部分。

2020 年 COVID-19 暴发期间，全球封锁进一步催化了 TikTok 用户群体的大规模扩张和多样化发展，关于 TikTok 平台和 Z 世代群体的学术研究也经历了一段具有疫情语境的特殊时期，疫情背景下，TikTok 平台青年用户的实践特色和围绕青少年的平台道德规范讨论成为研究焦点。有学者以媒介研究的实践范式为路径，研究国内乡村青年在抖音平台抗疫的媒介实践特点[②]；国外学者特别关注 TikTok 平台的错误和虚假信息，尤其是关于疫苗虚假信息的迷因视频的传播，被视作一种蓄意而危险的传播反疫苗接种情绪的行为，且青少年用户可能更容易受到错误和虚假信息的影响[③]。针对青少年的平台道德

① ZULLI D, ZULLI D J. Extending the Internet meme: Conceptualizing technological mimesis and imitation publics on the TikTok platform[J]. New Media & Society, 2020, 24(8): 1–19.

② 周孟杰，吴玮，徐生权 . 重拾、共构与嵌合：乡村青年的抗疫媒介实践——以新冠肺炎疫情中的武汉市黄陂区 A 村为例 [J]. 新闻界，2020(02): 18–28.

③ BASCH C H, MELEO-ERWIN Z, FERA J, et al. A global pandemic in the time of viral memes: COVID-19 vaccine misinformation and disinformation on TikTok[J]. Human Vaccines & Immunotherapeutics,2021, 17(8): 2373–2377.

层面的讨论则主要围绕以下三个方面：有学者认为 TikTok 平台缺乏私人数据安全，对系统障碍和上瘾风险的防范不够，缺少自我展演与他人互动时的真实性（例如用虚假账户同恶意用户互动）[①]，而这种真实性被其他学者概念化为一种社会建构规范，认为 TikTok 独特的平台可供性、内容共享范围、明显的受众以及相对的新颖性使其成为从社会技术角度审视社交媒体上社会规范发展的理想场所，在此基础上研究 TikTok 平台学习、制定和执行真实性的社会物质因素，会发现用户评论区作为评判、执行规范和寻求支持的场所，可能赋予 TikTok 平台提供社会支持的潜力[②]。此外，也有学者从"科技平台论"的谬误出发，呼吁短视频社交媒体承担公共责任，治理传播失范[③]。随着全球互联网的低龄用户不断增加，有效保护未成年用户信息与隐私安全等平台治理能力，成为含 TikTok 在内的中国社交媒体平台在海外市场实现可持续发展的必要能力[④]。

  TikTok 平台上显著的 Z 世代群体特点，又为国际传播研究拓宽了视野与田野。关于 Z 世代的 TikTok 研究主要发掘了三大议题，分别为消费主义、地缘政治和青年文化。消费主义视角下 TikTok 平台针对 Z 世代的内容营销成为资本话语下 TikTok 研究大类。例如，有学者从发展传播学视角关注到，短视频平台经济发展模式对消费主义的过度强调引起了包括青年群体在内的社会心理失衡，呼吁平台反思发展转型背后的社会与文化意义[⑤]；也有研究从短视

---

① MERAL K Z. Multidisciplinary Approaches to Ethics in the Digital Era[M]. Pennsylvania: IGI Global, 2021: 147−165.

② BARTA K, ANDALIBI N. Constructing Authenticity on TikTok: Social Norms and Social Support on the "Fun" Platform[J]. Proceedings of the ACM on Human−Computer Interaction, 2021, 5(CSCW2): 1−29.

③ 王丽，刘建勋. 科技平台论的悖谬：短视频社交媒体的公共责任及其实现路径 [J]. 现代传播（中国传媒大学学报），2020, 42(09): 36−41.

④ 王润珏，王夕冉. 中国社交媒体的国际化探索与可持续发展——从抖音海外版 TikTok 谈起 [J]. 对外传播，2019(10): 64−67+1.

⑤ 段鹏. 社群、场景、情感：短视频平台中的群体参与和电商发展 [J]. 新闻大学，2022(01): 86−95+123−124.

频沉迷现象（以青少年群体最为显著）出发，剖析其背后以盈利为核心的商业本质，揭示其商业逻辑下的权力控制对社会公共传播与意识形态安全造成的潜在威胁[①]。地缘政治背景下 TikTok 平台上 Z 世代的政治参与成为另一大议题。例如，有国外学者研究巴以冲突背景下 TikTok 平台上的青年激进主义框架[②]，基于平台可供性，TikTok 已成为区域甚至国际青年政治表达、对话与动员的空间；除此之外，对 Z 世代的道德考量经常被置于地缘政治博弈语境之中，成为 TikTok 研究中鲜明的政治特色议题，如 TikTok 的封禁缘由在印度官方语境中部分出自对青少年也就是 Z 世代隐私与权利保护的考量[③]。青年文化议题则集中关注 TikTok 平台上的青年亚文化群体现象，以性别文化和女性主义最为突出。有研究通过对 TikTok 女性网红的爆红解读，探讨了 TikTok 对提高女孩文化（girl culture）能见度的作用，以及掩盖全球女孩所面临之共同危险和影响的潜在可能[④]；国内学者也关注到短视频平台上对女性主义运动的关注和性别文化的发展，通过对"男扮女"现象背后性别竞争意识的剖析，洞察短视频市场上性别表演与身份塑造的文化策略[⑤]；也有学者将短视频作为"网络女性主义"的重要研究对象，从身体、关系、场景叙事的角度解剖抖音等短视频平台的女性赋能策略，既展现平台为女性全面参与提供的新可能，又揭示其背后隐蔽的权力操纵[⑥]。三大议题皆具全球视角下的话语特色，不仅

① 张冠文，梁欣. 控制与俘获：平台在短视频沉迷现象中的角色 [J]. 现代传播（中国传媒大学学报），2023, 45(11): 98–105.

② ABBAS L, FAHMY S S, AYAD S, et al. TikTok intifada: Analyzing social media activism among youth[J]. Online Media and Global Communication, 2022, 1(2): 287–314.

③ MISHRA M, YAN P, SCHROEDER R. TikTok politics: Tit for tat on the India–China cyberspace frontier[J]. International Journal of Communication, 2022, 16: 814–839.

④ KENNEDY M. "If the rise of the TikTok dance and e-girl aesthetic has taught us anything, it's that teenage girls rule the internet right now": TikTok celebrity, girls and the Coronavirus crisis[J]. European Journal of Cultural Studies, 2020, 23(6): 1069–1076.

⑤ 王天乐. 性别表演、文化制作与消费——当下短视频中的"男扮女"现象分析 [J]. 新闻界，2020(07): 88–95.

⑥ 陈吉. 身体、关系与场景叙事：短视频的女性参与和赋能策略 [J]. 现代传播（中国传媒大学学报），2022, 44(02): 114–121.

为国际传播的平台实践提供了新的路径，也为国际传播研究找到了新的方向。

平台研究中，数字平台在全球的不均衡、差异化乃至对抗式发展也逐渐获得关注。这一点在 TikTok 研究中表现得十分明显，主要涉及两个方面。一个是 TikTok 与其中国国内版本抖音的"共同进化"（co-evolution），这一研究兴趣既指向中国互联网管理制度对两个平行应用平台的设计、开发和推广的影响，也指向曾经分割的全球平台系统在同一家公司内部实现统一的现实，并最终贡献于有关平台企业从全球本土化到"平行平台化"（parallel platformization）运营的理论创新[1]。另一个是如上文所强调的围绕 TikTok 的平台发展差异性乃至与其他平台的地缘关系。《纽约时报》2019 年的一篇长文就以"TikTok 正在如何重写世界"为题[2]，细致描绘了这一平台的技术特征和传播影响，并强调了这一平台对中心化控制和分配机制的执着，以及在其他社交平台被禁止的中国市场的快速发迹。从上述分析中，我们可以发现对于这一新兴平台的技术能力和伦理边界的警惕。更为批判的分析来自对所谓中国互联网"走出去"引发的地缘政治紧张关系的研究。比如，有学者关注到 TikTok 这一短视频平台挑战了美国平台公司在文化、经济和政治上的垄断权力，而参与这一地缘政治讨论的政府声音往往混淆了围绕平台政治的其他重要问题，比如高度集中的国际平台市场的竞争价值等[3]。换言之，此种讨论是将复杂的平台政治（platform politics）问题简化为国际地缘政治问题。从更具体的地缘政治角度入手，也有学者分析了 TikTok 在全球化过程中面临的竞争性的地缘政治格局，尤其是在美国主导的全球平台生态系统中，如何处理

---

① KAYE D B V, CHEN X, ZENG J. The co-evolution of two Chinese mobile short video apps: Parallel platformization of Douyin and TikTok[J]. Mobile Media & Communication, 2021, 9(2): 229-253.

② HERRMAN J. How TikTok is rewriting the world[EB/OL]. (2019-03-10). https://www.nytimes.com/2019/03/10/style/what-is-tik-tok.html.

③ GRAY J E. The geopolitics of "platforms": The TikTok challenge[J]. Internet Policy Review, 2021, 10(2): 1-26.

中国和印度同时作为崛起力量所呈现出的断裂和缝隙[①]。在此意义上，TikTok面临的问题是如何以其跨国商业平台的角色游走在大国博弈之间，而这也超越了简单将 TikTok 作为宽泛意义上——地理或文化——的中国企业的分析框架。这一框架长期被浅薄的方法论民族主义所裹挟，无法超越现代主权体系的认知局限[②]，从而失却了对国际传播中复杂的政治与经济、全球与地方逻辑的洞察。除此之外，更为激进的批判分析来自对 TikTok 全球化背后隐含的中国国家权力外化及其后果的质疑。比如，美国曾经借助其主导国际市场的互联网公司对全球实施监控，以本国国家权力的国际化历史为参照，为怀疑中国不断为其公司拓展地缘经济空间、将自身的国家监视权力推向全球提供了分析坐标[③]。基于对其国内版本运作逻辑的认知，TikTok 代表的"源自中国的平台化"（platformization from China）进程在国际范围内很难摆脱对国家权力和内容审查的猜测，也就最终落入一种技术政治逻辑内的"中国性"（Chineseness）[④]。可以说，这一在国际网络空间内的反威权主义批判路径至今仍是形塑华为、TikTok 等新兴平台及其地缘政治意涵等相关研究的主要理论范式和学术政治取向。

国内有关 TikTok 的研究文献，则大多基于传统的"走出去"视野，探索这一具有媒体融合特征的平台在全球化发展过程中面临的机遇与困境，及其给中国国际传播带来的复杂影响；也有文献从政治与经济相结合的视角出发，注重分析欧美政府和网络巨头如何应对或打压 TikTok 的崛起。比如，匡文波和张琼探讨了地缘政治环境给 TikTok 全球化发展设置的障碍，并就此提出了

① JIA L, LIANG F. The globalization of TikTok: Strategies, governance and geopolitics[J]. Journal of Digital Media & Policy, 2021, 12(2): 273–292.

② 赵月枝. 跨文化传播政治经济研究中的"跨文化"涵义 [J]. 全球传媒学刊，2019,6(01):115–134.

③ CARTWRIGHT M. Internationalising state power through the internet: Google, Huawei and geopolitical struggle[J]. Internet Policy Review, 2020, 9(3): 1–18.

④ LIN J. One app, two versions: TikTok and the platformization from China[C] //AoIR Selected Papers of Internet Research, 2020.

中国社交媒体"走出去"的能力提升和舆论博弈策略[①]。王润珏和王夕冉提炼了 TikTok 在国际市场成功的产品设计、资本运作和本土化运营策略，提出未来应注重提升以用户保护和版权运营为核心的平台治理能力[②]。另外，从政策问题出发，TikTok 如何服务于整体视角下中国国际传播能力的提升也成为近年来的热点话题。在传统媒体和文化机构"走出去"遭遇结构性困境的局面下，TikTok 带来了新的全球化想象和融合性的平台。比如，李呈野和任孟山另辟蹊径，从跨文化传播的角度分析了 TikTok 如何通过去政治化和迷因文化创造共情式叙事，在业务经营上追求互利共赢，以有效应对当地的经济民族主义和一系列跨文化歧见，推动更加在地化的发展[③]。在此意义上，TikTok 研究的国内文献也实现了一定程度上的内外结合，既关注"走出去"，也考虑"走进去"，并开始尝试着从跨越政治、市场和文化边界的角度入手，分析 TikTok 平台的多元主体构成，而不再囿于简单的平台中心主义和平台本质主义思路，以及全球视野中的地方性问题，呈现出与英文文献的隔空互动，以及对数字平台研究的持续深入。换言之，如何将 TikTok 视为一个多元构成、多边匹配、持续变化、利益驱动的商业信息与服务系统，而非单一媒体思维下的"走出去"工具，往往是突破知识窠臼和认知壁垒的关键。

　　TikTok 之所以获得国内学术关注，很大程度上是媒体融合与国际传播这两个政策议题交互作用的结果。TikTok 一方面展现出融合式、平台化发展的技术和市场潜力，这一点与国内版本抖音存在孪生性；另一方面也为陷入僵局的国际传播实践带来开放式、下沉式和自动化的解决方案，为后疫情时代讲好中国故事提供了技术和文化想象。此外，跳出 TikTok 与中国的关联性维度，也有学者尝试从一般性视角探讨 TikTok 的内容生态和用户特征等问题。

---

① 匡文波，张琼. 地缘政治环境下中国社交媒体全球化发展困境——以抖音海外版 TikTok 为例 [J]. 对外传播，2020(11): 4–6.

② 王润珏，王夕冉. 中国社交媒体的国际化探索与可持续发展——从抖音海外版 TikTok 谈起 [J]. 对外传播，2019(10): 64–67+1.

③ 李呈野，任孟山. 跨文化传播视阈下 TikTok 的东南亚"在地化"路径 [J]. 传媒，2020(18): 53–56.

比如，方师师关注到 TikTok 的媒体圈子及其新闻实践，并对其意识形态倾向和生产关系的固化进行研究 [①]。此类探索对丰富 TikTok 研究的一般性知识，尤其是基于 TikTok 平台的跨国传播实践，有着重要的创新意义。

在上述整理和讨论的基础上，洪宇等 [②] 针对中国的全球互联网（China's globalizing internet）的政治经济学分析更具理论视角的复杂性、反思性和超越性，为我们同时观察国际和国内相关文献提供了坐标。正如其文章所说，由于长期受到"地缘政治的二元主义、技术东方主义和方法论民族主义"的影响，中国的互联网研究往往在国家领土想象的逻辑中将互联网看作一种全球无界网络；如果这是一种冷战征候，那么相关研究显然忽视了物质性、基础设施和政治经济的重要性。超越自由民主与威权主义、国家与市场、民族与全球等二元对立逻辑，洪宇等提出了一个包含超国家主体、公司基础设施、产业链和网络化公众在内的互联网分析框架，以此讨论中国与跨国力量在理念、利益和布局等方面的复杂互动。可以说，这一致力于打破旧有分析边界和学术立场的创新视角为理解 TikTok 带来了新的启发，其中的关键在于如何对此类跨国数字平台进行去本质化和动态化解读，充分发掘各类政治、经济和社会权力主体在塑造平台生态中的独特作用和交互关系。也许，把 TikTok 之类的数字平台视为一种多元力量共建的新型信息基础设施，而不是被简单使用的外部化工具，才是分析国际传播平台化转向的逻辑新起点，也是国内外学术力量对话与融合的关键路径。

三、TikTok 平台：国际传播的新领域

作为一个新兴研究领域，TikTok 的国际传播面向正逐渐铺展开来。这既是国际传播研究数字化和平台化转向的重要表征，也是数字平台跨学科研究图谱的重要组成部分。基于上述文献梳理和讨论，我们可以对 TikTok 研究这

---

① 方师师 .TikTok 上的媒体圈子：自由、混合与固化 [J]. 青年记者，2021(01): 62–65.

② HONG Y, HARWIT E. China's globalizing internet: history, power, and governance[J]. Chinese Journal of Communication, 2020, 13(1): 1–7.

一国际传播的前沿领域进行初步图绘。

首先，就研究对象而言，核心是 TikTok 这一全球平台生态系统，而非简单的算法技术、界面设计和用户习惯。从国际传播的角度而言，要关注的焦点是一套传播互动关系，即作为全球化力量的商业数字平台如何与民族国家力量进行互动，后者的边界十分清晰，这主要来源于国际传播的漫长历史。如果说国际传播指涉的是民族国家间的传播过程、传播关系以及相应的双边和多边、全球和地区的传播秩序，多基于建制化的力量（如政府、政党、媒体、文化机构、互联网公司等），也日益征用流动的主体（如跨国旅行者、网络社群、意见领袖等），那么，国际传播视野中的 TikTok 研究则需要进一步探讨建制化的传播力量如何在这一商业平台上再造自身，以及平台在不同国家和国际环境中如何完成自身的建制化。换言之，这里的核心逻辑依然是处理国家与平台的关系，以及相应的国际传播秩序的变革。尽管在商业驱动和技术逻辑下，TikTok 孵化了更为多元的传播主体和更加离散的舆论场域，但 TikTok 的国际传播研究必须以政治意义上的主动的国家为分析原点，观照国家如何组织和征用多元传播主体来完成其传播目的。这无疑是一个动态变化的过程，也是一个数字平台研究的再政治化过程。

Z 世代用户作为多元传播主体的重要组成部分，在 TikTok 平台研究中显示出独有特色，为国际传播研究开拓了崭新视角。关于 Z 世代群体的研究主要集中在其所关注的代际差异等特定议题[1]，面向 Z 世代的 TikTok 研究则延续着对代际差异、代际认同、代际互动等代际政治和集体记忆问题的集中关注。曾静和克里斯托·阿比丁两位学者研究了 TikTok 平台上 Z 世代的代际政治记忆化问题。代际政治作为某一特定群组的人形成的共同政治意识和行为倾向，既包含年轻人的政治文化，也内含他们对老一代人的跨代怨恨。TikTok 平台上的迷因短视频已成为一种新型政治备忘录载体，为研究 Z 世代同其他世代

---

① 史安斌，童桐. 理念升维与实践创新：党的十九大以来国际传播与跨文化传播研究十大前沿议题 [J]. 编辑之友，2022(04): 55-62.

之间的代际不和提供了广阔田野①。关于 TikTok 平台上的青年研究在群体特点上又可以进一步细分，如有学者研究抖音和其他智能手机应用对留守儿童的情感补偿机制，进而阐释数字代偿的不足以及情感社会化在数字实践中生发的新问题②；有学者研究乡镇青年在抖音平台的短视频生产中建构身份认同的实践，讨论短视频媒介形式在青年社会化中的重要作用③；有学者关注其他平台上城市青年流动群体的短视频生产实践，讨论基于平台可供性的个体可见性权力的获得④；也有研究聚焦抖音平台上青年数字游民群体"地方感"的形成⑤。这些研究的共通之处在于都讨论了平台媒介作用下的"人—地"关系的重构。除此之外，Z 世代群体与平台算法的关系也是学术界关注的维度之一。国内学者基于青年大学生群体的社会心态调查，分析网络媒介"茧房"效应的类型化差异，从"平台—用户"视角研究了网络媒介对信息传播与青年用户心态的影响⑥，认为抖音短视频平台等"垂直传播型"媒介既未"筑茧"也未"破茧"，却加剧了观念的极端化；也有学者关注算法建构的媒介环境中的算法异化问题，探讨青年用户在使用抖音平台时的主体性发挥，以及算法与青年用户之间的"双向驯化"对人机关系动态平衡的作用⑦。

---

① ZENG J, ABIDIN C. "#OkBoomer, time to meet the Zoomers": Studying the memefication of intergenerational politics on TikTok[J]. Information, Communication & Society, 2021, 24(16): 2459–2481.

② 王清华，郑欣. 数字代偿：智能手机与留守儿童的情感社会化研究 [J]. 新闻界，2022(03): 37–47+94.

③ 尹金凤，蒋书慧. 网络短视频生产中乡镇青年的身份认同建构 [J]. 新闻界，2020(08):67–73.

④ 秦朝森，梁淑莹. 多棱角的可见：城市青年流动群体的短视频生产影响研究 [J]. 现代传播（中国传媒大学学报），2021, 43(05): 85–90.

⑤ 徐琳岚，文春英."何以为家"：流动社会下青年数字游民的地方感研究 [J]. 中国青年研究，2023(08): 70–79.

⑥ 施颖婕，桂勇，黄荣贵，等. 网络媒介"茧房效应"的类型化、机制及其影响——基于"中国大学生社会心态调查（2020）"的中介分析 [J]. 新闻与传播研究，2022, 29(05): 43–59+126–127.

⑦ 李锦辉，颜晓鹏."双向驯化"：年轻群体在算法实践中的人机关系探究 [J]. 新闻大学，2022(12): 15–31+121–122.

其次，就理论路径而言，传统的国际传播理论显然无法应对数字平台展现出的超越领土主权逻辑的传播、连接和动员能力，以及国家力量在这一虚拟场域内的再造和博弈关系。但这并不意味着发展传播学、文化帝国主义等国际传播理论完全退场。如上文所述，要看到国家与平台的动态互构关系，否则就陷入了本文不断重复强调的围绕互联网的一系列二元对立逻辑中。在后真相和后疫情的语境下，源自盎格鲁撒克逊政治传统的自由民主假设所面临的矛盾和危机已经显而易见，国际传播中国家主体的再度出场也无疑对这一假设进行了内部解构。因此，TikTok 研究要实现国际传播理论的平台化转向，即以历史的、结构的、辩证的理论框架，融合平台研究对数字平台的系统解剖，尤其是平台化进程对已有传播资源的全面重组，形成对新的计算式霸权传播秩序的洞察。除此之外，围绕 TikTok 的数字地缘关系也要得到更加深入的研究，但需超越固化和简化的国家身份逻辑，找寻平台在资本与领土逻辑之间游走的轨迹。

有学者认为，Z 世代的国际传播研究可以追溯到 21 世纪以来对青年网络政治参与的研究。Z 世代不仅在国际传播实践中扩大了网络政治参与的广度与深度，也形成了更加独特的风格。行动者网络成为研究 Z 世代国际传播行为的常用理论框架，用以分析 Z 世代如何与人类行动者及网络等非人行动者共同参与国际传播实践[1]。例如，有国外学者对 TikTok 平台活动进行了案例研究，以探讨短视频形式的青年政治表达和集体行动[2]；TikTok 等平台通过其社会技术功能为青少年创造了"第三空间"[3]，Z 世代用户利用社交网络中弱关系的潜在力量，接触到更广泛的受众，从而表达和协商他们的社会价值观，

① 吴瑛，贾牧笛．面向 Z 世代的国际传播：历史、理论与战略 [J]．社会科学战线，2023(12)：161-171.

② HAUTEA S, PARKS P, TAKAHASHI B, et al. Showing they care (or don't): Affective publics and ambivalent climate activism on TikTok[J]. Social Media + Society, 2021, 7(2): 1-14.

③ BURNS-STANNING K. Identity in communities and networks TikTok social networking site empowering youth civic engagement[C] //The 11th Debating Communities and Networks Conference, 2020.

并颠覆有关这些价值观的霸权叙事。还有一类研究从使用与满足理论出发，分析 Z 世代用户与 TikTok 平台的关系。这类研究主要从平台使用的受众角度切入，认为 TikTok 平台与 Z 世代用户的关系平衡，可能成为国际传播受众研究的一个切口。但现有研究大多停留在实践范式上的路径探讨，缺少关于国际传播领域的学理性探讨，且主要在西方理论语境下展开，缺乏我国自主性的学术话语体系支撑。

最后，就研究方法而言，量化的数据或者计算方法无疑可以进一步拓展研究对象的规模和范围，有助于找寻到新的主体、关系和结构。但质化的方法也需被积极采纳，尤其是在探索平台与国家力量互构方面，更多深入且长期的线下线上观察，更直接的与利益相关者的对话和访谈，针对多元文本的更系统的话语分析，都可以协助研究者深入问题内里。基于质化研究，更宏观、更抽象和更批判的理论阐释可以被发展出来，这是大多数量化研究无法达到的。

四、小结

作为"新媒体一代、新知识一代、新判断力一代、新文化的一代"[1] 的 Z 世代，独特的数字媒介素养天赋打造了平台逻辑上最具活力与潜力的传播主力军；作为生长于全球化的一代，Z 世代未受到冷战思维的影响，也没有固有的意识形态偏见[2]，具备较其他代际更广阔的全球视野与更好的国际交流实践能力；再加上群体内多元的圈层文化发展，不同亚文化群体的不断壮大，年轻态的话语表达以及"亚文化""非主流"的方式，有助于海内外 Z 世代群体更出色地完成中华文化的阐述与传播[3]。随着从国际传播到战略传播[4] 的转型

---

[1] 孙美娟. 凝聚国际传播 Z 世代力量 [N]. 中国社会科学报，2022-02-18(002).

[2] 史安斌，杨晨晞. 国际传播的变局与"元软实力"的兴起：内容·渠道·受众 [J]. 对外传播，2022(11): 4-8.

[3] 钟莉，张嘉伟. 文明的语言：Z 世代国际传播的符号之旅——以三星堆国际传播平台为例 [J]. 新闻界，2022(12): 91-96.

[4] 史安斌，童桐. "乌卡时代"战略传播的转型与升维 [J]. 对外传播，2022(06): 14-17.

升级，我国的国际传播工作不仅需要从微观视角剖析主流媒体在 TikTok 平台的国际传播实践，调整与全球 Z 世代关注兴趣点的错位，还需将 TikTok 等短视频平台打造为面向 Z 世代的传播基础设施，构建中国主流媒体与全球 Z 世代的新型沟通关系[①]。

作为国际传播的前沿领域，TikTok 研究正在兴起，亟须仔细审视相关概念、理论和方法，也更需要跨学科的知识和路径来应对这一平台系统的复杂性和动态性。TikTok 上的全球 Z 世代参与已成为国际传播中不可忽视的力量，拓宽了平台研究和国际传播研究的视野，三者之间学理层面的有机联结亟待打通。对中国学者而言，以上既是创新国际传播研究的重要抓手，以服务于自身的学科、学术和话语体系创新，更是积极参与国际学术生产的重要机遇，至少是因为 TikTok 的技术和商业逻辑更多是来源于我们更加熟悉的社会和传播语境。

[①] 袁玥. 接入 Z 世代的平台：中国主流媒体短视频传播创新实践——以《迪迩秀》为例 [J]. 现代视听，2022(03): 16–20.

平台视域下青年国风文化的对外传播创新

季芳芳　　把云菲 ①

【摘要】青年国风文化正在成为中国文化出海的一部分。一方面，平台化已经成为理解国风文化生产必不可少的传播语境；另一方面，国风文化近些年正在青少年群体中引起共鸣，形成圈层文化，以上构成国风文化对外传播的基础。青年群体对传统文化的传承和创新，也为跨文化传播带来了新的样貌。通过情感共鸣、技术赋能、MCN 架桥以及叙事创新，国风青年在国际平台上实践对外传播的新方式。与此同时，青年国风文化如何持续产生国际影响力，是需要持续关注的议题。

【关键词】Z 世代　国风文化　平台化　对外传播

一、研究缘起：青年国风文化的对外传播

2023 年 5 月 16 日，李子柒因 1140 万的优兔（YouTube）订阅量被列入《吉尼斯世界纪录大全 2023》，成为"订阅量最多的优兔中文频道"的纪录保持者。借助互联网的传播，古筝版《青花瓷》《刀剑如梦》奏响法国街头，古筝的魅力被彭静旋展示给海内外观众。

不难看出国风文化正在成为中国文化出海的一部分，而实现该传播活动的主体，正是 Z 世代（Gen Z）——生长在互联网环境下的新一代年轻群体。青年群体创造性传承传统文化，不仅体现了青年群体的价值追求，同时也意味着随着话语主体的转移，传统文化的表达呈现出了崭新的面貌，也为跨文化传播带来了新的灵感与活力。目前来看，我国对外传播工作的重点在于更

---

① 季芳芳，中国社会科学院大学新闻传播学院副教授，中国社会科学院新闻与传播研究所副研究员；把云菲，中国社会科学院大学新闻传播学院硕士研究生。

新跨文化传播策略、寻找新的发力点，从而提升跨文化传播效果。在此背景下，青年国风文化的出现以及平台时代的来临，将作为中国文化走出去的新动力。

平台化已经成为理解国风文化生产者必不可少的传播语境，在数字平台基础上，我们不仅要关注国风文化本身的内容与形式，更要注重平台的技术逻辑对于内容生产带来的驱动力量。国风文化以其浓厚的文化底蕴、细腻的情感共鸣吸引着青少年的目光，在平台化语境下，国风文化面向海外受众的传播创新之于国际传播的潜力与意义，成为本文关切的重点。

二、文献梳理

（一）平台化生产：Z 世代的对外传播路径

平台逻辑通过基础设施层面（Infrastructure Layer）、中介层面（Intermediate Layer）和行业层面来关联起整个社会[①]。数字平台已经重构国际传播格局。数字平台发展意味着国际传播格局迎来重要转向，包括民族国家边界变得模糊、大国数字地缘博弈、线上主体的多元化和"超文化回声室"效应等[②③]，也意味着"中国故事"有潜能在多元主体的协同叙事中发展成为一种智能集成、多媒共生的"全球故事"[④]。

有学者更是将社交媒体催生的产业现象视作新的产业，即"社交媒体娱乐产业"（Social Media Entertainment，SMS），该新型产业以全球性社交媒体平台（例如 YouTube、Facebook、SnapChat 和 Twitch 等）所提供的技术、网

① 何塞·范·迪克，孙少晶，陶禹舟.平台化逻辑与平台社会——对话前荷兰皇家艺术和科学院主席何塞·范·迪克 [J].国际新闻界，2021, 43(09): 49–59.
② 姬德强，朱泓宇."网红外宣"：中国国际传播的创新悖论 [J].对外传播，2022(02): 54–58.
③ 沈国麟.全球平台传播：分发、把关和规制 [J].现代传播（中国传媒大学学报），2021, 43(01): 7–12.
④ 李鲤.赋权·赋能·赋意：平台化社会时代国际传播的三重进路 [J].现代传播（中国传媒大学学报），2021, 43(10): 60–64.

络以及商业"可供性"（affordances）为基础，迅速专业化和商业化的、来自世界各地的内容创作者则利用这些平台来孵化自己的媒体品牌，进行内容创新，并培养庞大的跨国和跨文化的粉丝社区[①]。所谓技术、网络以及商业可供性，是指这些平台提供播放器等设施，使信息的传播和制作变得容易；平台提供互联技术，能够快速将粉丝聚集起来；与此同时，这些平台为内容创作者提供了各种商业模式（会员模式、版权保护等），帮助内容创作者获得收益。

在这个新型空间上，各类内容创作者聚集起来，与此同时，这个新的文化空间正在发挥着越来越大的文化影响力。国内外研究已经注意到各类平台在助推各类型青年文化中的作用，并且取得丰硕成果。比如，平台如何为创意生产提供机会[②]，微名人（microcelebrity）如何利用社交平台进行文化生产[③]，快手和"不可思议"创意阶层的兴起[④]，平台对中国边缘青年群体文化公民身份构建的影响[⑤]等。Z 世代群体正日益成为这个传播过程中非常具有活力和创造力的群体，基于平台的青年国风文化生产成为本文关注的重点方向之一。

（二）青年国风文化：传承与创新

国风文化是近些年兴起的青少年圈层文化，以爱好古风音乐、汉服、古典妆容等具有中国传统文化特点内容的青少年群体为主，并围绕诸多相关的

① CUNNINGHAM S, CRAIG D. Online entertainment: A new wave of media globalization? (Introduction)[J]. International Journal of Communication, 2016, 10: 5409–5425.

② KIM J H, YU J. Platformizing Webtoons: The Impact on Creative and Digital Labor in South Korea[J]. Social Media + Society, 2019, 5(4): 1-11.

③ DUGUAY S. "Running the Numbers"：Modes of Microcelebrity Labor in Queer Women's Self-Representation on Instagram and Vine[J]. Social Media + Society, 2019, 5(4): 1-11.

④ LIN J, DE KLOET J. Platformization of the Unlikely Creative Class: Kuaishou and Chinese Digital Cultural Production[J]. Social Media + Society, 2019, 5(4): 1-12.

⑤ 杨建科，李慧. 从"失语者"到"屏民老铁"——边缘青年群体基于快手平台的文化公民身份构建 [J]. 中国青年研究，2021 (02): 22–29.

文化周边、IP、意识观念和身份认同所形成的一种情景化文化生态①。在青年文化、流行文化、网络文化沃土之上获得滋养与勃发的国风亚文化圈层跃进主流文化视域，不断开拓影视漫、音文游、服饰、时尚等诸多领域，展现出参与主体的多元性与行为实践的广泛性②。

这种文化生产同强调青年反叛行为、与主流文化进行抵抗的"亚文化"理论不同。萨拉·桑顿（Sarah Thornton）等人的"后亚文化"理论使用"新部落"（neo tribe）等概念来描绘青年文化圈层。她以俱乐部文化为例，指出俱乐部文化是"趣味文化"（taste cultures）——人们通常因为共同趣味和对共同媒介的消费而聚集在一起③。而中国青年对传统文化的热爱，与青年的民族情感有关。中国国力稳步上升，青少年的民族自豪感和爱国热情也逐步提高，希望通过自己的努力让祖国在自己喜爱的网络世界里也获得赞美④。这也反映在中国青年对于传统文化的强烈认同感和责任感，并希望以此促进世界建立对华夏文化的整体认可⑤。青年群体正在为国风文化带来更多新表达，汉服、簪花、古典乐等内容逐渐流行⑥。目前，国内研究层面多关注 Z 世代传承传统文化的动因以及形式，对于国风文化如何进行对外传播尚待关注和分析，这也构成本文关注的重点方向。

---

① 季芳芳，孙萍. 游走于边界之间：青少年国风文化的多元建构 [J]. 中国青年研究，2020(06)：96–101+113.

② 冷淞，刘旭. "新国风"综艺节目的叙事路径与美学特质 [J]. 现代传播（中国传媒大学学报），2022, 44(12)：89–96+113.

③ THORNTON S. Club Cultures: Music, Media, and Subcultural Capital (Music/Culture)[M]. Wesleyan University Press, 1996: 15.

④ 王语昂. 初探"VTuber"、网络亚文化与中国观众的交互影响 [J]. 产业创新研究，2022(21)：45–47.

⑤ 杨雪，张冉，孔令旭. "传统"的再造与流行——对青年汉服文化演变逻辑的考察 [J]. 当代青年研究，2022(02)：40–47.

⑥ 季芳芳，王雪玲. 复古又创新：国风视频博主文化生产的实践逻辑 [J]. 新闻与写作，2023(09)：36–44.

三、研究方法

为了考察国风文化的对外叙事创新，本文以在海外平台产生出圈效果的国风博主为研究对象，重点关注优兔（YouTube）、脸书（Facebook）关注人数超十万的青年国风博主，将其中播放量最高的视频作为研究样本，从叙述的内容、风格等方面进行分析与总结，探讨 Z 世代的国风青年如何在海外平台传播国风文化，让世界了解中国传统文化。具体来说，通过对优兔、脸书宣传国风文化的账号进行分析，从关注人数与作品质量等因素进行挑选，从中确定具有代表性的人物如李子柒、碰碰彭碰彭等作为分析对象，分析视频内容以及网友互动留言，考量青年一代在国风文化出海之路中进行的探索。此外，为了对国风文化在海外平台的散播情况有更为全面的认识，文本以汉服、国风歌曲等关键词进行检索，以搜集更为全面的资料。与此同时，文章也广泛搜集了相关的媒体报道、博主自述等材料，以进一步理解青年国风文化对外传播实践的动因、背景以及形式。

四、青年国风文化对外传播的生成逻辑

（一）国内基础：从小众到出圈

随着媒介技术的进步，各种曾经小众的青年文化凭借新媒体技术在虚拟世界形成圈层：圈层内部有一定程度的排他性，因为准入门槛会阻隔大众视线；圈层内部同样拥有高度群体认同，这种认同不只是内部成员的情感归属，更有对圈层文化欣赏与热爱。在流动的网络空间作用下，各类小众圈层具备了破圈层，甚至走向全世界的现实基础。

从传统中寻找生活的灵感是 Z 世代的代表性圈层兴趣之一。00 后正是受到这种文化怀旧心理的影响，对"过去的美好"总有一种探寻的情感，以回应加速社会普遍蔓延的"现代性焦虑"；并通过建立一种崇尚古风生活、维护传统价值的文化潮流和新情感结构，尝试为人们摆脱"现代性焦虑"提供一种

新的途径[①]。另外，年轻人追求个性与不同，而中华优秀传统文化正好提供了一个"取之不尽，用之不竭"的素材库。他们可以连接传统作出自我的个性化表达，尤其是结合全球风尚进行创造性传播，更增强了其主体认同感与自我归属感[②]。

同时，对很多90后、00后来说，国风不仅是一个文化层面的现象，更与民族复兴的责任紧密相连。比如国际品牌迪奥（Dior）大秀涉嫌抄袭马面裙，韩国、越南涉"偷窃"汉服等事件，就在网上引起青年一代的不满，继而大规模"出征"外网，使用相关词条进行刷屏式声援。《国风美少年》《新民乐国风夜》等高讨论度的节目也证明了国风文化从小众进入大众视野，成为一种在互联网出圈的流行风尚。

（二）平台基础：内容生产的新空间

传统复兴、民族情感的影响力驱动着国风文化的生产，而文化传播需要在特定的空间内完成。为了更好地展示国风文化，国风青年迫不及待需要新的推广舞台，这些内容创造者的活动空间正朝着社区化、平台化转变。与其他传播活动相比，数字平台为国风文化提供了智能化叙事的基础语境[③]，也承担着情感连接的功能。我们可以说平台是一种物理媒介，为内容的交流、国风青年的凝聚提供了契机；而青年在平台社区感知国风文化的同时，也在感受着不同内容生产者对"国家"这一宏大概念不同的理解与创作，这种社区化的机制有助于激发新一轮的创作热情，生产者之间的互动也在扩大作品本身与平台的影响力。

---

① 曾一果，时静. 从"情感按摩"到"情感结构"：现代性焦虑下的田园想象——以"李子柒短视频"为例 [J]. 福建师范大学学报（哲学社会科学版），2020(02): 122–130+170–171.

② 中国青年报. 国风为何成为00后的"大众文化" [EB/OL].(2023–10–10). https://new.qq.com/rain/a/20231010A00O9W00.

③ ARRIAGADA A, IBÁÑEZ F. "You need at least one picture daily, if not, you're dead": content creators and platform evolution in the social media ecology[J]. Social Media+ Society, 2020, 6(3): 1-12.

当代青年正通过亲身实践，不断地与国风文化互动进而深化情感连接，并利用视频技术和平台力量成为国风文化内容的重要生产者，以多种表现形式承载并传播国风文化，也在同一时间引导着当下青年的审美品位。例如，B 站（bilibili）在 2022 年 2 月 14 日发布的《bilibili 年度国风数据报告》显示，2021 年 B 站国风爱好者人数超过 1.77 亿，其中 18—30 岁的青年人占七成①。国风时尚、民乐新奏、非遗传承等领域均有超千万播放量的作品。而在这个过程中，平台也成为积极的推动力量。比如，2023 年 9 月 24 日至 10 月 6 日，抖音与中国青年报社主办的国风大典，活动总曝光量超 40 亿。青年国风文化活动受到越来越多的关注。

（三）商业推广：MCN 的整合助力

社交媒体产业的兴起也催生一种新型业态，即 MCN（multi-channel network），这种机构在创作者和平台之间起到居间作用，在帮助内容创作者获利的同时，也从中获利。不少 MCN 在传统文化领域发力，各种形式在社会赢得广泛好评。以头部传统文化非遗公司"奇人匠心"为代表，截至 2023 年，已吸引超过 1 亿的文化爱好者关注，涵盖工艺品、居家日用、茶道文化、刺绣旗袍服饰、绣花绣、非遗老字号中医养生等领域品类，形成传统文化传播矩阵②。2023 年 6 月，第三届中国广电媒体融合发展大会——"媒体 MCN：传统文化内容＋运营的探索与突破"作为重点论题之一，会上很多 MCN 机构与文化传播领域专家就传统文化的创新与传承提供了新思路与方法，这也说明 MCN 会成为国风文化传播中具有潜力的力量。

需要关注的是，随着李子柒等内容创作者在海外取得成功，内容出海成为国内海量视频创作者的思考方向。MCN 出海机构目前在帮助创作者进行内

---

① 北京广播网.《bilibili 年度国风数据报告》发布！2021 年 B 站国风爱好者人数超 1.77 亿 [EB/OL].(2022-02-14). https://www.rbc.cn/shangxun/2022-02/14/cms1281101article.shtml?eqid =e9d2983b00071aa500000003645c844b.

② 奇人匠心.奇人匠心四周年：做传统文化非遗品牌管理公司，让中国人看见非遗 [EB/OL]（2022-10-8）. https://www.163.com/dy/article/HJ5STQVD0538282G.html.

容本土化上，主要是翻译制作相应市场的字幕、根据当地用户的喜好对视频进行二次创作和剪辑、为创作者在当地市场的内容选题提出参考意见，以及根据平台数据表现给出内容提升建议[①]。这些 MCN 通过理解海外平台的运营逻辑，积极进行全球化尝试。

（四）出海探索：从本土到外网

得益于网络空间的流动性与弥散性，国风文化有向海外扩散的趋势，而海外平台将成为对外传播突破口之一。从平台层面，为展现全球化的传播格局，各大海外平台正在不断优化平台环境，为创作者提供良好的创作氛围。科技基础上不断降低的使用门槛可以提供更优质的平台服务。以优兔为例，优兔平台目前可支持多种清晰度的画质，包括高清（HD）、4K、8K 清晰度视频投放，也可对视频语音进行自动翻译并添加字幕，满足创作者需求[②]。从用户层面，平台年轻用户使用率高。2023 年某优兔用户数据报告显示，18—34 岁年龄的用户占 35.7%，占比最高[③]。而根据布鲁金斯学会约翰·桑顿中国中心主任李成的说法，在美 30 岁以下的年轻人对中国的好感度比 30—40 岁、50—60 岁等年龄段的人要高出 20%—30%[④]，平台使用率最高的群体与对中国最友好的群体有着极大的重合面。这也意味着，以优兔为代表的海外平台发布相关国风文化作品有机会得到更有效的国际传播。

因此，从优兔上播放过亿的李子柒到入驻 TikTok 的中国网红们，越来越多的我国博主在脸书、优兔、Instagram 等国际新媒体平台开设账号，用自己的方式阐述传播中华文化，吸引了来自世界各地的粉丝。国内平台的国风区

① 快科技官方.李子柒停更后：那些火在 YouTube 上的中国创作者现在怎么样了？[EB/OL].
  (2023–05–06). https://finance.sina.cn/tech/2023–05–06/detail-imysvmtz9631055.d.html.
② 隋璐怡.YouTube 社交平台网红传播力分析——兼论李子柒海外走红的案例启示 [J]. 国际传
  播，2020(01): 78–87.
③ DATAREPORTAL. YOUTUBE USERS, STATS, DATA & TRENDS[EB/OL]. (2023–05–11).
  https://datareportal.com/essential–youtube–stats.
④ 新京智库.专访布鲁金斯李成：未来中美旗鼓相当是大概率事件 [EB/OL]. (2021–12–31).
  https://www.bjnews.com.cn/detail/164094252093545.html.

分类不断细化，在国际平台上，各大博主的粉丝增长量也相当可观：留法音乐博主碰碰彭碰彭因在法国街头演奏古筝，推广中国传统民乐而走红网络。截至 2023 年 10 月 15 日，拥有 90.8 万订阅者，总计 1.65 亿播放量，以复刻古风造型系列走红的博主十音也收获了 26.1 万粉丝关注。不少与国风相关的视频也成为海外网友热议的话题之一，Z 世代的国风出海探索已初见成效。平台正在赋予中国文化出海新的实践空间。

五、青年国风文化对外传播的创新路径

跨文化传播需要挖掘国风文化的精髓，利用媒介力量打造既具有文化内核又符合海外受众品位和情感需求的作品。这意味着为了能在更大范围的地理传播空间具有影响力，在内容生产中，不仅仅是要保持中华文化的韵味，同时要实现和新的社会关系、趣味和品位的再连接。

（一）情感共鸣：来自艺术的共振共鸣

情感社会学关注的是情感存在的社会和文化环境、情感的社会性质和社会发展过程、情感的社会构成和功能以及情感的社会问题[①]。情感把人们联系在一起，意味着对社会的期许和命运的感怀。中国古话又叫"人同此心，心同此理"。人类在情感、道德上拥有共同的取向，而国风青年正在挖掘传统文化所具有的共通性，将其用于出海跨文化传播中。

即使审美是主观的产物，但艺术带来的或震撼或感动，仍具有共享性。各国家和民族无不珍惜人类交往过程中的真挚情感，并追求人与人情感的连接。例如，前文提到的碰碰彭碰彭，在优兔上经常发布与当地人的合作作品，多元的国风曲目结合各类西洋乐器，东西方音乐的碰撞既和谐又激情洋溢，引发网友"世界本该是这样""这一刻值得铭记"的围观与感动，凸显了情感共识所带来的对美的共同认可。这种认可符合人类情感的共通性，足以让不同国籍、不同文化、不同时空的人在艺术里找到一丝慰藉、一份共鸣。

---

① 明海英. 情感社会学：通过情感透视时代精神 [N]. 中国社会科学报，2015-02-02(A02).

（二）平台助推：技术赋能下的跨圈层传播

首先，国风文化在复平台编织的交叉网络中扩大影响力与传播力。作为"数字原住民"的 Z 世代，网络就是他们的社区。面对多个平台共同构成的综合媒介环境，内容生产者一般会主动采用将注意力分配至不同媒体，而新一代的内容生产者也会适应不同需求，提供不同的文化作品[①]。从优兔到 TikTok，从十分钟的缂丝制作到几秒的汉服变装，当代国风青年掌握了在不同时长下生产成熟、优质、有趣内容的能力。

其次，国风文化在节点构成的网络中，产生持续扩散的文化影响力。曼纽尔·卡斯特尔（Manuel Castells）形容的网络社会，包含着无数的节点，节点与节点之间相互连接并且跳转[②]。通过链接的分享—复制—粘贴，能够满足用户在不断的强弱互动中获得多元化信息的需求，一定程度上实现内容的跨圈层传播。比如，用户通过搜索引擎进入视频区后，在视频留言区，观众可以在讨论中为他人分享其他平台相关联的视频链接。由此，用户在链接互动中形成了一种流动关系，为国风区的博主不断带来新流量，使得国风的关注度快速提升，同时在不断完善的信息中建构出更立体清晰的中国国风文化形象。

最后，国风爱好者通过话题标签（hashtag）、算法技术进一步形成社群。在海外平台上，通过标签聚合效应，相关博主和内容可以被发现。算法是平台依赖的技术基础，个性化社群是算法运作的结果。在推荐算法不断迭代的助力下，各领域培养了自身的特定内容生产方与受众，并不断创造链接影响力。而博主也在通过算法推送实现互动，让对某类国风文化感兴趣的海外用户接触到国风内容，并且培养其对更多同类中国文化的兴趣。

---

① TANDOC JR E C, LOU C, MIN V L H. Platform-swinging in a poly-social-media context: How and why users navigate multiple social media platforms[J]. Journal of Computer-Mediated Communication, 2019, 24(1): 21-35.

② 马中红，胡良益. 无限连接：网络平台技术逻辑下的亚文化"出圈"现象 [J]. 新闻与写作，2021(06): 21-29.

（三）作品创新：内容生产的创造性

国风青年认可并传承传统文化的同时，也在以其独特的方式传播并且表达文化，传统文化也随之被赋予了新的表现形式和形态。

首先，国风青年在海外传播中，很擅长用影像传达故事，尤其是对微观故事的编排与讲述。这就避开传统跨文化传播中过于专注宏观视角、追求高大全的叙事方式，使其更容易被知晓与理解。以李子柒为例，其广为海外受众好评的很重要原因在于会用视频"讲故事"。李子柒的很多视频定位于古风生活美学，每期都只讲述一个故事，比如关于土豆的故事、葡萄的故事、花生的故事……这是中式美学的岁月静好，它们作为李子柒视频中特有的故事，也在使受众感受到中国人娴静、日常的审美趣味，从而产生探索更多中国传统文化的兴趣。正如在播放量达 4615 万的《土豆的一生》(the life of potato)视频下，有网友评论说："没有人知道她在的土地有多么慷慨，充满了爱与和平，这是多么美好的生活地方！"好的故事讲述会引发全人类对美的生活的向往。

其次，对于海外国风博主而言，把自身放在别人位置上理解他人，进入对方的文化领域，最容易化解心灵上的障碍，也会激发海外受众的新奇感与获得感。碰碰彭碰彭播放量排名前十的视频不少是用古筝演绎经典外文歌曲。如 2021 年 11 月 12 日发布的《法国街头｜古筝演奏作品 See You Again 人山人海 直接炸街！》，截至 2023 年 10 月 15 日，该歌曲在 YouTube 的播放量达到了 1672 万。至今仍有来自世界各地听众的留言，表示："不可思议""中国乐器太疯狂了""她在异国他乡演奏自己的乐器，但明显更现代"。除此之外，墨韵的古筝演奏《加州旅馆》、Thunderstruck 等经典外国名曲都收获了百万级播放量。从海外听众视角出发的东西方文化交汇，更具创新力，也更有听觉冲击和传播效果，对于国风博主而言，也意味着影响力。

六、青年国风文化对外传播的困境与启发

今天的 Z 世代发挥主观能动性，在新的审美理解与平台技术支持下，为

中国文化在国际范围内扩大影响力提供了内容与方法的创新，有助于增强文化的传播力影响力。但与此同时，受到自身经验的限制，Z 世代的国风文化对外传播仍具有偶然性，面临着多方面的问题与短板。

比如，一些在外网发布的相关视频并没有配备应有的解说字幕或外文配音，只是国内视频的完全搬运，未做加工处理的作品使得很多海外观众"只见其物，不懂其意"。也有些作品进行了 AI 字幕的自动翻译，但翻译结果中可能包含错误，影响整个作品的质量和观众的观感。此外，还需要注意翻译的跨文化思维问题，如果不运用跨文化思维进行"文化转换"，国风文化的国际传播效果将大打折扣。[①] 目前，很多青年博主对选题策划、叙事方式、表现手段都比较重视，但对内容翻译的关注仍然不足，特别是在翻译一些需要"跨文化转换"的词语时，还存在一定不足。比如，在一些宣传丝绸文化的视频中，中国观众会有意识地注意到绢、纱、绮、绫、罗、锦、缎、缂丝等代表不同组织结构，但翻译通常会以"silk"简要带过，如果没有精准的语言转化，很难令外国观众体会丝绸的魅力与中国文化的博大精深。因此，如何对相关的国风视频进行翻译，也是面临的考验之一。

另外，目前国风文化的传播比较自发、分散。在英语中描述国风这个现象时，"Guo Feng""Chinese style"等拼音和英文名称交叉使用，但似乎并没有达成共识的翻译方式。尽管有类似李子柒、碰碰彭碰彭等拥有固定粉丝群的出圈博主，但国风的对外传播大部分依赖于个体的兴趣，不具有稳定性和长期性。

如何在平台化语境中，使青年国风文化的出海既具有中国特色，又被海外观众喜爱，且具有稳定性和长期性，已成为当前国风文化对外传播需要考量的问题。

（一）联合多方力量，形成新社群

一方面，Z 世代应继续充分发挥善于表达与利用互联网空间的能力，如

---

① 司思. "一带一路"背景下中国民族音乐国际传播策略研究 [J]. 传媒，2023(19): 57-58+60.

国风博主之间达成合作，实现流量引流，形成具有凝聚力的新社群；或是与海外网红进行互动，建立国际友谊，链接更多圈层。另一方面，国风博主需注意主流媒体的"文化在场"[①]——公共媒体的文化属性以及全球连接能力具备助力国风青年海外传播的潜力。

（二）增强文化意识，明晰文化边界

在跨文化传播中，离开文化发源地的平台语境会导致文化边界模糊，这在 2020 年起引发广泛关注的中韩传统服饰事件中可见一斑。在外网展现的中国传统服装，被一些韩国博主归为韩国传统服饰，引发争议。尽管有类似十音等颇具影响力的博主在优兔、推特（X，原 Twitter）发布《汉服不是韩服》等回应作品，但对于不了解中韩历史的外网友，厚重的历史、碎片化的媒介环境可能使 Z 世代难以对国风文化有着完全透彻的理解。这就要求青年一代从本民族的文化传统中去寻求力量源泉[②]，对传统文化要有更为深刻的认知。在"视觉""审美"等层面感知国风文化的同时，也要挖掘其中文化层面的意义，从而在文化论争面前有足够的证据和说服力。

（三）坚持创新，展现青年魅力

我们可以看到国风青年正在发展，其存在不成熟的一面，但这恰恰反映出其在青年亚文化、传统文化、民族与国家意识等因素共同作用下，正生成新的文化面貌。面向全球 Z 世代群体，国风青年要坚持对传统文化的创新精神，借助年轻化的表达，传播国风文化的独特魅力，激发全球 Z 世代青年的情感共鸣。国风文化在 Z 世代新的审美志趣与文化认同助推下，影响力不断增强，会成为中华文化走出去的具有潜力的一部分。

① 俞逆思，陈昌凤. 从泛在到脱域：媒体融合与传统文化节目创新 [J]. 中国广播电视学刊，2022(10)：105–108.

② 杨雪，张冉，孔令旭."传统"的再造与流行——对青年汉服文化演变逻辑的考察 [J]. 当代青年研究，2022(02)：40–47.

Z 世代青年文化与综艺节目"出海"的可能

吴畅畅 [①]

【摘要】本文从综艺节目的全球贸易和社交媒体平台的流通或传播两方面同时入手，细致梳理当下国内青年文化综艺的"出海"问题。当前，面向青年或 Z 世代青年的综艺节目，大部分依然采用西方或韩国的竞争与淘汰赛制，也无法面向青年提供新的人生或职业愿景。在这一点上，国内综艺节目中再现的中国青年，和西方或东亚资本主义诸国的青年"同此凉热"。本文提出的国内 Z 世代青年文化综艺节目的"出海"正针对于此。如何摆脱与全球（西方或韩国）接轨的情结，从而转向全球南方，背靠广袤的乡土文明，透过节目模式的共享，启发本国乃至世界青年想象一条非资本主义的生活方式和人生愿景，或许是当前国内青年文化综艺"出海"、实现去西方化的国际流通的关键。

【关键词】Z 世代青年　综艺节目　出海

随着"互联网原住民"的成长和社交媒体技术的更新迭代，Z 世代文化（我在别的地方称之为"新青年文化"[②]）在大众文化和公共空间中的可见度与日俱增。相对于前互联网时代或前社交媒体时代的青年文化而言，Z 世代文化的部落化发展特征越发显著。一般情形下，不同类型的文化群体各自建立专属的网络社区，秉持互不干扰的行动逻辑[③]。与此同时，自 2017 年嘻哈和街

---

① 吴畅畅，华东师范大学传播学院副教授。
② 吴畅畅. 电视综艺"讲好中国故事"与重建青少年文化领导权的可能 [J]. 东方学刊，2021(04): 103–115.
③ 2020 年某流量偶像的粉丝同国内最大的同人和耽美社区之一的 AO3 成员间"厮斗"，属于例外情况。

舞等青年文化相继被制作成才艺竞技选秀节目（比如《中国有嘻哈》，后更名为《中国新说唱》;《这就是街舞》等）以来，综艺化日渐成为 Z 世代文化内部群落不断壮大所依靠的方式。青年文化的物质内容原本很大程度上有赖于大众娱乐业，如综艺节目。它不仅让青年观众参与其所创造的想象世界，还让他们间接地参与到娱乐业本身[①]。然而，部落化和综艺化之间天然地存在一道难以逾越的沟壑。综艺或综艺化的本质在于面向大众普及，而普及多以娱乐、搞笑或轻松的形式呈现。青年（小众）文化如何"出圈"曾一度以及至今仍属于国内综艺节目制作领域里难以攻克、极富挑战性的难题[②]。此外，在国产影视剧拓展国际市场获得政策偏好和一定程度的市场效应的大背景下，综艺"出海"同样成为行业内寻求全球影响力的命题作文。

倘若如此，我们应该把青年文化综艺节目的国际流通置于何种位置？传统的文化帝国主义或全球化理论似乎无法充分阐述它们的国际传播和流通。文化帝国主义太过侧重于英美经济霸权或政治／文化领导权的强势输出[③]，而沐浴在去政治化浪潮的全球化理论又严重低估电视节目国际流通遭遇的政治折扣问题[④]。考虑到当前国内综艺节目主要以青年文化为开发对象，收视人群相应地瞄准青年群体（即 Z 世代），那么，讨论国内青年文化综艺节目的"出

---

① BERGER B M. On the Youthfulness of Youth Cultures[J]. Social Research, 1963, 30(3): 319–342.

② 有关综艺节目"出圈"话语和策略的详细分析，具体可参见吴畅畅 . 视频网站与国家权力的"内卷化"[J]. 开放时代，2021(06): 186–201.

③ 有关文化帝国主义视角下电视国际流通的研究，除遵循赫尔伯特·席勒的经典著作的思路外，1980 年代以来的许多文献侧重于对其理论框架的反思，具有代表性的可参见 FEJES F. Media Imperialism: An Assessment[J]. Media, Culture & Society, 1981, 3(3): 281–289; TRACEY M. Popular Culture and the Economies of Global Television[J]. Intermedia, 1988, 16(2): 9–25; SINCLAIR J, JACK E, CUNNINGHAM S(eds.). New Patterns in Global Television:Peripheral Vision[M]. Oxford: Oxford University Press, 1996.

④ 全球化框架下思考国际电视或电视节目的国际流通的研究代表可参见 ROBERTSON R. Globalization: Time–Space and Homogeneity–Heterogeneity[J]// FEATHERSTONE M, LASH S, ROBERTSON R(eds.). Global Modernities[M]. London: Sage, 1995: 25–44; BARKER C. Global Television: An Introduction[M]. Oxford: Blackwell, 1997; THUSSU D. International Communication:Community and Change[M]. London: Arnold, 2000.

海"的核心应当在于，高扬类似"爱与和平"或社会达尔文主义等思想旗帜的综艺节目是否有助于其自身成功地实现对外传播？全球范围内青少年（Z世代）是否在综艺节目的串联下团结在一起，手拉手心连心？

要回答上述问题，我们应当尽量避免过于宏观的政治经济或制度分析，也不能囿于微观层面的受众人类学调查。二十余年前，部分西方学者在考察民族国家的电视节目或电视剧输出情况时采用的"中观"研究方法，即结合行业和文化的解析同节目的接受研究①，似乎有助于我们面对中国的综艺节目主体构成（青年文化）的海外流通时，不再执着于普遍吸引力原则。这种类似于罗伯特·默顿（Robert Merton）提出的社会学中观研究方法论既需要我们细致探究国内综艺节目的青年文化特质以及其他国家或地区对它们的接受度，又要厘清行业内的实践原则，特别是管理人员与海外购片方的把关角色。换句话说，唯有从综艺节目的全球贸易和社交媒体平台的流通或传播两方面同时入手，方才可能把握当下国内青年文化综艺的"出海"问题。

一、青年文化综艺节目的"出海"简史

如果我们把"出海"仅仅定义为综艺节目借助国际电视节斩获名声，或向海外电视台输送节目模式，那么青年文化综艺节目的"出海"可以追溯至湖南卫视在 2005 年和 2006 年分别制作的《超级女声》与《变形计》。由于电视台的大众属性使其综艺节目制作无法完全照顾青少年的精神诉求，而只能追求社会和文化趣味的最大公约数，即制作"合家欢"节目。但是，以青少年为参与主体的综艺节目依然可以被视为青年文化综艺。2005 年李宇春经过"全民"票选获得年度冠军，同年年底登上《时代》杂志亚洲版封面，亚军

---

① CUNNINGHAM S, JACKA E. Neighbourly Relationos? Cross-Cultural Reception Analysis and Australian Soaps in Britain[J]// SREBERNY-MOHAMMADI A, WINSECK D, MCKENNA J, et al. (eds). Media in Global Context[M]. London: Arnold, 1997: 299-310; 珍妮特·斯蒂莫丝.营销电视——全球市场中的英国电视 [M]. 王虹光，译.武汉：华中科技大学出版社，2016: 1-75.

张靓颖 2009 年受邀参加美国脱口秀《奥普拉·温弗里秀》。2007 年超女快男选手在香港、悉尼等地召开演唱会，2010 年快男节目首次在海外设立选拔唱区。上述情况无一不说明，超女和快男的影响力借助英美主流媒体持续向外输送。《变形计》源自英国《换妻》节目，这档真人秀因记录城乡儿童互换生活的全过程，而在国内引发有关城市孩子教育问题的社会大讨论①。2007 年，新加坡举办亚洲电视节，《变形计》获颁最佳真人秀节目奖项。这是中国大陆地方电视台制作的综艺节目首次得到亚洲电视节的肯定。翌年，湖南卫视制作的《挑战麦克风》经由世熙传媒的运作，与泰国电视台达成模式版权交易。这也是国内电视台在节目版权国际交易市场中第一次实现模式输出。2005 年至 2010 年这段时期，国内青年文化综艺尚未在全球电视市场里获得海外发行商或电视平台的洽购意愿，节目借着名声或"美誉度"获得全球传播的机会。

当 Z 世代青年进驻社交媒体空间并建立各类文化社区时，那些经历过电视综艺发展黄金时代的总导演或制作人在得到视频网站资金支持的条件下，不约而同地将焦点瞄向新青年文化。在这个意义上，网络综艺本质上可视为 Z 世代青年文化综艺，其"网生"属性更多指向的并非技术，而是代际。不少研究套用亚文化的理论框架来阐述当前青年文化的发展形态②。然而，相较于亚文化理论的适配性问题，Z 世代青年文化的综艺化传播才应当是我们理解青年文化综艺的"出海"或国际流通的关键因素之一。在很大程度上，电视节目国际流通和贸易价格受到文化折扣③的影响。因此，综艺导演或制作人

---

① 我曾先后在文章《湖南卫视"高端崛起"之后，还有什么？》和《浅议当前普通群众参与的（电视）真人秀节目的生存现状与发展趋势》中讨论过《变形计》这个节目的意识形态内核和国内流通情况，具体可参见吴畅畅. 湖南卫视"高端崛起"之后，还有什么？[J]. 新闻大学，2014(05): 58–67；吴畅畅. 浅议当前普通群众参与的（电视）真人秀节目的生存现状与发展趋势 [J]. 新闻大学，2016(04): 51–59+150–151.

② 至今，使用"亚文化"和"青年文化"为关键词在知网数据库搜索，仍能得到 2828 条相关论文信息。其中，仅 2023 年已经有 184 篇论文以亚文化为视野考察中国青年或网络文化的发展。

③ 关于美国电视节目的国际贸易和价格竞争分析，可参考 HOSKINS C, MIRUS R. US Television Programs in the International Market:Unfair Pricing[J]. Journal of Communication, 1988, 39(2): 55–75.

在设计综艺节目赛制时，考虑到生存竞争和社会达尔文主义可能带来的政治冲击，更倾向于韩国综艺的语法和技巧以实现节目至少在东亚和东南亚地区的广泛流通。韩国与中国在家庭观念或道德感层面上的家族相似性，让移植进国内节目的韩式综艺技法毫无违和感。嘻哈和街舞选秀是最早借鉴韩国综艺模式的一批网络长视频节目。原本属于底层黑人控诉社会不公的文艺形态经过节目的有意改装，转变成城市中心主义的 Z 世代青年竞技比赛。《中国有嘻哈》或《热血街舞团》对青年生存现状的再现，《说唱新世代》里只谈个体和个人主义，避开国家和集体的在场，《这就是街舞》高举爱与和平的口号，充分体现制作人试图把基于阶层或城乡地区差异而内部参差不齐的青年聚拢在网络选秀综艺麾下的商业（或许还有文化？）野心。音乐或舞蹈的"脏痞坏"性质转变（比如节目的更名、音乐和节目内容的正面改造），客观上更帮助加快中国青年文化透过视频平台向海外输出和流通的步伐。

迄今为止，网络综艺节目开发的 Z 世代青年文化涵盖二次元、密室、剧本杀、篮球、电竞、国风，还有民谣、电子音乐和乐队等种类。这些节目大多采取选秀竞技的赛制，参与者逐轮淘汰，被业界统称为垂直类选秀综艺。该类型节目主要通过视频网站的海外版以及海外社交媒体（YouTube、Facebook 或 Tiktok 等），在东南亚、中国港台或美欧地区得以传播。视频网站制作的综艺节目的国际流通依然偏重版权交易，停留在 IP"出海"的阶段，很难转向海外自制或合制。比如，福克斯传媒集团购买优酷《这就是街舞》版权（2018 年）、美国 U2K 公司与爱奇艺达成《热血街舞团》的模式授权合作协议（2019 年）、越南 VTV 电视台购买芒果 TV《乘风破浪的姐姐》版权（2023 年）等。少部分节目被国内或海外代理公司买下境外播出版权，主要通过电视媒体向中国港台地区和东南亚国家的观众放送①。除此之外，还存在一种情况也应被视为 Z 世代青年文化综艺的海外输出。比如，腾讯视频购买

---

① 比如，《这就是街舞》2018 第一季曾被江广盈科买下海外播出版权，通过本土电视台面向东南亚部分国家观众播出这个节目。

韩国原版节目模式"Produce 101"后委托七维动力制作本土版《创造 101》，该节目影响力辐射至泰国。泰国 GMM 公司旗下 ONE31 电视台邀请国内原班团队参与泰版"Produce 101"即《创造营亚洲泰国季》的制作。

当前，在全球电视市场上从事 Z 世代青年文化综艺节目的国际贸易和流通的行为主体由四大视频网站和一线省级卫视组成。省级卫视和视频网站尽管在所有制结构上差异甚大，但它们依然具有以下传播共性：（1）两者都属于地方性媒体（行政级别为省级，或公司注册地为某城市）；（2）从受众与地理覆盖范围来看又可被视为全国甚至跨国或全球媒体；（3）大多数青年文化综艺节目的国际贸易或流通属于以普世主义为思想基础的商业行为。为了有效抵消国际或跨文化传播过程中出现的文化折扣，大量繁殖的垂直类选秀综艺、偶像养成类或者脱口秀节目，鼓励文化多元主义，特别是社会性别和性存在多元主义的美式政治正确诉求。然而，它们仰仗的新青年语法和普世主义价值，组建出的无非是全球"身份政治"版图中资本导向的 Z 世代青年大合唱或文化狂欢的一块拼图。

二、Z 世代青年文化综艺"出海"的文化环境

Z 世代青年对社交媒体的倚重使其社会化表达和文化形态呈现出与此前世代极为不同的集体症候。已经上线的脱口秀、真人秀或垂直类选秀节目及其打造的新青年文化更偏好身份政治、个人主义和企业家精神以及丛林法则，这表明它们选择的"出海"策略更靠近城市中产（中上）阶层的文化规范和政治趣味，而韩国综艺在过去数年间牢牢把持国内青年文化综艺的内容构成和发展形态。韩国本土电视台制作的综艺节目的脱敏化改造，比较符合国内综艺节目去政治化的诉求。

不过，韩综的文化领导权地位只局限在东亚地区，直到奈飞（Netflix）的介入。全球范围内，现在的综艺节目标杆不再由英美主流电视网或节目版权机构所主导，而是掌握在制造流媒体娱乐内容的奈飞公司手上。作为公认的国际流媒体平台，奈飞在 200 多个国家或地区落地，拥有庞大的受众基础，

尤其在亚洲。这使得它将部分制作重心转向东亚。在与日本自 2015 年以来共制的综艺节目反响平平后，奈飞加快进军韩综市场的节奏。在奈飞的引领下，韩国综艺在流媒体平台上迅速获得广泛传播的机会。2021 年的《单身即地狱》，2023 年的《海妖的呼唤：火之岛生存战》《丧尸宇宙》《体能之巅：百人大挑战》等节目相继进入节目上线国家或地区奈飞前十位热播榜单。与韩剧进入奈飞后强调复仇、快感和视觉刺激的风格一致，奈飞监制下的韩国综艺节目不但放大生存、对抗和暗黑人性等元素，更使用非情色的镜头对青年男女选手进行身体特写，而不像美国只在当下电视恋爱综艺节目里热衷于密集表现男女之间的性张力。国内网络综艺在创意层面上的持续乏力与想象力不足，主要体现在对韩综节目模式的亦步亦趋，这导致其自身透过各自的视频平台海外版进行用户拓展时，很难抵挡奈飞产品的内容稀缺性及其影响力。

瞄准 Z 世代青年的国内网络综艺节目的想象力不足，是否源于制作单位自身存在的"理论的贫困"？无论是韩国本土电视台制作还是奈飞主导的韩国综艺节目在国内引发的镜像效应是否又反向导致网络综艺节目组对海外的文化环境认识不足？至今，与中国青年文化有关的视频节目（排除明星或名人）在海外社交媒体平台上拥有千万订阅用户与上亿播放量的，只有李子柒。2021 年，李子柒以 1410 万优兔订阅量刷新了由她创下的"最多订阅量的优兔中文频道"的吉尼斯世界纪录[①]。李子柒进入优兔平台制作短视频，最初是出于某种商业自觉，但她的走红，远不是文化或身份认同这么简单。已有文献指出李子柒现象背后的商业化运作[②]，不过这些研究鲜少揭示优兔上李子柒的订阅用户被社会动员起来的机制，更缺乏对其情感结构的整体判断。依据对优兔订阅用户的评论或留言的文本分析[③]，我们大致可以得出如下结论：对好

---

① 澎湃新闻.李子柒刷新"最多订阅量的 YouTube 中文频道"吉尼斯世界纪录 [EB/OL]. (2021–02–02). https://m.thepaper.cn/newsDetail_forward_11045136.

② 较有代表性的分析文章可参见刘旸. 短视频"出海"：基于海外受众视角的 YouTube 运营解析——从李子柒海外走红说起 [J]. 传媒，2020(04): 42–44.

③ 为了解 YouTube 用户对李子柒的态度和立场，笔者分别在 2019 年 12 月 1 日和 2019 年 12 月 10 日借用朋友的 VPN 查阅李子柒账户三条点击量最高的视频下前两百条的评论。

莱坞意识工业关于现代生活形态的文化霸权式叙述的直觉性抵制、东方主义的心理结构与环保主义的社会意识，特别是因深度卷入超媒体消费文化的娱乐矩阵里而罹患的"反射性无能"[①]症状，以及新自由主义经济和丛林环境造就的压迫感而引发的逃避主义心态等多重因素相互作用，让这位没有任何官方背景的小姑娘在中国农村"从前慢"的生活，受到海外社交媒体的海量用户无政府主义式的追捧。这是否零星地表明私营的商业化视频网站在综艺节目"出海"的问题上长期存在对青年日常生活和文艺需求的建制化和精英主义的傲慢心态？一边是市场和资本认证的 Z 世代城市青年及其象征的文化中国，一边是李子柒代表的非官方的符号化和直观化的东方主义。一边是狂热和狂喜，一边则是静谧和疗愈。哪一边才能更有效地帮助网络综艺将国内 Z 世代青年和全球范围内的青年联结在一起？

爱奇艺 2023 年 4 月上线的《种地吧》将被韩国翻拍的消息或许可以回答上述这个问题。与其赞颂《种地吧》传播农耕文明，开发乡土文化，不如深入思考节目在行业集体看齐韩国综艺走向的环境下如何能够实现反向输送。韩国历来有制造"慢综艺"的传统，国内的《向往的生活》《中餐厅》和《亲爱的客栈》都可以在韩国综艺里找到原型。"慢综艺"有悖于选秀节目的竞技性，援用英国纪实电视的形式，旨在减缓城市观众或用户在日常生活中切实感受到的加速感和倦怠性。"加速"和"倦怠"分别取自法兰克福学派第四代代表人物哈特穆特·罗萨（Hartmut Rosa）和韩裔德籍的批判学者韩炳哲（Byung-Chul Han）提出的观点。新自由主义全球化无远弗届的发展几乎拆除每个国家的免疫边界，迫使生活在"无边界的"国家中的每个个体都处于一种自愿的自我剥削的状态[②]。这种状态传递出的某种生活品质，示范了在"绩效命令"之下的歇斯底里症。比如超负荷劳作、积极性过剩。无形中，每个人都被推动着受困于一架与其他人争抢有限的资源、"不断加速、围绕自

[①]　FISHER M. Capitalist Realism: Is There No Alternative?[M]. London: Zero Books, 2009: 19-24.

[②]　哈特穆特·罗萨. 新异化的诞生：社会加速批判理论大纲 [M]. 郑作彧，译. 上海人民出版社，2018: 2-10.

身旋转的疯狂竞争"机器之中。于是，城市职业"牲人"^①都处在自己的劳动营里。韩炳哲指出，这种劳动营的特殊之处在于，每个人同时是资本的囚犯，也是资本的看守；每个人受制于资本，争夺有限的资源，同时也是资本的共谋者^②。社交媒体上青年人表露出的各种情绪或各种向往，像让消费的时不我待作为对熬夜工作的最大犒赏，让"诗和远方"成为对加速生活的最大幻想，才是当前"绩效社会"塑造新的青年主体性的根本方式。这也是当前由意识工业复合体所组成的社会生产体系自洽的地方，因为它可以自我生成。每个人都主要要求成为其中的一分子，生怕被甩脱出去，你我概莫能外。若全球化导致世界范围内 Z 世代青年类似的结构性困境与精神症候，那么"慢综艺"的确可以制造一种"自我呵护的伦理学"，直接面向当代新青年的期望、文化和实践逻辑，帮助后者构建可"实际体验到的意义"^③和价值体系。《万物生灵》和《德雷尔一家》等近几年由英国电视 5 台或独立电视台制作的田园英剧，凭借其"用云淡风轻的方法对虎狼文化竖起中指"^④的姿态在推特和优兔上收获年轻用户的广泛热议。实际上，这已经证明资本主义文艺作品的现实主义手段（主要是对自然人性和微观自然的塑造）对青年群体的实质性吸纳。

三、Z 世代青年文化综艺"出海"的新契机

新媒体技术孕育出新的人群，即以 Z 世代青年为主体的网络原住民，更孕育了像综艺节目这样新的生产领域以及生产主体，即拥有海外上市，或股权融资的私企身份、强势崛起并实现垄断化发展的视频网站以及与其形成利

---

① "牲人"，或国内学者称为"神圣人"的论述，是由阿冈本提出的，具体可参见吉奥乔·阿冈本.神圣人：至高权力与赤裸生命 [M].吴冠军，译.北京：中央编译出版社，2016: 24–48.

② 韩炳哲.倦怠社会 [M].王一力，译.北京：中信出版集团，2019: 32–33.

③ 雷蒙·威廉斯.马克思主义与文学 [M].王尔勃，译.开封：河南大学出版社，2008: 118.

④ 取自毛尖老师 2022 年在华东师范大学"读书散疫，爱在华师大"读书会上对《万物生灵》的解读。具体可参见澎湃新闻.如何过好普通的一生？听毛尖老师解读英剧《万物生灵》.(2022–03–24). https://m.thepaper.cn/newsDetail_forward_17278100.

益共同体的、分散的民营制作机构。作为被表征的青年文化符号的生产者，视频网站在市场化的道路上，暗度陈仓地打造出有别于执政党的新式的 Z 世代青年"文化的城堡宫室"，以作为对"人民大众意识形态的广阔田野"的借代。视频网站综艺节目制作的方法论本质上与省级卫视无异，目光朝北或望西，希望借模式购买或借鉴，完成内容创意层面的"与时俱进"。在此情形下，青年文化综艺与其说要"出海"，不如认为它们首先想"入海"，进入由欧美电视媒体或流媒体平台奈飞主导下的节目市场红海。

2018 年，在中国广播电影电视社会组织联合会电视版权委员会和上海广播电视台的联合组织下，一场名为"WISDOM in CHINA"的中国原创节目模式推介会登陆法国戛纳电视节。不论这是否属于综艺节目对外输出的自产自销，至少在 2018 年前，戛纳国际电视节 Fresh TV 模式大会上，中国模式一直缺席。"入海"后的症结不在于国内综艺制作公司买空全球电视市场（从欧美转向韩国）上几乎所有的节目模式，至今还有私营企业依然为此助威增势，而在于视频网站和短视频社交媒体平台耗费巨资购置版权或原创开发的青年文化综艺未能向全球市场成功输出（除了中国港台地区或部分东南亚国家）的窘境。原因究竟在于我们的市场化程度和法治体系不匹配、不成熟，或我们的制作理念不够"放任自流"，还是我们采取一条遵循西方 / 东亚的市场化综艺生产标准进而寻求赶超英美 / 日韩的发展路线，因此不得不对意识形态的"内爆"进行自我去势，自我幽灵化，或"象征性歼灭"？

2022 年下半年开始，国内视频网站综艺节目制作因广告收入锐减而进入产能缩紧的阶段。即便如此，视频网站依然唯韩综至上，腾讯视频连续两年将年度节目押在韩国热门电视节目或最新上线的真人秀上，相继推出《新游记》和《我可以 47》。节目获得预期热度或流量在本文的讨论中远不如青年文化综艺的对外输出这个问题重要。视频网站以模式购买的方式，只是把自身主动置于资本主义节目商品链的下游。因此，节目的生产与上线实现的也只是西方或韩国节目的国际流通和对外传播。这几乎以最为残酷的方式，迫使加汉姆·默多克（Graham Murdock）所说的道德问题重新回到综艺节目的生产与国际流通过程中。这种"道德转向"①，一方面从历史逻辑的角度提示我们，是否应当从对模式的私有权的信仰，转向模式的共享的可能性与可行性的探索？与此同时，"道德转向"也从现实主义逻辑的角度警示我们，青年文化综艺是否长期陷入"大制作"和好莱坞化的迷局中而丧失了对"小而美"路线或人文主义的想象力？

面对奈飞领衔的亚洲（韩国）综艺格局，国内的视频网站固然无法直接对抗，因为某些不可抗力也难以进入奈飞的合作版图。既然如此，面向 Z 世代青年群体制作的综艺节目首先可否摆脱一切向韩综靠拢的认识论？十余年前，由湖南卫视和浙江卫视开启的韩综潮流，将国内综艺节目的生产推向大片化的发展阶段。制作人显然只会在竞技选秀和游戏杂耍的思路中寻找模式点的排列组合，生产出一批形式上大体相近的真人秀综艺：耗资巨大（以亿为单位）、制作团队庞大（数百人）、明星或公共名人参与。它们本质上为青年提供了职业规划的示范形象，容忍或奖励青年人对世界的理解，并为那些不能或不愿意"长大"，对立于父母、教师或官僚要求的规范或制裁表示漠不关心的青年人提供浪漫或迷人的事业②。无论是 Z 世代还是此前的青年，其文化形态和发展都共享一种作为"行动追求者"的青年性，比如精力充沛、冲动、自发、直言不讳、无节制和不懂得中庸之道等③。网络综艺接续电视综艺

---

① Graham Murdock, 'Political Economies as Moral Economies: Commodities, Gifts, and Public Goods', in Janet Wasko (eds.), The Handbook of Political Economy of Communications, Wiley-Blackwell, 2011: 13-14.

② 演艺界或娱乐圈给青年人提供的职业规划和示范，美国著名戏剧家莫斯·哈特在其自传里有过十分精彩的论述。具体可参见莫斯·哈特. 从布朗克斯到百老汇 [M]. 于海生，王丽，译. 北京：华夏出版社，2014: 22-68.

③ "行动追求者"的论述可参见 GANS H. The Urban Villagers: Group and Class in the Life of Italian-Americans[M]. New York: The Free Press of Glencoe, 1962; 有关美国 Z 世代青年的精彩论述，具体可参考格雷格·卢金诺夫，乔纳森·海特. 娇惯的心灵："钢铁"是怎么没有炼成的？[M]. 田雷，苏心，译. 北京：生活·读书·新知三联书店，2020；当然，有关二战后美国或欧洲青年群体的演变，可参见 FRIEDENBERG E. The Vanishing Adolescent[M]. Boston: The Beacon Press, 1959. 对照阅读这些文章，不难发现，不同世代的青年在集体行动的特征和精神面貌上，存在连续性和一致性。

的大制作模式和好莱坞化的再现风格，捕捉到 Z 世代青年文化的这些共同点，鼓励青年以饱满的激情和力比多式的强度投入那些有望带来兴奋和刺激的竞技综艺或脱口秀节目里。同时，当选秀或脱口秀节目的冠军在更大的范围内经过视听媒介的处理，并向全社会公众传播后，冠军就会变成新一代青年的理想类型。置身于观众或网络用户群体之中，男孩女孩们不仅感觉自己有可能登上荧幕，而且相信未来有可能实现自己与普通人之间的天壤之别。正如西奥多·阿多诺（Theodor Ludwig Wiesengrund Adorno）早在半个多世纪以前就已强调那般，电视或电影天然地具有心理暗示功能，综艺节目不外如是。它暗示作为普通人的青年仅凭借自身劳动根本得不到社会精英阶层的运气，生活就是这个样子，除非你凭借本事获得关注。"谁要是对这种单调乏味的权力抱有怀疑，谁就是傻瓜。"① 于是，青年只好选择享受和认同意识或文化工业灌输的逻辑，否则将受到后者的驱逐、责难与排斥。这套让青年沉溺于快感和逃避主义的娱乐消费的工业化操作，反而让省级卫视、视频网站对接上西方和东亚资本主义国家的综艺制作行业。

然而，我们是否可以转换内容生产的方向，不再执着于青年文化形态、类型和群落的竞技化或普及化呈现，不再视青年为一个需要处理、控制或引导至社会认可的方向的"问题"，而基于 Z 世代青年作为一个整体的精神征候或职业困境，以人文主义的语法制作成本不一定高昂却能打通不同国家或地区青年情感结构的真人秀？《种地吧》算是个开头，为 Z 世代青年文化综艺以反向输送的形式"入海"提供一种可供选择的途径。另一种可替代的选择则是中短视频综艺节目的拍摄。国内 Z 世代青年如今倾向于把综艺节目视为"电子榨菜"，用于吃饭时伴随、不经大脑的纯粹娱乐。这意味着节目时长不能如长视频综艺动辄耗时数小时，而可以在半小时甚至更短的时间内结束。中短视频的综艺也更适合于抖音及其国际版 TikTok 平台上的传播，比如腾讯

---

① 马克斯·霍克海默，西奥多·阿多诺.启蒙辩证法 [M].渠敬东，曹卫东，译.上海人民出版社，2006: 133.

视频制作的情景脱口秀《毛雪汪》在 TikTok 上的热度不逊色于国内社交媒体用户的关注度。

如果"入海"还只是局限在西方主宰的电视节目制作与流通规则上，那么国内网络综艺的"出海"战略更应当转换认识论的方向，即脱离西方电视和奈飞统领的全球海洋，而朝向更为广阔的南方和东方。其中最直观也是最可行的转向就是摆脱对节目模式的盲目膜拜，或者一切以西方或东亚综艺类型为上的思路。比如，2018 年 3 月新合并成立的中国广播电视总台，是否可以接续 20 世纪 70 年代至 80 年代初"构建新型国际传播秩序"的历史遗产，在综艺节目私有产权的圈地运动无往不利的当下，借助联合国教科文组织，或其他非政府机构的力量，建立起补充性、对抗性进而替代性的综艺节目公共数据库？它的英文名为 Public Database for Varieties, 简称 PDV。PDV 以收录弱模式、强内容或低成本即小而美的综艺节目为主，号召在模式免费共享或低价交易的基础上，让南北方的公共或非商业电视台，寻找或制作最能体现本国文化设定和价值规范的综艺节目，借此保障第三世界国家或地区节目的相互输出。最终，这一数据库，将有可能转型成带有开源色彩、强调共享和礼物经济理念的文化公地，并与保护模式 / 版权私产及其垄断、准入门槛较为严格的西方国际电视节，形成分庭抗礼之势。此前提到的湖南卫视的获奖真人秀《变形计》，这一城乡儿童或青年交换生活的节目模式，能否以礼品经济的形式，与第三世界国家，如拉美地区的公共或社区电视台共享？这些电视台在"被切开的血管"的政治经济背景下，联合跨国或单独制作国内贫富家庭的儿童或青年，或拉美诸国之间相同境遇的家庭的青年后代，甚至同美国或亚洲诸国的贫富家庭之间的青年成员互换生活的节目，是否更具可行性？

综艺节目对观众而言无论作为娱乐还是逃避，无论对制作单位而言作为资本增值的手段，还是对执政者而言作为社会治理的新形式，本质上它必然面向普通大众而非曲高和寡，普及化和娱乐化也因此必然成为其文化特征和表达形态。然而，英国电视国际流通的经验似乎证明"打造全球电视观众群"

更像一项无法完成的任务①。毕竟，文化或语言的特殊性导致大部分观众一旦有机会选择，就会倾向于选择观看本土的娱乐或综艺节目②。尽管因为地缘政治或经济等因素，好莱坞电影或英美电视节目尚未辐射至非洲或亚洲的某些国家，但是其文化产品超越语言藩篱或克服文化折扣在过去半个多世纪里得以在国际流通的奥秘在于，身份认同与政治多元主义被上升为"教条"，并允许广泛的人本主义或占有性个人主义，以超越阶级与规制的原教旨主义性质。韩国综艺的话语或句法形式表面上相比于英美真人秀软化不少，但其语法依然归属于《老大哥》和《幸存者》等英美传统真人秀主张的丛林法则、经济人和利己主义思想。过去几年间，在亚洲甚至西方世界持续走红的电视剧《鱿鱼游戏》或真人秀《体能之巅：百人大挑战》（《我可以 47》节目原型），无非换了身儒家资本主义的"马甲"重新玩一场美式大逃杀游戏。

　　我国的文化环境和政治制度从一开始便较为排斥过于激烈的言语冲突和真人秀戏码。倘若丛林法则和社会达尔文主义等意识形态被驱逐在国内综艺节目的视界之外，这是否意味着国内综艺节目制作单位或机构天然地具有优势，能够锻造新的综艺语言和思想内核？如前所述，面向青年或 Z 世代青年的综艺节目，依然采用西方或韩国的竞争与淘汰赛制，也无法面向青年提供新的人生或职业愿景。在这一点上，国内综艺节目中再现的中国青年，和西方或东亚资本主义诸国的青年"同此凉热"。本文提出的国内 Z 世代青年文化综艺节目的"出海"正针对于此。如何摆脱与全球（西方或韩国）接轨的情结，从而转向全球南方，背靠广袤的乡土文明，透过节目模式的共享，启发本国乃至世界青年想象一种非资本主义的生活方式和人生愿景，或许是当前国内青年文化综艺"出海"、实现去西方化的国际流通的关键。

---

① 珍妮特·斯蒂莫丝. 营销电视——全球市场中的英国电视 [M]. 王虹光，译. 武汉：华中科技大学出版社，2016: 47–50.

② O'REGAN T. New and Declining Audiences: Contemporary Transformations in Hollywood's International Market[J]// JACKA E(ed.). Continental Shift: Globalisation and Culture[M]. Sydney: Local Consumption Publications, 1993: 74–97.

"起点国际模式"和"Wuxiaworld 模式"

——中国网络文学海外传播的两条道路

吉云飞 [①]

【摘要】近年来，中国网络文学"走出去"由内容传播进化到模式输出，出现了新的现象，可从翻译模式、付费机制和原创体系三方面，对比由中国本土的网络文学"起点模式"国际化而成的"起点国际模式"和海外自发生长的粉丝翻译网站 Wuxiaworld 孕育的"Wuxiaworld 模式"的异同。在"起点国际模式"和"Wuxiaworld 模式"这两条道路的竞合中，不但使中国网络文学的世界影响力大为提升，更有可能推动世界性网络文学的诞生，并为其提供一种中国方案。

【关键词】网络文学 海外传播 Wuxiaworld 起点国际

若以 2014 年 12 月翻译网站武侠世界（Wuxiaworld）的建立为开端，中国网络文学在英语世界的传播已跨过了 4 个年头，并一路以网络时代的"光速"在飞驰，于极短的时间中便创造出全新的文学景观。2015 年，美籍华人赖静平（网名 RWX）创建的 Wuxiaworld 在一年时间里就获得百万级的英文读者，并催生出众多粉丝翻译网站和翻译小组。2016 年，中国网络文学海外传播的情况为国内所知，受到学界、媒体、政府管理部门和业界高度关注。2016 年底，Wuxiaworld 与阅文集团达成版权协议，由粉丝组织渐变为商业网站。2017 年，法语、俄语、西班牙语等小语种的中国网络文学翻译网站陆续被发现，中国网络文学的海外翻译生态更加丰富，世界影响力持续提升。更

---

① 吉云飞，中山大学中文系（珠海）助理教授。

关键的是，这一年阅文集团旗下的海外平台起点国际（webnovel.com）建立。

2017 年 5 月 15 日，起点国际正式上线，在 2018 年根本性地改写了中国网络文学海外传播的格局。起点国际依托阅文这一中国最大的网络文学集团在资本积累、内容储备和技术运营方面的优势，打破了 Wuxiaworld 一家独大的局面，甚至可以说，没有给其他的英语翻译网站留下生存空间。在起点国际吞并原本在粉丝翻译网站中排名第二的引力传说（Gravity Tales），Wuxiaworld 收购曾排名第三的沃拉雷小说（Volare Novels）后，中国网络文学的海外传播领域更是形成了起点国际和 Wuxiaworld 双峰并峙的态势。这带来的远不仅是翻译网站间的此消彼长，更在付费机制、翻译模式以及原创体系等多方面引起了根本性的变化。

起点国际把在中国环境里生长出来的"起点模式"输出到海外，使中国网络文学的"走出去"从内容传播升级到了模式输出，尤其是以"起点模式"为蓝本建立翻译小说按章收费机制和英文网络小说原创体系的尝试，更显示出了其借助在全球风景最好的中国网络文学这 20 年来的独特发展经验打造世界网络文学的野心。当然，这一网络文学的中国模式在过去一年多的海外历程中也接连遭遇各种水土不服，在进行多次更"接地气"（或许应当称为"接海气"）的调整后才勉强扎下根来。因此，"起点国际模式"虽然是以中国网络文学的"起点模式"为根本，但并不是对其的机械复制，而是一种海外化、国际化了的中国模式。

自发生长出来的 Wuxiaworld，作为最早也仍是最大的中国网络文学翻译网站，在阅文集团杀入这一领域后，也被催逼着更快地完成了商业化的进程，从一个粉丝译者和粉丝读者的聚集地很快进化为有粉丝基因的商业网站，形成了一套"Wuxiaworld 模式"。无论是 Wuxiaworld 还是起点国际，正在进行的都是中国当代文学史上前所未有的文学交流事业，更可贵的是都初步形成了各自行之有效又并行不悖的模式。在 2018 年，"起点国际模式"与"Wuxiaworld 模式"的建立不仅是中国网络文学"走出去"里程碑式的事件，从全球媒介革命的视野来看，还有可能是某种世界性网络文学诞生的先兆。

一、"起点国际模式"与"Wuxiaworld 模式"的建立

"起点国际模式"与"Wuxiaworld 模式"的正式形成，虽发生在 2018 年，但有一个较长时间的酝酿过程。2016 年年中，中国网络文学在英语世界被粉丝自发翻译并获得数以百万计读者的情况被北大网络文学研究团队介绍到国内①，很快引起业界的重视，行业龙头阅文集团也注意到这一新领域并准备介入。起点国际上线前，阅文集团与在粉丝翻译网站中占据绝对主导地位的 Wuxiaworld 曾有过短暂的蜜月期。2016 年 12 月 1 日，阅文集团与 Wuxiaworld 达成了一份"十年之约"，让后者获得了大部分正在翻译的来自起点中文网的小说版权。凭此，Wuxiaworld 才可能从"游击队"变为"正规军"。然而在接下来近半年的谈判中，双方从合作走向竞争。表面上看，这是因为 Wuxiaworld 不接受阅文集团控股的要求，但更深层面是资本驱动与粉丝自治的复杂矛盾，这里并不是简单地将上市公司阅文集团指认为大资本的代表，同时天真地认为 Wuxiaworld 就是纯粹的粉丝团队。阅文集团曾经携带着现在也仍然有很强的粉丝属性，Wuxiaworld 的背后也同样有强大的资本驱动或者说商业化的欲求。准确地说，这是在不同发展阶段的资本和不同文化传统的粉丝之间的矛盾，也是以原创和中国本土为立足点的阅文和以翻译与英语世界为根本的 Wuxiaworld 之间发展逻辑难以调和的冲突。

对于阅文集团，海外市场以一种如此突然的方式浮现出来，自然是一次意外之喜。这样一处新的世界市场，给在国内处于领先地位同时发展也面临瓶颈的阅文集团提供了一个无限的想象空间。尤其是近一两年来，订阅收入增长的放缓和 IP 市场的冷却，给 2017 年在香港登陆资本市场的阅文集团带来不小的压力。海外市场虽然不能立刻带来收益反而需要不断投资，但未来足以引人遐想，也可以作为宣传的亮点来提振当下的信心。因此，阅文集团对中国网络文学海外传播的介入果断而迅猛，在 2017 年 1 月就上线了起点国

---

① 最早的采访发生在 2016 年 7 月，详见邵燕君，吉云飞. 美国网络小说"翻译组"与中国网络文学"走出去"——专访 Wuxiaworld 创始人 RWX[J]. 文艺理论与批评，2016（6）.

际预热版，当时阅文集团和 Wuxiaworld 的合作还相当密切。显然，无论收购 Wuxiaworld 的计划是否成功，阅文集团都是一定要做自己的海外平台。这不仅是为了追求最大的市场份额，更是为了主导海外市场的发展逻辑。

这种一定要获得主导地位的战略，一部分来自对资本市场的考量，但同样也源自对自身在网络文学领域的专业能力的自信。作为阅文集团领导核心的"起点团队"，其在中国网络文学发展过程中长期占据主导位置。"起点模式"虽在起点中文网发生和发展，但多年来都是被普遍仿效的行业标准，可以说奠定了中国网络文学的基本形态。在走向海外的尝试中，阅文集团当然不会主动放弃这一在过去 10 多年间不断完善并战胜了诸多对手的"起点模式"，去学习当时虽极有生命力但还非常原始和粗糙的 Wuxiaworld 的模式。何况，阅文集团的野心远不仅在于打造一个翻译网站，更是要借此机会建设一个英语的原创网络文学平台。

在邵燕君看来，"'起点模式'包括两个层面：地基层面是以 VIP 在线收费制度为核心的生产机制，在此机制上，生成了网络类型文模式——'起点文'。VIP 在线收费制度以'微支付—更文—追更'的形式，将网站、作者和读者的利益诉求扭合在一起；以用户为主导的作品推荐—激励机制，如投票、争榜、打赏等，充分调动粉丝经济的生产力，将'有爱'和'有钱'结合在一起；书评区的互动以及'老白'（资深粉丝）、'粉丝团'的出现，加强了网络文学的社区性和圈子化；白金作家、大神作家、签约作家等职业作家体系以及全勤奖等福利保底制度的建立，保证了作者的批量培养和作品的持续产出"①。

然而，"起点模式"在收费机制、读者互动和作家培养方面做得再好，现在它要面对的仍是一个迥异的海外生态，并不得不根据形势做出相应的调整。起点国际取得了很大的成绩，从 2017 年 10 月 Alexa 全球排名 7000 多跃升到

---

① 邵燕君. 网络文学的"断代史"与"传统网文"的经典化 [J]. 中国现代文学研究丛刊，2019(02): 1–18.

了 2018 年底的 3000 多，同期 Wuxiaworld 的全球排名由 1000 左右降到 1200 左右。在巅峰时期，起点国际的流量一度接近 Wuxiaworld。但也遇到许多波折，甚至因为凭借版权和资本优势而采取的对译者的强硬态度和对按章收费制度的强力推行遭到粉丝的围攻。更核心的是，这一模式是建立在阅文集团的巨大投入和持续亏损上的，可持续性如何还有待考验。

在起点国际的刺激下，Wuxiaworld 在 2018 年也基本完成了付费机制的成熟化和翻译体系的职业化，一种"Wuxiaworld 模式"已然诞生。"Wuxiaworld 模式"是一种由精英粉丝主导、粉丝集体协商，在海外粉丝自发翻译、自主传播的基础上和充分考虑粉丝接受度的情况下适度商业化和全面职业化的模式，是更适应英语世界的文化环境和网络氛围的生产机制。"起点国际模式"和"Wuxiaworld 模式"的差别很大，但面对的问题是相同的，首先是如何找到好看的小说并把它翻译好，然后在此基础上形成一个作者—译者—读者—网站都能接受的正循环系统。面对这一共同的问题，两者在付费机制、翻译模式和原创体系方面都给出了不同的解决方案。

二、付费机制的差异：起点国际的按章付费与 Wuxiaworld 的预读付费

起点国际上线之时，粉丝翻译网站之中还没有任何一家有成熟的付费机制，在 2018 年前，甚至连建设一套付费体系的想法都被大部分海外读者乃至译者认为是一种对社群的背叛。可以想见，如果没有起点国际将中国的网络文学付费机制强力输出到海外，粉丝翻译网站自行从免费走向收费还要更长的时间。而中国网络文学从免费到付费的跨越随着 2003 年起点中文网 VIP 机制的成功建立就已经完成了。作为阅文集团核心的"起点团队"再清楚不过，从免费过渡到收费必然会引起读者的强烈不满，但一个行业要做大必须要有一套能够实现正循环的商业模式。而从中国本土生长出来的"起点模式"在国内已经高效运行了 15 年，虽然海外的环境极其不同，但这一模式的生命力是经过检验的，也是阅文团队最熟悉的。

　　付费机制的建立仍是循序渐进的，起点国际尽量把海外读者的反感降到了最低。整个 2017 年，起点国际都在用各种方法获取读者，在这一打基础的时期，暂时的免费阅读当然是必要的。在 2018 年，网站的用户增长在达到一定规模之后逐渐变缓，读者的阅读习惯也逐步养成，起点国际就开始推出付费机制了。付费机制的推行分三步走：第一步是上线 "Video advertisement model"，让读者必须看一段广告才能解锁新的章节，持续一段时间后使部分读者的心态发生变化，表示愿意接受花钱免广告；第二步是试运行付费机制，即 "Premium Program（VIP）"，这一机制在 2018 年 2 月 18 日开始试运行，此时读者可以自行选择看广告或者付费；第三步是在 2018 年 5 月 15 日即起点国际正式上线一周年时，取消了 "Video advertisement model"，正式推出 "Premium Program（VIP）"，让读者只能按章付费。

　　起点国际上的虚拟币名为"灵石"（Spirit Stone），规定 0.99 美元可以兑换 50 块，这和国内的模式相同。不同的是，起点国际上的翻译小说并不是统一定价，而是根据小说的质量、速度和热度与译者协商确定。截至 2018 年底，起点国际上已有超过 40 部需要付费的 VIP 小说。较低者每章需 4 块 "Spirit Stone"，约 USD0.08/ 章；较高者每章需 15 块，约 USD0.30/ 章；而一章需要 10 块 "Spirit Stone" 的小说占比最高，约 USD0.20/ 章的费用大概是国内价格的十倍。在付费机制推出的前期，起点国际开展了不少优惠活动以培养付费习惯，实际上 1 美元大约可兑换 60 块 "Spirit Stone"。同时，网站还提供了诸如签到、评论、投推荐票等获得赠币的途径，使不愿意付费的读者也可以看到一定的 VIP 章节。这也极大地增强了起点国际用户的活跃度，使评论区和社区获得了远超 Wuxiaworld 的热度。

　　在起点国际仿照国内的"起点模式"推出付费机制之后，Wuxiaworld 推行付费体系的阻力就大大减小了，在 2018 年 4 月 2 日也上线了一套预读付费机制。赖静平没有选择借鉴中国网络小说的按章收费，首先是因为强制要求每一个读者付费在根本上违背了粉丝社群的初衷，更重要的是，他判断这一套体系并不那么适合英语世界的生态。第一，刚刚出现不久的中国网络小说与在英语世界已经极度发达的其他娱乐形式诸如游戏、电影相比并没有优势，免费是吸引读者的重要手段，全面收费必定会导致读者的大量流失以及盗版网站的兴盛；第二，定价的标准也很难确定，Wuxiaworld 的读者来源非常丰富，而北美地区的读者和来自拉美、东南亚地区的读者所能承受的价格是天壤之别，定价高则付费读者太少，定价低则收入不够。①

最终，Wuxiaworld 推行的是一套预读付费机制，这一"提前看"的模式与按章付费的"起点国际模式"有根本差别。这一机制运行的秘密在于，Wuxiaworld 上正在更新的每一部小说都有大量加更的隐藏最新章节，只有付费购买信用点（Site Credit）才能看到。对于不愿付费的读者，每周也会有若干章节解锁，只需要等待就能一直免费阅读，但付费读者会始终比他们早看到更多的新章节。值得一提的是，这一"等就免费"（Wait or Pay）的模式在韩国也是网络小说的主流付费机制。诞生在娱乐方式更加丰富和网络文艺更加发达的环境中，网络小说的商业模式就被迫更灵活。这一模式让有付费能力的读者有足够的付费意愿，同时保障了大多数免费读者的利益。截至 2018年底，Wuxiaworld 上共有可"提前看"的小说 29 本，译者和网站一般按照七三分成，译者能拿到绝大多数的付费收入。各本小说根据译者的意愿以及翻译的状况、隐藏章节数目和校对情况的不同，"提前看"的等级与价格也有不同，其中可供"提前看"章节最多的 *Talisman Emperor*（《符皇》，作者萧瑾瑜），读者可以每月花费 500 美元提前看 150 章，而最少的 *Against the Gods*（《逆天邪神》，作者为火星引力），则最多每月花费 20 美元提前看 4 章。

三、翻译模式的合流：Wuxiaworld 的职业化及起点国际的粉丝化

翻译问题是中国网络文学海外传播的关键问题。在 Wuxiaworld 创始人赖静平于 2014 年开始翻译奇幻小说 *Coiling Dragon*（《盘龙》，作者为我吃西红

---

① 观点来自赖静平与笔者的长期交流中，由笔者综合，经赖静平审定。

柿）之前，无法设想会有人去自发翻译一部几百万字的中国网络小说。就算是在《盘龙》大获成功，Wuxiaworld 在一年的时间里吸引了百万级的英文读者之后，一些基本的问题仍然是不知该如何解决：新的译者从哪里来？开始翻译之后如何坚持下去？怎样保证翻译的质量和速度？然而，建立 4 年之后，Wuxiaworld 已拥有了 29 个职业翻译 / 翻译团队，小说的翻译质量也没有因为"日更"而降低，普遍达到或接近专业翻译的水准，这得益于 Wuxiaworld 翻译体系的职业化建设，以及在职业化前提下的专业化。

和创始人赖静平一样，Wuxiaworld 的译者都是从中国网络小说的读者转化而来，加入较早的译者普遍经历了读者—业余翻译—半职业译者—职业译者的过程。Wuxiaworld 的译者全部是以英语为母语的，其中很多是华裔美国人、在中国留学的外国人、自学过汉语的欧美人，还有不少人来自新加坡、马来西亚等中华传统文化影响颇深的地区，汉语通常是他们的第二语言。几乎所有译者都是在 Wuxiaworld 上看过翻译成英语的中国网络小说之后，才走上翻译道路的。在建立之初，Wuxiaworld 就特别重视翻译的质量。新译者通常需要把自己翻译的小说先发在 Wuxiaworld 的论坛上，在保持相当的质量持续翻译一定章节之后（一般是 50 章或两个月左右），再由赖静平亲自审核，通过之后才能入驻 Wuxiaworld。新译者进入 Wuxiaworld 后，网站会要求一定的更新速度，同时会要求每一部书所形成的翻译团队中一定要有编辑的存在。这些编辑也都是由读者转化而来，他们不需要懂汉语，只要有比较高的英语水平和文学素养，能够在新的章节正式发布之前进行简单的编辑、校对即可。

在发展初期，译者大都是凭借兴趣业余翻译，更新的速度虽有一定要求，但几乎都是每周两三章的水平。随着网站流量的增长和广告收入的出现，Wuxiaworld 把广告收入按照每部书的点击量占总点击量的比率分配，译者开始获得一笔不错的稳定收入，也有了加快更新速度和提高更新质量以争取更多点击的动力，从纯粹的业余状态开始进入半职业状态。这种业余和半职业夹杂的状态大概在 2015 年就形成了，但只维持了大约一年的时间。随着Wuxiaworld 的壮大，网站不得不更加正规和专业起来，这也就慢慢开启译者体系的职业化。Wuxiaworld 最早采取的方式是因势利导鼓励读者捐赠。面对普遍较慢的更新速度，海外读者和国内读者一样难以忍受，但对于译者近乎免费的劳动，也不能理直气壮地"催更"。于是，Wuxiaworld 建立了一个捐赠制度，规定读者每捐赠一定的数额，译者就会在每周的保底更新数量之上加更一章，这个数字由翻译团队自行确定，通常为 20—80 美元。加上广告收入，好的译者的总收入已经比较可观，这就使 Wuxiaworld 的翻译体系全面半职业化。

虽然已经开始出现半职业的译者，但在 Wuxiaworld 拿到小说版权之前，这仍几乎是一个纯粹的粉丝译者和粉丝读者聚集地。想翻译什么小说由译者自己挑选，广告收入是按贡献分享，捐赠收入更是直接打到译者提供的账户上，由各个翻译团队自行分配。赖静平更像这个自治空间的大总管，在协商的基础上制定和维护一些基本的规则。然而，迫在眉睫的版权问题和越来越多的商业事务和外部影响，使得 Wuxiaworld 的治理结构必须要做出改变，翻译机制自然也要随之变化。最直接的刺激是，起点国际建立之后，凭借资本优势，开始以每章 50—80 美元的固定价格大量招聘翻译（这与当时Wuxiaworld 中等收入水平的译者相当），并以重金（最高年薪达数十万美元）从 Wuxiaworld 等翻译网站挖人。同时，起点国际依靠版权上的垄断地位，禁止非起点国际的译者翻译任何来自阅文集团的小说，已经开始翻译的小说也拒绝再授予版权——除非他们选择到起点国际来。外部力量的介入大大加快了 Wuxiaworld 建设职业译者体系的步伐。

无论是要让译者全心投入翻译工作中，还是在起点国际的资本攻势下保证译者队伍的稳定，Wuxiaworld 都势必要想办法增加译者的收入，使他们能够从半职业甚至业余状态进入职业状态。单凭增长缓慢的广告收入和少量的捐赠收入肯定做不到译者的普遍职业化，Wuxiaworld 必须要建立收费制度。在 2018 年建立的预读付费体系中，译者拿到了总收入的大头。同时，Wuxiaworld 通过严格控制新作品的上传数量——如今后来者起点国际的翻译书库中已经拥有超过 200 部小说，而 Wuxiaworld 刚刚超过 50 部——保证了读者不会过于分散，译者的平均收入也就不会因网站的扩张而降低。到 2018 年底，Wuxiaworld 上的译者几乎全部将翻译中国网络小说作为自己的正式职业。

起点国际从上线之初就仿照国内的职业作家体系想建立一套职业译者体系，应当说，这一尝试基本是成功的。不过在面对海外的特殊环境，起点国际也做出了相应调整，吸取粉丝的意见，将原本颇有些生硬的体系改造得更加海外化和粉丝向。其中值得一提的是，起点国际在 2018 年将译者的收入模式由最初单一的按章取酬丰富为可以选择分成模式，一般是按照网站、作者和译者之间 3：3：4 的比率，译者的分成比最高。同时，还推出了独具特色的作品推荐机制来解决要翻译什么样的小说的问题。起点国际在建立初期，要翻译哪些小说通常是服务于阅文集团的总体战略尤其是 IP 导向，海外市场严重依附于国内市场。新的推荐系统则让译者先翻译一部分章节，在积累一定量之后，由读者进行票选，排名前列的就正式上线，靠后的则可能中止翻译，这就赋予了读者更多的选择权和发挥能动性的空间。最终，起点国际和 Wuxiaworld 的翻译模式实现了合流，都在坚持译者职业化的同时兼顾粉丝的需求和体验。

四、原创体系的有无：起点国际的"重金力推"与 Wuxiaworld 的"无为而治"

在数以百万计的中国网络小说的英语读者中，必然会产生想借鉴自己所喜爱的中国网络小说类型进行创作的。早在 2016 年，于粉丝翻译网站 Gravity Tales 上就诞生了最早的学习中国网文套路开展原创的英语网络小说，其中最为著名的是 Tinalynge 创作的 *Blue Phoenix*（《蓝凤凰》），这是一部典型的有穿越和重生元素的玄幻小说。不过在起点国际介入原创领域之前，相对于翻译小说，原创小说处于绝对的劣势，读者不到前者的百分之一。直到起点国际力推英文原创小说的发展，将中国的职业作家体系部分移植到海外，原创领域才开始兴盛。

在常规的分成模式之外，阅文集团投入重金在起点国际上复制了国内被俗称为"低保"的新人作者激励制度。加入付费机制的海外作者，在小说上架的前 4 个月只要每月上传 4 万字以上的章节，就算当月订阅收入没有达到 200 美元，也可以获得起点国际补足的每月 200 美元的收入。此外，每月上传字数越多保底的收入越高，4 万至 6 万字是每月 200 美元，6 万至 8 万字是 300 美元，8 万字以上是 400 美元，这样保证作者在上架的前 4 个月至少能获得 800—1600 美元的收入。截至 2018 年 10 月，起点国际已经拥有超 3000 名注册作者，超 6000 部英文原创网络小说。一种以中国模式为源头的世界性网络文学创作由此诞生。当然，这一现象的意义暂时也不用夸大。小说数量是作者两倍的情况以及原创书库中到处可见的作者的弃更声明，也显示出当前作者普遍不成熟，乃至只能"混低保"的状态。不过，根据《中国青年报》的报道，起点国际也有相当成功的新人作家，"西班牙作家 Alemillach 作品 *Last Wish System*（《最终愿望系统》），长期占据起点国际原创小说海外月票榜前三，并成为网站首部签约进入付费阅读模式的原创作。Alemillach 在起点国际上写网文，第一个月写作收入就已超过 3000 美元"[①]。

相比翻译小说，原创的影响力仍然远远不如。起点国际当下唯一的小说排行榜"Power Ranking"，被分为翻译小说和原创小说两个子榜单，榜单排名由读者投给作品的"热力石"（Power Stone）决定。在 2018 年 12 月，翻译小说榜单排名前三的作品获得的"Power Stone"数量分别为 85586、68150、61404，而原创小说排名前三的作品获得的数量分别是 14337、14049、12982，两者差距极为明显。尽管对于这些英文原创网络小说，海外读者的评价并不高，普遍认为还是对中国网络小说既有套路的不成熟的模仿；但由于原创小说刚刚才诞生，作者也缺少创作经验，取得这样的成绩已很可贵。更重要的是生产机制，中国网络文学的"起点模式"对英文原创小说的影响是全方位

---

① 沈杰群 . 中国网文出海 外国人能懂也能写 [N/OL].(2018–11–13).http://zqb.cyol.com/html/
2018–11/13/nw.D110000zgqnb_20181113_1–12.htm.

的，不只是体现在外部的付费机制和作家培养体系，更深入日更的创作模式和典型的写作套路中。英语原创现在的影响力虽小，但占据着媒介优势的网络小说，今后能在英语世界有什么样的未来值得继续追踪观察。

Wuxiaworld 则几乎没有发展原创小说，网站上只有 6 部原创作品，其中部分还已经停止更新。两家在原创方面的取舍虽有"公司基因"（起点中文网是原创网站，Wuxiaworld 是翻译网站）的影响，但主要还是经济实力问题——Wuxiaworld 没有足够的资金去支撑一个庞大的原创作者培养体系，只能在原创方面选择无为而治。暂时看来，这一短板对 Wuxiaworld 还没有产生什么伤害，在读者阅读量有限的情况下，翻译小说估计在未来几年内都足以满足其需求。舍去原创之后，Wuxiaworld 把有限的精力集中投入翻译范围和渠道的开拓中。2018 年，除中国网络小说外，Wuxiaworld 还上线了 6 部韩国网络小说的英译本。同时，Wuxiaworld 终于打通了英语世界的主流阅读平台——亚马逊。由赖静平翻译的，也是最早在海外引发读者热潮的 *Coiling Dragon*（《盘龙》，作者为我吃西红柿）制作而成的 8 部电子书登陆亚马逊后，反响颇好，截至 2018 年底，8 部共卖出 15821 册，收入 37723 美元[①]，获得了一定的盈利。这让 Wuxiaworld 有底气继续聘请职业编辑来精心编辑网站上已经完本的优秀作品，并把它们源源不断地送上亚马逊。

五、结语：一种世界性的中国网络文学是可能的吗？

网络革命在全世界发生，网络文学在中国风景最好。这一现象有着种种历史、文化和媒介原因，但已然是一个不争的事实。这一次中国本土的文学模式的成功国际化，不但使中国网络文学的世界影响力大为提升，更有可能推动世界性网络文学的诞生，并为其提供一种中国方案，丰富其发展模式。中国网络文学在海外 4 年的奇幻漂流，既使中国网络文学的阅读群体扩展到全世界，也让中国网络文学的生产模式进入英语世界。而中国网络文学在全

---

① 来自 Wuxiaworld 提供的后台数据。

球的翻译、流通和再生产，虽然还缺少震撼性的事件将它的意义凸显出来，但每一个环节都显示出其勃勃生机，正处在蓄势待发、将翔未翔的状态。中国网络文学的世界性不在于某种世界级文学奖项的加持，更不依赖于某些权威人物的认定，而是期待于网络文学本身的被阅读和被接受。只要中国网络文学在世界范围内获得比较广泛的翻译、阅读、接受和再生产，就可以认定这一文学是世界性的。一种世界性的中国网络文学的诞生，不在此时，但那一时刻是值得期许的。

网络文学与中国式科幻故事

——Z 世代国际传播新面向

张慧瑜　陈昱坤①

【摘要】中国科幻文学、科幻电影已成为重要的文化现象，其不仅带来文化市场的繁荣，而且成为中国文化海外传播的名片。20 世纪至今，中国在从传统社会向现代社会转型的过程中塑造了独特的科幻文化，形成一种崇拜科学、技术和工业的社会想象。新出现的科幻题材网络文学一方面延续了中国式科幻文化的社会想象，另一方面又在讲述新的中国故事。面对伴随着互联网出生的 Z 世代群体，中国式现代化的历史经验为科幻题材网络文艺创作提供了丰富的想象空间以及传播的对话桥梁，中国式的科幻故事作为 Z 世代国际传播的新面向，可以成为新时代传播中国故事和展示中国道路的文化中介。

【关键词】科幻题材网络文学　国际传播　Z 世代　中国故事　中国式现代化

近年来，有两部重要的网络文学发展研究报告发布，一是科幻世界杂志社与四川大学中国科幻研究院联合完成的《中国科幻网络文学白皮书（2022）》，二是中国社会科学院文学研究所完成的《2022 中国网络文学发展研究报告》。这些专业化的研究机构对网络文学、科幻网络文学的年度发展进行质量"检测"，已经充分说明网络文学在文化产业中占据重要的份额。2022

① 张慧瑜，北京大学新闻与传播学院长聘副教授、博士生导师；陈昱坤，北京大学新闻与传播学院博士生。本文系 2021 年研究阐释党的十九届五中全会精神国家社会科学基金重点项目"以文艺作品质量提升为导向的数字时代文艺批评机制研究"（项目编号：21AZD053）的阶段性成果。

年底，网络文学用户规模达 4.92 亿，网络文学作家数量累计超过 2278 万①，网络文学成为名副其实的大众文化，千万网友参与创作、亿万网友付费阅读。更引人注目的是，在起点中文网首次创作便选择科幻题材的作家中，72% 为00 后，约超七成的科幻品类签约作家为本科在读及以上学历。在读者群体中，近 70% 的科幻品类阅读用户年龄在 30 岁以下，40% 左右为本科及以上学历。随着科幻网文作家的年轻化，科幻文学的读者群体也在向年轻化、高学历趋势加速②。这种趋势显示，作为出生于 1995—2010 年的 Z 世代（Generation Z）群体已然成为当今网络文学与科幻电影市场的主力消费群体，也是科幻文艺创作主要面对的传播对象。

习近平总书记曾指出，"世界的未来属于年轻一代"，全球青年有理想、有担当，人类就有希望，推进人类和平与发展的崇高事业就有源源不断的强大力量③。Z 世代不仅是当下最具有活力的青少年代名词，而且出生伊始便伴随着互联网的高速发展，所以又被称为"数字原住民"。有研究指出，Z 世代在跨文化传播能力和"全球胜任力"（global competence）方面具有先天优势，应该成为国际传播和公共外交实践重点关注的人群④。Z 世代的媒介依赖性强，习惯通过移动端平台和视频化形式进行信息获取与交流，与网络文学的传播接收模式高度契合。一方面，网络文学自诞生以来就依赖于商业化网络文学平台的"规训"，是一种依靠点击量、付费订阅的文学商业模式；另一方面，网络文学对图书市场、影视剧改编、网游改编甚至文旅项目都有带动作用。网络文学既具有文化产业的价值，也是少有的实现海外传播的文化类型⑤。科

---

① 中国社会科学院文学所"网络文学发展研究报告"课题组 . 2022 中国网络文学发展研究报告 [R/OL]. (2023–04–11). https://www.cssn.cn/wx/wx_xlzx/202304/t20230411_5619321.shtml.

② 关键帧 . 科幻网文，在 Z 世代中走红 [N/OL]. (2023–03–29). https://www.thepaper.cn/news Detail_forward_22490492.

③ 习近平主席在联合国教科文组织第九届青年论坛开幕式上的贺词 [N]. 人民日报，2015–10–27（1）.

④ 史安斌，童桐 ."乌卡时代"战略传播的转型与升维 [J]. 对外传播，2022(06): 14–17.

⑤ 邵燕君，吉云飞，肖映萱 . 媒介革命视野下的中国网络文学海外传播 [J]. 文艺理论与批评，2018(02): 119–129.

幻题材的网络文学已经成为创作量和阅读量增长最快的类型，这不仅说明科幻文化成为中国崛起时代的文化表征，而且越来越成为讲述中国故事的文化载体。在 Z 世代作者与读者双重动力的驱动下，科幻网文不断创新突破，新的科幻话语体系正在形成。本文主要从三个角度分析科幻题材网络文学兴起具有的文化含义与面向 Z 世代的传播逻辑：一是 20 世纪以来中国式科幻文学与社会想象的形成；二是科幻题材网络文学如何讲述中国故事；三是中国式现代化与科幻题材网络文学的未来想象。本文以此为基点讨论中国式科幻文艺的创作思路与叙事内核，期冀触达海内外更广领域的 Z 世代传播对象。

一、两种叙事逻辑：中国式科幻文学的社会想象

中国科幻文学的精神内核与起源于西方的科幻文学有本质不同，它们在价值观念与社会想象两者间呈现出完全不同的书写思路。自 2015 年中国科幻作家刘慈欣的《三体》第一部获得第 73 届雨果奖最佳长篇故事奖、2016 年中国科幻作家郝景芳的《北京折叠》获得第 74 届雨果奖最佳中短篇故事奖开始，到 2019 年根据刘慈欣小说改编的国产科幻大片《流浪地球 1》获得 46 亿高票房以及 2023 年《流浪地球 2》再次获得 40 亿票房，以科幻文学、科幻电影为代表的科幻文化成为中国文化领域最受关注的热门现象，也成为中国最具代表性的文化表征。科幻文学作为一种小说类型自晚清以来从西方引进到中国，已经产生了广泛的影响，也形成了中国式科幻文学的传统[①]。一百年来，中国科幻文学创作一直没有中断，并在香港等地区出现有代表性的科幻文艺作品，但是相比科幻文学、科幻电影在西方大众文化中的核心位置，中国科幻文化始终处于相对边缘的状态。这与五四新文化运动以来把科幻小说作为类型小说、放置在通俗文化的类别有关，也与新中国成立之后从科普文学的角度理解科幻小说有关。这就使得中国式科幻文学无法像西方科幻文学诞生伊始所

---

① 李飞，张慧瑜.“显影未来”的战争——新媒介社会文化史视角下的政治科幻 [J]. 艺术广角，2019(04): 46-52.

扮演的反思科学理性、反思科学主义的社会功能，反而形成了一种独特的科幻文化和社会想象。

西方科幻文化有两种社会功能，第一种用科幻小说和电影表现科学、理性带来的负面效应，用科幻文化来反思科学主义。1818 年，英国浪漫主义诗人雪莱的妻子玛丽·雪莱（Mary Shelley）创作了第一部科幻小说《弗兰肯斯坦》，讲述了科学家弗兰肯斯坦创造了一个有生命的怪物，这个人造物最终变成了害人恶魔。这部作品中，不仅科学家变成弗兰肯斯坦式的怪人、科技狂人，而且人造怪物（机器）是人类的异己和敌人，自以为因掌握现代科技而无所不能的现代人也有可能被其所害。20 世纪的科幻电影继承了科幻小说中的反科学主义命题，只是相比小说，作为 19 世纪后期"大发明"时代出现的新玩意，电影本身就是科技进步的结果，而科幻片又高度依赖于电影技术的创新，也就是说这种反科学主义的主题正是建立在电影科技的一次次突破之上，也就使得科幻片自身带有一种媒介自反的效果。这种反科学主义的主题体现在一些科幻电影讲述人类战胜机器、低等的机器人战胜高等的机器人的"以弱胜强"的故事。

第二种社会功能是用科幻文化来讲述西方殖民、垦殖的故事。科幻片在电影刚刚诞生之时就已经出现，第一部科幻片是法国电影之父、魔术师乔治·梅里爱（Georges Méliès）1902 年拍摄的《月球旅行记》，根据 19 世纪的科幻作家儒勒·凡尔纳（Jules Verne）的小说《从地球到月球》和乔治·威尔斯（George Wells）的小说《最早登上月球的人》改编。这部充满想象力的电影第一次在银幕上呈现了人类乘坐航天器像炮弹一样发射到月球的场景，这既是一次充满惊奇的科学旅行，又是一次西方人到陌生之地的探险之旅，人类在与月球上的各种妖魔鬼怪战斗之后凯旋。二战后，尽管人们笼罩在科学理性大厦坍塌的阴影中，但科幻片依然成为言说西方现代历史的重要类型。美苏冷战带来的太空争霸使得太空题材大量出现，如《星际迷航》系列（60年代出现）、《2001 年：太空漫游》（1968）、《星球大战》系列（20 世纪 70 年代出现）、《异形》（1979）等。这些未来世界的航空故事主要讲述人类太空旅行中所遭遇的各种挑战，是西方近代以来殖民历史的翻版。这类探险故事与好莱坞西部片相似，都是在殖民过程中面对他者的故事。还有一类科幻电影是讲述外星人来到地球的故事，如《第三类接触》（1977）、《E.T. 外星人》（1982）等。与把外星人作为恶魔、威胁、异类不同，这些电影中的外星人从陌生的他者变成了可以接触的朋友。

科幻文化在 Z 世代群体的爆火并不是偶然，Z 世代用于虚拟社交的时间明显多于面对面交流的时间，他们将社交网络视为介入社会现实的媒介。比如，"在身份认同上，他们是世界公民，没有国界。在政治生活中，他们寻求自己的社会身份定位；他们是理想主义者，对正义非常敏感"[①]。Z 世代成长于世界格局剧变的年代，从 20 世纪末至 21 世纪初，这本身就是与科幻叙事紧密联系的"大时代"，是人类集中反思现代社会发展所带来的种种后果的时代。二十年来，不同国家的 Z 世代青年也表现出了对世界不同的认知，如美国的 Z 世代表现出对国际政治、大国博弈的反感，而是聚焦于气候变化和人权问题；在阿拉伯国家和南方国家，呼声较高的是政治变革者们，青年群体尤其对反霸权、新闻民主以及政治左翼的话题非常敏感；在东亚国家，伴随着经济衰退与文化产业的转型，日、韩的 Z 世代群体也都表现出对消费社会的不同看法[②]。明显可以看出，Z 世代这些繁复错杂的观点都来自 20 世纪中后期国际社会的深刻变化——前殖民地国家的民族独立运动、全球分工产业链联结、数次经济危机的震荡、新自由主义的破产以及不同国家社会内部的矛盾综合作用到了 Z 世代的世界观中，它们的共同指向实际上都是在试图解决西方国家后殖民时代遗留下来的问题，因此，这就与西方科幻叙事的母题产生了联系，也为中国反向书写特殊科幻故事、传播中国声音提供了截然不同的思路。

科幻文学在西方形成了两种传统，一是与西方殖民主义相关的文学传

---

① 吴瑛，贾牧笛. 面向 Z 世代的国际传播：历史、理论与战略 [J]. 社会科学战线，2023(12)：161-171.

② 吴瑛，贾牧笛. 面向 Z 世代的国际传播：历史、理论与战略 [J]. 社会科学战线，2023(12)：161-171.

统，二是对科学主义传统的批判与反思。这两种传统在中国都缺乏内在的文化支撑，一方面，与西方开拓探险、拓荒的殖民主义历史相反，中国不仅不是殖民者，反而是深受殖民主义所害的被殖民者，这反映在两种常见的中国故事——在启蒙、现代化的论述中，中国是弱者、被殖民者；在革命叙事中，中国是勇敢的抵抗者和反抗者。另一方面，中国落后被动挨打的命运是西方的船坚炮利和发达先进的社会制度造成的，这成为中国近代以来最大的焦虑。从五四新文化运动开始就把"德先生"和"赛先生"作为中国自救并实现赶超的不二法门。正因为这种对于以科技为代表的西方现代性"爱之深"，反而在中国近现代历史中形成了强烈的对于科技、现代的崇拜或者说迷信，以至于现代中国的文化中很少像西方那样出现反科学、反科学主义的传统。这种崇拜"赛先生"的五四精神在新中国成立之后被进一步强化，科学、技术与工业发展成为科普文学的核心要素。

在中国从传统社会向现代社会的转型过程中，形成了中国式科幻文化的双重想象，一是彰显科学、理性、文明的现代主义"探索"精神，相信科学、理性可以改造、改变社会，相信工业生产、工业建设对国家现代化有重要意义[①]，在作品中出现大量工业基础设施的场景[②]。这就使得刘慈欣的《三体》以及根据其短篇小说改编的科幻电影《流浪地球》虽然借用了美国科幻文学、电影的叙事模式，但也带有中国式科幻文化的底色，如拯救人类的方式不是抛弃地球，而是世世代代带着旧家园地球去流浪的"流浪地球"方案[③]。二是无法讲述对外殖民扩张和星际移民的西方故事，而是返回地球家园，朝向内在精神，守护地球、人类的自主家园，如不是留在月球上像鲁滨孙那样垦殖、而是一心返回地球的科幻电影《独行月球》（2021）等作品。

---

① 张慧瑜. 让"工业"变得可见——一种有中国特色的社会主义城市文化 [J]. 上海文化，2020(08).

② 易莲媛.《流浪地球 2》：数字生命的饱和式救援与大基建设施美学 [N]. 文学报，2023-02-02.

③ 张慧瑜.《流浪地球》：开启中国电影的全球叙事 [J]. 当代电影，2019(03).

二、模式与类型：科幻题材网络文学建构中国式科幻叙事

相比纸媒和印刷时代的文学，网络文学有这样几个特征，一是传播内容的模式化和类型化生产。网络文学的创作与通俗连载小说有些相似，写作者需要不断催更、连载，根据网友不同的阅读口味，形成各种不同套路的"文"，如穿越文、同人文、种田文、总裁文、小白文、种马文、高干文、宅门文、黑道文、军旅文、女尊文、异能文、生子文、悬疑文、校园文、洪荒文、异界文、娱乐圈文、修真文、竞技文等，网络文学是一种高度类型化的创作。二是传播模式的高交互性。受制于网络文学平台，大量的网络写手通过网络文学平台成为"网文"创作的主力军，借助互联网的互动性，其创作过程与网友的阅读反馈有着密切关系。网友的阅读量和点击数直接决定网络文学作品的收益分成。这种模式确实刺激了网络文学的发展和繁荣，但也带来金字塔效应，大量的网络底层写手成为"炮灰"，很难获得盈利，头部的网文作家又面临"催更"的魔咒，疲于更新。三是网络文学在叙事上带有元小说和高度自反的特征。一方面，不受字数和篇幅的限制，什么叙事套路都能放在里面，可以随时添加任何叙事元素，具有"天马行空"的自由度，容易形成"无限文"；另一方面，往往把主人公穿越到另一个星球、历史、时代等作为情节设定，这种穿越想象与进入网络空间一样，是一种同构关系。进入网文空间如同上网冲浪，也如同进入网络游戏的体验，而网文内容恰好又以穿越为核心主题，这就形成多重互文关系。网络文学具有双重社会功能，一是完全超现实，与现实时空没有关系，是一个现实世界之外的异度空间，不受地球时间和物理空间的限制，如玄幻文、穿越文、神怪文、架空文等；二是完全"真"现实，在超现实的、悬空的网文叙述中呈现了一种最真实的和最赤裸裸的现实逻辑①，如丛林法则、适者生存、零和游戏等竞技逻辑，也就是说很少有网络小说是真正反现实的、与现实逻辑不一样的"异托邦"。

---

① 戴锦华. 后革命的幽灵种种 [J/OL]. 跨文化对话，2018(38): (2018–06–04). https://mp.weixin.qq.com/s/hUJjiEXjITLDfJJ0HElZIw.

　　《中国科幻网络文学白皮书（2022）》指出，2022 年，起点中文网发布了 42080 部科幻网络文学作品，原创科幻网络文学作品签约量增长 30%，是热门品类增长的第一名，规模仅次于作为传统网文品类的玄幻与都市类别[①]。《2022 中国网络文学发展研究报告》也指出科幻题材是网络文学五大品类之一[②]。自 2022 年初阅文集团推出"启明星奖""星光奖"系列活动以来，有近两万部作品参与了科幻征文，"我吃西红柿""卖报小郎君""言归正传"等知名网络文学作家相继推出科幻题材作品。科幻题材网络文学的兴起受两个背景的影响，其一，刘慈欣等传统科幻文学以及《流浪地球》等科幻电影所形成的社会影响，使得科幻成为深受年轻人喜欢的文类；其二，自 2003 年中国首位航天员杨利伟飞入天空开始，十余年来中国航天事业取得长足发展，中国变成航天大国也推动科幻文化的流行，如涌现了越来越多以星际文明为背景的网络科幻作品，正呼应了中国航天事业的快速发展。

　　最早的一部科幻网文是玄雨创作的《小兵传奇》，发布于 2003 年，完结于 2007 年，讲述主人公唐龙高中毕业后参军成为小兵、参加宇宙大战、成就人生传奇的故事。从近些年阅读量较高的科幻题材网络文学中，可以看出 21 世纪以来讲述中国故事的基本逻辑已经发生了巨大变化。近代以来，中国遭遇西方的挑战，始终处于传统与现代（时间）、中国与世界（空间）、乡村与城市（社会）三组文化坐标中。在相当长的历史时期，中国的自我指认是传统、非西方和乡村，追求现代化、变成西方和实现城市化成为中国文化与社会的内在焦虑。随着 21 世纪中国经济崛起，这三组文化坐标也发生了位移，现代中国、城市中国成为讲述中国故事的底色[③]。在这些科幻题材网络文学中，出现三种新的中国故事。

---

① 莫斯其格 . 2022 中国科幻网络文学白皮书：科幻网络文学是年轻人书写和阅读科幻的主要渠道 [N/OL]. (2023-03-26). 广州日报，https://huacheng.gz-cmc.com/pages/2023/03/26/32af194a1de949d4bce80594503a6ca5.html.

② 中国社会科学院文学所"网络文学发展研究报告"课题组 . 2022 中国网络文学发展研究报告 [R/OL]. (2023-04-11). https://www.cssn.cn/wx/wx_xlzx/202304/t20230411_5619321.shtml.

③ 张慧瑜 . 重新认识 20 世纪中国的文化坐标 [J]. 艺术评论，2020(03): 43-50.

　　首先是现代主题的中国故事。在第 33 届中国科幻银河奖中，《深海余烬》《泰坦无人声》《灵境行者》《夜的命名术》四部涉及末日、探险、恐怖、平行世界等不同元素的科幻网文获奖。《深海余烬》是远瞳创作的科幻网络小说，连载于起点中文网，讲述未来末世浩劫中残存的世界。幽灵船失乡号船长邓肯生活在由一座座孤岛组成的神秘异世界，时代处于蒸汽时代，还有精灵、玄幻等元素，船长具有无所不能的神奇能量，这本身也是网络文学作家的自我投射。这种大船探索深海的想象，将大航海时代中关于海怪的传说，对海底世界和隐秘航路的描述等融入科幻创作之中，既延续了《鲁滨孙漂流记》的航海、拓殖传统，又带有"诺亚方舟"式的末日预言之感。《泰坦无人声》是天瑞说符创作的带有恐怖感、灵异感的科幻网文，故事发生在泰坦星的卡西尼空间站，科考小队遇到陨石坑的神秘黑球，导致卡西尼空间站的人员离奇死亡、失踪，属于惊悚悬疑类科幻文。《灵境行者》是卖报小郎君在起点中文网上线的网文作品，是现代架空题材，大学生张元清借助会所 VIP 至尊卡（灵境通行卡），进入超凡里世界，主角是夜游神，能够操纵怨灵和僵尸，"灵境"来自钱学森对"Virtual Reality"的翻译。《夜的命名术》是会说话的肘子 2021 年上线的作品，穿行于两个平行宇宙，主人公庆尘在倒计时归零时穿越到赛博朋克的"里世界"。在这个科技高度发达的"里世界"，过去与未来、现实与虚幻共融。与"里世界"相对的是"表世界"，一个基于人体感官的世界。两个世界彼此"穿越"，人生和阶层身份也会发生变化，在"表世界"中是平凡人、贫民少女和豪门阔少，到"里世界"中会一跃成为热血骑士、财阀千金和无业游民。

　　其次是以中国为主体的人类叙述。相比 20 世纪把中国叙述为特殊的民族国家的故事，在新的科幻网文中，中国开始占据一种普遍的人类视角，中国和中国人成为拯救世界和人类的主体。在科幻网文中，以末日、地球毁灭为背景的"末世流"小说比较常见。如《没异能一样无敌》讲述被欺辱的对象李长安在绝境中完成逆袭，用蝼蚁般的力量撼动世界；《我独自拯救世界》中在末日世界获得连接过去与未来的金手指；《末世召唤狂潮》中末日降临、魔物横行，重生者寻找光明的道路；《最后人类》中脱轨列车乘客出现在异兽巢穴里，幸存者群体"穿越"、踏上回家之路。还如，辰燃的《黑雾之下》也是末世流小说，一个主世界下有多个副世界，讲述了人们在末世世界迁徙、开启新纪元的故事；远瞳创作的《异常生物见闻录》，描写了大量的乳狼人、吸血鬼、海妖、巨龙等异常生物；黑灯夏火的《玩家凶猛》讲述主角李昂杀死人面猫获得玩家资格，在"剧本杀"游戏中完成各种任务的故事，有平行世界、异世界、数码世界、高维界面等设定。《第一序列》也是末日主题，世界因核战毁灭，新纪元开始，人类世界被一分为二，分成了堡垒里的人和堡垒外的流民。主角任小粟属于流民，在末日灾后的时代重新寻找希望、改变世界，希望和善良成为走出灾难的动力。

最后是相信科学、技术的力量，以及通过技术进步来改变世界。如九月酱的《大国科技》上线两个月，订阅量过万，小说主角得到一个快递，是手环式的科技人生模拟器，故事内容涉及中美芯片战争、人工智能、生物技术等未来高技术，结合了大国科技与爱国情怀。还如《穿越成为失落文明的监护AI》是爆发尸在起点中文网发表的科幻题材网络小说，被陨石击中的李文渊穿越到失落文明星球里成为人工智能，这个名为"文渊型监护矩阵"的AI开始恢复星球上的文明，重启失落文明里的科研和科技树，属于AI版种田文。95后作家天瑞说符的作品先后两次获得中国科幻最高奖"最佳网络科幻小说奖"，分别是《死在火星上》（2019）和《我们生活在南京》（2021）。前者是2019年连载于起点中文网的科幻网文，讲述地球突然消失之后，在火星上做勘察任务的主角唐跃与火星空间站的宇航员麦冬，带着机器人老猫在火星上艰难求生的故事；后者也是连载于起点中文网的科幻网络小说，讲述2019年南京市高三男生白杨通过无线电台联系上生活在2040年的女人半夏，两人共同面对末日天灾、求生的故事。小说中的地球变成了宇宙高级文明的农场，人类成为农场里的"庄稼"，等待着被农用机器人收割，人类由此制定了多个末日防御计划。

这些科幻题材网络文学中既有硬核科技、主角光环等玄幻的情节套路，也把从绝望中寻找希望和坚持信仰、亲情、友爱等人文价值作为拯救性力量，中国式科幻作品实现了传统与现代、中国与西方的文化弥合。

三、嵌入 Z 世代：中国式科幻故事的未来想象与国际传播

科幻文化与西方对现代性的理解密切相关，科幻文化擅长处理两个现代性议题，一是对科学、技术的态度，西方科幻文化往往表现对科学、技术的反思立场和浪漫主义悲观情绪，如《黑镜》（2011）、《爱、死亡和机器人》（2019）等科幻电视剧对人工智能、生物技术、数字技术等未来科技保持高度警惕，认为其在伦理、社会秩序等方面会带来灾难性的后果；二是对工业社会、现代社会的批判，西方科幻文化经常呈现 19 世纪的两极社会，把双重世界作为未来社会的隐喻，如 1927 年德国导演弗里茨·朗（Fritz Lang）执导的黑白默片《大都会》讲述了现代社会的寓言。这部电影呈现了机器人在地下无休止地劳役、人类居住在地上繁华都市的故事，这种上下区分的二元图景在 1895 年英国科幻小说家威尔斯创作的《时间机器》中就已经出现，此类两极化的社会图景来自 19 世纪资本主义社会的穷人与富人、无产阶级与资产阶级分裂的"悲惨世界"。近些年，有多部西方科幻片重新讲述双重空间的故事，如《机器人瓦力》（2008）、《阿童木》（2009）、《逆世界》（2013）、《极乐空间》（2013）、《阿丽塔：战斗天使》（2019）等都呈现了繁华富丽的上层空间和肮脏贫困的下层空间是两个彼此平行、相向而立的世界，世界被区分为上层和下层或者被遗弃的地球和飘浮在外太空的大都会。

中国科幻题材网络文学也经常涉及这样两个基本议题，只是应该提出更多不一样的关于未来社会的想象。如对技术的反思和质疑无法使得人类回到前现代、前技术时代，反而应该讨论人工智能、大数据等未来技术如何与现代社会"镶嵌"和"融合"的问题。而对于两极社会以及未来世界的想象，恐怕也不是简单地选择"诺亚方舟"式的解决方案。20 世纪以来，中国走了一条不同于西方的现代化之路，这体现在三个方面：一是中国无法复制西方殖民主义的经验，只能依靠自主力量完成现代转型；二是现代中国并非完全

移植于西方，而是"洋为中用，古为今用"，把现代文化、传统文化都辩证统一起来；三是重视科学、工业等现代化的硬实力，这与中国被动落后挨打的历史有关，也与社会主义现代化发展工业、生产的制度有关。中国式现代化是一种中国主体、中国立场的现代化叙述，尝试突破传统与现代（建立古代中国与现代中国的连续性）、中国与西方（特殊与普遍）的二元对立，建立一种中国现代化经验的普遍性。

中国现代化经验的普遍性对接的传播对象是发展的一代，是具有鲜活生命力的 Z 世代。今天，Z 世代不仅是数字消费、网络消费、信息消费场域的领跑者，也是知识消费、绿色消费、健康消费和节能环保消费领域的生力军，"他们有消费意识的倾向性、消费观念的耦合性、消费行为的选择性和消费评价的一致性，在消费理性中不仅融入了个性化需求，而且植入了价值性反思"①。作为科幻题材文艺消费主力军，Z 世代不仅谋求单纯的消遣娱乐，更会将科幻文学的中国故事内核与日常生活勾连起来，在互联网上分享自己对社会、政治的看法，形成一种对文本内容的再创作与再传播。科幻文学是一个传播实践的场域，因为科幻文作为网文标签，经常与穿越文、玄幻文等类型结合起来，一般来说，涉及未来世界、星际文明、时空穿越、超级科技等题材的网文都属于科幻网文，而这些又与对人类文明、理想社会、美好道德等的追问有紧密联系。消费行动是 Z 世代表达政治观念的主要渠道，他们经常以消费或抵制消费的形式参与环保、种族、性别平等运动，表达政治态度和观点。中国科幻题材文艺作品所书写的故事在文化符号、政治意识形态、话语讨论方向上都设置了与西方现代化不同的议题，它与 Z 世代的日常现实结合起来，嵌入 Z 世代的行为习惯中，潜移默化地反映出了对未来社会的中国式想象。

第一，Z 世代具有国际传播意识，其"通过日常生活方式表达政治态度，

---

① 敖成兵. Z 世代消费理念的多元特质、现实成因及亚文化意义 [J]. 中国青年研究，2021(06): 100–106.

借助互联网推动话题发酵,在国际舆论空间推动其政治观点的传播"[1]。从科幻文学到科幻电影,再到科幻题材网络文学,中国科幻文化产业进入高速发展的时期,科幻文化的兴起本身意味着中国文化的现代化,是中国崛起时代的文化表征与中国发展模式的独特经验,也是触达海外 Z 世代日常生活议题的重要领域。科幻题材网络文学具有对外传播价值,借助科幻这一西方更为熟悉的文化类型,更容易实现中国文化的国际传播。2022 年底,入围第 33 届中国科幻银河奖的网络文学作品中,IP 改编率近 50%,"许多热门科幻网文被改编为有声剧、动漫、影视剧。如以《星域四万年》《黎明之剑》为代表的改编动画和以《夜的命名术》《第一序列》《泰坦无人声》《繁星降临》为代表的改编漫画都已前后上线并收获大众市场的好评。在喜马拉雅平台,《夜的命名术》有声剧播放量超 11 亿,《灵境行者》有声剧播放量超 4 亿"[2]。得益于科幻文艺作品传播渠道导致的注意力模式改变,Z 世代更注重虚拟情感需求与分享表达。例如,IP 类文化产品通过情感因素为 Z 世代青年文化消费者提供自我表达和情感寄托的载体,并实现规模化的"破圈"传播。Z 世代通过与各类文化产品的接触,与其构建情感联结,表达内心的情绪与态度[3]。IP 改编反映出了更长的消费链条和传播链条组建的可能,实际上是对"元宇宙"概念的回应。近几年"元宇宙"概念经历了从大热到降温的过程,除资本和市场的炒作以外,核心在于尚未深挖其内在的传播逻辑与价值。实际上,构筑"元宇宙"的叙事就是传播矩阵,是开辟一个具有强传播力的叙事空间。"Web3.0 时代下,新技术能实现传播内容的非同质化升维和高保真度的认证,以元宇宙为代表的新概念能重构虚实共生的传播渠道,以 Z 世代为代表的新一代受众的崛起体现了传播受众的迁移,三者共同构成了未来'元软实力'塑造的

① 吴瑛,贾牧笛.面向 Z 世代的国际传播:历史、理论与战略 [J].社会科学战线,2023(12):161–171.

② 张聪.第 33 届"银河奖"颁出背后:大量作家涌入该题材,IP 改编成果丰硕 [N/OL].(2023–03–26).极目新闻,https://baijiahao.baidu.com/s?id=1761399203552538329.

③ 李厚锐.面向 Z 世代的精准化国际传播 [J].上海交通大学学报(哲学社会科学版),2023,31(09):53–62.

重要维度"①,对于科幻文艺作品来说,以科幻故事为基础的广阔文本内容生产空间亟待开发,它应该成为传播、消费、生活、文化、政治议题的交汇点。

第二,在面向 Z 世代的国际传播过程中,媒体、高校、跨国组织和平台等都是发挥重要作用的主体。"在人员机制上,媒体应当努力吸纳年轻人进入工作团队,用 Z 世代的思维去影响这一群体,同时改革传统媒体的内容生产机制,减少对创新的约束,营造有利于创意生产的环境;在内容生产方面,主流媒体应当充分运用好自身的故事资源,培养面向新一代的用户思维,建好面向 Z 世代的内容库和话语库。"②更进一步地说,科幻题材文艺作品的创作过程与传播过程不是某一机构单打独斗的行为,其涉及影视工业的生产能力、文艺创作人才的教育储备、国内主流媒体的传播体系、人民群众的科幻故事逻辑理解等方面,这就要求整套传播过程是多重机构、多重力量合作的组织化过程。西方的科幻星战电影有其叙事基础和意识形态,也有其通过多种媒介组合宣发到全球国家的传播策略和效果评估。Z 世代的信息接收渠道多样,这就会削弱某一单一信息渠道的传播效力,中国式科幻叙事除了要展示中国的国家能力与科技向善理想,也要谨防成为书写国家实力的单一叙事。如何体现介入全球公民社会治理、构建人类命运共同体的国家形象?这要求中国式科幻叙事生产与传播的每个节点都应成为自发传播的主体,从个人到组织,构建类似参与式传播的对话关系,寻求触达海内外 Z 世代受众,比如"将国家叙事与个人叙事融合起来。去政治化的符号和文化形式传播往往需要借助合乎逻辑的故事形式,能够在最广泛意义上被民众所感知"③,这就是为何讲好中国故事需要充分调用各种渠道的媒介和民间自主宣传力量来触达个人,形成一种平等的、非扁平的、有朝气活力的传播形象。

第三,与科幻故事直接相关的是,如今在海外国家,中国在推进着庞大

---

① 史安斌,杨晨晞.国际传播的变局与"元软实力"的兴起:内容·渠道·受众 [J]. 对外传播,2022(11): 4–8.

② 史安斌,杨晨晞.面向 Z 世代开展国际传播的理念创新与实践路径 [J]. 新闻战线,2023(15): 41–43.

③ 张慧瑜,陈昱坤.中国式现代化的叙事体系与国际传播策略 [J]. 对外传播,2023(03): 13–17.

的基础设施建设规模，"一带一路"构筑的经济贸易纽带也让中国许多企业"出海"，来到广大亚非拉国家服务当地市场、面对 Z 世代。除了中国式的科幻故事，如今中国各种科技公司的海外形象是他们认知中国、了解中国科技与工业实力的直接来源。正如前文所述，它与后殖民时代西方国家对发展中国家的解决方案截然不同，后者诉之于货币金融手段控制，却不对当地建立完备的工业体系给予实质性帮助，导致了发展中国家的长期割裂和绝对贫困。传播舆论是直接的对抗，当我们试图解构西方科幻叙事中的意识形态与内核时，对方同样可以用这样的逻辑来理解甚至扭曲中国式的科幻叙事。科幻叙事需要作用到现实的目标中，所以，海外中国的工业技术机构和企业都成为国际传播战线的最前端，从整个组织到微观个体的一举一动，都深刻牵连着中国式科幻叙事的传播效果。在这种逻辑下，中国式科幻故事的国际传播远不能仅靠传播手段来塑造，当舆论战和贸易战被推置到同等重要的地位时，就"要将中国的对外商贸投资、外交关系和对外传播三者统合起来，让这几项工作有共同的面向、共同的重点和相互支撑的功能"[1]。故无论是从国家角度还是从具体的 Z 世代传播对象角度上说，"国际传播理念应该融入海外援建项目中，以对当地的利好来借力塑造中国负责任、有担当的外交形象"[2]。

总体而言，中国式科幻网文从理解、创作到面向 Z 世代的国际传播需要对中国式现代化、对文艺创作叙事结构与传播模式的底层逻辑有更深入的理解，使得人口规模巨大的现代化、全体人民共同富裕的现代化、物质文明和精神文明相协调的现代化、人与自然和谐共生的现代化和走和平发展道路的现代化等指标成为反思科学、技术与未来社会的基本参数。期待随着中国式科幻题材网络文学的兴起，一方面可以带动相关文化产业的整合和虹吸效应，另一方面中国式现代化的科幻故事也可以更好地成为海内外讲好中国故事、传播好中国声音的文化媒介。

---

① 王维佳. 中国对外传播话语体系面临的时势与挑战 [J]. 国家行政学院学报，2017(03): 10–14+128.

② 张慧瑜，陈昱坤. 中国式现代化的叙事体系与国际传播策略 [J]. 对外传播，2023(03): 13–17.

网络游戏与中华优秀传统文化的当代传播

胡钰 朱戈奇①

【摘要】以《逆水寒》与《原神》为代表，融合传统文化元素的网络游戏为中华优秀传统文化的发掘、利用与传播提供了多元路径。网络游戏作为虚拟文化空间的典型业态，成为数字化趋势下传统文化内容呈现的新载体，具有"再现""凸现""活现"的特点；以青年为主要群体的游戏玩家，将情感投射到游戏角色中可以体验传统文化，成为传统文化的当代体验者与传播者；随着"游戏出海"成为中国游戏产业国际化发展的新趋势，网络游戏作为新的媒介形态会成为推动"文化出海"的新途径。以游戏作为方法，以青年作为主体，以科技创新形式，以创意活化内容，将为中华优秀传统文化的当代传播特别是国际传播开辟新的可能。

【关键词】网络游戏 传统文化 文化传播 国际传播

2019年春节，以北宋为时代背景的游戏《逆水寒》在游戏中重现古典"中国年"，被新华社点评为"数字化还原传统习俗的良好开始"。数字时代是当代社会发展中的突出特征，文化科技融合是当代文化产业发展中的突出特点，数字文创则是当代文化发展中的最突出亮点。不进入数字世界的文化内容是边缘的，而没有文化内容的数字世界则是乏味的。在资本与科技创新的推动下，数字文化产业成为当代最具显示度的文化现象，政策红利、"新基建"的发展、新冠疫情变局等推动文化与科技深度融合，在此进程中，网络游戏作为极具活跃度、显示度与覆盖度的重要文化新业态，为传统文化的发

---

① 胡钰，清华大学新闻与传播学院教授、博士生导师；朱戈奇，清华大学文化创意发展研究院研究助理。

掘、利用与传播提供了多元路径。

CNNIC 调查显示，截至 2021 年 12 月，我国网络游戏用户规模达 5.54 亿，占网民整体的 53.6%[①]。随着数字游戏在社会媒介图景和个人信息接触中扮演了越发重要的角色[②]，网络游戏逐渐引发研究者的关注。本文致力于探究在文化科技融合的背景下，网络游戏如何通过聚合、凝练、转化传统文化元素，丰富传统文化的数字化呈现，拓展文化传播的渠道，推动传统文化的当代传播与国际传播。

一、游戏空间：从虚拟叙事空间到虚拟文化空间

网络游戏以数字信息技术为骨架，构建起围绕游戏的世界观、时空观，形成特殊的虚拟叙事空间，玩家可以脱离现实场景进入游戏，体验游戏场景与剧情的流变。在这个具有强构想性的虚拟叙事空间中，传统文化元素可以融入游戏的场景搭建、道具配备、角色设计、剧情发展等环节中，以图像、文字、音视频等形式再现。网络游戏不仅是虚拟叙事空间，也是虚拟文化空间，既可以是传统文化的载体，又可以是基于传统文化进行二次创作的生产场域。事实上，推动传统文化与网络游戏的深度融合，越发成为趋势，对二者的发展都具有显著的推动作用。

实践表明，传统文化在网络游戏中的呈现，不仅是符号性的介入，更是精神性的融入，从展现渠道与效果上来看，可以分为"再现""凸现""活现"三个层次。

（一）"再现"：传统器物的数字化还原

以云计算、人工智能、实时渲染等为代表的多技术协同运用，使得游戏

---

① 中国互联网络信息中心. 第 49 次中国互联网络发展状况统计报告 [R]. 北京：中国互联网络信息中心，2022.

② 何威，李玥. 戏假情真：《王者荣耀》如何影响玩家对历史人物的态度与认知 [J]. 国际新闻界，2020, 42(07): 50.

画面的呈现更加逼真，为传统文化的数字化还原提供了坚实的技术支撑。大到自然风貌、古代建筑，小到琴棋书画、器皿首饰等，都可以以极其真实细腻的形式还原到游戏场景中，带来视觉刺激和想象沉浸。以虚拟现实、人机交互、空间识别等为代表的沉浸式媒体技术的发展，赋予玩家强烈的"到场性"。"国家建筑师 Cthuwork"团队历经三年考察故宫，通过查阅《清宫叙闻》《清工部（工程做法则例）》等史料，用上百万个像素方块在游戏《我的世界》中建造了"像素故宫"。玩家可以进入游戏中漫步白玉石阶、触摸雕栏玉砌，感受紫禁城的磅礴气势。基于先进的数字技术，网络游戏对传统器物的数字化还原具有高逼真性和可互动性的特点，使传统器物从博物馆"走向"民间。

（二）"凸现"：传统艺术的创意性展示

与现实文化空间相比，网络游戏作为虚拟文化空间具有独特的伸缩性、可变性、接入性，可根据各种需求融入不同时代的艺术风格。网络游戏的美术设计师可以从考古遗址的出土文物中提取具有代表意义的形象，从古代书画中提取具有象征意义的符号，结合现代美学设计出凸显传统文化特征的服饰、角色、场景等。《逆水寒》制作团队从宋徽宗赵佶所作的《瑞鹤图》吸取灵感，制作"瑞鹤"系列时装，选取具有代表性的传统文化符号"仙鹤""松柏"，意喻吉祥如意、四季常青，广受玩家好评，同时激发了玩家对《瑞鹤图》的关注与喜爱。

传统具有有机性和动态性两个基本特征，决定了传统本身是一个开放的动态系统，它在时空中延续和变异，存活于现在，连接着过去，同时也包蕴着未来①。在网络游戏设计中，传统文化不是单纯的、静态的被发现和揭示的"历史"，而是成为具有主动性与生成力的"灵感"。值得称道的是，许多传统艺术的展示并不是对单个、若干个艺术元素的简单剪贴和拼接，而是通过"整体—局部—突出"的模式进行创意性展示。具体来看，旨先是结合古籍

---

① 傅永军. 现代性与传统——西方视域及其启示 [J]. 山东大学学报（哲学社会科学版），2008(02): 8–15.

史实、专家意见、实地调研，从整体上把握传统艺术的风格，从材质、颜色、物料等的选择中揣摩艺术精髓；其次，从局部视角选取具有代表性的艺术作品，提取具有象征意义的符号；最后，围绕具有象征意义的符号展开设计，在尊重传统的基础上，结合游戏本身的风格和时代特征进行创意设计。《绘真·妙笔千山》制作团队为了展现中国画经典画种"青山绿水"所蕴含的艺术价值与美学感受，以青山绿水画的代表作《千里江山图》为蓝本，将石青、石绿定为主色调，以数字技术复原墨笔勾皴的技法，在游戏场景中还原了枫叶叠霞、沧海礁石、小桥流水等景致，玩家需要收集作画所需的宝石、颜料、画笔等器具来推动剧情的发展。这种设计使得游戏的传统艺术感以一种整体性、创造性的方式展现出来。

（三）"活现"：传统精神的融入性体验

阅读历史、文学、宗教、哲学著作可以学习到传统中的思想与精神，但是这种领悟是抽象的、思辨的，历史对于现代人来说是"远方"事件，现代人对于历史来说是旁观者、局外人，只有拥有丰富的人生阅历与学识积淀，才能更好地从历史中获得共鸣和思考。这也成为传统教育面向青少年群体的痛点与难点。在网络游戏中，这一问题得到了有效的纾解，通过将历史故事、传统哲学等融入网络游戏的任务和剧情中，让历史人物作为网络游戏中的NPC（非玩家角色）成为推动游戏剧情的重要节点，让史实与虚构交织在游戏叙事之中，带领玩家感受历史的故事与精神。《三国志·战略版》制作团队让玩家作为主公指挥三国豪杰开疆拓土、战斗博弈，完成统一天下的最终使命。在游戏过程中，玩家与英雄人物们共同亲历汉室衰微、群雄讨董等历史事件，感受战场局势的瞬息万变，体会草船借箭、缓兵之计背后蕴含的中国智慧。在此过程中，传统知识、文化、精神实现了"活现"，即活跃地体现，以传统史实与网络游戏相融合，以游戏剧情演绎历史，让玩家通过游戏与历史人物同行，领悟到传统文化精神。

网络游戏作为虚拟文化空间丰富了数字化趋势下传统文化的呈现形式，

从器物的精准还原到艺术的灵感提取再到对历史的体验，体现了从物质到精神、从"再现"到"活现"的深入。网络游戏通过将传统文化元素与游戏的场景设定、美术设定、剧情设定相融合进行创作与叙事，建构起当代传统文化的新表征。在游戏设计中，运用物质或非物质文化遗产搭建时空场景，寻求情与理、观念与制度、本质与现象多元平衡的中国式思辨与伦理价值，将之作为故事演绎的内在核心逻辑①。网络游戏以技术之力再现历史之真，以时代之眼发现传统之美，以故事之魅活化历史之实，实现了科学性与人文性的统一，让玩家超越时空限制感受传统的日常与雄浑，使传统文化从高雅的观赏走向大众的体验。

二、游戏玩家：作为虚拟文化空间的文化传播主体

玛格丽特·米德（Margaret Mead）以前喻（pre-figurative）、并喻（co-figurative）、后喻（post-figurative）描述人类代际的交流，她认为"我们今天进入了历史上的一个全新时代，年轻一代在对神奇的未来的后喻型理解中获得了新的权威"②。在这个后喻文化凸显的时代里，需要适应年轻一代文化接收与接受行为的新规律，推动传统文化与年轻一代文化需求的代际间对话③。这种对话要求青年加入传统文化的传播过程中，从体验传统文化到传播传统文化再到推动传统文化的创造性转化与创新性发展，实现传统性与时代性的统一。能否提升一个民族文化的"青春度"，决定了这种文化的生命力与感染力。

在中国传统的文化传播方式中，展演式的表达、有距离的观赏成为普遍形式。这种方式是与前喻文化符合的，但在后喻文化时代，这种形式越发显

① 李倩倩，王敬仪."机关术"：游戏中的技术想象与文化传承多元路径 [J].探索与争鸣，2022(02): 158.
② 玛格丽特·米德.文化与承诺 [M].周晓虹，周怡，译.南京大学出版社，1987: 74-75.
③ 胡钰.文创理念：当代文化发展的新观念 [J].湖南师范大学社会科学学报，2019, 48(03): 127.

得无力。只重视对传统文化的展演，而忽视当代受众对它所应具有的体验性和参与性，被景观化的传统文化实际上成为缺乏主体融入的一种外在文化奇观和"他者"景象 ①，使文化成为被"凝视"的对象。青年是网络游戏的主要群体，在网络游戏所构建的虚拟文化空间里，以青年为主体的玩家不再是传统文化的被动接受者，而是基于对虚拟角色的情感投射成为主动参与者、建构者。在这种游戏空间中，玩家形成了全新的文化体验，成为文化传播的主体。

（一）作为体验的主体："虚拟自我"的出现与主导

在网络游戏中，玩家通过创建虚拟角色参与游戏剧情和互动。玩家的个人能力很大程度决定了游戏角色的发展、游戏进程的变化，这种高度操控感、高度仿真性和高度不确定性会使玩家与游戏角色产生深层的情感互动与内在体验，会将自己的情感投射到游戏角色中。游戏角色是玩家在虚拟环境中构造的自我，能为玩家带来自我临场感，这种感觉是虚拟场景与真实情感的融合，换言之，情感的真实投入使得场景的虚拟性成为次要存在。从这一角度而言，自我临场感的构建使游戏角色成为玩家的"虚拟自我"，为玩家带来丰富的情感体验。值得关注的是，随着技术的进步，"虚拟自我"的体验在游戏中基于玩家沟通机制和沉浸式媒体技术的发展得以进一步强化。以《王者荣耀》为例，玩家操作拥有不同技能和能力的英雄人物以 5V5 的形式进行团体对战，在对战中陌生玩家通常以英雄人名或英雄职业进行沟通，如"李白，你真厉害"（李白为游戏角色名），在这种情况下，玩家会认为自己就是带领队伍走向胜利的英雄角色。未来，随着沉浸式媒体技术的发展，玩家体验游戏的方式会从视觉、听觉拓展到触觉、嗅觉，更加强化了游戏体验的沉浸感，增强了玩家对"虚拟自我"的情感投射。2019 年，《逆水寒》游戏策划团队以两宋史料《东京梦华录》《梦粱录》《武林旧事》《宋史》以及宋词宋诗等为参考，在游戏内还原了"宋朝春节"的盛况，在游戏地点"汴京城"内设有女

---

① 徐翔. 在线仪式：传统文化的网络新构建 [J]. 国际新闻界，2011, 33(04): 70.

子相扑、打春牛、皇城百官朝会等春节活动，并设计灯笼、桃符、门神、旗幅等装饰，从衣食住行等角度全方位复原北宋宣和年间的民间习俗、市井生活、宫廷礼仪。通过打造"春节"这一最典型的中华传统文化场景，使聚集在游戏屏幕前的玩家作为"大宋子民"感受到了浓浓的宋朝春节的"年味"，体验到了大宋的盛世繁华。

目前，关于游戏角色与玩家关系的主流认知基本上沿用着"化身（AVATAR）框架"，将玩家与角色之间的联系建立在寻找象征继而代入情感的符号学逻辑之上[①]。有学者提出"玩家化身认同"（Player-Avatar Identification）的观点，将玩家体验游戏的过程看成个体不断"自我定义"的过程，年轻玩家可以通过化身认同去探索自我身份的各种可能[②]。《逆水寒》游戏策划团队还原了宋朝时期的科举考试，游戏内每周设有州试、省试、殿试，考试题目涉及诗词、天文、地理等丰富的中国历史知识，得分高者被视为"文学才子"，许多人为了获得这一荣誉会查阅历史典籍、自制题库，并将正确答案牢记于心，部分玩家在探索中发现了自己对于传统文化的喜爱。

在网络游戏中，游戏角色对玩家自我认知的替代和更新，既是基于"虚拟中的我"，又是重塑"现实中的我"，在游戏空间中，"虚拟自我"成为主导。对"虚拟自我"的情感投射和对"化身认同"的心理体验，使玩家成为文化体验与文化传播的主体。在网络游戏中，传统文化不是被凝视的"景观"，而是成为一个个具体可感的、以玩家为主体参与其间的空间与事件。

（二）作为传播的主体：自发的分享与"二创"

融合了传统文化元素的网络游戏既是虚拟文化空间，也是数字文创商品。玩家基于趣缘关注网络游戏，当游戏满足了玩家的情感预期和兴趣追求时，

---

① 陈静，周小普. 规则与符号的关系：游戏传播的另一个研究视角——以《王者荣耀》为例 [J]. 当代传播，2018(04): 41-44.

② LI D D, LIAU A K, KHOO A. Player-Avatar Identification in video gaming: Concept and measurement[J]. Computers in Human Behavior, 2013, 29(1): 257-263.

玩家会自发地推广游戏及游戏中蕴含的传统文化。从实际效果来看，在一些较成功的网络游戏中，这种推广是集体性的个体行为，是自发性的自觉行为。

这种推广主要体现在两个方面：其一，信息分享。在游戏社区或社交媒体平台，玩家或是发布经过精心处理的视频、文字，或者基于游戏剧情、游戏设定开展测评和讨论，或者围绕游戏中蕴含的传统文化内容开展科普。其二，二次创作。约翰·菲斯克（John Fiske）认为"游戏生产信息，但不生产意义，因而就为游戏者成为作者留下了语义空间"[1]。当前，网络游戏具有非常丰富的"二创文化"特征，基于游戏的"二次创作"指的是以游戏中的画面、声音、文字、剧情为灵感，创作出含有游戏元素的小说、动漫、话剧等艺术作品。2020 年，《王者荣耀》与清华大学文化创意发展研究院合作，由 12 名来自清华大学美术学院的师生制作出了"荣耀中国节·节历"，这是第一款由《王者荣耀》玩家设计、创作完成的周边产品。"二创文化"的发展也进一步推动了传统文化的发展，在鼓励自发性、自由性的创作中，让传统文化的内在魅力展示出来，让传统成为现代，让经典成为时尚。伊曼努尔·康德（Immanuel Kant）认为，"让艺术摆脱它的一切强制而从劳动转化为单纯的游戏，就会最好地促进自由的艺术"[2]，这一论断在网络游戏中基于传统的"二创文化"中表现得非常充分。从一定意义上说，融合了传统文化元素、以传统文化精神为主轴设计的网络游戏本身就是传统文化的"二次创作"作品，是当代"二创文化"的活跃体现。作为传统文化"二次创作"作品的网络游戏，能有效地吸收年轻一代的热情和创意加入中华传统文化的传播与创造中，提高中国文化的"青春度"，推动青年成为文化传播的主体。

三、游戏为媒：传统文化的"国际化"与"青春度"

2021 年，中国自主研发游戏海外市场实际销售收入达 180.13 亿美元，超

---

① 约翰·菲斯克. 解读大众文化 [M]. 杨全强，译. 南京大学出版社，2001：95.
② 伊曼努尔·康德. 判断力批判 [M]. 邓晓芒，译. 北京：人民出版社，2002：147.

过游戏总收入的 30%①。这个比例是值得关注和肯定的，也是中国文化产业"走出去"的一个积极标示。从建设文化强国的战略来看，"游戏出海"成为我国文化产业发展中的极具活力的趋势之一。《中共中央关于全面深化改革若干重大问题的决定》中明确提出"提高文化开放水平"的要求，坚持政府主导、企业主体、市场运作、社会参与，扩大对外文化交流，加强国际传播能力和对外话语体系建设，推动中华文化走向世界。随着融入传统文化元素的网络游戏日益受到海外玩家特别是海外青年的欢迎，网络游戏可以作为传统文化的载体和渠道推动"文化出海"，有效提高当代中国的文化开放水平。分析网络游戏"文化出海"的典型案例和基本经验，可以看到青年人是最少有意识形态成见、最易接受新鲜事物的群体，只要打造出创造性的、高水平的文化形态与文化产品，就能有效推动传统文化的国际传播。

（一）《原神》的"出海"

Sensor Tower 显示，2021 年《原神》在海外 App Store 和 Google Pay 的总收入达到 18 亿美元②，是最受海外市场欢迎的中国游戏之一。2021 年，中国驻大阪总领事馆曾通过运用《原神》游戏角色甘雨和芭芭拉，在推特上向日本民众科普"春节"和"元旦"的文化意蕴和区别。《原神》的制作团队详细考究了古代西欧、古代中国、古代日本等地的风土人情、音乐乐器、艺术符号、语言文字，提炼并建构清晰的文化素材库；选取最能代表地域特色、在全球最具有吸引力的文化遗产内容，设计了七个各具特色的城邦，将民族艺术、地域文化经过游戏传递给玩家，使玩家既能获得在感受异域风土时基于文化差异带来的"冲击感"，又能体验在探索本国文化时基于文化基因引发的"共鸣感"。

---

① 中国音数协游戏工委、中国游戏产业研究院 .2021 年中国游戏产业报告 [R]. 北京：《2021 年中国游戏产业报告》项目组，2022.

② Nan Lu.2021 年全球收入超过 10 亿美元的 8 款手游 [EB/OL].(2022–01–11).https://www.sensortower–china.com/zh–CN/blog/2021–10–cny–8.

　　《原神》的"文化出海"之所以能获得成功，根本原因在于对游戏中文化元素的高质量设计与呈现。具体来看，其一，以"再现""凸现""活现"的生动形式丰富了不同国家经典文化的呈现形式，吸引各国以青年为主要群体的游戏玩家，将情感投射到游戏角色中体验各国本土文化、感知异域文化。在《原神》中，"蒙德"城邦里的哥特式宗教建筑和红瓦木骨架小屋，当地人热爱的酒文化与骑士团精神，具有明显的中世纪欧洲的特色；"璃月"城邦以古代中国为原型，参考张家界、黄龙五彩池等风景名胜设计地貌，璃月港的居民喜爱在闲暇时间欣赏山水画、评鉴玉石、烧制瓷器、品茶说书；"稻妻"城邦设有日本平安时代至江户时代的官职"奉行"来管理城民，服饰、建筑参考日本的和服、神社。值得注意的是，《原神》邀请伦敦爱乐乐团、上海交响乐团、东京爱乐乐团与中国、日本民乐演奏家为不同城邦录制了具有不同风格的背景音乐。《原神》从地貌、建筑、服饰、人物性格、美食、游戏音乐等多角度区别不同城邦的特点，玩家可以在不同的游戏地点感受不同的文化，既有感受异土风情的冲击感，又能引发对本国文化的共鸣感。

　　其二，以"文化多样性"的视角展现不同民族的文化特质，避免了单一文化中心主义，在文化呈现中，没有对于强势文化的跨文化仰视，也没有对于弱势文化的跨文化俯视，而是体现了跨文化的平等视角。网络游戏中构建的虚拟文化空间，以其特有的包容性，摈弃文化的单向输出模式，尊重和照顾不同地域、不同国家、不同人民的文化心理。在《原神》中，各个城邦之间和平共处，不同城邦里的游戏角色拥有不同的性格与技能，"蒙德"城邦居民追求自由、热爱冒险，"璃月"城邦居民勤劳善良、重视契约精神，玩家可以根据战场敌人的特点和个人偏好选取来自不同城邦的游戏角色进行战斗，并不存在某一城邦的文化价值观上的绝对优势。《原神》构建了一个多元文化的世界，使得各国玩家在体验游戏的过程中感受到"各美其美"的文化多样性。

　　其三，以"对话性"来设计文化体验，从传播本位转变为用户本位，从自说自话转变为交流对话，实现了文化传播中主导性与互动性的统一。2022

年 1 月,《原神》新角色"云堇"上线原创戏曲《神女劈观》,戏曲由上海京剧院青年演员杨扬配唱,歌词讲述了游戏角色"申鹤"的人生经历,并在戏曲中融入了舞花枪等传统技艺,成为海外玩家了解中国戏曲文化的一张"名片"。国内网友随后翻唱粤剧版、黄梅戏版、昆剧版、秦腔版等各种版本的《神女劈观》,并发布在国内外社交平台上,掀起一阵关注中国戏曲的热潮。《神女劈观》的成功得益于游戏前期积累的玩家基础和对中国传统戏曲的创造性展示,先以精美的游戏画面、平等的文化体验、丰富的游戏剧情吸引海外玩家,随后结合游戏剧情创造性融入中国传统文化元素,使海外玩家在关注游戏角色、游戏剧情时主动探索背后蕴含的中国传统文化。在这一过程中,"游戏"成为文化交流的桥梁,实现了从"游戏对话"到"文化对话"的转变。

梁启超在《中国史叙论》中曾提出"三个中国"的论述——中国之中国、亚洲之中国、世界之中国[①],对于理解世界坐标系中的中国历史进程极具洞察力与解释力。从当今全球化时代来看,所谓"世界之中国",指的是中国要融入世界文明的潮流中,并在文化多元化的交流中保持自我,贡献世界,而日趋国际化的中国网络游戏中的传统文化传播显然成为一种"世界之中国"的积极展现与尝试,采用新内容、新形式、新渠道,传播中国,推动当代世界新文化样态的形成。

(二)《逆水寒》里的中国戏曲

自 2020 年起,《逆水寒》启动"数字梨园计划",与昆曲、越剧、黄梅戏三大戏曲的代表剧院合作演绎戏曲名篇,包括《牡丹亭》《天仙配》《女驸马》等剧目,还原宋朝瓦舍听戏的民俗。

在游戏中,为了追求戏曲观看体验的逼真性,玩家人手一份戏折子,凭票入场看戏,可在梨韵阁内 360 度全景观看戏曲演出,从细节和仪式感上精益求精。更重要的是,为了让数字世界中的戏剧代表真实表演的高水平,一

方面，在制作中使用了先进的动作捕捉技术和 CG 级别柔布技术，使游戏角色的动作自然流畅；使用先进技术实时渲染天气，还原了自然状态下戏曲演出的光影变化等。另一方面，邀请到了戏剧名师参与制作，比如黄梅戏表演中，邀请了第三批国家级非遗项目黄梅戏代表性传承人、中国戏剧梅花奖得主吴亚玲，昆曲表演中邀请了中国戏剧梅花奖得主孔爱萍、上海白玉兰奖得主施夏明等。

在此过程中，结合数字游戏特点，为了传播戏曲文化，向玩家赠送数字戏服。在中国传统戏剧中，戏服是戏剧文化的一部分，为此，《逆水寒》制作了游戏时装免费赠予玩家，数百万玩家领取并身穿戏服游历数字江湖，切实感受戏曲国粹的独特美学。

从实施效果看，许多年轻玩家表示，"第一次听戏曲，竟然是因为一款游戏"，还觉得"看不够，不过瘾"。更有价值的是，《逆水寒》以其精美的制作水平和游戏画面受到了海外玩家的关注。游戏角色"李师师"是开封名妓，她的舞蹈《雨霖铃》由中国歌剧舞剧院女首席唐诗逸演绎，内含拧倾圆曲、闪展腾挪的中国古典舞身法，曾有日本学生被行云流水的舞姿和哀婉幽怨的曲子所吸引，耗时 5 个月自制 CG 动画复原其曼妙的舞姿。这也成为以游戏为载体，推动中华优秀传统文化"走出去"的有益尝试。

戏曲是中华传统文化中最具大众性的内容，就需要以最具大众性的形式在当代进行传播。20 世纪 50 年代，由郑振铎倡议、中国社科院文学研究所负责整理出版了《古本戏曲丛刊》，共出版六集。郑振铎在序言中说："没有一种文学形式比戏曲更接近人民，使其感到亲切，感到欣慰，而且得到满足与享用的了。"[①] 在青年文化时代、数字文化时代要传承中国戏曲，就要在接近大众上下功夫，"使其感到亲切，感到欣慰，而且得到满足与享用"。事实上，数字空间的流量并不应被忽略，当更多的戏曲人以专业感与敬畏心参与到戏

---

① 《古本戏曲丛刊》编辑委员会．古本戏曲丛刊（初集）[M].北京：国家图书馆出版社，2016：5.

曲的数字传播中，探索戏曲与新数字媒介、新技术条件、新文化消费行为的结合时，就是表达了对戏曲传播的重视，对弘扬中华优秀传统文化的重视。

对戏曲传播来说，网络游戏等各种新的数字文化形态只是作为入口与窗口，让当代中国青年乃至世界青年看到中国戏曲，了解中国戏曲，爱上中国戏曲。尽管这个入口与窗口的形态与戏曲形态不一样，甚至显得太新潮，但当更多的青年由此而亲近戏曲后，戏曲美学、戏曲故事、戏曲技法等戏曲的内在魅力自然会绽放出来。事实上，对中国传统戏曲等中华传统文化内容来说，以文创理念进行当代传播的首要任务是让更多的当代青年接触到这些传统，这一入口要具有吸引力，这一窗口要具有清晰度，在自然而然的接触中，细水长流，水到渠成，让传统文化的种子播撒到当代青年中。

四、游戏文创：创意、科技、生活的视角

网络游戏丰富了传统文化的传播内容，拓展了传统文化的传播主体，创新了传统文化的传播渠道。剖析网络游戏传播传统文化的内在机理与成功经验，在于坚持了技术性与人文性、传统性与时代性、主体性与开放性相统一的原则。以游戏作为方法来推动传统文化的当代传播，应当把握青年群体的特征，坚持文创理念[①]，从"创意""科技""生活"三个视角审视传统文化的当代传播，以创意活化内容，以科技创新形式，以生活设计体验。

（一）作为创意资源的传统文化

传统文化的当代传播要求传统文化不能仅仅以"静态的遗产"而存在，作为要保护的对象而存在，更要作为"动态的资源"而发展，积极介入当代各种文化内容的创造中。发展传统文化不是为了文化复古，而是为了适应新

---

① 2016年，笔者在《中国文化报》撰文《文创理念与文创产业》，首次提出"文创理念"的概念，认为"其核心特征是创新与跨界，以一个更广阔、更多维的视角推动文化发展，实现以文化人的时代任务"。文章中提出从创意视角、科技视角与生活视角推动当代文化创新发展。

时代、新环境的要求，把传统文化作为当代文化的创意资源进行传播。中华传统文化中，从上古传说到诸子百家，从魏晋风度到盛唐气象，从汉赋唐诗到宋词元曲，蕴含了丰富的文化资源、创意资源。以历史文化为时空背景，可以为网络游戏设计极具差异性、多样性的场景，极具历史感、人文感的故事。在把握传统文化的美学底蕴和思想内涵的基础上，可以以传统文化元素为灵感创作网络游戏中的新宇宙观，推动中华优秀传统文化的创造性转化与创新性发展。从《原神》《逆水寒》等对传统文化元素的创造性使用中可以发现，网络游戏开发传统文化创意资源的路径，在于挖掘传统文化中的优质 IP，以真实细腻的对白增强角色 IP 的立体感，以现代审美的设计增强符号 IP 的美学感，以真实沉浸的体验强化故事 IP 的融入感，这种路径同样可以在当代影视、动漫、小说创作中采用。当然，以传统文化作为创意资源需要把握好史实与"二创"的关系，在创作中尊重最基本的历史事实，比如朝代的更替、人物的性别、战役的结果、著作的作者等，不能使受众和玩家对重要史实产生误解，在创作中坚持对中华传统人文精神、中国特色社会主义文化的传承与发扬。

（二）作为数字化呈现的传统文化

数字技术推动传统文化的传播超越时间限制，运用数字化手段对传统文化进行保护和传播不仅是铭记过去，更是连接现在与把握未来。对于 2021 年底出现的"元宇宙热"，要有正确的把握。元宇宙是一种全球的数字架构，可以从物理层、协议层和应用层三个维度来把握。虽然这是国外企业高调提出的概念，但中国已经具备了发展的基础条件和应用规模，并在实践中保持着敏感性，在下一步的发展中，需要充分调动自身的主动性，保持发展的方向性。重要的是，元宇宙是一个全新的应用场景，中国要探索创意运用，通过元宇宙展现生动的中国文化与国家形象。2021 年，《黑神话·悟空》游戏实机演示视频上线哔哩哔哩，24 小时内播放量突破千万，以高配置的引擎渲染技术、高质量的美术概念设计打造了独具中国特色的东方魔幻世界，国内玩家惊呼"小时候希望成为齐天大圣的梦想终有一天在游戏里得以实现"。"孙悟空"作为经典角色，拥有敢于抗争、积极乐观、疾恶如仇的性格特点，现代数字技术对传统经典角色的创造性"再现"，推动更多人重燃对传统文化的喜爱与关注。现代技术推动传统文化的传播超越空间限制，所谓"活态"传承，正是在于把传统文化通过现代科技的手段呈现出来，以科技赋予传统文化新的面貌。2021年春节前夕，《和平精英》发布"四圣觉醒"新年版本，以传统文化典故中的"四圣"青龙、玄武、朱雀、白虎为主角，与清华大学文化创意发展研究院开展合作，运用三维扫描技术、点云技术构建了五处长城代表建筑，在线上举办了一场"长城光影秀"。数字技术、数字创意手段、数字传播工具推动传统文化走出博物馆、走出笔墨纸砚，以多种形式融入线下生活场景的构建中。

（三）作为生活体验的传统文化

传统文化的传播要求为传统文化注入生活性与实用性，因此传统文化应当作为生活体验为当代人的生活提供借鉴与指示。生活性是文化最基础的特性，也是最内生的动力，有生活性的文化对当代人更具吸引力与渗透力。网络游戏中的传统文化之所以能够被玩家接受，是因为这些文化元素自然而然地融入了游戏剧情和场景的设计中，是玩家"虚拟自我"生活的重要组成部分，玩家在武侠游戏中体会情深义重、疾恶如仇的侠道精神，在三国战略游戏中学习三十六计、随机应变的战场智慧，拥有了丰富的人生体验。实用性是文化传承与传播的重要特性，以古鉴今，以传统文化作为生活体验指导我们的当代生活。需要注意的是，这并不是照搬古人的生活方式，也不是对现代价值观念的复古重塑，而是以阅读、观影、游戏等形式充分感悟古代人民生活的智慧与乐趣，并将这种智慧与乐趣运用到自己的现实人生经历中。这种智慧与乐趣外显为面临困境的抉择、对待学习的态度、为人处世的方式，内化为人的品性、精神与思想。如果从整体上来把握中国传统文化的话，那么人文精神可以说是它最主要和最鲜明的特征 ①。人文精神体现在绘画、京剧等艺术、技能中，也体现在生活方式、处事方式背后的思想道德、价值观念里。作为生活智慧与乐趣的传统文化，正是作为人文精神的传统文化。当传统文化融入我们的生活方式，便会进入我们共享的文化记忆中，成为我们共同的文化基因。中华优秀传统文化在当代传播的重要意义在于对中华民族生活智慧与乐趣的传递与接受，而在网络游戏中以传统生活设计游戏体验，既可以让玩家更多体验古代生活之美与魅，也会让游戏更加绽放自身之美与魅。

---

① 楼宇烈 . 中国文化的根本精神 [M]. 北京：中华书局，2017：167.